MIN SHANG FA
**LUN CONG**

民商法论丛

# 比较担保法
## BIJIAO DANBAOFA

蔡永民 ⊙著

图书在版编目(CIP)数据

比较担保法/蔡永民著. —北京:北京大学出版社,2004.10
(民商法论丛)
ISBN 978 – 7 – 301 – 08077 – 1

Ⅰ.比… Ⅱ.蔡… Ⅲ.担保法 – 对比研究 – 世界 Ⅳ.D913.04

中国版本图书馆 CIP 数据核字(2004)第 105136 号

书　　　名：比较担保法
著作责任者：蔡永民　著
责 任 编 辑：胡利国
标 准 书 号：ISBN 978 – 7 – 301 – 08077 – 1/D · 0991
出 版 发 行：北京大学出版社
地　　　址：北京市海淀区成府路 205 号　100871
网　　　址：http://www.pup.cn
电　　　话：邮购部 62752015　发行部 62750672　编辑部 62752027
　　　　　　出版部 62754962
电 子 邮 箱：law@ pup.pku.edu.cn
印　刷　者：三河新世纪印务有限公司
经　销　者：新华书店
　　　　　　650mm×980mm　16 开本　23.25 印张　336 千字
　　　　　　2004 年 10 月第 1 版　2007 年 1 月第 2 次印刷
定　　　价：36.00 元

未经许可,不得以任何方式复制或抄袭本书之部分或全部内容。
版权所有,侵权必究
举报电话：010 – 62752024　电子邮箱：fd@ pup.pku.edu.cn

# CONTENTS 目　录

## 第一编　保　证

### 第一章　保证概述　　　　　　　　　　　1
- 第一节　保证的概念　　　　1
- 第二节　保证的性质　　　　3
- 第三节　保证的种类　　　　7

### 第二章　保证的成立、效力和消灭　　15
- 第一节　保证的设立　　　　15
- 第二节　保证的生效　　　　21
- 第三节　保证的范围　　　　28
- 第四节　保证的效力　　　　32
- 第五节　保证的消灭　　　　50
- 第六节　无效保证　　　　　53

## 第二编　抵押权

### 第三章　抵押权制度概述　　　　　　　56
- 第一节　抵押权制度的历史沿革与比较　　56
- 第二节　抵押权的意义、本质、特性、原则及发展趋势　　66

### 第四章　抵押权的设定　　　　　　　　81
- 第一节　概述　　　　81
- 第二节　抵押合同　　84

第三节 抵押登记 90

## 第五章 抵押权的效力 95
第一节 概述 95
第二节 抵押权的效力所涉及的范围 96
第三节 抵押物价值减少与抵押权的效力 102
第四节 抵押权与用益权 106
第五节 抵押权的优先受偿效力 111
第六节 抵押权的实行 114
第七节 物上保证人及抵押物第三取得者的地位 123
第八节 抵押权及其次序的处分 128

## 第六章 抵押权的消灭 131

## 第七章 特殊抵押权 136
第一节 共同抵押 136
第二节 最高额抵押权 140
第三节 财团抵押与浮动担保 151
第四节 动产抵押 158
第五节 让与担保制度 162

## 第八章 抵押权制度的新发展及趋势 168
第一节 大陆法系两个抵押权体系的区分及意义 168
第二节 法典化后抵押权制度的新发展
及对我国的影响和启迪 181

# 第三编 质 押

## 第九章 质押制度概述 194
第一节 质押制度的沿革 194
第二节 质押制度的特性和分类 197

## 第十章　动产质押　202

第一节　动产质权的取得　202

第二节　动产质权效力所涉及的范围　208

第三节　质权人的权利　215

第四节　质权人的义务　222

第五节　转质　224

第六节　动产质权的实行　231

第七节　物上担保人的求偿权与代位权　241

第八节　动产质权的消灭　243

## 第十一章　权利质权　249

第一节　权利质权概述　249

第二节　普通债权质权　252

第三节　有价证券质权　257

第四节　股权质押　262

第五节　知识产权质权　269

第六节　其他财产权利质权　272

# 第四编　留置权

## 第十二章　留置权制度概述　275

第一节　留置权制度的沿革及比较　275

第二节　留置权的性质及其与相关权利的区别　283

## 第十三章　留置权的成立、效力、实现和消灭　289

第一节　留置权的成立　289

第二节　留置权的效力　307

第三节　留置权的实现　320

第四节　留置权的消灭　324

## 第五编 定金

**第十四章 定金制度概述**     330
    第一节 定金的历史及各国（地区）立法比较     330
    第二节 定金的特征和功能     336
    第三节 定金的性质和种类     340
    第四节 定金与相关制度的比较     347

**第十五章 定金的设立和定金罚则**     353
    第一节 定金的设立     353
    第二节 定金罚则     357

**主要参考文献**     361
**后　记**     365

# 第一编 保 证

## 第一章 保证概述

### 第一节 保证的概念

#### 一、保证的概念

（一）保证

保证是由债务人以外的第三人向债权人承诺，当债务人不履行债务时，由其代为履行或承担责任的担保方式。

保证是民法上的一项债的担保制度，各国民法典或相关的法律对它都作了具体的规定。如《日本民法典》第446条规定："保证人于主债务人不履行其债务时，负履行责任。"《法国民法典》第2011条规定："债务的保证人，在债务人自己不履行其债务时，对债权人负履行其债务的责任。"《德国民法典》第765条规定："根据保证合同，保证人负有对第三人的债权人履行第三人的债务的义务。"《瑞士债务法》第492条规定："保证人因保证契约，对于主债务人的债权人，就债务的履行负其责任。"我国《担保法》也有相应的规定。

关于保证的概念，各国学者有不同的观点。英国学者认为，保证是由某人作出的一项允诺，根据这一允诺，他将在另一人不按照要求履行义务（含合同义务和法定义务）时，替代其履行适当的义务。可见，保证是一种人的担保，是一种契约性的担保。保证之所以能够取得法律的认可，其理论依据是一项古老的英国普通法原则："承诺必须履行原则。"既然作出了承诺，只要履行该承诺不会损害他人利益或违反公共政策，允诺者就应当信守。法国学者认为，保证是一种债权人得到清偿的法律保障机制，属于人的担保，这种人的担保授予债权人对另一人的起诉权。保证很容易设定，不需要公证人文书，而且费用也很低廉。我国台湾学者认为，保证是当事人约定，一方于他方之债务人不履行债务时，由其代负履行责任之契约。保证以债务人以外的第三人为附随的债务人以确保债权的实现。

保证有以下几层含义：(1)保证是一种特殊担保，它不同于民法上债的保全，债的保全属于民法上的一般担保。保证的目的是以第三人的财产保障债权的实现，债的保全旨在使债务人以其自己的全部财产保障债权的实现。(2)保证人只能是债务人之外的第三人，他必须与原合同毫无关系。(3)保证债务为不同于主债务的另一个债务，而非单纯的责任，保证人或者代为履行或者承担赔偿责任。《法国民法典》、《日本民法典》规定的保证责任方式仅仅是代为履行。而我国《担保法》、《德国民法典》、《瑞士债务法》规定的保证责任的方式是保证人对主债务不履行债务时，代为履行债务或者承担责任。可见，在我国、德国、瑞士等国家，专属于债务人的具有人身性质的债务以及标的是特定物的债务，也能设定保证。

### 二、保证法律关系

保证涉及两个合同三方当事人。两个合同即主合同和保证合同，三方当事人即保证人、债务人和债权人。债务人是主债务的债务人，保证人是保证债务的债务人，债权人对债务人和保证人分别享有不同的债权。由此可见，保证法律关系在广义上包括三种法律关系。一是债权人与债务人之间的债权债务关系。债权人与债务人之间的债权债务关系为主债权债务关系。因此，这里的债权人即主债权人，债务人即主债务人。在大多数国家，能够设立保证的只能是合同债务，但是从1677年英国欺诈法的规定可看出，其所谓的债务的不能清偿或不适当履行，实际上已经超出合同债务的范围，非合同债务也能成为保证的基础性债务。保证是一种担保方式，它以主合同债权的实现为目的，主合同或主债务的有效成立是保证合同成立的前提和基础。因此，主合同债权人与债务人的债权债务关系是保证的基础关系。二是保证人与债务人之间的关系。保证人与债务人之间的关系实际上是指保证人何以成为保证人的问题,是内部关系。多数国家对此未作规定。保证人之所以成为保证人,绝大多数是基于债务人的委托,但也有基于无因管理或赠与意思而设保证的情况,如《日本民法典》第462条规定:"未受主债务人委托而设保证者,……主债务人应于其当时受益限度内予以赔偿。"当然,第三人基于什么原因成为保证人,对债权人没有直接影响。三是保证人与债权人之间的保证关系,即保证法律关系。保证关系是基于保证合同而产生的单务法律关系,因此,保证合同的一方主体即保证人为义务主体,而另一方主体即债权人为权利主体。债权人对保证人具有请求权,即当债务人不履行债务时,有权要求保证人代为履行债务或者承担赔偿责任。保证关系是保证法律关系的核心。

## 第二节 保证的性质

保证的性质是指保证本身所固有的属性,包括其自然属性和社会属性。在此我们只讨论其自然属性。保证的自然属性是指保证行为在债的活动中所具有的、不受其所处的社会经济形态和政治制度影响的经济属性。这种经济属性无论在何种经济形态和社会政治制度下始终存在,所以为其一般属性。

### 一、债权性

债是特定人之间得请求为特定行为的法律关系。其中,享有权利的人为债权人,负有义务的人为债务人。债权人有权请求债务人为特定行为,债务人有义务满足债权人的请求而为特定行为。债权人享有的权利为债权,债务人所负的义务为债务,债权的实现取决于债务人履行义务的行为。债权与物权不同,物权是直接支配特定物并享受其利益的权利。权利主体一旦获得了法律赋予的特定物归属权后,对该特定物可直接支配、享受其利益,并同时排除他人对其支配与享受利益的侵害干预,物权的实现取决于权利人对物的支配行为。

保证是一种担保债权而非担保物权。因为债权人对保证人的权利是一种保证请求权,债务人不履行债务时,债权人可请求保证人代为履行债务或承担赔偿责任。而且,债权人只能就保证人的一般财产请求清偿,而不能对保证人的特定财产请求清偿。当保证人有多个债权人时,保证债权人对保证人的财产没有优先受偿权。保证人拒不履行保证责任时,债权人不能直接支配或处分保证人的财产,而只能通过债权保护方法,诉请法院强制保证人履行保证债务。

**二、附从性**

保证与其他担保方式一样是为确保债权实现而设立的从属于债权的法律形式。保证债务以主债务的存在或将来存在为前提,因主债务的消灭而消灭。大多数国家(地区)的法律规定,保证的范围及强度,不能超过主债务,不能与主债务分离且移转。保证的附从性主要表现在以下几个方面:

(一)成立上的附从性

保证以主债务的存在为前提,或者说保证的成立以主债权的存在为前提条件。当然,就保证成立方面的附从性,各国的立法规定并不相同。《德国民法典》第765条规定:"对将来的或者附条件的债务,亦可以承担保证。"我国《担保法》第14条规定了最高额保证,说明我国法律对于将来成立的或附条件、附期限的债权的保证问题亦持认可的态度。但是,这些并不能说明保证在成立上无附从性。《法国民法典》第2012条就规定:"保证,仅得就有效的债务提供之。"客将来的财产,不得设定保证。

(二)范围上的附从性

保证的范围原则上与主债务相同,不得大于主债务。如果保证合同约定的保证范围大于主债务,那么仍以主债务的范围为保证范围。对此,《日本民法典》第448条、《法国民法典》第2013条、《瑞士债务法》第499条、我国台湾《民法典》第741条都作了具体规定。当然,保证债务的范围可小于主债务,即保证人可以约定只对主债务的一部分承担保证责任。

(三) 存续上的附从性

保证的存续以合法有效的债权的存续为条件。主债务无效,保证债务无效;主债务消灭,保证债务也随之消灭。

(四) 移转上的附从性

主债权移转时,债权人享有的保证债权也随之移转,因为保证债权作为从权利,依主权利的移转而移转。《德国民法典》第401条规定:"债权一经让与,其抵押权、船舶抵押权或者质权,以及由一项向上述权利提供担保所产生的权利,一并移转于新债权人。"《瑞士债务法》也有类似的规定。只有在保证人与主债权人有明确约定(譬如,约定债权不得让与)时,保证债权才不随主债权的移转而移转。在这种情况下,主债权让与的结果是保证债权消灭。

(五) 变更上的附从性

主债务的标的变更时,保证债务亦随同变更。譬如,主债务变为损害赔偿债务时,保证债务也变为损害赔偿债务的保证。《日本民法典》第447条规定:"保证债务,包含有关主债务的利息、违约金、损害赔偿及其他所有主债务者。"《德国民法典》和我国台湾《民法典》也有相似的规定。而且,债权人与保证人也可以先行约定主债务变更时,保证的效力及于变更后债务。

### 三、独立性

保证债务虽然附从于主债务,但它并不是主债务的组成部分,保证债务与主债务是两个相互独立的债务。譬如,保证人可以在主债务的范围内就其一部分设立保证;保证债务因混同或免除而消灭时,主债务仍然存在;保证债务无效、被撤销或被解除时,主债务不受影响;保证人享有债务人不得行使的专属抗辩权;对于主债务人的判决,效力不及于保证人,但使主债务减轻或消灭时,效力及于保证人。

### 四、补充性

补充性是保证债务的基本原则,即只有在主债务人不履行债务时,保证人才负履行的责任或赔偿其损失。也就是说,在保证法律关系中，债务人是第一债务人，保证人是第二债务人。当债务人不履行债务时，债权人首先应向债务人请求履行，只有当债务人的财产经强制执行而无效果时，保证人才承担保证责任。当然，连带保证例外。根据传统民法理论，保证均以一般保证为原则，连带保证为例外。《法国民法典》第2021条规定："保证人仅在债务人不履行其债务时，始对于债权人负履行债务的责任，债权人应先就债务人的财产进行追索。"《日本民法典》第452条规定："债权人请求保证人履行债务时，保证人可以请求先向主债务人进行催告。但主债务人受破产宣告或去向不明时，不在此限。"该法第453条规定："虽于债权人依前条规定对主债务人进行催告后，如保证人证明了主债务人有清偿资力且容易执行时，债权人应先就主债务人的财产予以执行。"《德国民法典》第771条规定："债权人试图对主债务人的财产进行强制执行但未成功的，保证人可以拒绝向债权人清偿。"从各国民法典的规定可以看出，正是由于保证的补充性，保证人才享有先诉抗辩权。当然，保证人可以放弃先诉抗辩权，而承担连带责任。但这并不影响保证的补充性。以此来反省我国《担保法》，就可发现我国《担保法》恰好违背了保证补充性的法理。我国《担保法》第19条规定："当事人对保证方式没有约定或者约定不明确的，按照连带责任保证承担保证责任。"这一规定有违公平原则，也打击了保证人的积极性，这也许是造成目前觅保证难的原因之一。

### 五、人身性

保证的建立同自然人或法人的人格身份密不可分，这是人的担保本性使然。保证不能完全游离于人身属性而单独寄托于财产之上。主债务人与保证人之间相互信任关系是保证担保的关键所在。当然，随着时代的进步，市场经济的日益成熟及繁荣，保证的人身性有所淡化，财产性日益增强。特别是在现代社会中，保证已不能直以人身为标的，保证人的经济实力是其接受债务人委托的客观基础。

## 第三节 保证的种类

保证种类的划分历来存在不同的标准。根据不同标准,保证可作不同的分类:

### 一、法定保证与约定保证

依据保证产生根据的不同,保证可以分为法定保证与约定保证。保证的产生及其权利义务由法律明确规定者,为法定保证。如《德国民法典》第778条规定:"委托人以自己的名义、以记在自己账上的方式向第三人发放信用贷款而产生的债务,委托人应当作为保证人对受托人负其责任。"此即法定保证。这种保证是由法律明确规定的,与保证合同没有关系。但是,法定保证并不多见。保证的产生及其权利义务由合同约定者,为约定保证。约定保证是经常出现、大量存在的保证方式。如《意大利民法典》第1936条规定:"亲自向债权人担保他人履行债务的人是保证人。"显然是约定保证之规定。

### 二、普通保证与连带保证

根据保证人有无先诉抗辩权,保证可以分为普通保证与连带保证。当事人约定,只在债务人不能履行债务时,保证人才承担保证责任者,为普通保证,亦称一般保证。当事人约定保证人与债务人承担连带责任者,为连带保证。换句话说,保证人享有先诉抗辩权的,是普通保证,不享有先诉抗辩权的是连带保证。普通保证的保证人在债权人的财产强制执行而无效果前,可以拒绝清偿。当然,当债权人请求保证人承担责任时,保证人可以不行使即放弃其先诉抗辩权。在债权人享有担保物权的情形时,债权人须首先实现其担保物权,否则,保证人也有权拒绝承担责任。当然,保证人行使先诉抗辩权,只是暂时延缓履行债务。只要债权人强制执行债务人的财产而未实现其债权时,保证人就得承担责任。连带保证的保证人在主债务已届清偿期限而主债务人未清偿的情况下,就负有清偿的义务，如果债权人要求保证人承担保证责任的话。也就是说，在这种情况下，债权人对主债务人或者保证人履行债务享有选择权。可见，连带保证的保证人所承担的义务和风险大大惯于普通保证的保证人。根据我国《担保法》第19条的规定，在当事人未明确约定是何保证的情况下，该保证应属连带保证。

### 三、单一保证与共同保证

根据同一债务保证人的人数来划分，保证可以分为单一保证与共同保证。一个债务只有一个保证人为其提供担保者，为单一保证；一个债务有两个或两个以上保证人为其提供担保者，为共同保证。单一保证又称一人保证，共同保证亦称数人保证。单一保证比较简单，它不是普通保证，就是连带保证。共同保证则复杂一些，因为共同保证的保证人是两人或两人以上。在共同保证关系中，不仅有保证人与债权人的关系，还有保证人之间的关系，须仔细加以分析。

共同保证始于罗马法。罗马法规定，共同保证人原则上享有分别之义务。随着时代的发展，许多国家的民法又规定，共同保证人须承担共同的责任。这主要是考虑到，共同保证人一旦有人丧失代为履行债务的财产，则债权人就该保证人保证的债权部分便不能获得实现。所以，瑞士、德国、法国等国家的法律均规定了共同保证人的连带责任。如《法国民法典》第2025条规定："数人为同一债务及同一债务人的保证人时，各自负保证全部债务的责任。"我国《担保法》第12条也规定了共同保证人的连带责任。同时又规定当事人可以另行约定。共同保证人承担保证责任的方式有两种，一是按份责任。即共同保证人对保证份额有明确约定时，各自承担按份责任。在此情况下，债权人只能请求某一保证人就其约定的份额承担保证责任，而不能请求保证人承担其全部债权的保证责任；保证人只就约定的保证份额承担责任，而无义务保证全部债权的实现。承担了保证责任的保证人，无权向其他保证人追偿，而只能向债务人追偿。债权人当然在债务求偿方面受到了限制，但债权人可以对各个保证人分别起诉，而且对一个保证人的判决不能使其他保证人免遭被诉讼的可能。这又是对债权人有利的方面。二是连带责任。

即共同保证人对保证份额无明确约定时,承担连带责任。在此情况下,每一个保证人都有义务承担全部保证责任,已经承担保证责任的保证人,有权向债务人追偿,也有权要求其他保证人承担其应承担的份额。相对于债权人而言,共同保证人之间是一种连带债务关系,但是共同保证人内部仍应约定各自应承担的份额,如无约定或约定不明确,则视为平等承担保证责任。在共同保证人承担连带责任的情况下,债权人只能对一个保证人或者全体保证人提起一次诉讼。所以,债权人要慎重选择是对一个或几个保证人提起诉讼,还是对全体保证人提起诉讼。当然,在共同保证中也会出现按份责任和连带责任混合的情况。即在一个共同保证中,有的保证人承担按份责任,有的保证人承担连带责任,这需要在保证合同中加以约定。

**四、有限保证与无限保证**

根据当事人对保证债务的范围有无约定来划分,保证可以分为有限保证与无限保证。有限保证是指由当事人约定,保证人只就主债务的一部分承担保证责任;无限保证是指当事人未约定保证范围。有限保证的保证人可以约定仅就主债务或者主债务的利息或者因债务人不履行而造成的损害赔偿金承担保证责任。而无限保证一般依据法律的规定承担保证责任。《德国民法典》第767条规定:"保证人的义务以主债务的现状为标准。特别是在主债务因主债务人的过失或者迟延而变更时,亦适用之。保证人的义务不因主债务人在其承担保证后所采取的法律行为而扩大。""保证人对于主债务人应偿还债权人的预告解约通知费用及权利追诉费用,亦负保证责任。"我国《担保法》第21条规定:"保证担保的范围包括主债权及利息、违约金、损害赔偿金和实现债权的费用。"《法国民法典》第2016条规定:"对于主债务的无限制保证及该主债务的一切附带债务,即使最初的诉讼费用及通知保证人以后的一切费用,亦在保证范围之内。"其实,各国的规定很相似,即保证范围为主债权及其利息、违约金、损害赔偿金和实现债权的费用。这样规定,有利于保护债权人的利益,也符合保证的宗旨。

### 五、一时保证与连续保证

根据主债务关系发生的一时性或连续性，保证可以分为一时保证与连续保证。保证人仅对一时性债务承担保证责任的，为一时保证；保证人对连续性债务承担保证责任的，为连续保证。在一时保证，保证人为债权人和债务人的某次特定交易行为提供担保，而保证人对以后发生的债权人和债务人之间的债权债务关系并不承担责任。连续保证与一时保证恰好相反，连续保证的保证人对一定期间内发生的限额以内的交易均应承担保证责任。所以，连续保证也叫最高额保证。我国《担保法》第14条规定："保证人与债权人……可以协议在最高债权额限度内就一定期间连续发生的借款合同或者某项商品交易合同订立一个保证合同。"可见，连续保证所担保的主债务是在将来一定时期内多次发生的合同债务，所以，保证人可以随时通知债权人终止保证合同。对债权人收到终止通知后所生债权债务，保证人概不负责。连续保证的优点是使原来要多次办理的保证能一次得以解决，大大简化了手续，这也是市场经济社会商事活动简便敏捷原则的反映。正因为如此，连续保证也得到大陆法系和英美法系主要国家的共同认可。

### 六、定期保证与未定期保证

根据保证有无保证期限，保证可分为定期保证与未定期保证。当事人约定保证有效期的，为定期保证；当事人未约定保证有效期的，为未定期保证。在定期保证中，债权人只有在约定的保证期限内向保证人提出请求的，保证人才承担责任。债权人未在有效期内提出请求，则视为放弃其保证债权，保证人的保证义务也随之消灭。在未定期保证中，债权人必须按照法律规定的保证期限行使自己的权利，否则就被视为放弃自己的保证债权，保证人的保证债务也随之消灭。

### 七、民事保证与商事保证

根据保证是否具有商事性，保证可分为商事保证与民事保证。

具有商事性的保证是商事保证，不具有商事性的保证是民事保证。那么，怎样的情况下保证才具有商事性呢？一般而言，只要保证具备下列情形的一种，即认为有商事性：（1）保证是商人为他的商业上的需要作出的；（2）保证是因保证人对被担保的债务有财产性利益而作出的。法国等大陆法系国家严格区分商事保证与民事保证，并认为商事保证应适用特别规则。在法国，商事保证是很常见的，根据法国法律，商事担保会产生以下主要后果：（1）商事法院管辖保证人与债权人之间的诉讼；（2）商事保证人承担连带保证债务；（3）商事保证的时效为10年，从对主债务可以要求履行之日起算。10年后，债权人则不能诉请保证人承担责任。

### 八、自然人保证与法人保证

根据保证人属于自然人或法人，保证可分为自然人保证与法人保证。作此区分，主要是为了更好地保护保证人的利益，特别是自然人保证人的利益。法国法律对此有明确规定。在法国，对自然人充任保证人的保证适用保护保证人的特殊规则，债权人有义务为这些保证人提供完全的信息。法人保证更具重要性和可靠性，为适应现代社会经济发展的要求，许多国家以及我国都设立了专门的担保公司，这样使担保更具专属性和法人性。

### 九、几种特殊保证

（一）再保证

再保证也叫复保证，即保证债务的保证。再保证保证的是保证债务而非主债务。所以，保证具有间接性。相对于再保证而言，原保证也可以叫正保证或主保证。保证相对于主债务而言，具有附从性，它的成立以合法有效的主债务的存在为前提。再保证相对于保证（即主保证）而言具有附从性，它的成立以保证债务的存在为前提。不少国家的法律明确规定了再保证。《瑞士债务法》第498条规定："再保证人对于债权人就正保证人所承担义务之履行负有义务，与单纯保证人附从于主债务人一样，附从于正保证人而负责。"《法国民法典》第2014条规定："不仅得为主债务人的保证人，亦得为保证人的保证人。"

再保证的成立，须有特别的约定，即约定是再保证而非普通保证。再保证的效力一般而言为其附从于正保证而对债权人负责，正如保证人附从于主债务人对债权人负责一样。再保证人享有正保证人的抗辩权，有权要求债权人先行执行主债务人的财产以及正保证人的财产。再保证因主债务或保证债务的消灭而消灭，当然，保证消灭的原因也完全适用于再保证。

（二）职务保证

职务保证，指保证人对于雇佣人就被雇佣人的身体、操守及技能，适合于其业务，并就其业务执行所生损害，承担责任的保证。职务保证以被雇佣人有损害赔偿债务为前提，为将来债务之保证。日本、瑞士等国的法律都规定了职务保证。《瑞士债务法》第512条规定："未定期间所为之职务保证，得以一年之后预告期间，通知其保证至任期届满为止。""未定有任期者，职务保证人得以一年之预告期间，通知其保证于就职后每第4年年终终止。"职务保证的范围如下：（1）被雇佣人不履行其义务，导致雇佣人遭受损害之事实；（2）被雇佣人在业务执行过程中，因故意或过失而造成雇佣人损害之事实。职务保证人的责任范围比普通保证人的责任范围要广泛的多，所以一般要求职务保证人与被雇佣人之间要有相互信任且比较密切的关系。职务保证因以下事由而终止：（1）保证期间届满；（2）雇佣关系结束。同样，普通保证的终止原因也适用于职务保证。

（三）反保证

反保证，即对于保证人未来所享有的求偿权所进行的保证，也叫求偿保证。求偿保证是约定保证。即债务人之外的第三人与保证人约定，在保证人取得对债务人的追偿权后，债务人不向保证人履行债务时，由第三人向保证人履行债务。《瑞士债务法》第498条规定："求偿保证人对于为支付之保证人，就其对于主债务人之求偿，负担保责任。"我国台湾地区民法对求偿保证也作了类似的规定。反保证不是主债务的保证，而是对保证人求偿请求权的保证。反保证为普通保证，具有附从性及补充性，它的成立以主债务和保证债务的成立为前提。另外，因反保证为将来保证，所以反保证具有以未来求偿权的成立为生效的条件。保证人享有主债务人的抗辩权，反保证人也享有主债务人的抗辩权。如保证人丧失求偿权，反保证人的保证责任也随即消灭。反保证人清偿反保证债务后，有向主债务人追偿的权利。

（四）赔偿保证

赔偿保证，即保证人对债务人未清偿部分所做的保证，又叫不足额保证。日本、瑞士等国法律或判例都认可此类保证。《瑞士债务法》第495条规定："债权人有因债务人不足额清偿而致损害之证书时，或者主债务人将住所移往外国而致在瑞士不得再向其请求时，或者在外国移转住所发生追诉上的重大困难时，可以请求赔偿保证的保证人承担责任。"赔偿保证责任的发生，以债务人无力全部或部分清偿为前提。所以，当出现债务人无力清偿其债务的情形时，债权人必须要有证据说明债务人未清偿的事实。如果债权人不能证明债务人确实系无力清偿时，则其赔偿保证债权随之消灭。而且，如果债权人未足额实现其债权的原因系自己的过错，那么赔偿保证人的保证债务也随即消灭。

（五）票据保证

票据保证，即票据债务人以外的第三人，以担保特定债务人履行票据债务为目的，而在票据上所为的一种附属的票据行为。票据保证有以下特点：（1）票据保证是要式法律行为。票据法严格规定了票据保证的记载内容和记载方式，票据保证人在为票据保证行为时，必须按照票据法的规定在票据上加以记载，才能产生票据保证的效力。（2）票据保证是单方法律行为。票据保证的保证人只要在票据或粘单上按要求进行记载和签章，并表明为某一债务人保证字样，票据保证即告成立。（3）票据保证是连带保证。票据保证中的保证人永远和被保证人连带对债权人负有一经请求即须履行的义务。（4）票据保证具有独立性。票据保证，即使被保证的债务无效，保证人仍应根据其在票据或粘单上记载的文义来承担票据责任。（5）票据保证必须是无条件的。我国《票据法》第48条规定："保证不得附有条件；附有条件的，不影响对汇票的保证责任。"可见，即使保证人附有条件，但是所附条件可视为不存在，不影响他的保证责任。显然，票据保证即票据法上的保证与民法上的保证有很大不同。如汇票上的保证人（承兑人）无先诉抗辩权。

（六）外汇保证

外汇保证，即保证人就债务人的外汇债务与债权人约定，如果债务人不能按时清偿，则由保证人承担责任的保证。外汇保证因其"跨国"性，其保证人必须要有良好的信誉和充分的外汇清偿能力，否则就增大了债权人求偿的成本，有违商事活动便捷的原则。外汇保证一般为独立性保证，保证人向债权人所作的承诺为独立性承诺，不受主债权合同的影响，其效力独立于主债权合同之外，不具有附从性。最常见的外汇保证形式有：（1）保函。保函也叫保证书，就其法律性质来说，属于单方法律行为。（2）备用信用证。备用信用证是应主债务人的委托，由开证行（即保证人）开出的以债权人为受益人的信用证。一旦债权人在符合信用证的条件下，凭规定的单据向开证行或其授权的银行请求付款，开证行或其授权的银行即应无条件的付款。（3）安慰信。即通常由母公司或公共实体对债务人借款还未支付时发给债权人的信。安慰信的法律效力取决于安慰信的内容。如果安慰信的内容相当于保证书内容，其效力等同于保证；如果安慰信的内容非常一般而无实质性条款，则其效力只能是道义上的。

# 第二章 保证的成立、效力和消灭

## 第一节 保证的设立

保证可以分为法定保证与约定保证。法定保证是法律直接规定的,如德国、瑞士等国法律规定的信用委任即是。法定保证不常见,应该属于特殊保证的一种。人们经常见到的、在商事活动中大量存在的是约定保证。本节只讨论约定保证的设立。而约定保证的设立过程其实就是签订保证合同的过程。

### 一、保证合同的概念

根据我国《担保法》的规定,保证合同是指保证人与债权人之间以书面形式订立的明确双方权利义务的协议。各国对保证合同的定义大同小异。在英国,一般认为,保证合同是某人许诺在债务人不履行或不适当履行债务时他将向债权人承担责任的合同。不过,应该注意的是,某一合同性许诺,是否构成保证,取决于当事人之间表明其意图的用语,而不取决于当事人是否冠之以保证之名。因为保证一词在商业实践中,有时被用来泛指担保,同时,补偿合同有时也被误认为属于保证。此外,即使某一合同性许诺在内容上应当视其为保证,但由于此类当事人可以不受限制地约定改变其权利、义务和责任,故其往往也不属于严格意义上的保证合同。

保证合同有以下一些基本含义:(1)一般而言,保证合同必须要有三方当事人参加,即主债权人、主债务人和保证人;(2)保证合同中必须要有承担原始债务的主债务人以外的当事人,保证人在保证合同中扮演了这一角色,在该主债务人不履行债务时承担从属性债务;(3)保证人除许诺在主债务人不偿付债务时将代替偿债外,他必须与原合同毫无关系。

保证合同不同于补偿合同。保证合同有三方当事人,而补偿合同仅存在两方当事人；保证合同的一方主体保证人只负有从属性的债务，而补偿合同中给付补偿的当事人却负有主债务；保证合同中的保证人与原合同毫无关系，而补偿合同中给付补偿的当事人对补偿交易直接享有利益。

保证合同的签订程序与一般合同相同，也要按照要约与承诺的程序来进行。通常的情况是，保证人提出要约，如果债权人愿意向债务人提供借款或其他信用，则保证人愿意保证债务人到期偿付的义务。这时，债权人必须通过接受其提出的条件与之发生信用交易而对这项要约进行承诺。在保证要约要求债权人遵守一定要求的情况下，债权人必须严格依该要求为一定行为，保证才能成立。如保证人要求债权人在规定的金额内向债务人借款才受保证担保，此时，债权人只能按约定的金额向债务人借款，如果超过该金额，则保证人对超出部分可以不负责任；贷款金额少于约定时，保证人也可以不负责任。因为保证人往往是为了债务人的利益而进行保证的。例如，约定的贷款金额是 200 万英镑，债权人在提供 50 万英镑的借款后，不再向债务人提供贷款，这时保证人对已经贷出的 50 万英镑可以不承担责任。债权人要获得保证利益，必须向债务人全额提供贷款。

**二、保证合同的特征**

**（一）保证合同是要式合同**

各国法律对保证合同的成立形式都作了特别规定，保证合同只有具备一定的形式和履行一定的手续后才能成立。《德国民法典》第766 条规定："为使保证合同有效，需以书面形式给予保证的意思表示。"显然，在德国，保证合同除要具备法律规定的一般有效性条件外，还要具备要式性，否则该保证合同无效。如果无效的意思表示经保证人追认，追认也必须具备书面形式，而仅在与设定担保无关的文书的下端签字是不够的。而且，这种书面的保证合同不应该预先写成，而应该由公证人写成或者至少在公证人面前写成。电报不能符合此项条件。这样做的目的主要是要让保证人明白他的行为可能产生的法律后果。当然，根据德国商法典的规定，商人所作的保证意思表示，即使不具备书面形式要求，也是有效的。因为这是他所作出的商事行为，法律认为商人有丰富的经验，无须对其特殊保护。

在英国，保证合同可以采用一般的方法以书面的形式签订，也可以采用印封证书的方式作出。除此以外，保证人可以在保证正式发生效力前签发一份正式保证书，即附条件保证书。附条件保证书是普通法国家使用较为普遍的一种保证合同形式，通常以交付的形式发生效力。在保函未就其生效条件作明确规定的情况下，交付视为其生效的条件。我国《担保法》第13条也规定，保证合同要采用书面的形式，即具有要式性。

（二）保证合同是诺成性合同

合同有诺成性与实践性之别，保证合同属诺成合同。保证合同，只要保证人与债权人意思表示一致即告成立，而无须交付财产。《意大利民法典》第1937条规定："提供保证的意思表示应当是明示的。"《法国民法典》第2015条规定："保证不得推定，保证应以明示为之。"足见各国法律仅仅要求保证的意思表示为明示，而不要求保证人交付财产。

（三）保证合同是无偿合同

在保证关系中，债权人通常并不因为保证人的保证义务而给付代价，债权人享有保证债权，却并不向保证人支付报酬。保证合同是一种无偿合同，并不意味着所有的保证人都是无偿的承担保证债务。保证合同的无偿性，并不影响保证人有偿担保。在我国的外汇担保中，担保人就有权向债务人收取一定的费用。但这并不能说明保证合同是有偿合同，因为保证费是债务人支付的，而债务人并不是保证合同的当事人。当然，也有些例外情况，有的当事人在订立保证合同时，约定对保证人给付一定的代价或支付一定的报酬。在英国，有效的合同除以印封证书方式作成外，还必须规定对价。保证合同的对价是债权人对保证人要给某些好处或允诺，作为对保证的回报。不过，这些例外情形并不能否定保证合同普遍的无偿性。

（四）保证合同是单务合同

保证合同在本质上只是由保证人代替主债务人履行债务，是一种单方面的义务，债权人并不对保证人承担义务。可见，保证合同属单务合同，合同当事人在义务方面是不对等的。保证人只承担保证义务，而无权要求债权人为对待给付；债权人只享有保证债权而不对保证人承担义务。应该注意的是，保证人依法享有的各种抗辩权，是一种法定权利，而非合同所约定的权利。

（五）保证合同是有名合同

有名合同是法律对其设有规定并赋予一定名称的合同类型，与其相对的是，法律未作规定而由当事人自由创设的合同。有名合同源于罗马法。在罗马法上，有名合同的成立要件、内容、效力，法律均有具体规定。现代各国民法典继承了罗马法体例，对日常生活中常见的合同类型设有专门的规定。同时，根据合同自由原则，允许当事人自由创设合同类型。但纵观各国（地区）立法例，不难发现，各国民法典或相关法律都明确规定了保证合同，并赋予其保证合同之名，显然，保证合同是有名合同。

（六）保证合同是附条件合同

保证合同是附条件合同，而且是附停止条件的合同。债务已届满履行期而债务人不履行债务或未完全履行债务，为其停止条件。在债务履行期尚未届满或债务人在履行期届满时已经履行了债务，即条件未成就，保证合同的效力处于停止状态，债权人便不能向保证人提出保证请求权，保证人也无义务承担保证责任。当债务履行期届满而债务人不履行债务时，条件成就，保证合同发生实际效力，债权人才能请求保证人履行债务，保证人也才有义务承担保证责任。

（七）保证合同是从属性合同

各国法律明文规定，在主债务人不履行债务时，保证人才代为履行。保证债务的存在及其性质和范围，均以主债务的存在为前提。德国法律规定，在债权人与主债务人之间存在主债务是保证债务的有效性所必须的。保证虽可以针对未来的或附条件的债务，但这种保证直至主债务成立为止将处于中止状态。未来的债权应明确说明和个别化，使它区别于不包括在保证范围之内的其他债权。由于保证之债附从于主债务，当主债务的内容和范围变更或消灭时，保证之债也当然随之变更或消灭。

### 三、保证合同的形式

保证合同的形式，前文已有所提及。大多数国家法律明确规定，保证合同应为书面形式，所以说保证合同具有要式性。但也有的国家并不要求其为书面，口头形式亦可。《法国民法典》、《意大利民法典》等都仅仅强调成立保证合同的意思表示为明示，但并未要求其为书面形式，口头形式亦能成立保证，应该不成问题。但是在德国、英国等国家，如前文已述，成立保证合同必须是书面形式。《德国民法典》规定，为保证契约有效，必须以书面方式表示其意思。在英国则更为严格，保证合同一般要以印封证书形式出现，这可以视为一种特殊的书面形式。

我国《担保法》第13条规定："保证人与债权人应当以书面形式订立保证合同。"结合其他条文可以看出，我国《担保法》规定的保证合同的书面形式可以有以下四种具体形式：（1）保证合同，即保证人和债权人在主债务合同之外单独订立的书面保证合同；（2）保证条款，即保证人"参与"到主债务合同中来，并与债权人达成承担保证责任的条款；（3）与保证有关的信函，即保证人与债权人达成一致的信函、传真等文字材料；（4）保证函，即由保证人单方面出具的保证函，如被债权人接受，则保证合同成立。

当然，保证合同的书面形式不仅包括普通书面形式，而且还包括公证形式、签证形式、批准形式、见证形式等特殊书面形式。

### 四、保证合同的成立要件

一般而言，保证合同的成立要件有四：（1）须有双方当事人，即保证人与债权人。保证人必须是跟主债务合同毫无关系的第三人。（2）保证人与债权人的意思表示须一致，即已达成了由保证人承担保证债务的合意。如虽经协商，但未达成合意的，保证合同也不能成立。这里应该注意的是，如以空白保证即以保证人一方的意思表示而为主债务提供保证的，须有法律的特别准许，否则，不发生保证的效力。（3）保证人与债权人所达成的合意须以订立保证合同为目的，不以订立保证合同为目的意思表示，即使达成合意，也不能成立合同。(4) 保证合同须为书面形式。这是大多数国家的规定，如德国、英国、中国等等。

**五、保证合同的主要条款**

保证合同的主要条款，是保证合同必须具备的条款。保证合同若缺少主要条款，即应补正或依法作出适当的解释，否则该合同不发生效力。

根据我国《担保法》第15条规定，保证合同应具备以下主要条款：(1) 被保证的主债权种类和数额。保证合同相对于主债权来说是从合同，保证人在债务人不履行债务时，依照约定履行债务或承担保证责任。因此，保证合同应当对被保证的主债权的种类和数额作出规定，使保证人在订立保证合同时就明确将要承担保证责任的状况。所谓主债权的种类是指债权人和债务人订立的合同为何种类型的债权债务。主债权可以是给付金钱债权，也可以是给付货物债权，还可以是提供劳务债权。主债权的数额是指主合同的标的额，主债权的数额应当在保证合同中具体化、特定化。(2) 债务人履行债务的期限。债务人履行债务的期限是指合同中约定的债务人履行义务的时间。债务人履行债务的期限和保证人有着直接关系，因为只有在债务人超越履行债务的期限而仍不能履行时，保证人才承担责任。所以，保证合同中应对债务人履行债务的期限加以明确规定。(3) 保证的方式。保证的方式即保证人承担责任的方式，分为一般保证和连带保证两种。保证人与债权人可以约定保证为一般保证，也可以约定为连带保证，约定不明确或未约定时，视为连带保证。保证的方式对保证人来说，是至关重要的。一般保证的保证人享有先诉抗辩权，而连带保证的保证人则不享有该项权利。(4) 保证担保的范围。保证担保的范围是指保证人对哪些债务承担责任。保证人与债权人可以约定保证的范围，如果当事人对保证的范围没有约定或约定不明确，按照《担保法》第21条第2款规定，保证人应当对全部债务承担责任，即对主债务、主债务的利息、损害赔偿金、违约金以及债权人实现其债权的费用全部承担保证责任。(5) 保证的期间。保证的期间是保证债务效力的存续期间。如果债权人未在保证期间内对债务人提起诉讼或者申请仲裁，则保证人即可免除保证责任。保证期间对保证合同的双方主体都很重要，一般要在合同中明确约定；如果未约定或约定不明确，则按《担保法》第25、26条规定，即为主债务履行期满之日起6个月。（6）双方认为需要约定的其他事项。保证合同除了明确以上五项内容外，还可以依契约自由原则约定其他事项，保证合同未完全具备主要条款时，可以补正。其他国家对保证合同的主要条款也有相似的规定。如《德国民法典》规定，保证合同应该明确主债务，确定其债务金额，因为在债权人与主债务人之间存在主债务是保证人债务的有效性所必须的。保证合同中应明确被保证人即债权人，但并不需要写上他的姓名。只要能使人毫不含糊地推定他与主债务的关系即可，债权人的姓名能在以后得到保证人的许可后加上。此外，保证范围、保证期限、保证方式亦需明确，自不待言。

## 第二节　保证的生效

保证合同的成立并不等于保证合同已生效力。合同成立是指当事人达成协议而建立了合同关系；合同生效则指合同具备一定的要件后便能产生法律效力。可见，合同的成立与合同的生效，是两个性质完全不同的问题。它们各有其不同的要件。在大多数情况下，合同成立时具备了生效的要件，因而其成立和生效时间是一致的。但是，合同成立并不等于生效。保证合同的成立和保证合同的生效是完全不同的两回事。也就是说，保证合同成立后，还须具备一定要件，才能使保证生效。

### 一、保证人主体资格适格

主体不合格的保证合同，自然不发生法律效力。保证合同主体之一的保证人可分为自然人和组织两类，组织可分为法人组织和非法人组织。下面我们分别加以讨论。

（一）自然人保证人的主体资格

保证通过合同而成立，作为保证关系中的保证人必须有独立的人格。英国有这样一句法谚:"任何人不能为自己保证,或保证自己义务的履行。"所以,保证人、主债务人和债权人都应当是独立的法律主体。自然人保证人必须要具有契约能力,这是英美法系国家对保证人的一般要求。保证人的契约能力与一般合同相同,即保证人必须达到一定的年龄,处于正常的心智状态。不正常的心智状态可以因为精神病而发生,也可能因为醉酒而产生。心智无能力将导致合同的可撤销。

法国法律也非常重视保证人的行为能力。而且行为能力随着行为的性质、行为人的年龄和健康而有所不同。自然人保证人的行为能力即其作处分行为的能力,而处分行为是法律行为中最严重的行为。因此,未成年人或禁治产人都不能充当保证人。

在我国,根据《民法通则》及《担保法》的相关规定,我国的自然人均有保证权利能力,但只有完全民事行为能力的人才能充当保证人,而无民事行为能力人不得作保证人,限制民事行为能力人作保证人时,须由其法定代理人代理或事先征得其法定代理人的同意或事后追认。

(二) 法人保证人的主体资格

关于法人的契约能力,在以前,英美法中存在一项基本的原则,即能力外原则。根据这一原则,法人仅在其目的范围内签订的合同有效,超越目的范围的合同无效。后来,随着市场经济的发展和对交易安全维护的加强,在英美法系各国,能力外原则逐渐被废除。法人的契约能力仅受法律约束,而不受公司章程的约束,法人进行的一切交易,都不得以该交易超越目的范围为由而主张其无效。可见,英美法系国家的法人都具有保证人的主体资格。

在我国,法人的保证权利能力要受到法律规定的限制,根据我国《担保法》的规定,下列法人不得担任保证人: (1) 国家机关。国家机关有它特有的职能。如果国家机关充当保证人,将会影响其职能的正常行使;国家机关是非经营单位,其经费来自国家财政拨款,如果国家机关用行政经费承担保证责任,将会影响其正常的公务活动,而且事实上将导致国家担保的情况;国家机关是国家的职能部门,国家机关充当保证人,将有损国家的形象,特别是当出现保证纠纷时。但经国务院批准,在使用外国政府或国际经济组织贷款进行的转贷中,国家机关可以作为保证人。(2)公益性的事业单位、社会团体。如学校、幼儿园、医院、科学院、博物馆、体育馆、图书馆、儿童福利基金会、书法协会、法学会、天主教会、医学会等,是以谋取社会公共利益为目的而成立的法人。这些公益性的法人是为不特定的大多数人的利益而设立的,公益法人担任保证人与其目的不符;公益性事业单位、社会团体的经费主要来源于国家拨款以及社会捐献,充当保证人,不利于有限经费的合理使用,更不利于其自身的健康发展;公益法人的主要资产是固定资产,如教学楼、办公楼、学生宿舍楼、医务楼等,如果以此来承担保证债务,将会大大影响其工作的正常进行。当然,营利性的事业单位和社会团体法人如会计师事务所、图书出版公司、律师事务所等完全可作保证人。

(三)其他组织保证人的主体资格

其他组织系指依法成立的、有一定的组织机构和财产且又不具备法人资格的组织。其他组织有以下几种:(1)个人独资企业。个人独资企业当然可以充当保证人。但从严格意义上讲,个人独资企业并不是独立主体,所以个人独资企业为保证人时,除了以企业财产承担保证责任外,还应以其企业主的个人财产甚至于家庭财产承担责任。(2)合伙组织。合伙组织担任保证人的,应经其全体合伙人的同意。英国判例法认为,所有合伙人都应在保证合同上签字,否则该保证合同无效。经全体合伙人同意,以合伙名义保证的,以合伙组织的共有财产及合伙人各自所有的财产承担保证责任。(3)非法人的中外合作经营企业、外资企业。这类企业成为保证人,应该不成问题。但是应该以其企业财产以及其出资人全部财产承担保证责任。(4)非法人的社会团体。非法人的社会团体亦有公益性与非公益性之分,其中,公益性的非法人社会团体不能充当保证人。(5)法人的分支机构。企业法人的分支机构具有一定的民事权利能力和民事行为能力,但无独立承担民事责任的能力。所以,法人的分支机构一般不能充当保证人,但经法人授权和事后追认的除外。

前面所述,可以成为保证人的自然人、法人和其他组织,要真正成为保证人,还须具备一项共同条件,即有代偿能力。上述个人和组织如无代偿能力,则其成为保证人的主体资格不适格。保证人的代偿能力即代为清偿债务的能力,对债权的实现至关重要。保证的目的就是为了保障债权的实现,如果保证人不具有代偿能力,保证便形同虚设,保证目的就会落空,这将严重损害债权人的利益。所以各国法律均把保证人的代偿能力问题作为一个很重要的问题明确规定。我国《担保法》第7条规定:"具有代为清偿债务能力的法人、其他组织或者公民可以作保证人。"《日本民法典》第450条规定:"保证人应系能力人,且有清偿资力。"《法国民法典》第2019条规定:"保证人的资力仅以其不动产所有权为标准,但关于商事事件或小量债务,不在此限。"

**二、债权人主体资格适格**

债权人主体资格问题,其实指的是债权人确实享有债权,而该债权是确实存在的、合法有效的、已经确定的。因为,保证债权债务关系的成立以合法有效的主债权债务关系的存在为前提。主债权无效,保证债权当然无效。从《德国民法典》第766、767条可以看出,保证生效必须具备两个条件:(1)保证的意思表示必须采用书面形式;(2)主债务必须是确实的、已经确定的。在债权人与主债务人之间存在主债务是保证人债务的有效性所必须的。保证虽可以针对未来的或附条件的债务,但未来的债权应明确说明和个别化,使它区别于不包括在保证范围之内的其他债权。《法国民法典》第2012条规定:"保证只能建立在一项有效的债务之上。"法律只强调此项债务是有效的,至于此项债务是合同债务,还是侵权行为债务;是现在债务,还是未来债务,则是无关紧要的。而且,保证合同成立时,主债务是有效的,后来如被宣布为无效时,保证同样也不再有存在的理由,被担保的债的无效导致了保证的无效。此时,主债务的无效不管是何种原因,不管是绝对无效还是相对无效,不管是主债务人提出还是保证人提出,都是无关紧要的。

### 三、双方当事人的意思表示真实

意思表示真实就是传统民法理论中的意思表示健全。所谓意思表示真实，是指当事人在缔约过程中所作的要约和承诺都是自己独立且真实意志的表现。在正常情况下，行为人的意志总是与其外在的表现相符的。但是，由于某些主观上或客观上的原因，也可能发生两者不相符的情形。例如，当事人一方故意捏造虚假情况或隐瞒掩盖真相；又如，一方当事人利用另一方当事人的某种急迫要求而进行要挟或采用其他方法强迫其接受某些不合理的条件而订立合同等等。在这些情况下所订立的合同，都是意思表示不真实。意思表示不真实的合同不受法律保护，不产生法律效力。具体到保证合同，当然包括保证人意思表示真实和债权人意思表示真实。只有双方主体的意思表示真实时，保证合同才会发生法律效力。

在英美法系等国家，往往考察以下因素是否影响了保证主体意思表示的真实性。

1. 诱骗

通常，在某人因受诱骗而签订合同的情形下，其意思表示往往是不真实的。如果是保证人受诱骗而签订了合同，那么他同时享有欺诈和合同不存在两项抗辩权。此时，合同的无效不仅仅是基于欺诈而成立的，也是由于其意思表示不真实而成立。在其真实意思和在该合同上签字的行为不一致时，即便存在签字，也不能认定合同就一定存在。当然，法院对于合同不存在的认定是十分严格的。在不存在的虚伪陈述的情况下，法院一般不支持一项合同不存在的抗辩。即使存在虚伪陈述，合同不存在的抗辩也并非一定能够成功。此时，主要看抗辩人是否存在疏忽。例如，他有充分的时间和机会阅读合同文本，但却在没有阅读文本的情况下签订了合同，此时，即便合同文本中存在虚伪陈述，也不能以其不知道合同的内容主张合同不存在的抗辩。

2. 胁迫与不当影响

一项保证合同可能因为胁迫与不当影响而成为可撤销的合同。胁迫和不当影响既有联系又有区别。在英美法中，胁迫是一个普通法上的抗辩,而不当影响则主要是一个衡平法上的抗辩。胁迫作为一种抗辩主要涉及的问题是:保证人是否受到了一项来自外部的不可忍受的压力。而不当影响则主要涉及到保证人是否有机会使自己理解交易的性质。在受胁迫和不当影响的情况下,保证人并非真正愿意提供保证,其意思表示显然不真实,对其给予救济理所当然。胁迫抗辩的成立往往需要一定的胁迫行为的存在;而不当影响产生于当事人之间存在一种这样的关系,这种关系使得其中的一人处于可以对另一人施加一种表面上非常自然、合适,但实际上对其是不公平的影响。譬如,"精神安慰者"与受安慰者的关系,律师与当事人的关系等等。

3. 昧良心交易

所谓昧良心交易,是指一方当事人利用缔约时其所处的交易优势,违背良知地使用特定环境或条件下其所拥有的势力,使处于弱势的另一方接受其交易或不公平、不合理的交易条件。昧良心交易的另一方当事人,其意思表示很可能不是其真实的内心意思表示。所以,如果法院认定昧良心交易成立,则该保证合同将会被拒绝执行。

4. 信息披露义务

为了保证合同能够充分地体现当事人的真实意思,英美法系国家的合同法中有一项基本规则,即信息披露规则。根据这一规则,当事人一方负有对另一方披露特定事实的义务,如果应当披露的事实而没有向另一方当事人披露,则合同的效力会因此而受到影响。因为在有些情形下,当事人一方对作为合同基础的信息不予披露,可能将严重影响他方的权利,如果另一方当事人知晓某些事实便不会签订该项合同。显然,另一方当事人不了解这些信息而签订的合同实际上也不是当事人真实意思的表现。所以,法律规定在签订保证合同的过程中,债权人不得欺诈,不得作虚伪陈述,不得作隐瞒,而且如果某一事实对保证人是否给予保证的决定会产生实质性影响时,债权人就有义务主动披露这一事实。

同样,大陆法系国家也非常重视保证合同主体意思表示的真实性,以下因素是经常被详加考察的:

1. 充当保证人的授权

在合同上签字的人不一定自己承担义务，如果他得到授权，也能为他人的利益行事。授权指能使他人承担义务的能力。在以下情形必须遵照关于授权的规则：公司领导人为公司的利益作承担义务的允诺；自然人授予的充当保证人的委任；夫妻共同财产制项下，配偶一方充当保证人。法律允许充当保证人的委任，但受任人只在委任的限度内能使保证人承担义务。

2. 保证人的同意

保证人的同意必须存在，并且没有瑕疵。当然，保证人应自行调查他所承担的风险，即主债务人的清偿能力，以便作出决定。

3. 保证人的错误

保证人的错误，一般是指其对主债务人现在或将来的清偿能力作了错误的判断以致使其签订了保证合同。在大多数情形下，保证人的意图债权人是不知道的，因为未规定在合同上，判例也很少承认隐含条件的存在。但是，如果保证人能证明他确实有明显的错误，则法律的补救也是必要的。

4. 诈欺

诈欺是保证人经常援引的意思瑕疵，而且往往胜诉。《法国民法典》第1116条规定："如当事人一方不实施诈欺，他方当事人决不缔结契约者，此种诈欺构成契约无效的原因。"但是"诈欺不得推定，就证明之"。一些判例对诈欺作广义解释，即诈欺可能是债权人的单纯的沉默构成的。他的沉默是向保证人隐瞒他所占有的主要信息。因此，对掌握信息的信贷企业，法院更容易判定有诈欺行为。向外行保证人隐瞒主债务人的不可挽救的困境，不把自己占有的信息通知外行保证人的债权人同样违反一切合同当事人善意行事的义务。

5. 暴力

因暴力而提供的保证当然是无效的。《法国民法典》第1112条规定："凡行为的性质足使正常人产生印象，并使其发生自己身体或财产面临重大且迫切危害的恐惶时，胁迫成立。"第1113条规定："胁迫为契约无效的原因。"判例对暴力作更广泛的解释，按照判例，是指"很大的精神上的强迫"。暴力不同于诈欺,能来自于主债务人,此点尤须注意。

我国《担保法》第3条规定,担保活动应当遵循平等、自愿、公平、诚实信用的原则,对影响当事人意思表示真实的具体情形应参照《民法通则》的有关规定。

### 四、合同不违反法律或者社会公共利益

这是保证合同生效要件中最为重要的一个。保证合同若缺合法性,没有补救的余地,只能归于完全无效。合同不违反法律和社会公共利益,其所指包括合同的目的和内容两个方面,即合同的目的和内容都不得违反法律或社会公共利益。当然,合同不违反法律或社会公共利益在不同的国家有不同的要求,即使在一个国家内,不同时期或不同地区其要求也有不同。但其相似性是很明显的。如《法国民法典》第1108条规定,保证契约有效成立的必要条件之一就是"债的合法原因"。《意大利民法典》第1343条规定,当与强制性规范、公序良俗相抵触的,保证契约无效。我国《民法通则》第6条、第7条规定,签订保证契约"必须遵守法律","应当尊重社会公德,不得损害社会公共利益"。我国《合同法》第7条也作了类似的规定。显然,在违反法律和社会公共利益的情况下,保证合同无效。

## 第三节 保证的范围

### 一、保证的标的

保证的标的或保证的债务的标的,即保证债务人所为的特定的行为。保证债务人所为的特定行为是代为履行或赔偿损失。此类给付因主债务的不同而不同。在主债务人不按期履行其债务时,保证人可以代为履行也可以承担赔偿责任。因为在此种情形下,保证债务有代替性标的之给付的,为代替性债务。对专属性或有特殊要求的债务,在主债务人不按期履行债务时,保证人只能赔偿债权人的

损失。这也是该保证债务标的的给付无代替时的结果。有代替性，是指保证人在主债务人不履行其义务时负有为其给付的义务；无代替性，是指保证人就主债务人不履行时债权人所受之损害赔偿，负履行之责。当主债务之标的或性质发生变更时，保证债务原则上亦随同变更：（1）主债务人迟延给付时，主债务变更为原债务及因其给付迟延而产生损害赔偿债务，保证债务也应包括此赔偿债务；（2）主债务因不可归责于债务人之事由而给付不能时，主债务消灭，保证债务亦因而消灭；（3）主债务因归责于债务人的事由而给付不能时，主债务变为损害赔偿债务，保证债务也随之变更。但是保证人有能力代为履行时，债权人可以请求保证人代为履行。

**二、保证的范围**

（一）法律规定的保证范围

保证债务除当事人另有约定外，其范围包括主债务及其利息、违约金、损害赔偿金和实现债权的费用。我国《担保法》第21条就是这样规定的。其他国家也有类似的规定。如《法国民法典》第2016条规定："对于主债务的无限制保证及于该主债务的一切附带债务，即使最初的诉讼费用及通知保证人以后的一切费用，亦在保证范围之内。"《日本民法典》第447条规定："保证债务，包含有关主债务的利息、违约金、损害赔偿金及其他所有从主债务者。"但是，《德国民法典》的规定则有所不同。《德国民法典》第767条规定："保证人的义务以主债务的现状为标准。特别是在主债务因主债务人的过失或者迟延而变更时，亦适用之。保证人的义务不因主债务人在其承担保证后所采取的法律行为而扩大。"在英美法系国家，保证债务的范围依当事人的约定，但一般不能超过主债务人的责任。在保证人的责任超过主债务人的责任时，就不是单纯的保证合同。保证人的责任不仅可以小于主债务人的责任，而且在通常情况下，保证人的责任总是小于债务人的责任。

根据多数国家的法律规定，保证范围为：（1）主债务。（2）利息，包括法定利息与约定利息。法定利息为主债务之扩张，依保证债务之附从性，当然属于保证之范围。而约定利息，各国规定不一，

《瑞士债务法》视其为本期及其前一年之利息。(3)违约金。《瑞士债务法》规定,只有当事人有明确的约定时,才属于保证范围。(4)损害赔偿金。(5)其他费用。

(二)当事人约定的保证范围

当事人有权利自由约定保证范围,而且依各国法律之精神,首先要看当事人是否约定了保证债务之范围,如果有约定,则从约定。保证人可以约定只保证主债务之履行而不保证其利息债务之履行,也可以只保证主债务的一部分之履行,还可以约定在某一数额之内承担保证责任。而且,保证人还可以就其保证债务约定违约金和损害赔偿之具体数额。如《日本民法典》第447条规定:"保证人可以只就其保证债务,约定违约金及损害赔偿的数额。"

在英美等国,保证人责任的范围由保证合同确定。依据保证合同,保证人承担定额责任的,保证责任仅仅限于该定额范围内,债权人不得要求保证人承担超过定额的责任。但是,保证债务的利息,在无明确约定的情况下,应当属于保证人保证的范围。定额保证中保证人仅对其保证的定额债务及所生利息承担保证责任。

(三)保证性质所决定的保证范围

保证性质所决定的保证范围指的是依保证债务的附从性所决定的保证范围。依附从性,保证债务之范围,应在主债务的范围之内。如果保证人的保证债务范围大于主债务者,应缩减至主债务之限度内。如《日本民法典》第448条规定:"保证人的负担,就债务的标的或样态较主债务为重时,缩减到主债务的限度。"保证债务超过主债务限度的部分无效。如果保证合同未规定其保证范围,视主债务范围为保证债务范围。保证债务成立后,主债务范围有变更时,视不同情形,对保证债务范围有不同的影响:(1)依主债务人与债权人之间的契约,扩张主债务的范围时,除非经保证人同意,保证债务的范围不因此而扩张;(2)依主债务人与债权人约定契约或依债权人一方之行为,缩小主债务之范围时,保证债务亦因而缩小。

**三、保证的期限**

保证的期限是指依当事人的约定或依法律的规定,保证人承担保证责任的期限。保证期限是一种重要的法律事实，能引起保证法律关系的发生、变更和终止。所以，保证合同应明确约定保证期间，如果没有约定，就要依据法律规定的期限来确定保证期限。保证期限对于确定保证人的保证责任至关重要。所以，保证期限起算点的理解问题也是一个十分重要的问题，就此问题，理论界一般有两种观点：(1) 保证期限应从保证合同成立之日起算；(2) 保证期限应从主债务履行期限届满之次日起算，我国《担保法》采取第二种观点。

在我国，保证的期限有约定和法定之别。(1) 保证合同明确约定保证期限时，从约定。此时又有两种情况，即一般保证和连带保证。如果是一般保证，根据《担保法》规定，在合同约定的保证期间，债权人未对债务人提起诉讼或仲裁，保证人免除责任。因为在一般保证中，保证具有附从性和补充性，保证人享有先诉抗辩权。如果是连带保证，在保证期限内，债权人既可以要求债务人履行也可以要求保证人履行。因为连带保证只具有附从性而无补充性，保证人不享有先诉抗辩权。当然，如果超过了约定的保证期限或债权人未在保证期限内要求保证人承担保证责任，则保证人免除责任。(2) 保证合同未约定保证期限或约定不明确，依据法律的规定，此时又有三种情况：即一般保证、连带保证和连续保证。如果是一般保证，保证期限为主债务履行期届满之日起六个月。六个月时间内，债权人如果未提起诉讼或申请仲裁，则视为其放弃了向保证人行使权利，保证人也随之免责。如果是连带保证，债权人有权自主债务履行期届满之日起六个月内要求保证人承担保证责任。在此时间内，债权人未要求保证人承担保证责任的，保证人免除责任。如果是连续保证，保证人可以随时书面通知债权人终止保证合同，但保证人对通知债权人之前所发生的债权，承担保证责任。

法国等大陆法系国家的法律对保证的期限也作了具体的规定，但其规定及理念与我国相比又有所不同。在法国，保证同样取决于它的期限。期限是一项未来事件，到期的效力是消灭保证人的义务。保证人能通过在保证文书上规定期限以限制他承担的义务。他所承担的义务只是到那一天为止。保证人亦能规定，如果他失去他担保其债务的企业的领导人或合伙人的职位时，他的义务承担就告终止。期限必须作出规定，保证人不能援引任何隐含期限。保证能因保证人的死亡、约定期间的到期或解除而消灭。如系未来债务，上述消灭原因使保证人的覆盖义务而告终止，剩下的是他的清算义务。死亡等的效果只是对未来而言解除了保证人的义务。按照法国法律，继承人继承死亡者的财产时，继承人因此也承担了他的债务。继承人对保证人死亡后成立的债务不承担清偿义务，但债权人对保证人死亡前未清偿的债务仍然能追诉他们。继承人避免清偿的惟一办法是放弃继承权，从而不再承担死亡者的债务。继承人可以在清点财产后有实际余额时再接受遗产。

## 第四节 保证的效力

保证的效力即保证债务所生之法律效力。因合法有效的保证债务的成立，在债权人与保证人之间、债务人与保证人之间以及保证人与保证人之间形成了一定的权利义务关系，他们各自享有应该享有的权利并承担相应的义务。

### 一、债权人的权利

债权人对保证人享有请求其履行保证债务的权利，而且，债权人只有在主债务已届履行期而主债务人没有履行的情况下，享有此项权利。当保证债务已届履行期时，不管主债务人有无清偿能力，不管就主债务是否存在担保物权，债权人都可以请求保证人承担其保证责任。在债权人未就主债务的财产申请强制执行或强制执行还无效果时，保证人对债权人的请求享有先诉抗辩权。如果保证人不行使其先诉抗辩权，则债权人可以对债务人和保证人有效地行使两个请求权，并可以同时或先后请求其履行全部或部分债务。当然，债权人还享有其他权利。如：采取保全措施的权利，在债务不能要求履行时申请法院作出保全性审判上的抵押；进行"保全诉讼"的权利，当保证人低价出售财产或赠与他人财产时，债权人有权申请法院宣告保证人的行为无效等。但是，债权人享有的最为重要的权利仍然是在主债务人不履行其债务时向保证人追诉的权利。

在法国，债权人追诉保证人，请求其承担保证债务的途径有两种：即在集体程序外和在集体程序内。

（一）在集体程序外

在集体程序外，债权人只是在主债务人的债务未得清偿并且可以要求履行时才能追诉保证人。但是，不是所有的保证人都处于相同的地位，需要考虑保证的性质是普通保证还是连带保证。但不管是什么保证，追诉的先决条件都是主债务人没有履行。如系普通保证，债权人应先追诉债务人的财产，如系连带保证，追诉则就立即进行。但实际上，债权人先向主债务人发出催告，催告无效果时，才追诉保证人。债权人必须等到他对债务人的债务成为可以要求清偿时，才追诉保证人，可以追诉的日期、起点在主债务人与债权人之间的合同上，当债权人与债务人约定的清偿日期提前时，主债务人丧失期间权利。原则上，保证人不应该遭受此项提前要求清偿的后果。可是保证合同一般有以下条款，即保证的期限与主债务的期限同时丧失。当债权人与债务人约定的清偿日期推迟时，主债务人的履行期限延长，保证人应承担保证责任。但这种延长将增加主债务人无清偿能力的风险，因此法律给予保证人两种保护：一是保证人有权自己起诉主债务人；二是保证人有权按原先规定的期限履行保证义务，债权人不得拒绝，保证人因此而享有对债务人的追索权。

在债权人追诉普通保证人的情况下，因普通保证人享有先诉主债务人权（类似于先诉抗辩权）和划分权，如果保证人援用此两项权利，债权人只有在追诉主债务人的财产之后未能全部清偿时，才能追诉保证人。而且，债权人只能要求保证人清偿其所承担的那一部分债务。如果债权人追诉的是连带保证人，则债权人享受两个系列的特权：第一，他享受连带债务的两项主要效力。保证当然是附属的义务，但不一定是辅助性的。其次，他须在各个保证人之间划分他的追索，除非保证文书上有不可分的条款。第二，他享受以共同债务人之间的相互代理为依据的连带债务次要效力，即（1）催告共同债务人之中的一人而对全体产生效力。向主债务人或连带保证人中的一人提出的利息申请，而对全体债务人产生效力。（2）债权人与主债务人之间的判决既判力能对抗各保证人。相反亦同。因此，经认定属于已进入集体程序中债务的负债的债权，保证人不得提出异议。

(二) 在集体程序内

为了谋求发动债权人在友好清算的框架内给予债务人延期或折扣，为了在法律监督之下有组织地清算负债，强迫债权人给予延期和折扣，近年来的立法增加了各种集体程序。如法国于1989年颁布了《司法重整和司法清算法》，在该法中规定了友好清算程序和清算负债程序。

友好清算程序适用于财务上暂时有困难的个人或企业。关于个人，1989年的《司法重整和司法清算法》对个人、家庭规定了一种友好清算程序，由一个委员会负责审查个人的过度负债情况，制定约定性的友好清算计划，谋求取得债权人对债务的延期付款和折扣的同意。保证人凭他的义务的附从性有权享受主债务人得到的好处。关于企业，经1994年法修订，商事法院院长指定的调解人负责得到债权人的同意达成一项合同性的协议。债权人同意的折扣和延期付款，保证人同样享受。

适用于企业的清算负债程序有两种：第一，企业的审判恢复程序。凡是一家企业虽有困难但仍有恢复的可能性，适用该程序。(1) 程序开始后，债权人在三个月内应向债务人的代表申报他的债权。如果不申报，债权视为消灭。保证人能援引这种规则，因为这是债务人债务内的抗辩事由。如果债权人不申报，保证人就此解除责任。(2) 债权人对主债务人的个别诉讼，即使是可以要求履行的债权，也告终止。(3) 对主债务人的利息中止计算。法国最高法院认为保证人可以援用这条规则，其理由是保证的附属性。1994年法做了相反的规定，不准保证人或共同债务人援引中止计算利息的规则。(4) 宣告集体程序开始的判决将使已到期的现有的债权不能立刻要求履行。对主债务人来说就是不发生丧失原先规定的期限的权利。法国最高法院根据保证人义务承担的附从性，允许保证人援引此项规则。因此未到期债权的债权人必须等债权成为可以要求履行时才能追诉保证人。规定保证人放弃援引这条规则，视为没作出。(5) 经过一段观察期间之后可能制定"继续经营方案",法院认可债权人同意的延期付款和折扣并作出裁定,强迫其他债权人接受统一的延期清偿。1989年法明文规定连带保证与共同债务人不得援引此条规则。(6)清算程序的进行可能导致做成企业转让方案。此时法院可裁定债务人尚未到期的债务成为可以要求履行的债务。这里,期限权的丧失只对债务人产生效力,除有相反的约定外,不能推广到保证人。第二,审判上的清理程序。这是法院在对处于困境中的企业没有任何生存下去的机会时宣告清算开始的程序。程序的惟一目的是在可以动用的金额的限度内清偿债权人的债权。对债权人来说,此项程序比上述审判恢复程序更为有利。宣告程序开始的判决引起尚未到期的债权可以立刻要求履行。法国最高法院认为丧失期限权只对债务人产生效力,保证人有权等到原先规定的期限清偿债权人。凡是程序结束判决宣告资产的不足,债权人不能再个别对债务人起诉。法国最高法院拒绝保证人援用此项解决办法。因此,债权人总是能追诉保证人。但清偿了债务的保证人仍有对债务人的追索权。

相对于大陆法系国家的法国近年来兴起的各种集体程序,英美法系国家的英国则不断完善债务人或保证人破产时,债权人行使其追诉权的程序。

(一)债务人破产时

债务人破产时,债权人首先应该做的就是对其债权进行申报和确认。一般的规则是,债权人从保证人直接获得的金额和债权人通过实现由保证人提供的物上担保而获得的金额无需从破产债权确认的金额中扣除。而且,只要债权人尚未从担保中受到全部的清偿,不论在破产债权确认之前或之后,都不必从确认的债权中扣除。表面看来,至少债权人在破产之前直接从保证人那里获得的部分清偿的款项不应再计入被确认的债权。但实际上,如果允许债权人获得的这一清偿从破产债权中扣除,对保证人来说就是极为不公的。这一规则的确立基于这样一个严密的衡平法原则:在债权人就被保证债权获得全部清偿之前,保证人不能使自己因保证作出的清偿在破产债务人的破产债权中获得确认,因为,保证人担保了全部的受保证债务,包括债权人在通过参与破产财产分配从债务人破产中获得清偿的那部分财产被扣除后剩余部分的债权，他没有衡平法上的权利去与其他债权人竞争使其已作出的支付在破产债权中得到确认。如果将债权人在破产前从保证人处获得的清偿计入破产债权，则债权人的破产债权和保证人的破产债权都将无法确认，一般债权人将因此而获得不当得利。同样，债权人在破产之前以保证人提供的担保物中获得的清偿也不能从破产债权中扣除。也就是说，在债权人从保证人处获得清偿的情况下，一方面，债权人的破产债权应当按其全额债权进行确认，保证人作出的清偿，不必在破产债权中扣除。另一方面，保证人的责任在债务人破产的情况下，也不应当解除。同样，债权人从一个完全陌生的第三人那里获得的清偿也不能从债权人的破产债权中扣除。也就是说，这个一般规则意味着只有债务人自己进行的清偿或以原始债务人的名义作出的清偿，才能在破产人的破产债权中扣除，通过其他一切途径获得的清偿都将被排除在外。

在保证人以有限责任对债务进行担保的情形下，同样适用此规则。因为保证人的有限担保责任覆盖的是最终的余额债权，保证人没有衡平法上的权利在承担规定限额内的保证责任后，使自己作出的清偿计入破产债权而作为一般债权人参加破产财产的分配，除非全部的债权都获得清偿，即使其实际清偿的金额大于其保证清偿的金额。但是，当债权人收到保证人或第三方开设的可转让票据时，则不得适用上述一般规则。例如，债权人持有一张由第三人签发或背书转让的、由债务人承兑的汇票时，尽管债权人在债务破产时可以就该票据的总额获得确认，同时也可以对第三人就其全额进行追索。但是，如果先向第三人进行追索而不进行债权确认，那么，若债权人在确认之前从第三人获得了部分清偿，则他必须将清偿金额从确认的债权金额中扣除，只能将剩余部分进行确认，在确认之后从第三人处获得清偿，那么，他可以保留其整个被确认的债权的金额，不必就此部分进行扣除，也不必将收到的款项计入破产财产。

同时，保证人的责任不因主债务人的破产而受影响，债权人对于保证人的权利仍然可以行使。债权人可以就其债权的总额在破产清算程序中确认债权，也可以对保证人起诉进行追索，并就其通过破产财产的分配而未能获清偿的部分通过判决的执行而获得清偿。即便债务人的债务因破产财产的分配完毕而被解除，也不影响债权人对保证人的追索权利。但是，应当注意保证合同中的利息条款。如果该条款规定，任何到期的利息应当由债务人支付，那债务人破产，则债权人收取利息的权利将因此而终止，此时，该项利息债权将不能合法地从保证人那里获得清偿。为了避免这一结果，利息条款应当规定利息债权同样受保证人的保证。

（二）保证人破产时

保证人破产时，同样存在债权人的债权确认问题。债权人应当将其在确认前从主债务人那里获得的清偿金额应从保证人破产财产中获得清偿的债权金额中扣除，但是，对于确认以后从主债务人处获得的清偿则不必进行扣除。同样，在另一方面，债权人从共同保证人或其他非原始债务人那里获得的清偿，即便在确认之前，也可以不进行扣除。当然，债权人不能获得比全部清偿更多的利益。在保证人仅就一部分债务提供保证的情况下，由主债务人进行的清偿是否分配给受保证的部分或剩余债务部分，保证人的受托人即破产管财人无权要求这部分应当从保证覆盖的债权的部分扣除。

在共同保证的情形下，共同保证人支付超过其应当支付金额的债权不能在破产保证人的财产上确认其该部分的债权，除非债权人获得了全部清偿。因为债权人自己享受优先的债权确认权，法律也要求不能由共同保证人自行确认债权。但是，如果共同保证人全额进行了清偿，他对债权人的确认权取得代位权，可以以自己的名义提出债权确认或取得已经确认的债权。此时，他不仅可就自己应当承担的部分进行债权确认，而且可以就全部债权进行确认。

（三）债务人和保证人同时破产时

在债务人和保证人同时破产时，债权人可以就其债权总额同时在债务人和保证人的财产上确认债权，不必对其中之一确认的债权进行扣除，以便通过另一个的破产财产获得清偿。当然，债权人不得因此而获得超过自己债权全额的不当得利。

必须注意的是，债权人行使其追诉权时，并无义务穷竭一切从主债务人那里获得赔偿的救济途径后才能要求保证人承担责任。法律仅仅要求债权人就迫使主债务人履行作出最低限度的努力。债权人也不必穷竭一切可以主张的物的担保利益才能向保证人提出履行请求。

不管是法国的"集体程序"还是英国的"破产程序",都重在保证债权人的利益,而且法国的"集体程序"还兼顾保证人的利益,更为重要的是,这些国家对债权人的追诉权都作了非常详尽的规定,操作性非常强,而我国《担保法》明显地过于简单,以至于当事人感到无所适从或无法可依,往往容易产生争议,还可能产生一案多判的情况。

**二、保证人的权利**

(一) 保证人对债权人的权利

1. 大陆法系

(1) 主张享有主债务人之权利

保证人有权主张享有主债务人的相关权利。《德国民法典》第768条规定,"保证人可以主张主债务人享有的抗辩权",且"保证人不因主债务人放弃抗辩权而丧失抗辩权"。《法国民法典》第2036条也规定:"保证人对债权人,得主张属于主债务人的、为主债务所固有的一切抗辩。"

①抗辩权

保证中的抗辩主要是指保证人根据法律规定对债权人拒绝履行义务的行为。这里的抗辩权包含异议抗辩权及其类似的权利。异议即权利未发生或权利已消灭之主张。如,主债务因不法或其他原因而无效时,保证人可主张权利未发生之抗辩;主债务因清偿、代位清偿、抵消、更改等而消灭时,保证人可主张权利消灭之抗辩。抗辩主要指延期的抗辩。主债务人有同时履行之抗辩、不安之抗辩时,保证人亦可以主张。因为,在主债务尚未届履行期的情况下,让保证债务先为履行,有背于保证的附从性原则。先诉的抗辩如时效抗辩等其他类似的权利,如期限宽许之选择权。在主债务延期履行的情况下,保证人有权选择其保证债务是否随之延期。如果保证人认为主债务的延期将增大保证的风险,他将不同意延期;而主债务的延期将减轻其责任时,保证人有权主张其权益。

②抵消权

主债务人对于债权人有相应债权时,保证人可主张债权人之债权与主债务人之债权相互抵消。法国、日本、德国、意大利等国的法律均予认可。保证人在债务人有此抵消权期间,可以拒绝债权人的清偿请求。

③撤销权

主债务人有权撤销使其债务发生之法律行为时,保证人虽不得行使主债务人的撤销权,但可以拒绝清偿其保证债务。《德国民法典》第770条规定:"主债务人有权撤销导致其债务发生的法律行为的,保证人可以拒绝向债权人清偿。"但是这种拒绝权应该是在该法律行为未被承认、撤销权未被行使、未经过除斥期间而消灭前行使。

(2) 为一般债务人之抗辩

保证人是保证债务的债务人,一般债务人应有之抗辩,保证人当然享有。譬如,以期限未到、保证合同本身无效等为抗辩,以有撤销之事由而为撤销;以有特约之合同解除权而为解除;以保证合同消灭时效届至而拒绝给付;以其拥有对于债权人之相应债权而为抵消等等。

(3) 行保证人特有之抗辩

保证人特有的抗辩权即先诉的抗辩权,亦称先诉的抗辩权或先诉主债务人权。该权利是普通保证人所特有的权利,连带保证人无权主张先诉的抗辩。那么,何谓先诉的抗辩权呢?先诉抗辩权,是指普通保证人在主债务纠纷未经审判和仲裁,并就债务人财产依法强制执行不能履行债务前,对债务人可以拒绝承担保证责任的抗辩权。先诉抗辩权产生的根据是普通保证所具有的附从性和补充性。保证人行使这一权利的前提是:主债务纠纷未经审判或仲裁,或虽经审判或仲裁,但并未就主债务人的财产依法强制执行。如果经强制执行,债务已获清偿,保证责任也随之消灭,保证人也就不必行使先诉抗辩权。如果经强制执行,债务未获全部清偿,保证责任依然存在,保证人随即丧失了先诉抗辩权。

源于罗马法的先诉抗辩权,后经各大陆法系国家的继承发展而发扬光大。现在，各国民法典几乎都规定了先诉抗辩权。根据各国民法之规定，保证人行使先诉抗辩权有三种方式：一是瑞士式。债权人只有在向保证人证明已向主债务人实际执行而无效果时，才能请求保证人履行责任，否则保证人可行使先诉抗辩权。《瑞士债务法》第495条就作了详细规定。二是奥地利式。债权人对主债务人进行诉讼催告后；如果保证人证明主债务人有能力履行的，债权人必须对主债务人强制执行。否则，保证人享有先诉抗辩权。三是法国式。债权人未就主债务人的财产强制执行前，向保证人请求履行的，保证人可行使先诉抗辩权。如《法国民法典》第2021条规定："保证人仅在债务人不履行其债务时，始对于债权人负履行债务的责任，债权人应就债务人的财产进行追索。"当然，保证人行使先诉抗辩权只是暂时延缓履行债务。债权人强制执行债务人的财产而未实现其债权时，保证人就得承担责任。

  先诉抗辩权之行使，并不是没有限制的。在以下情况下，保证人就不得行使先诉之抗辩权：第一，保证人抛弃先诉抗辩权的。如果当事人在保证合同中约定，保证人承担连带责任，那就意味着，保证人抛弃了先诉之抗辩权，准确地说，先诉抗辩权自始就未成立。如果当事人在保证合同成立后特别约定放弃其普通保证人之身份，则为对于已经取得的先诉抗辩权的抛弃。第二，保证合同成立后，主债务人的住所、居所、经营场所变更，致使债权人要求其履行债务发生重大困难的。这里应注意的是，只要给债权人追偿造成重大困难，即债权人无法要求债务人向自己履行责任，或者虽然债权人可以要求债务人向自己履行债务，但需要花费巨大的时间和费用，保证人即不得行使先诉之抗辩，而不问债务人住所作何变更，是迁往国外还是在国内移动。当然，各国法律对此的规定并不相同。依德国旧时判例，须移往外国。在瑞士，不能向其请求或因在外国住所的变更，造成债权人追诉有很大困难者，保证人才不享有先诉之控辩权。第三，主债务人受破产宣告的。主债务人如受破产宣告，债权人无须等到破产程序结束，即可向保证人请求清偿。因为破产财产的清偿，往往难以清偿全部债权，所以债权人可以直接请求保证人履行义务，保证人不得以先诉控辩权为由不履行保证责任，而应当按债权人的要求履行保证责任。第四，主债务人的财产不足清偿其债务的。主债务人的财产已经被强制执行而债权人并未实现或完全实现其债权的，保证人不得再主张先诉之抗辩。

在共同保证的情况下，保证人还可以主张其划分权。即普通保证人要求债权人预先划分他的诉讼，降低到每一个保证人的那份份额。除实物保证人外，所有保证人都享有此项权利。此项权利比先诉抗辩权更容易援用，只要保证人有此要求即可。行使该项权利的效果是使债权人只能要求保证人清偿其所承担的那一部分债务，而且保证人亦不再承担其他保证人的无清偿能力的风险。

2．英美法系

（1）保证人的权利

衡平法赋予了保证人对债权人的一系列权利，这些权利如果受到债权人的侵害，便可能使保证人解除保证责任。

在清偿前的权利。在保证人或主债务人作出清偿前，保证人有参加债权人对于债务人的诉讼，并且就与保证债务有关的问题进行辩论；在清偿之前，保证人在微弱的程度上享有要求债权人先就主债务人索取清偿的权利；保证人在对债权人作出全部清偿后，有权要求债权人对债务人提起追索赔偿。

在债权人提出清偿请求时的权利。保证人在债权人提出清偿请求时，享有债务人享有的所有对抗债权人清偿请求的一切法律上和衡平法上的抗辩。如在债务人对债权人享有抵消权的情况下，保证人可以要求债务人对债权人行使抵消权。

因债务人和保证人均作出清偿而造成债权人受到清偿的金额超出其依据主债权合同而有权收到的金额时，对于超出的金额，保证人享有优先的返还请求权；保证人在替代债务人清偿债务后享有债权人基于该债权而对债务人强制执行，享有主债权上存在之担保物权等。在保证人清偿其保证债务的情况下，保证人享有就该债务进行担保的按揭或将其他担保权益转让的权利，如果保证人自己提供了物上的担保，则其享有按揭回让的权利；在债权人通过担保物权的实现而清偿债务时，保证人享有请求债权人在实现担保权时尽合理注意义务的权利，如果债权人偏离该担保物权设定的目的而实现其担保物权，则保证人对受到的损害享有赔偿请求权；保证人也享有放弃其对债权人享有的权利的权利，这种放弃可以是明示的形式，也可以是默示的形式。

(2) 保证人的抗辩

在债权人首先违反合同或者侵害了保证人权利的情况下，保证人享有诸多抗辩权：

①条件未成就

保证人经常提出的一种抗辩便是保证合同规定的作为保证人承担保证责任的前提条件或保证责任继续存在的条件尚未成就。保证人承担保证责任的条件，可以由主合同规定，也可以由保证合同规定。如果保证人与债权人在保证合同中约定，债权人必须在一定期限之前向债务人提供约定的全部贷款，保证人据此提供保证，那么，在债权人未按约定提供全部贷款之前，保证人享有抗辩权。

②主合同条款的实质性改变

未经保证人同意，主合同任何实质性的改变都将导致保证人责任的解除。这些改变通常有：与原合同相互冲突的新合同的缔结；债权人和债务人就其主合同的条款达成变更协议；保证债务的原定利息率增加；提供的货物质量低于原定合同规定的标准；交付的货物在数量上少于原合同规定的数量等等。通常情形，这些改变会对保证人的利益造成一定的影响，加大保证人承担责任的风险。但是，在存在主合同改变的事实前提下，法院无需对其改变的内容是否会对保证人真正产生不利影响进行调查，便可以解除保证人的责任。如果要使保证人维持责任，则必须证明这种改变不会对保证人造成任何实质性影响。对保证人利益的实质性影响可以表现为保证人承担责任的增大，也可以表现为使保证人承担责任强度的增大。需要注意的是，依旧判例法，任何实质性改变都将导致保证人所有责任的解除。但据近期判例，保证人责任解除的程序应根据原合同改变的性质和方式而定。在这一方面，区分量的变化与责任风险的变化是十分重要的。前者指保证人承担保证责任的量的增加，后者指使债务人不能清偿债务的风险增加并导致保证人实际承担替代清偿责任的可能性增加。对于保证人责任的量的增加，债权人可以使保证人承担的责任量恢复到以前应有的水平,故不能完全解除保证人之保证责任,而仅仅使保证人对于增加的金额不负保证责任。而保证人承担责任的风险增加,则会使保证人的责任完全解除。这是因为在改变保证人承担保证责任风险的情况下,保证人承担保证责任的基础发生了变化,这就完全动摇了保证合同有效性的基础。当然,如果主合同的改变不会使保证人的利益受到实质性的影响,或者主合同的改变明显地使保证人获得一定的好处,保证人的责任则不能解除。另外,债权人和债务人就主合同进行变更事先征得了保证人的同意,则保证人的责任当然不能解除。

③相关文书的实质性改变

因单方进行的相关文书的实质性改变造成保证人利益受到损害的危险时,保证人有抗辩权。如共同保证人的签名从文书中去掉,某一共同保证人的责任被解除或减轻,一个当事人被另一个当事人取代等。当然,文书的改变应当是实质性的,即这种改变将对合同或权利产生一定的作用,可能是对一个人规定了新的权利,也可能是对整个合同性质的改变。在某一文书的改变仅仅对原合同本身创设的权利产生一定的影响时,这种改变不能认定是实质性的改变。因为在保证关系中,改变的实质性是相对于保证人的目的而言的,实质性的改变对保证人的责任要产生影响,而非实质性的改变则不影响保证人的责任。另外,保证人自己进行或经过保证人同意而进行的改变,即便是实质性的,保证人的责任也不能解除。

④法律地位的改变

在连续保证中,债务人或债权人的性质变化引起的债务人法律地位的改变也可能导致保证人对于变化后发生的债务的不能清偿和不适当清偿的保证责任终结。如保证人在合伙组织成立之前对于合伙合同的履行提供的保证,将在合伙组织成立后终止;保证人承保的某人的特殊情况发生变化时,保证人的责任终止;保证人在其债权人死亡之后发生的责任解除保证责任等等。但是,在合同明确约定发生该情况保证责任继续存在时,保证人的责任不会因而解除。

⑤担保权的丧失

债权人不得使保证人的地位恶化,如果债权人因疏忽而使保证人丧失保证债权的担保利益,保证人的担保责任就会在该担保受到损害的范围内解除。因为,在保证人承担保证责任期间,保证人对于债权人享有的任何担保都享有一定的利益。如果保证人替代清偿了债务,则该债权人享有的一切担保权同时归属于保证人。因此,如果某一债权同时存在保证人的保证和其他担保利益,债权人有义务采取所有必要的措施保护、更新、完善该担保利益。如果债权人对于这些义务的履行未能尽一个勤勉的债权人应尽的合理注意义务,保证人的保证责任便可能因为债权人未尽合理注意义务致使担保利益丧失而解除。若担保财产因为自然灾害毁灭使担保利益丧失的,保证人就不能因此而解除保证责任。对于由共同保证人提供的担保利益,债权人也应有维护的义务。因为清偿保证人在作出清偿后对共同保证人享有分摊请求权,在共同担保人不愿负担的情况下,保证人可以依据其准代位权通过实现该担保而实现分摊。因此,如果债权人未履行这一义务而导致该担保利益丧失,保证人的责任在该共同保证人分摊的范围内解除。

⑥债权人懈怠

债权人长期怠于行使其权利而使得保证人承担责任的风险加大时,保证人便享有衡平法上的懈怠抗辩。其实,懈怠本身并不能对保证人的责任发生影响,影响保证人责任并因此导致保证人责任解除的是债权人由于这种懈怠而产生的义务违反。懈怠要构成对保证人责任的解除,必须还存在一些其他的因素。一般而言,以下懈怠行为并不必然导致保证人责任的解除,如未即时实现担保物权,未能扣押应扣财产或人身保险单过期,未即时对债务人提起诉讼等等。只有在债权人的懈怠而使保证人的利益受到影响的情况下,保证人才可以解除其责任——视不同情况可以完全解除,也可以部分解除。

⑦债权人让与保证

尽管保证利益可以被债权人让与他人,但在缺乏正式让与协议的情况下,保证不能被一个陌生人执行。此时,保证人可以主张抗辩。尤其重要的是,保证的让与必须与主合同债权一同让与,不得与主合同分离让与,否则会严重损害保证人的利益。在保证被单独让与时,保证人当然享有抗辩权。

⑧主债务人的债务解除

如果债权人全部解除一个债务人的所有债务,则其对债务人的权利将消灭,保证人的保证义务也随之解除。因为,债务人的义务解除消灭了保证人就其作出的清偿向债务人求偿的权利。同时,债务人义务的解除也意味着保证人地位的消灭。否则,保证人将成为惟一债务人,保证人担保性质的责任也将因此而不具备。

⑨依法解除

保证人的责任还可能因为法律的作用而解除。因法律作用而使债务人或保证人的地位发生变化,或者使保证人的责任性质发生变化,而且这种变化影响到保证人的利益时,保证人的保证责任随之解除;因法律作用而使债务人的债务依法解除时,保证人的责任也依法解除。但是债务人破产时,法院在破产财产分配完毕后作出的免除债务人对未受清偿的债权的清偿责任的命令时,不能免除保证人的保证责任。

⑩宽限期

因债权人对于债务人履行合同给予一定的宽限期而给保证人的责任产生消极影响的,导致保证人责任的解除。因为,随着时间的推移,债务人可能由有清偿能力而变为无清偿能力,保证人承担保证责任时风险将会因为宽限期的给予而加大。债务人可能通过协议延迟债权人通过起诉而强制债务必须清偿的时间,也可能通过协议而延长债务人的债务履行期。但不管是哪一种形式,在给予债务人宽限期时,债权人要慎重从事。为防止保证责任的解除,债权人可以事先获得保证人的同意,然后再给予债务人宽限期。

(二)保证人对主债务人的权利

1. 大陆法系

(1)保证人的求偿权

保证人求偿权的行使,因保证人受主债务人之委托与否而有所不同:保证人因主债务人的委托而为保证的,保证人与主债务人之间的法律关系是委托关系,受托人因处理委托事务而支付的必要费用,委托人应予返还;保证人清偿保证债务而使主债务人免责时,保证人可以请求主债务人返还。保证人行使其求偿权须具备以下条件:第一,保证人已清偿,这是保证人求偿权的基础和最重要的条件。第二,因保证人的清偿使主债务消灭。清偿行为有代物清偿、提存、更改、抵消及有偿免除等等,不管哪一种形式,只要保证人的清偿使主债务全部或部分消灭,保证人即享有求偿权——全部求偿权或部分求偿权。第三,保证人清偿债务并无过失。保证人在清偿时要充分注意主债务人的利益,如因保证人的过失而未援用主债务人之抗辩而为清偿的,保证人则丧失其求偿权。《瑞士债务法》、《日本民法典》、《德国民法典》等均对此作了规定。如《日本民法典》第644条规定:"受托人负以善良管理人的注意,按委任本意处理委任事务的义务。"《德国民法典》第670条规定:"对于受托人为处理委托事务而支出的、根据情况认为是有必要支出的费用,委托人负有偿还义务。"

一般而言,保证人可以就以下支出或费用而为求偿:第一,清偿。保证人有权请求主债务人偿还其清偿保证债务的必要费用。第二,法定利息。保证人可以主张其清偿费用之法定利息。第三,其他必要费用。如运费、汇费、诉讼费等等。第四,损害赔偿。保证人清偿保证债务,非因归责于自己之事由而受损害的,可以向主债务人求偿。

保证人在行使其求偿权时,还须注意以下两个消极条件:一是因保证人不知道主债务人已经清偿而为清偿时,由于此时主债权已经消灭,故保证人丧失求偿权;二是保证人清偿后怠于通知主债务人而使债务人亦善意地清偿其债务的,保证人丧失求偿权。

在保证人未受主债务人委托而为保证的情形下,保证人与主债务人之间的法律关系为无因管理关系。此时又分为两种情况:

①保证有利于本人或未违反本人的意思

保证人的求偿权应具备以下条件:保证人须为财产上之给付;须因财产给付而使主债务人免责;财产上给付行为须给主债务人以利益。无因管理只有为本人支出必要的或有益的费用时,才有偿还请求权。一般而言,保证人之求偿范围同于受委托时的求偿范围。但是,如果保证人清偿后怠于通知主债务人,而使主债务人善意地又为清偿,则保证人丧失其求偿权。

②保证不利于本人或违反本人的意思

无因管理人有利于本人或不违反本人明示或可推知的意思而为

管理事务，且尽公益上的义务或履行其法定的扶养义务时，本人有权享受因管理所达之利益，并以所得利益为限对管理人负有一定的义务。但是，对于保证来说，保证人的清偿行为虽致主债务的消灭，但是主债务人并未因此而获益，甚至有可能因为保证人的清偿而致主债务人遭受一定的损失也未可知，如主债务合同约定债权人给债务人贷款100万元，分两次完成，在债权人向债务人贷款50万元后，保证人虽因清偿致使债权人以各种理由拒绝继续给债务人贷款50万元，主债务人因而遭受损失是显而易见的；或者因保证人清偿而消灭的债务是主债务人享有抵消权的债务等等。在这种情形下，保证人的求偿权将会大打折扣。《日本民法典》第462条规定："违反主债务人意思实行保证者，仅于债务人现受利益的限度内有求偿权。但是，主债务人于求偿日以前，主张有抵消原因时，保证人可以请求债权人履行因抵消而应消灭的债务。"其结果可能是，在保证人清偿后求偿前，主债务人所得利益有所减少或已消灭，那么，保证人的求偿权也会相应地减小或消灭。

（2）保证人的代位权

根据传统民法，当保证人对于主债务人有求偿权时，保证人可以请求债权人让与其权利，而现代各国民法大都规定此时债权人之权利当然移转于保证人。《法国民法典》第2029条规定："已清偿债务的保证人，代位债权人取得其对于债务人的一切权利。"《德国民法典》第774条规定："如果保证人向债权人清偿，则债权人对主债务人的债权移转于保证人。不得主张对债权人不利的移转。"保证人的求偿权与代位权并存，当然，代位权以确保求偿权的实现为目的，债权人移转于保证人之债权，须处于被清偿时同等的状态，而且其担保物权及其他从属性权利也一并转移。若保证人清偿了全部债权，则债权全部转移；若保证人清偿了部分债权，则债权部分移转。面对保证人的代位权，主债务人可以主张其对于债权人之抗辩，如债权尚未届清偿期；也可以主张基于其与保证人的特定关系所生之抗辩，如保证人本是基于赠与之目的而为保证。

（3）保证人的责任除去请求权

保证人承担保证责任，以主债务人之经济状况无明显恶化等情形为前提，主债务人也负有不增加保证人责任之注意义务。主债务人如违反此项义务，保证人则享有责任除去请求权，主债务人则负有免除保证人保证责任之义务。如《德国民法典》第775条规定："保证人受主债务人委托而提供保证的，或者因提供保证，根据关于无因管理的规定，对主债务人享有委托人的权利的，在有下列情形之一时，保证人可以向主债务人要求免除保证责任：①主债务人的财产状况明显恶化的；②在承担保证后，因主债务人的住所、营业场所或者居所发生变动致对主债务人的追诉发生重大困难的；③主债务人迟延履行债务的；④债权人取得要求保证人履行义务的可执行判决的。"为替保证人负责，主债务人可以自行清偿而使保证债务消灭，也可以向保证人提供其他担保，以代替其免除保证责任。而法国、日本民法规定，在有类似情形时，保证人可以预先向主债务人行使求偿权。如《法国民法典》第2032条规定："保证人在下列情形下，即使在清偿以前，得对债务人行使求偿权：①保证人被追诉清偿时；②债务人陷于破产或非商人的破产时；③债务人负担义务在特定期间内免除保证人的责任时；④债务因约定期间的到来而达清偿期时；⑤主债务未定有清偿期而经过十年时；但主债务在特定时期以前以其性质不得消灭者，例如监护人的义务，不在此限。"

2．英美法系

（1）请求赔偿的权利

保证人对于债务人的基本权利是要求债务人就其因履行保证义务，替代债务人清偿债务而受到的损失给予赔偿。这不仅是保证人对于债务人可以采取一切救济措施的基础，也是保证人对债权人享有许多权利的基础。保证人在清偿债务后，有权请求债务人就其清偿金额给予赔偿。这种权利就其本身来说，是保证人享有的一种独立权利，并不仅仅是一种代位权。因为当保证人清偿债务后，他有权以自己的名义就其清偿的金额对主债务人提起诉讼或与其分摊向共同保证人提起诉讼。他有权获得由债务人给予债权人的担保，这种权利不是基于合同，而是建立在法院的衡平原则之上的。当然，保证人在清偿债务后，其所处的地位与债权人相当，在行使赔偿请求权时，不妨认为保证人的权利具有准代位的性质。

在共同保证的情况下，不论保证人之间是连带责任还是一般责任，每一保证人都有权就自己为清偿债务而遭受的损失向债务人请求赔偿。保证人所遭受的损失不限于其替代清偿而作出的本金支出，还包括其利息损失、诉讼费用等。但是，保证人不能对因自己的过失或疏忽而造成的损失请求赔偿。

（2）和解权

保证人在因清偿而遭受损失时，其损失范围较广，可能包括本金、利息、实现清偿的费用、诉讼支出等等。就其损失，保证人享有和解权，他可以与主债务人协商，以最终确定债务人的赔偿额。

（3）不安诉讼权

根据普通法，保证人在作出替代清偿前，无权强制实现其赔偿请求权；根据衡平法，保证人可以在其未受到债权人追索诉讼之前对债务人提起诉讼，要求债务人清偿或履行，此即不安之诉。保证人要提起不安之诉，必须首先承认自己的责任，并且存在其责任增加之情形。保证人提起不安之诉后，衡平法将给予以下救济：①法院会命令主债务人清偿；②法院会对于保证人的赔偿请求权作出预先的命令；③法院会要求债务人划出一笔资金作为赔偿基金。

（三）保证人对共同保证人的权利

1. 大陆法系

在大陆法系国家，保证人对其他保证人享有补偿的请求权，即保证人清偿了超过其应承担份额的债务后，有权要求共同保证人给予补偿。如无相反约定，共同保证人按照相等的份额承担义务，共同保证人中一人不能偿还其所分担的款项时，其不能偿还部分由其他有分担义务的保证人分担，分担超过了其本应承担份额债务的保证人有权要求其他保证人补偿。但是，该保证人不得向其他保证人要求偿还债权的全部金额，因为该保证人的付款仅使债权的一部分消灭。补偿权于每次付款时产生，尤其是如果所付款项超过其他保证人的份额时。

2. 英美法系

在英美法系国家，保证人对于其他共同保证人有分摊请求权，即保证人承担了超过其应承担的对保证债务的清偿份额后，有权要求共同保证人分摊保证债务。保证人的分摊请求权，是建立在两个相互区别的原则之上的。其一是合同法原则。如果保证人的保证关系是一个或多个保证人的共同保证，或在共同保证中存在其他保证人也担保同样债务的情形，那么，债权人对其中的一个保证人的交易使其他人的救济或权利受到损害，便构成对合同的违反，这种违反将可能使其他保证人的保证责任都解除。其二是衡平法中的债务分摊原则。如一项权利存在数个保证人时，根据不同的份额或条件担保同一债务的情况下，即使数个保证人是由不同的保证文书而设定。保证人对于共同保证的分摊请求权不仅仅是保证人对债权人权利进行代位的结果，它还是共同保证人之间存在的一种独立的、无条件的权利。除非有特别约定，共同保证人对于保证债务的履行同等地受到约束并平等地负担债权人的债权，即每一个保证人的义务等于保证人负有清偿责任的债权总额除以有清偿能力的保证人的人数。如果某一保证人的清偿超过了其应当负担的份额，他就享有请求其他保证人分摊其份额的权利。

不难发现，尽管大陆法系与英美法系关于保证的规定有各自的制度偏好，其具体规定及程序也不尽相同，但是，两大法系的规定的确有异曲同工之妙，从其发挥的实际功能来看，亦难区分孰优孰劣。所以我国《担保法》的完善，应在充分注意国情的基础上，大胆吸收大陆法系和英美法系的相关制度。

## 第五节　保证的消灭

### 一、保证债务与主债务的关系

（一）主债务对保证债务的影响

一般而言，主债务消灭，保证债务随之消灭；主债务转移，保证债务也随之转移。但有时却并非如此。

1. 主债务因法律行为或准法律行为而消灭时，保证债务消灭。如主债务因清偿、代位清偿、提存、抵销、免除而消灭者即是。

2.主债务因给付不能而消灭时,要视具体情况分析其对保证债务之影响。主债务因可归责于主债务人之事由而给付不能时,主债务消灭,保证债务也随之消灭。

3.主债务时效届满而消灭时,保证债务也随之消灭。这是保证债务的附从性决定的。

4.主债务因债权人与主债务人的混同而消灭时,保证债务亦消灭。这也是保证债务附从性所决定的。

5.债权移转时,保证债权亦随之移转,除非有特别约定。

6.主债务清偿时,保证债务当然消灭,除非有特别约定或经保证人同意。

(二)保证债务对主债务的影响,有以下几种情况

1.保证债务因清偿而消灭时,主债务亦随之消灭,因为主债权已得以实现。

2.保证债务因保证人与债权人的混同而消灭时,并不影响主债务人,主债务仍存在。

3.保证债务因主债权人免除而消灭时,主债务仍然存在。

4.保证债务因时效而消灭时,主债务不同时消灭。

5.保证债务因无效、撤销、解除而消灭时,其效力不及于主债务。

## 二、保证债务的减免与消灭

(一)保证债务的减免

1.债务承担,即主债务移转于第三人时,除非经保证人书面同意,保证人不再承担保证责任。保证人为债务人提供担保,主要基于对债务人信用、资力的了解以及相互之间的需要,保证人相信债务人有履约能力才愿为其担保,如果不通过保证人将债务转让给第三人,倘若第三人资力缺乏,信用不良,则保证人不仅将实际承担保证责任,而且还要冒因承担保证责任得不到补偿的风险。所以,债务承担必须经保证人书面同意。否则,保证人免除保证责任。

2.主合同变更,即债权人与主债务人就其权利义务进行更改时,除非经保证人同意,保证人才不免其责。根据我国《担保法》第24

条的规定，主合同内容的任何变更都需经过保证人的书面同意，未经保证人书面同意的任何更改，不管是扩大还是缩小保证责任的范围，都将导致保证责任的免除。

3. 债权人弃权，即债权人抛弃其债权的担保物权者，保证人在债权人弃权之范围内，免除其责任。依诚信原则，债权人不应加大保证人的保证责任或增强保证人的保证风险。所以，为债权作担保的优先权、抵押权、质权、留置权等，债权人不得抛弃。否则，保证人在债权人所抛弃权利之限度内，免除其责任。《法国民法典》第2037条规定："因债权人的行为，致使保证人不能代位债权人行使属于债权人的权利、抵押权和优先权时，保证人就免其责。"

4. 时效之经过，即定期保证的债权人未在约定的期间内向保证人行使其请求权，未定期保证的债权人在主债务清偿期届满后一定时期内未向主债务人行使其请求权时，保证人免除其责任。

5. 主债务延期，在债权人允许主债务人延期清偿其债务时，保证就得以免责，除非这种延期已经保证人同意。因为，主债务延期极有可能造成主债务人清偿能力下降，保证人保证风险增大。

(二) 保证债务的消灭

1. 保证因保证合同的解除或终止而消灭。依债权人与保证人之间明示或默示的合意，如保证人享有解除权或终止权时，保证人可以行使其权利而使保证债务消灭；保证人与债权人经过协商一致也可以使保证债务消灭。

2. 保证因主债务的消灭而消灭。一般而言，主债务消灭，保证债务也随之消灭，这是保证之附从性所决定的。

3. 保证因清偿而消灭。在债务人不履行其债务时，保证人的清偿可以使保证债务消灭。

4. 保证因免除而消灭。债权人免除主债务时，保证债务因其附从性也随之消灭；债权人免除保证债务时，保证债务亦当然消灭。

5. 保证因混同而消灭。债务人与债权人混同时，主债务消灭，保证债务也随之消灭；保证人与债权人混同时，保证债务自然消灭，因为自己向自己请求履行债务已毫无意义；保证人与债务人混同时，保证债务也当然消灭，因为此时保证债务已被主债务所吸收。

6. 保证因提存而消灭。在债务履行期届满，债务人不履行债务而应由保证人承担责任时，若债权人拒绝受理保证人之清偿时，保证人可以采取提存方法结束保证债务，自提存合法有效成立时起，保证债务消灭。

7. 保证因抵销而消灭。主债务人对债权人享有债权时，可通过抵销消灭债务，从而保证债务也随之消灭；债务人不行使抵销权时，保证人可以以债务人的反对债权主张抵销，使主债务和保证债务消灭。如保证人对债权人享有反对债权，当其应承担保证责任时，保证人可以主张抵销，从而使保证债务消灭。

## 第六节 无效保证

### 一、无效保证的认定

无效保证，是指保证合同因欠缺其生效要件，在法律上确定不发生当事人所预期达到的法律后果的情形。无效保证一般有以下几种情形：

1. 保证因主债务无效而无效。保证债务乃主债务之从债务，主债务无效，保证债务当然无效。

2. 保证因保证人主体不适格而无效。根据我国《担保法》的规定，保证人主体不适格的情形有：无民事行为能力人；限制民事行为能力人，且未经法定代理人代理、同意或事后追认；国家机关，中国人民银行及各分支机构，学校、幼儿园、医院等以公益为目的的事业单位、社会团体；企业法人的分支机构且未经授权等等，都不能充任保证人。

3. 保证因保证人意思表示不真实而无效。常见的有：第三人强令保证人提供保证的；主合同双方当事人恶意串通，骗取第三人为保证的；债权人采取欺诈、胁迫等手段使保证人为之保证的等等。

## 二、无效保证的归责

### (一) 归责原则

归责原则，是指确定行为人是否承担民事责任的一般准则。这不仅是一个重要的理论问题，而且是一个非常重要的实践问题。我国《担保法》确认的归责原则是过错责任原则，即该原则把行为人主观上是否存在过错作为承担民事责任的基本条件。有过错，承担民事责任；无过错，不承担民事责任。过错大，多承担责任；过错小，少承担责任。

### (二) 责任承担

**1. 保证因主合同无效而无效时的责任承担**

主合同无效，保证合同也随之无效，保证人不承担保证责任。但是，保证人也许要承担其他民事责任。如保证人不知道主合同无效而提供保证，且保证人对订立保证合同本身也无过错，则保证人不承担任何民事责任；如保证人不知道主合同无效而提供保证，但保证人对订立保证合同本身有过错时，保证人对订立无效保证合同造成的损失应承担缔约上的过失责任，赔偿债权人的直接损失（包括缔约费用及其利息）；如保证人知道或应当知道主合同无效而仍然提供保证的，保证人应承担相应的过错责任。我国《担保法》第5条规定："担保合同被确认无效后，债务人、担保人、债权人有过错的，应当根据其过错各自承担相应的民事责任。"

**2. 保证因保证人主体不适格而无效时的责任承担**

此时，主合同有效，保证合同因保证人主体不适格而无效，保证人应该承担过错的民事责任，当属无疑。保证人应承担缔约上过失赔偿责任的范围，限于债权人相信保证合同有效而实际上无效所受到的损失（包括直接损失及间接损失）。如国家机关作保证人时，保证人与债权人存在缔约时的混合过错，债权人有未审查主体资格的过错，保证人有故意违法担保的过错，所以，对保证合同无效导致的损害，保证人与债权人均应承担相应的民事责任。如企业法人分支机构充任保证人且无法人书面授权的或超越授权范围的，债权人和企业法人均有过错，双方应各自承担责任；债权人无过错的，由企业法人承担责任。需要注意的是,并不是由企业法人的分支机构承担民事责任,而由其所属的法人承担民事责任。

3. 保证因保证人意思表示不真实而无效时的责任承担

在第三人强令保证人提供保证的情形下,保证人不承担民事责任,而且保证人还有权要求第三人赔偿其损失;在主债务人与债权人恶意串通,骗取第三人为保证的情形下,保证人不承担民事责任,主债务人与债权人对保证人所受损失应承担连带赔偿责任;在债权人采取欺诈、胁迫等手段使保证人提供保证的情形下,保证人不承担民事责任,债权人应当对保证人的损失承担赔偿责任;在保证人与主债务人恶意串通、欺骗债权人与保证人订立保证合同的情况下,保证人与债务人对债权人的损失应该承担连带赔偿责任。

# 第二编 抵押权

## 第三章 抵押权制度概述

### 第一节 抵押权制度的历史沿革与比较

#### 一、引言

所谓抵押,是指债务人或者第三人不转移对财产的占有,将该财产作为债权的担保,在债务人不履行债务时,债权人有权依照法律规定,将该财产折价或者以拍卖、变卖该财产的价款优先受偿。其中提供财产作为债权担保的债务人或第三人为抵押人,债权人为抵押权人,提供担保的财产为抵押物(《担保法》第33条)。抵押同其他物的担保形式相比,其最典型的特征是不转移担保物的占有并附以公示制度,这就使物的使用价值(在法律上表现为所有权的占有、使用和收益权能,可称之为利用权,它为抵押人所享有)和价值(在法律上表现为所有权的处分权能,可称之为价值权,它为抵押权人所把握)同时得以充分发挥,很好地协调和平衡着抵押人、抵押权人和其他利害关系人及社会公众的利益,并兼顾效率和公平两大法律价值。其次,抵押权主要以不动产及其权利和高价值化、特定化的动产为标的物,它们具有价值高且恒定、保值增值、安全可靠等优点。因此说,抵押是最理想的物的担保形式,素有"担保之王"的美称。

## 二、大陆法系中的抵押权制度

(一) 罗马法中的抵押权制度

在罗马法的历史上,先后产生了信托、质权和抵押权三种物的担保形式。信托是最初的物权担保形式,它指当事人一方用市民法转让的方式,转移其物的所有权于他方,他方则凭信用,在约定的情况下,仍把原物归还物主。因此,信托实质上是以转移所有权的方法进行担保。信托担保存在着严重的弊端,它不利于物主利益的保护和物的使用价值和价值的充分发挥,最终被质权所取代。

在罗马法中,质权是指债权人留置债务人或第三人交付的质物,并在债务人给付迟延时,出卖质物以清偿债务的物保形式。其中,债务人不支付利息,而以质物的孳息抵充利息的,称为"典";债务人支付利息的,则称为"质"。同前述信托担保相比,质权只转移物件的占有,而不转移其所有权,因此,债权人不能随便出卖质物,在质权人破产时也不影响出质人对质物的权利。这对出质人利益的保护是有利的。但它必须转移物件的占有,出质人通常会失去对质物的使用与收益,也不能对未来的物设定质权,亦不能以一物担保数债权,因此,这种由于转移占有所导致的不能充分发挥物的使用价值和价值的弊端在质权中并未得到彻底克服。这就导致了能弥补质权上述缺陷的新的物保形式——抵押权制度的诞生。

罗马法中的抵押权制度,据说是引进希腊法制而形成的,它指债权人对于债务人或第三人提供担保而不转移占有的物件,在债务到期未受清偿时,享有就其出卖的价金而受清偿的物权。在罗马法中,抵押权与质权的区别在于是否转移担保物的占有,而不在于担保物系不动产或动产的属性。这影响到后世大陆法系各国的担保立法,通常转移担保物占有的为质权,不转移占有的为抵押权。两者竞合时,质权人的权利优于抵押权人,这是受"在同等情况下,占有人的地位优于对方"的法律原则支配的结果。罗马法中最初的抵押是农民以其农具、家畜不转移占有而自己继续使用,并以之作为地主佃租债权担保的物保方式。或许可以这样认为,罗马农民的贫穷状况和家具、家畜作为仅有的生产资料的不可转让性,却促成了一种最理想的担保形式——抵押制度的产生。用后世法学的眼光来看，这尚属动产抵押。在当时，这只是约定，并无法律上的效力。共和国末叶和帝政初期，大法官萨尔维乌斯确认了地主对抵押物的处分权，这在后来被称为"萨尔维亚努姆令状"。但地主仍受到抵押物落入第三人之手而使债权难得清偿的威胁。为此，大法官萨尔维乌斯又授予地主以物权，主要是对物的追及权。因罗马当时没有抵押权登记制度，这对第三人和前抵押权人利益的保护甚为不利，这也是罗马法中抵押权制度的致命弱点。

罗马法中的抵押权包括约定抵押和法定抵押，前者基于契约的方式而设定，后者基于法律的规定而产生。罗马法上的法定抵押又分为一般抵押和特定抵押，前者以债务人的全部财产作为抵押权的标的，如国库因债务人拖欠赋税或因其他契约发生的债权而对于债务人的财产所享有的抵押权；后者以债务人的特定财产作为抵押权的标的，如房屋出租人对承租人置于租赁屋内的家具所拥有的抵押权[①]。

罗马法中的抵押权具有不可分性、追及效力和优先受偿效力。它的特点有：第一，缺乏抵押权公示制度，严重影响交易安全；第二，抵押物的范围极为广泛；第三，未严格遵循特定原则。总之，罗马法中的抵押制度忽视交易的安全利益，是一种极危险的物的担保[②]，但不容否认的是，罗马法关于抵押权的规定奠定了后世大陆法系抵押权制度的基础。

（二）日耳曼法中的抵押权制度

罗马法虽形成了后世大陆法系抵押制度的雏形，但却存在着致命的弱点，即缺乏公示制度，影响交易安全。日耳曼法与此形成鲜明的对照，它对公示制度格外地尊崇。日耳曼不动产古质（占有质），通常要求在裁判所或参事会的账簿中进行登记，并以之公告设定行为完成[③]。在日耳曼不动产新质（非占有质）中，登记公示制度

---

① 周枏著：《罗马法原论》，商务印书馆1994年版，第390~407页。
② 许明月著：《抵押权制度研究》，法律出版社1998年版，第15~16页。
③ 同上书，第17页。

得到了进一步的发展和完善。此外，到13世纪时，日耳曼法物保出现了从单纯的物的责任向物的责任和人的责任的转化，即债权人对处置质物的价金在超出其债权额时，要返还溢出额，在不足时，有权要求债务人继续偿还余额。而且，在日耳曼法中，质物的变价处分，通常有法院的介入，这就使质物的变价能在法院的监督和参与下取得更公正的结果。这为日耳曼不动产新质由归属质向卖却质的转化，奠定了坚实的基础。总之，日耳曼法上的物保制度更趋完善，它的新质虽名为质，但在功能上与抵押无异，这为后来的德国法所因袭，对近现代抵押制度的形成和完善产生了深远的影响。

（三）法国法中的抵押权制度

罗马法中的抵押权制度，通过罗马法继受运动为法国法所直接承袭，这从法国立法对公示原则和特定原则前后反复的态度可以看出。法国1771年关于不动产受让人保护方面的敕令确立了确认书制度和涤除制度，这主要是为了平衡债权人和不动产取得人之间的利益，后者为后来的法国民法典所采用。法国大革命时，相继颁布了两部对抵押权公示制度有重要影响的法律，即1795年6月27日颁布的《抵押法典》和共和国7年（1799年）雾月11日法律。前者规定抵押权的成立以登记为成立要件，由此也使法定抵押权被废止，尤其值得一提的是，该法确立了抵押证券制度；后者对前一部法律确立的公示原则予以维持，但法定抵押权复活，抵押证券制度也被废除。《法国民法典》（1804年）规定了三种抵押权，即法定抵押权，裁判抵押权和约定抵押权。法定抵押权是依法产生的抵押权，它可溯源于罗马法中的一般抵押制度，法定抵押没有严格遵守特定原则，无论是抵押物担保的债权，还是抵押物本身都是不十分特定的。裁判上的抵押权是依判决产生的抵押权，它是法国古法中的一般抵押权在民法典中的存续。有学者认为，《法国民法典》第2123条规定的裁判上的抵押权，实际上是经立法者决定，自动地附着在判决上的一种法定抵押[①]。法国法上名副其实的裁判上的抵押是1955年规定在法国旧《民事诉讼法典》第48条以下的所谓的"保全性的审判

---

① 沈达明编著：《法国、德国担保法》，中国法制出版社2000年版，第165页。

上的抵押",它的成立是凭法官的裁定①。约定抵押权是依契约产生的抵押权,在法国法中,约定抵押必须以公证证书的形式来设定,这是法国民法中形式自由原则的一个重大例外。尽管法国民法典对抵押权作了较完善的规定,但公示原则、特定原则、抵押权独立原则并未被令人满意地确立起来,这也成为此后法国历次抵押权立法改革运动的矛头所在。这里值得一提的是,法国1855年3月23日颁布的《关于抵押权登录的法律》和一百年后于1955年1月14日颁布的《关于不动产公示的法令》,后者使法国民法典颁布以来经过一个半世纪反复的公示原则和特定原则最终在民法典中得以确立。《法国民法典》第2119条规定:"不得就动产设定抵押权。"正如有学者指出的,这只是就无公示的动产抵押来说的,对于与不动产有同样公示的动产来说,对设定抵押权予以排除是没有根据的②。法典也采取这样的态度,紧接着的第2120条规定:"本法典之规定并不改变海商法有关海上船舶与船只的规定。"法国民法典制定以来,其动产抵押制度通过单行法不断扩展,内容是很丰富的③。

(四)德国法中的抵押权制度

17世纪后,德国的罗马法继受运动使罗马法成为所谓的普通法,表现在抵押制度方面,则是日耳曼法上的公示原则和特定原则遭到了破坏,但罗马法的继受使德国法中出现了动产抵押。进入18世纪后,普通法中的抵押权制度的缺陷遭到了责难,罗马法继受中断,德国古代法被恢复。1722年普鲁士的《抵押权及破产令》规定以公簿登记作为抵押权的公示方法,未经登记的抵押权相对于登记抵押权来说只能成为后顺位的抵押权。1750年普鲁士的《抵押权令》进一步使公示原则彻底化。18世纪中叶以来,土地融资合作组织的出现和土地抵押证券的使用及相应的抵押立法规制和改革,最终到1783年《一般抵押令》发布时,公信原则成为德国抵押权立法中的一个中心问题,并为19世纪德国确立的流通抵押制度打下了基础。

---

① 沈达明编著:《法国、德国担保法》,中国法制出版社2000年版,第166页。
② 许明月著:《抵押权制度研究》,法律出版社1998年版,第28页。
③ 同上书,第28~29页。

1872年普鲁士的《不动产物权的取得及物上负担的法律》，成为《德国民法典》（1900年）中的抵押权制度的母法，该法的主要内容包括：不动产所有权转移、抵押权设定须以登记作为成立要件，确立了登记的公信力原则；从登记官的实质审查主义改为形式审查主义，对于所有权人抵押在一定程度上予以承认，并使顺位确定原则明确化[①]。

《德国民法典》于其物权编中以一章的篇幅规定了"抵押权、土地债务和定期土地债务"。此所谓"抵押权"，实指狭义的抵押权，它严格遵循附随性原则，而"土地债务和定期土地债务"，则属于所谓的广义的抵押权的范畴，它具有很强的独立性，并不单纯作为债权担保的方式而存在，还可以用作投资手段。从德国民法典的规定来看，这三者的界限并不是绝对的和不可逾越的，存在着转化的可能性，如《德国民法典》第1163条的规定。此外，对德国民法典所规定的抵押权，还可以从其他角度进行划分，如分为流通抵押和保全抵押，证券抵押和登记抵押。德国民法在抵押权立法上为了彻底贯彻顺位确定原则，规定有所有人抵押，这是其抵押立法的一大特点。所有人抵押分为狭义的所有人抵押与所有人土地债务，前者抵押债权及债权均属于所有人，后者为无债权的抵押权。所有权人抵押除有彻底贯彻顺位确定原则的实益外，还可避免为设立新抵押权而多次发生费用的支出和人力、物力的浪费。德国民法典中抵押权的特征，有学者概括为强烈的价值权属性和高度的流通性，这主要是通过公示原则、特定原则和独立原则加以表彰的[②]。

（五）瑞士法中的抵押权制度

瑞士民法中的抵押权制度与德国民法相类似，但也受到法国民法的影响。《瑞士民法典》（1907年）规定的不动产担保，依其形式分为证书抵押，债务证券及定期金证券三种。证书抵押权的取得，以免除交付抵押权证书为限，其流通性不强，适宜于担保自始不移转的债权；债务证券指为证券化的人的债权所设的担保权，其最显

---

[①] 许明月著：《抵押权制度研究》，法律出版社1998年版，第33页。
[②] 同上书，第30页。

著的特点是具有极强的流通性;定期金证券依《瑞士民法典》第847条:"通过定期金,债权作为土地负担在土地上设定",它适用于担保的资本投放。我国台湾学者史尚宽先生认为,瑞士民法中的抵押证书相当于德国民法中的保全抵押,债务证券相当于德国民法中的证券抵押,定期金证券的性质相当于德国民法中的土地债务,尤其近似于定期土地债务。这种见解有助于进一步认识瑞士民法中的抵押权制度。此外,瑞士民法典还规定有法定抵押权制度,这明显是受法国民法影响的结果。

(六) 日本法中的抵押权制度

根据日本学者的论著,在日本,抵押权是把德川时代的"入书"作为概念上的渊源的,受法国法的强烈影响,以"土地入质入书规则"(1873年)和"旧民法"(1890年)作为基础,并进一步继承了民法典论争中的德国民法第一草案的法理论,从而构成了现行《日本民法典》(1898年)中的抵押权制度[①]。日本民法典从总体上借鉴了德国民法典的编纂体例,但其担保物权制度明显地受到法国民法典的影响,尤其是先取特权制度和涤除制度。民法典中的抵押权制度并未发挥多大的作用,此后的抵押制度是通过特别法的形式发展起来的,这包括,1905年为方便和安全发行公司债券制定的附担保公司债信托法,并确立了作为其组成部分的财团抵押制度(现在日本的财团抵押包括:工场财团抵押、矿业财团抵押、渔业财团抵押、港湾运送事业财团抵押、道路交通事业财团抵押、观光设施财团抵押〔以上六种为不动产财团抵押〕和铁道财团抵押、轨道财团抵押、运河财团抵押〔以上三种为物财团抵押〕),财团抵押克服了有关抵押的一物一权主义的束缚。但财团抵押必须制作组成财团的目录,其费用极高,为克服此缺陷,日本又以英国的浮动担保(floating charge)法为范本,于1958年制定了企业担保法,它只适用于股份公司发行公司债时。其次,最高额抵押作为交易社会的惯例在日本很早就存在,也得到了判例的承认和认可,但是,一直到1971年最

---

① 〔日〕近江幸治著,祝娅、王卫军、房兆融译,沈国明、李康民审校:《担保物权法》,法律出版社2000年版,第100、101页。

高额抵押才成为成文法（《日本民法典》第398条之2—22）。依日本民法典，抵押权的标的限于不动产和地上权及永佃权，不承认动产抵押制度（《日本民法典》第369条）。但是，由于现代社会中动产种类的高价值化和特定化，动产抵押制度有确立的必要。最初的动产抵押制度的立法是1933年的农业动产信用法，而正式确立动产抵押制度的则是1951年的机动车抵押法，1953年的飞机抵押法，1954年的建设机械抵押法。通过这一系列的单行立法，使得日本的抵押制度逐步趋于完善①。

（七）中国法中的抵押权制度

在我国古代法中，就存在着类似于近代大陆法系的抵押权制度，但其称谓不一，台湾学者戴炎辉先生在《吾国近世抵押权论》中对此有详述。清末变法时，我国由中华法系而改采大陆法系，开始尝试以大陆法系的模式编纂自己的民法典。第一次民律草案仿德国立法例，于物权篇规定了土地债务、抵押权、不动产质权、动产质权。但鉴于我国习惯上无土地债务及不动产质权，故在第二次民律草案中将其删除。南京国民政府于1929年至1930年陆续颁布《中华民国民法典》各编，此民法典在台湾地区一直施行至今。该法典虽受德、瑞民法典影响至巨，但关于抵押权的规定则极为简洁，只有保全抵押权的规定。新中国建立后，长期实行高度集中的计划经济体制，由于商品交易本身不存在，因此为保障交易安全的担保制度也无存在的必要。改革开放后，商品经济得以恢复和发展。与之相适应，担保制度也有了确立的必要。1986年颁布的《民法通则》第89条第2项对抵押担保的形式作了特别规定，但由于受前苏联民法理论影响，其中对抵押、质押未作明确区分，其所谓的抵押实际上包括了传统民法中的抵押和质押。1992年《海商法》关于船舶抵押权的规定，确立了传统大陆法系抵押权的几项至为重要的规则，即船舶抵押权登记制度，船舶抵押权实行的拍卖制度，抵押船舶转让需经当事人同意制度，抵押权顺位确定制度等。1994年《房地产管理法》明确规定房地产抵押不转移标的物的占有，至此，为抵押权与

---

① 〔日〕近江幸治著：《担保物权法》，法律出版社2000年版，第101、102页。

质权的分界奠定了基础。1995年，我国制定并通过了《担保法》，对抵押权与质权作了明确的划分，还确立了最高额抵押制度。这奠定了我国抵押权制度的基本框架，但并非尽善尽美，还存在着许多有待改革的地方。2000年，最高人民法院通过了《关于适用〈中华人民共和国担保法〉若干问题的解释》（以下简称《担保法解释》），进一步明确和完善了我国的抵押权制度。

### 三、英美法系中的抵押权制度

英美法中物的担保可以分为三种类型：一是由债权人取得对担保物的所有权，而不依赖于对物的占有的担保，属于这一类的担保有mortgage；二是债权人不享有对于担保物的所有权，但依赖于对物的占有的担保，属于这一类的担保有pledge和lien；三是既不依赖取得对物的所有权，也不依赖于对物的占有的担保，属于这一类的担保有charge。在国内，一般将英文pledge译为质权，lien译为留置，对此一般无多大分歧。问题主要集中在charge和mortgage的理解和翻译上。在英美法中，charge通常在两种意义上使用：一是泛指各种形式的物的担保，于此情形时一般译为"担保"；二是物的担保的一种类型，于此情形时，香港学者何美欢将其译为"债务负担"。mortgage也通常在两种意义上使用：一是物的担保的总称；二是物的担保的一种形式。对于英美法中的mortgage，在我国一般将其译为"抵押"，在我国香港则将其译为"按揭"。之所以译为按揭，是因为在我国南方地区，"按"自古有"押"的意思，"揭"则为mortgage一词后一部分的音译。英美近代法上的mortgage类似于大陆法系中的让与担保制度，故日本学者直接将之译为让与担保。在现代mortgage与charge的区别已经非常模糊，甚至在著作中也可混用，因此将mortgage译为抵押并非绝对不可。近些年来，我国部分学者从香港学者译法，将mortgage译为"按揭"[①]。对英美法中按揭制度产生重大影响的立法文件，是1925年英国颁布的《财产法》。它对物的担保制度进行了彻底的修订，其最重要的改变有两点：第

---

① 许明月著：《抵押权制度研究》，法律出版社1998年版，第47页。

一，引进大陆法中的登记制度，规定除将权利证书进行交存外，所有按揭担保的设定，均需进行登记。第二，废除债权人的赎回权，取消请求权，对担保物实行变价主义和清算主义，只有在担保物不能实现变价时，法院才将担保物判给债权人。该法所确立的按揭制度已经与大陆法中的抵押权制度非常接近。

美国法上的物的担保制度与英国法基本相同。但动产担保则主要适用《美国统一商法典》的有关规定，只是不动产担保仍然适用英国法体系。《美国统一商法典》第九编规定了担保交易制度。但这里所谓的"担保交易"制度，仅指由双方当事人自行约定，在除不动产以外的特定财产上设定某种担保权益以确保债权人的债权实现的交易活动。美国财产法乃至整个普通法系对不动产和动产作了严格的划分，《统一商法典》把相应的在不动产上设定担保的交易排除在这里所谓的"担保交易"之外，它仍由原有的法律加以调整。之所以作这样的处理，第一，是考虑到普通法的传统。在普通法系，不动产法一直自成体系，根深蒂固，很难将其整合到其他制度体系中去。第二，法典自始至终贯穿着私法自治的精神，以任意性规范为主，强行性规范为补充；而不动产担保因不动产的性质要求体现国家的管制，因此必须以大量的强行性规范予以调整。若在同一部法律中同时规范这两种不同属性的担保，无论在法律制定还是在法律实施的过程中，都增加了引发矛盾的可能性。第三，该商法典是以规范"商业交易"为宗旨，而商业交易主要是货物交易，而货物按有关国际公约规定，不包括不动产在内。第四，法典摒弃了过去众多的担保制度的名称以及相应的有关当事人的不同称谓，统一以"担保人"、"担保权人"、"担保物"和"担保权益"的名称加以规范，从而在美国法律史上首次形成了担保交易的统一规范。而将不动产担保纳入此规范体系存在着法律技术上的困难。因此，《美国统一商法典》中的担保交易并不涉及不动产抵押，但动产抵押被囊括其中。

四、小结

通过上述对抵押权制度演变历史的追述，可以看出，首先，两大法系的抵押权制度虽有功能上的相类似性，但在概念、术语、一系列具体的规则的设计上则存在很大的差别。对两者进行比较是很困难的。其次，就大陆法系的抵押权制度而言，它们虽都源自于罗马法，但各国（地区）间还是存在着很大的差别。粗略地看，在所考察的几个国家和地区中，古罗马法、法国法、日本法在抵押权的规定上可划归为一个支系，日耳曼法、德国法、瑞士法可划归为另一个支系，我国现行担保法和我国台湾地区民法介于这两者之间。当然，这一划分并不是绝对的，两者间也存在相互影响和交叉的部分，如就瑞士民法而言，也可看到法国法对其的影响。总之，从抵押权制度演变过程的一个侧面，反映出不同法系之间，同一法系的不同支系之间，乃至同一支系的不同国家或地区之间，其法律制度既相互影响，又各自保持其特点，既表现出趋同性，又体现了多样性，这或许就是当今世界抵押权法律制度乃至整个法律制度存在的客观现状。

## 第二节 抵押权的意义、本质、特性、原则及发展趋势

### 一、抵押权的意义

法国、日本、我国的担保法及我国台湾民法典均对抵押权下了定义。《法国民法典》第2114条规定："抵押权，是指对用于清偿债务的不动产设定的一种物权。"《日本民法典》第369条规定："抵押权人，就债务人或第三人不移转占有而供债务担保的不动产，有先于其他债权人受自己债权清偿的权利。"我国台湾《民法典》第860条规定："称抵押权者，谓对于债务人或第三人不移转占有而供担保之不动产，得就其卖得价金受清偿之权。"我国担保法关于抵押的定义大致与前述日本及我国台湾地区民法典相同，只是其标的不限于不动产及不动产用益权，还包括动产（《担保法》第33、34条）。在此四定义中，惟法国民法典对抵押权是否转移占有规定不明。但法国学理认为，抵押权是在摆脱质权的转移占有对担保机制的使用者

带来的麻烦所做的努力过程中取得的成就，不脱手财产是抵押制度的主要因素，亦是抵押与质权两种物的担保的区别标准。基于此，法国学者给抵押权下的学理定义为：抵押是法律、判决或合同在不动产或某些动产上，不转移占有设定的物权[①]。至于法国、日本、我国台湾地区民法典关于抵押权的定义强调抵押权的标的限于不动产或不动产用益权，如地上权，永佃权等，由于其后民事特别法或单行法对动产抵押的认可，现已丧失其意义。实际上，以现代的眼光观之，是否能成为抵押权的标的，关键看法律对其是否设有健全的登记制度，而不在于物的动产或不动产的属性。可以这样说，不动产天然是抵押权的标的，但抵押权的标的并不当然限于不动产。它也不能成为抵押权与质权的区别标准。不容否认的是，在德国法的历史上的确存在过"质权＝动产担保制度，抵押权＝不动产担保制度"的教条；在日本亦有这样的认识：质权的基本特征是"占有担保"，而且是"动产担保"，抵押权是"非占有担保"，也是"不动产担保"[②]。但这只是特定历史背景下的产物，到今天很少有人再固守此陈规了。因此，不转移占有是抵押权制度的核心，也是抵押权优于其他物的担保形式的原因所在，它在法律技术上是通过登记公告制度来辅助其实现的。

## 二、抵押权的本质

日本学者通过考察近代德国抵押权制度的演变历史，最后得出结论：在近代法上，随着资本主义的不断发展，抵押权的发展遵循着这样一条法则，即从以确保债权为目的的保全抵押，发展为把握抵押不动产所具有的交换价值并使之流通于金融市场，充当投资者现金投资媒介手段的投资抵押，并进而得出抵押权的本质是价值权的结论。所谓价值权，是指以取得标的物的交换价值为目的的权利；与之相对应的是实体权，它是指以取得标的物的使用价值为目的，支配物的实体的权利，具体指所有权和用益物权。在抵押权关系中，

---

① 沈达明编著：《法国、德国担保法》，中国法制出版社2000年版，第94页。
② 〔日〕近江幸治著：《担保物权法》，法律出版社2000年版，第60、61页。

抵押人享有对抵押物的占有、使用、收益权能，具体表现为所有权和利用权，抵押权人享有对抵押物的处分权能，以对标的物价值的优先取得为内容，无需对标的物加以有形支配。抵押权人所享有的这种权利就称为价值权。上述学说在日本是通说，主要倡导者是日本的我妻荣教授。但日本的川井健教授对此提出了异议。他认为，抵押权最终着眼于剥夺设定者的所有，仅以价值权概括抵押权的本质是不充分的；而且，在剥夺不动产所有权这点上，抵押权与不动产让与担保并无不同，应该探讨两者共同的本质。基于此，川井健教授提出了期待权理论，即抵押权的本质是抵押权人享有通过实现抵押权而取得标的物的交换价值的期待权，基于该期待权在一定范围内行使对标的物的支配权。

### 三、抵押权的特性

各国民法规定的抵押权的种类很不一致，不同种类的抵押权各有其特点，因此，对抵押权的特性不能抽象地谈。但不管各国民法关于抵押权的规定有多么大的不同，作为债权担保的约定抵押几乎无一例外地得到各国的承认，它也构成抵押权的常态，最能反映抵押权的各项属性。本文拟以约定抵押为标准来对抵押权的各项特性进行分析。

（一）抵押权的物权性

抵押权虽为担保债权而存在，但它本身是一种物权。抵押权的标的是一项财产的价值，而不是债务人的一项给付。抵押权的物权性产生的最主要法律后果是抵押权的优先受偿效力和追及效力，前者指抵押权人于债务人受强制执行或破产时，优先于其他债权人，就担保物的价值，满足其债权；后者指不论抵押物落入何人之手，抵押权人仍可追及该物就其变价优先清偿其债权。

（二）抵押权的附属性

抵押权的附属性，亦称附随性、附从性，它是一切担保性权利的共有特征。德国学者认为，所谓附随性，指的是担保物权和所担保的债权之间的固有联系：担保物权为所担保的债权设立、存在、移转，并在债权人实现其权利时不必借助于其他合同关系而直接向担保的标的实现其权利①。我国台湾学者史尚宽先生认为:"抵押权之附属性,可就其成立、处分及消灭,分成立上之附属性、消灭上之附属性与处分上之附属性。"② 关于抵押权设定上的附属性,《奥地利民法典》第449条作了明文规定,其他国家(地区)在实践中对此也采肯定立场。抵押权处分上的附属性,指抵押权不得与债权分离而单独转让或者作为其他债权的担保(《德国民法典》第1153条,我国台湾地区《民法典》第870条,《担保法》第50条)。但日本民法对此有例外规定。《日本民法典》第375条第1项规定:"抵押权人,可以以其抵押权作为其他债权的担保,或者为同一债务人的其他债权人的利益,让与或抛弃抵押权或其顺位。"该条前半段是日本民法典关于"转抵押"的惟一的规定。日本学者认为,转抵押与转质相同,是把自己取得的担保权再一次作为金钱借入的担保。该条后半段是对"抵押权及其顺序的转让和抛弃"的规定。这里抵押权转让,指抵押权人为了其他抵押权人的利益,可以将自己的抵押权转让,在其转让限度内自己成为无担保债权人;抵押权的放弃,指抵押权人为了无担保债权人的利益,可以放弃优先受偿的利益;抵押权顺序的转让,指在抵押权人之间,进行顺序的更换;抵押权顺序的放弃,指顺序在先的抵押权人对顺序在后的抵押权人放弃自己的优先受偿的利益,从而与后者成为同顺序的债权人,按相应的债权比例受清偿③。

关于抵押权消灭上的附属性,我国《担保法》第52条作了规定,其他国家也承认。惟德国民法严守抵押权顺位确定原则,《德国民法典》第1163条规定,在被担保债权因清偿或其他原因而消灭时,抵押权并不因此消灭,此时,抵押权归属所有人,成为所有人抵押。

与抵押权的附属性相对的,是所谓的抵押权附属性缓和理论和抵押权的独立化,其中抵押权的独立化被视为现代抵押权制度的发

---

① 转引自孙宪忠著:《德国当代物权法》,法律出版社1997年版,第261页。
② 史尚宽著,张双根校勘:《物权法论》,中国政法大学出版社2000年版,第261页;后文引注《物权法论》时未特别说明的,则专指此版。
③ 〔日〕近江幸治著:《担保物权法》,法律出版社2000年版,第178~185页。

展趋势之一。抵押权附属性的缓和主要表现在以下几个方面：第一，最高额抵押的确立（《日本民法典》第398条之2—22，《担保法》第59—62条）；第二，对于一般的将来债权设定抵押权的承认；第三，登记留用在一定范围内获得承认（关于抵押权的登记留用，第二章有详述）；第四，在债权因无效而消灭时，抵押权并不当然消灭①。这些缓和制度和措施的确认和采用，使抵押权能更灵活、更经济地适应担保实践的需要。抵押权的独立化在德国民法中表现得最为突出。在德国，作为广义抵押权范畴的土地债务根本就不具有"附随性"。这一特性克服了抵押的附随性给债权人带来的种种不便，也大大地降低了交易费用。因此，土地债务已在今天德国的担保实践中取得了绝对的支配地位②。总之，对抵押权乃至整个担保物权的附属性，正如我国台湾学者史尚宽所指出的："担保物权纯自保全的担保方面为观察时，常以债权之存在为前提，其从属于债权之性质，在担保物权之本质为当然之事，然自其为价值权、变价权之方面为观察，则从属性不必与担保物权之本质为不可分。"③ 这的确是在抵押权的附属性与独立性关系上的精辟见解。

（三）抵押权的不可分性

抵押权的不可分性是强化抵押权的担保效力、更好保护债权人利益的一种制度安排。《法国民法典》第2114条第2款规定："抵押权，以其性质、对用于抵押的所有不动产，对其中每一宗不动产以及对这些不动产的每一部分，均不可分割并完整存在。"即抵押物之全部，担保债权之各部；抵押物之各部担保债权之全部。《日本民法典》规定，在得到被担保债权的全部的偿还为止，抵押权的效力涉及标的物的全部（《日本民法典》第372—396条）。根据日本判例和通说，一部分债权被转让后，原抵押权人与受让人共有抵押权④。我国台湾地区《民法典》第868条规定，抵押物分、抵押权不分；第869条规定，被担保债权或债务分、抵押权不分。我国《担保法》对

---

① 许明月著：《抵押权制度研究》，法律出版社1998年版，第90~91页。
② 孙宪忠著：《德国当代物权法》，法律出版社1997年版，第297~298页。
③ 史尚宽著：《物权法论》，中国政法大学出版社2000年版，第257页。
④ 〔日〕近江幸治著：《担保物权法》，法律出版社2000年版，第90页。

抵押权的不可分性未有明文规定,但《最高人民法院关于适用〈中华人民共和国担保法〉基本问题的解释》则借鉴日本和台湾地区的立法例,于第71、72条对之作了规定。《担保法解释》第71条规定:"主债权未受全部清偿的,抵押权人可以就抵押物的全部行使其抵押权。抵押物被分割或者部分转让的,抵押权人可以就分割或者转让后的抵押物行使抵押权。"这与我国台湾地区《民法典》第868条的规定基本相同。《担保法解释》第72条规定:"主债权被分割或者部分转让的,各债权人可以就其享有的债权份额行使抵押权。主债务被分割或者部分转让的,抵押人仍以其抵押物担保数个债务人履行债务。但是,第三人提供抵押的,债权人许可债务人转让债务未经抵押人书面同意的,抵押人对未经其同意转让的债务,不再承担担保责任。"这与前述我国台湾地区《民法典》第869条的规定大致相似。总之,上述几个国家和地区对抵押权的不可分性规定的都较为抽象、原则,但判例、学说和司法解释进一步使之细化。

(四)抵押权的特定性

抵押权的特定性是为保障交易安全和保持债务人的信用而设计的一项制度。罗马法中的一般抵押权制度否定抵押权的特定性,这在近代民法中为法国民法所继受。依法国民法,只有约定抵押受特定原则的约束(《法国民法典》第2132、2129条),法定抵押和审判上的抵押不受此约束。因袭日耳曼法的德、瑞民法无一般抵押权制度,特定原则得到严格遵守。在日本,有学者认为,受法国法影响创设的一般先取特权制度,具有一般抵押权的性质,但其在行使时要受到限制(《日本民法典》第335、336条),这也可以看做是特定原则的体现[①]。在我国,不存在设定于债务人一般财产上的一般抵押权,特定原则得到贯彻。

关于抵押权特定性的内容,一般有两种学说:一为抵押标的特定说,即抵押权的特定性仅指抵押物特定;二为抵押标的与被担保债权特定说,即抵押权的特定性不仅包括抵押物的特定,而且也包括被担保债权的特定。法国民法典明文规定抵押权的特定性分债权

---

[①] 〔日〕近江幸治著:《担保物权法》,法律出版社2000年版,第91页。

的特定性(《法国民法典》第 2132 条)和物的担保的基础即抵押物的特定性(《法国民法典》第 2129 条)。在德国,根据德国民法典,抵押权的特定性仅指抵押物的特定。在日本,一般认为,抵押权的特定性应包括抵押权金额的特定和抵押物的特定两个方面。

总之,在约定抵押中,抵押权的特定性在各国都被加以严格遵守。就其内容而言,它包括抵押物的特定和被担保债权的特定两个方面。

(五)抵押权的物上代位性

抵押权的物上代位性是以抵押权的价值性为前提,为强化抵押权的担保功能而设计的一项制度。它指抵押物因意外原因或因第三人的行为而发生变形、灭失或价值减损时,抵押权的效力及于抵押物的变形物以及抵押人对于第三人的损害赔偿请求权上。各国民法对此都作了规定,但关于代位范围却存在着较大差异。日本民法规定得最为宽泛。根据《日本民法典》第 372 条、第 304 条的规定,抵押权的物上代位的标的物涉及:因"售出"产生的价金;因"出租"产生的租金;因"灭失或者毁损"应该取得的金钱,包括损害赔偿请求权,保险金请求权,及根据特别法产生的补偿金、清算金。

对价金是否可成立物上代位权,德国、瑞士、法国等国民法持否定态度,其理由是抵押权被让与他人后,抵押权人可以行使物权的追及力。在日本国内,对此也有采否定说的,认为抵押物即使被出售,由于抵押权人能拍卖其抵押物,抵押权的追及力仍然是完备的,所以认可物上代位权没有任何意义。况且,根据《日本民法典》第 377 条关于代位受偿的规定,在抵押标的物出售时,抵押权人可依此从出售价金中得到优先受偿[①]。我国《担保法》第 49 条第 1、3 款的规定,与日本立法有相似之处,即在抵押人履行了一定手续有效转让抵押物后,抵押权的物权追及力即被切断,抵押权人可在抵押物的出售价金上依物上代位规则受偿。

对租金是否可成立物上代位权,一般认为,德国、瑞士、日本民法对此采肯定态度。其实,由于《日本民法典》第 371 条对天然

---

① 〔日〕近江幸治著:《担保物权法》,法律出版社 2000 年版,第 124 页。

孳息和法定孳息未加区分，因此在立法上存有歧义，学理上亦形成否定说、肯定说、折衷说等不同观点。若依第371条，且认为此处的"孳息"包括"法定孳息"，在抵押不动产被扣押前，租金的收取权当然归属于抵押人，在扣押时，租金直接涉及抵押权的效力，不存在抵押权在租金上的物上代位，这就是物上代位否定说。依第372条，学理认为租金具有标的物交换价值"整借零还"的意思，所以当然适用物上代位的规定，这就是物上代位肯定说。日本学者近江幸治认为，物上代位肯定说是妥当的，但判例持否定态度。我国《担保法》第47条的规定与《日本民法典》第371条第1款但书的规定是一致的，即抵押物被扣押时，从此以后的孳息直接涉及抵押权的效力，而非抵押权物上代位的标的。因此，我国不承认抵押权在租金上的物上代位性。

对因"灭失或者毁损"取得的金钱的物上代位权，这在各国都是被承认的。但保险法学者对此持批判的态度，在他们看来，保险金请求权是根据保险合同作为支付保险费的对价而产生的，它不是抵押物的代位物或变形物。我国《担保法》第58条规定："抵押权因抵押物灭失而消灭。因灭失所得的赔偿金，应当作为抵押财产。"对此规定，有学者指出，我国在抵押权的物上代位上采取的是法定抵押权的法律构成形态[①]。这是借鉴日本民法理论所作的分析，但两者还是有区别的，在日本将其解释为请求权上的法定抵押权，而我国则为赔偿金上的法定抵押权。仔细分析，我国《担保法》第58条的规定存在表述上自相矛盾的地方，基于此，《担保法解释》第80条将其进一步明确化："在抵押物灭失、毁损或者被征用的情况下，抵押权人可以就该抵押物的保险金、赔偿金或者补偿金优先受偿。抵押物灭失、毁损或者被征用的情况下，抵押权所担保的债权未届清偿期的，抵押权人可以请求人民法院对保险金、赔偿金或补偿金等采取保全措施。"值得指出的是，德、日等国民法原理均认为，抵押权的物上代位并非直接存在于金钱等赔偿物上，而是存在于抵押人所享有之赔偿金请求权上。因此，我国《担保法》第58条的规定

---

① 孙鹏、肖厚国著：《担保法律制度研究》，法律出版社1998年版，第181页。

及其解释欠妥当。总之，抵押权的物上代位范围，只能依各国民法及其他单行法的具体规定去把握，而且它还与抵押权的其他制度密切相关，如抵押权的追及力制度。

### 四、抵押权的原则

抵押权的原则是指导一国抵押权制度立法、司法的一些基本准则，它构成一国抵押权制度的支柱，最能反映该国抵押权制度的最本质特征，也是对抵押权制度进行不同制度群划分的标准之一。

#### （一）公示原则

抵押权是非占有型担保，为了保护一般债权人和其他社会公众的利益，因此原则上应公示抵押权的存在。抵押权通常以在不动产登记簿或特种动产登记簿上进行登记的方式予以公示。但登记的效力在大陆法系各国的立法中是不同的。在法国采取登记对抗原则，即非经登记不得对抗善意第三人。日本民法受法国民法影响，也实行登记对抗原则（《日本民法典》第177条）。与上述法、日两国立法不同，德国和瑞士民法对抵押权登记采用登记成立要件主义，即非经登记抵押权不成立，这实际上使形式要件具有了决定实体权利的效力。这是《德国民法典》所确立的物权抽象原则的典型表现，也是德意志法系民法物权制度的特征之一；而且，在德国抵押权登记具有公信力，即第三人信赖登记簿上的记载而受让抵押权与被担保债权时，即使抵押权或债权事实上已经不存在，但信赖登记的第三人仍然可以获得抵押权或被担保债权。这在法、日民法中是没有被赋予的。我国担保法兼采这两种立法，对特定财产（《担保法》第42条）上的抵押权实行登记成立要件主义（《担保法》第41条）；而对另一些财产则实行登记对抗主义（《担保法》第43条）。在我国，《担保法》未赋予登记以公信力，只规定"登记部门登记的资料，应当允许查阅、抄录或者复印"（《担保法》第45条）。《担保法解释》第61条规定："抵押物登记记载的内容与抵押合同约定的内容不一致的，以登记记载的内容为准。"比较抵押权登记对抗主义和抵押权登记成立要件主义这两种立法，后者因赋予登记以公信力，因此有利于保障交易安全。现在，在采信抵押权登记对抗主义的日本，其学界也强烈呼吁赋予登记以公信力。我国也有学者主张："为了强化抵押担保的效力，不如全面实行登记成立要件主义，使未登记抵押权不能取得物权的效力。"[①] 值得指出的是，对登记的公信力问题必须全面地来看，正如有学者指出的，德国法上的公信力是建立在德国土地物权法律编成主义的基础之上，土地上的一切权利皆因登记而成立，未经登记，不存在土地权利；而且，赋予登记以公信力，还需要一系列的配套制度，如登记机关的实质审查制度、真正权利人损害的国家赔偿制度等[②]。

(二) 特定原则

特定原则指抵押权的标的物原则上应是特定的物。一般不应承认在债务人的全部财产上设定的一般抵押权或为了保护特定债权人而规定的法定抵押权。关于特定原则在各国（地区）立法中的具体表现及内容，在前面关于"抵押权的特定性"的论述中已有涉及，兹不赘述。

(三) 顺序原则

顺序原则是解决一抵押物在担保数债权情况下如何确定债权受偿顺序的规则。它主要涉及两个问题：第一，以什么为标准来确定数个抵押权之间的先后次序；第二，在前顺位债权消灭后，抵押权是否也随之消灭，后顺位抵押权的次序是升进还是保持不变。对第一个问题，因抵押权采公示原则，并以登记作为公示方法，因此各国民法莫不规定以登记的先后来决定抵押权之间的先后顺序（《法国民法典》第2134条，《瑞士民法典》第813、814条，《日本民法典》第373条，《德国民法典》第865条，我国《担保法》第54条，《担保法解释》第58条）。对第二个问题，在大陆法系国家或地区，形成次序升进原则和次序固定原则两种立法例。所谓次序升进原则，指在先次序的抵押权消灭时，原则上在后次序的抵押权当然升至前一次序。这种立法例为法国、日本和我国台湾地区民法等所采用。所谓次序固定原则，指各抵押权依登记的先后，其顺序固定化，即

---

① 许明月著：《抵押权制度研究》，法律出版社1998年版，第66页。
② 同上书。

使在先顺序的抵押权所担保的债权因受清偿等而消灭,该抵押权并不当然消灭,而是转化成所有人的抵押权(德国)或者抵押权空位(瑞士)。这种立法例为德国、瑞士民法所采用(《德国民法典》第1163条,《瑞士民法典》第814条)。比较这两种立法例,一般认为次序固定原则更有利于协调和平衡抵押权关系中各方当事人的权益。它的好处有如下几项:第一,在次序固定原则下,在先次序抵押权担保的债权消灭后,其抵押权并不当然消灭,而是转化成所有人抵押权,所有权人可依此项抵押权再为其他债权作担保,从而取得再次融资,也可节约成本;第二,在次序固定原则下,在先次序的抵押权所担保的债权比较安全,所以能得到低利率的融资;第三,在次序固定原则下,可以避免次序升进原则的一些不合理性。在顺序升进的原则中,顺序在后的抵押权人是在顺序在先的抵押权偶然地消灭后,安全地进入顺序在先的位置的,这不具有绝对的合理性,尤其是在顺序在先的抵押权的被担保债权的替换中更成为问题①。值得指出的是,次序固定原则是以承认所有人抵押权为前提的,它实际上是对抵押权的附属性的部分否定,使抵押权具有了独立的金融价值,可在金融市场上自由流通。这与抵押权的独立化发展趋势是一致的。

我国担保法在抵押权公示上兼采登记成立要件主义和登记对抗主义两种立法例,对特定财产(《担保法》第42条)上的抵押权实行登记成立要件主义(《担保法》第41条),而对另一些财产则实行登记对抗主义(《担保法》第43条)。我国《担保法》第54条在抵押权次序的规定上,与上述关于公示原则的规定相对应,对采登记成立要件主义的抵押权,"按照抵押物登记的先后顺序清偿;顺序相同的,按照债权比例清偿";对采登记对抗主义的抵押权,在是否登记上采自愿原则,有两种情况:登记的按前述规则清偿;"未登记的,按照合同生效时间的先后顺序清偿,顺序相同的,按照债权比例清偿"。此外,该条还规定:"抵押物已登记的先于未登记的受偿。"我们认为,我国《担保法》关于未登记抵押权的顺序的规定与

---

① 〔日〕近江幸治著:《担保物权法》,法律出版社2000年版,第92、93页。

法理不符。因为，抵押权既然未经登记，那么就不具有对抗第三人的效力，对后成立的抵押权而言，也不具有优先受偿效力，一律应按债权比例清偿；但《担保法》规定未登记抵押权"按照合同生效时间的先后顺序清偿"，这实际上赋予未登记抵押权以对抗力，至少对后成立的抵押权有对抗力。这也使得已登记抵押权和未登记抵押权的效力无法区分，破坏了我国抵押权登记效力的纯洁性，对后成立的抵押权人的利益构成威胁。《担保法解释》对此作出了纠正，该《解释》第76条规定："同一动产向两个以上债权人抵押的，当事人未办理抵押物登记，实现抵押权时，各抵押权人按照债权比例受偿。"《解释》的这条规定显然与《担保法》第54条相抵触。我们认为，法律解释只是对法律的"应有之义"的阐释，在我国，尽管最高人民法院通过的针对某部法律的系统性法律解释文件具有"二次立法"的性质，可以对法律漏洞进行补充，但它绝对不能规定与被解释的法律相矛盾的内容。遇到这类问题，妥当的作法应是修改现行法律。此外，我国还没有统一的抵押权登记机关，为此，《担保法解释》第58条规定："当事人同一天在不同的法定登记部门办理抵押物登记的，视为顺序相同。因登记部门的原因致使抵押物进行连续登记的，抵押物第一次登记的日期，视为抵押登记的日期，并依次确定抵押权的顺序。"

为了抵押权次序固定，很多国家（地区）承认所有人抵押权制度，我国《担保法》参照我国台湾地区的规定，也例外地予以确认。《担保法解释》第77条规定："同一财产向两个以上债权人抵押的，顺序在先的抵押权与该财产的所有权归属一人时，该财产的所有权人可以以其抵押权对抗顺序在后的抵押权。"这就是我国立法所确立的所有人抵押权制度，从该条规定可以看出，它只因所有权和抵押权发生混同而存在，并不允许成立因当事人的合意而设定的所有人抵押权。这实际上是为保护所有人利益、防止后次序抵押权人以外受益而作出的例外规定。由此也可以得出结论，我国在抵押权的次序上采取的是次序进升原则，只是在特殊情况下才例外地承认次序固定，即在抵押权和所有权混同时。

（四）消灭原则与承受原则

消灭原则与承受原则是指在一般债权人或后次序抵押权人对抵押物申请强制执行或拍卖时，如何解决该抵押物上负担的（先次序）抵押权或者其他优先权的规则。对此，向来有消灭原则与承受原则两种立法例。依消灭原则，抵押物一经拍卖，抵押物上的所有抵押权及其他优先权都统统归于消灭，抵押物无负担地拍卖给买受人；抵押物的代价应用现金支付，各抵押权人按其次序优先于执行债权人在此卖得价金中受分配，此时，抵押权即使未满足实现条件（担保债权已届清偿期未获清偿），也可以同样参加分配。消灭主义实际上是对拍卖金进行追及。依承受原则，拍卖不影响其他抵押权和优先权的存续，即买受人拍卖所得的抵押物负担有抵押权或其他优先权。承受主义实际上是对抵押物本身进行追及。在法制史上，前一立法例主要实行于普鲁士，后一立法例为罗马法和德国普通法所采用，后来，德国和日本则兼采这两种立法例。① 现在，日本对于抵押权和先取特权（相当于法定抵押权）采取消灭原则（《日本民事执行法》第59条第1款），对于留置权和没有使用收益的质权则采取承受原则（《日本民事执行法》第59条第4款）。比较这两种立法例，承受原则相对于消灭原则更有利于保护先次序抵押权人的利益，因为在依消灭原则时，"先次序权利人虽未受清偿，然其可生相当利息之投资机会，毕竟因此而被剥夺。尤其在利息下落之时，蒙受不利"②。但在交易实践中，银行贷款往往约定抵押债权因拍卖而届清偿期，这实际上发生与消灭原则同一的结果。③ 所以说，消灭原则并不必然损害先次序抵押权人的利益，因此即使在采承受原则立法例的国家亦可通过约定而取得与消灭原则同样的结果。但不容否认的是，承受原则的制度设计提供了保护先次序抵押权人利益的有效途径，尤其在利息下落时。我国《担保法》对这个问题未作规定，但依《担保法解释》第78条，似可推断我国系采消灭原则。该条规定："同一财

---

① 史尚宽著：《物权法论》，中国政法大学出版社2000年版，第291页。
② 同上书，第293页。
③ 同上书，第294页。

产向两个以上债权人抵押的,顺序在后的抵押权所担保的债权先到期的,抵押权人只能就抵押物价值超出顺序在先的抵押担保债权的部分受偿。顺序在先的抵押所担保的债权先到期的,抵押权实现后的剩余价款应予提存,留待清偿顺序在后的抵押担保债权。"

**五、抵押权的发展趋势**

关于现代抵押权的发展趋势,有学者概括为:抵押权的独立化;抵押权的抽象化;公示特定原则;公信力原则;证券化原则;顺位确定原则;抵押权与抵押物利用权分离原则。[①] 仔细考察这些内容,其核心的目的之一就是为了确保抵押权的流通性,因此很多学者认为,近现代以来,流通性的确保是抵押权最主要的发展趋势。

在抵押权的流通性的确保上,德国的立法走在世界前列。在德国民法典制定时,抵押权的构成是以转让性为中心的,为此,它利用登记的公信力使债权与原因关系分离,并使与债权绝缘意义上的抵押权的抽象性得以确立,以此来促进抵押权的流通性。为解决这个问题,德国民法认可两种制度:一是流通抵押;二是土地债务。前者把登记的公信力作为抵押权的基础而及于登记的债权及附着于其上的抗辩权;后者是无债务的抵押权。总之,德国民法利用登记的公信力使抵押权受让人地位的安全性得到了保障,从而保证了抵押权的流通性。

确保抵押权的流通性的另一项措施就是抵押权的证券化。德国的流通抵押,因抵押证券与转让契约的公证证书相结合,使它能够脱离登记簿而连续流转,这可以视为抵押权在某种程度上已证券化了。对于土地债务而言,由于土地债务证券可以为无记名式,因此它在理论上已完全证券化了。而且,根据《德国民法典》第1198条的规定,"抵押权可以变更为土地债务,土地债务可以变更为抵押权",所以在德国民法的规定中,不动产的货币价值不仅可以脱离债权而独立存在,而且可以证券化而流通。日本民法学家我妻荣教授通过对近代德国抵押权制度及其变迁的考察,得出结论:以不动产

---

① 许明月著:《抵押权制度研究》,法律出版社1998年版,第63~68页。

的货币价值为标的的抵押权，先是舍弃对债权的从属地位而独立，继而在其自身的流通中加强了对受让人的保护，最后与流通证券相结合。我妻荣教授将这种抵押权的流通性不断得到加强的现象，称为"不动产的债权化"[①]。

在德国抵押权（广义的，包括土地债务和定期土地债务）之所以有如此强的流通性，这是与德国当时的特有国情密切相关的，在《德国民法典》制定时，它的抵押权立法是以不动产金融为核心的。在德国法的影响下，一些国家纷纷改进本国的抵押权立法，引入抵押权独立化和流通性原则，采取了一系列保障流通性的措施，掀起了证券化的高潮。如日本在日俄战争后，迫于引进外资的需要，作为财团抵押法的配套法律，于1905年制定了《负担保公司债信托法》，附担保公司债制度的确立为被担保债权（公司债）的流通化以及吸引大众投资提供了可能性。1931年，作为对付金融危机的应急手段，日本通过了《抵押证券法》，将附抵押权的债权加以证券化，利用有价证券原理使之流通于市场。此外，适应这股证券化潮流，日本的金融机构还开发出很多种抵押证券在金融市场上流通，如住宅抵押证书，这大大地加快了日本抵押权证券化的步伐。进入20世纪90年代，伴随着金融资产证券化的世界性趋势，日本的债权、不动产证券化理论由理论探讨进入业务实践阶段，出台了两项重要的法律，即《特定债权法》和《不动产特定共同事业法》，大力促进了抵押权的流动化。

总之，确保流通性是近代抵押权的必然趋势，也是现代抵押权发展的方向。为达到这个目的，首先，抵押权的流通应根据公信的原则加以保障；其次，实现抵押权证券化使其易于流通。我国目前的抵押权是以担保债的履行为目的的保全抵押，流通抵押没有被承认，抵押权的证券化也尚未起步。因此大多学者认为，加强抵押权的流通性、实现抵押权的证券化就成为我国今后抵押权立法的当务之急。

---

① 〔日〕我妻荣著，王书江、张雷译：《债权在近代法中的优越地位》，中国大百科全书出版社1999年版，第63~67页。

# 第四章 抵押权的设定

## 第一节 概　述

### 一、引言

关于抵押权的取得，由于各国民法对抵押权种类的规定不同而有差异。抵押权的取得主要涉及两个问题，即抵押合同和抵押登记。概述部分主要对法定抵押权等特殊问题详加阐述。

### 二、法国的法定抵押权

依法国民法典，抵押权有三种，即法定抵押权、裁判上的抵押权和约定抵押权，它分别依法律规定、判决和契约而产生（《法国民法典》第2116、2117条）。在法国，能够赋予法定抵押权的权利与债权包括：（1）夫妻一方对另一方财产的权利与债权；（2）未成年人与受监护的成年人对监护人或法定管理人的财产的权利与债权；（3）国家、省、市镇行政区、公共机构对税收人员与会计人员的财产的权利与债权；（4）受遗赠人依第1017条之规定对继承财产的权利与债权；（5）第2101条第2、第3、第5、第6、第7与第8项所列的权利与债权（《法国民法典》第2121条）。享有法定抵押权的债权人，得就现在属于债务人的所有不动产登记其权利，且债权人在相同的限制下，得就以后归入债务人财产内的不动产登记其权利（《法国民法典》第2122条）。在法国，除法定抵押权制度外，还有对不动产的特别优先权制度和对不动产的一般优先权制度（《法国民法典》第2103条、第2104条）。法国学者认为，法定抵押与不动产上的优先权完全相同，惟一的区别在于登记的效力不同。法定抵押的效力于登记日生效，优先权的登记自被担保的债权成立之日生效，即登记产生追溯既往的效力，使优先权追溯到成立优先权事件或法律行为之日。① 法国民法中的裁判上的抵押权，是指取得胜诉判决（包括仲裁裁决）的普通债权人在执行债务人的不动产时处于很有利的地位。法国学者认为，《法国民法典》第 2123 条所规定的裁判上的抵押权，实际上是经立法者决定，自动地附着在判决上的一种法定抵押权。②

### 三、德国的法定抵押权

德国民法中的抵押权制度主要是以普鲁士法为母法制定的，它受罗马法的影响较小，没有针对特定种类债权的法定抵押权制度。在德国抵押权（狭义）主要是以合同的形式设定的；而作为广义抵押权的土地债务和定期土地债务，则被称为无债权担保权，可以以土地所有人的单方行为设定。《德国民法典》第 648 条关于"建筑承揽人的保全抵押"的规定，也不构成纯粹的法定抵押权。因此在现代德国法中，法定抵押权制度是被彻底否定的。

### 四、瑞士的法定抵押权

瑞士民法中的不动产担保制度与德国民法的规定相类似，但它的法定不动产抵押权制度则是受法国民法影响的产物。依瑞士民法典的规定，不动产担保以抵押证书、债券或定期金的形式设定（《瑞士民法典》第 793 条第 1 款）。在瑞士法定抵押权有两种类型：一为由公法规定的抵押权，它是基于公法或其他各州的法律中对土地所有人的限制而产生，该种抵押权无须登记即可发生法律效力（《瑞士民法典》第 836 条）；二为依私法请求设定的法定抵押。依《瑞士民法典》第 837 条第 1 款的规定，下列债权可请求设定法定抵押权：(1) 出卖人对出卖土地的债权；(2) 共同继承人及其他共同权利人，因分割而对原属于共同所有的土地的债权；(3) 为在土地上的建筑或其他工程提供材料及劳务或单纯提供劳务的职工或承包人，对该

---

① 沈达明编著：《法国、德国担保法》，中国法制出版社 2000 年版，第 156、164 页。

② 同上书，第 165 页。

土地的债权，土地所有人为债务人，或承包人为债务人的，亦同。上述法定抵押，权利人不得预先抛弃（同条第 2 款）。瑞士民法典对该类法定抵押权的登记期限作了详细、明确的规定，即出卖人、共同继承人及共同权利人的法定抵押权，最迟须在所有权转让后的三个月内登记（《瑞士民法典》第 838 条）；职工及承包人的法定抵押权，自发生给付劳务义务之日起，在不动产登记簿上登记，（《瑞士民法典》第 839 条第 1、2 款）。瑞士民法典中的依私法设定的法定抵押权与德国民法典第 648 条关于"建筑承揽人的保全抵押"的规定相类似，它不是纯粹的法定抵押权，必须依债权人的请求来设定，且不动产所有人对申请登记的债权已提供充分担保的，则不予登记（《瑞士民法典》第 837 条第 1 款，第 839 条第 3 款）。

**五、日本的法定抵押权**

在日本，抵押权属约定的担保物权，所以只能根据当事人之间的合同设定（《日本民法典》第 369 条 1 款）。但是，继受法国民法中的优先权制度而创设的先取特权制度则属于法定的担保物权，它有三种类型：一为一般先取特权。它是指因下列原因产生的债权，在债务人的总财产上享有的先取特权：（1）共益费用；（2）受雇人的报酬；（3）殡葬费用；（4）日用品的供给（《日本民法典》第 306 条）。二为动产先取特权。它是指因下列原因产生的债权，在债务上的特定动产上享有的先取特权：（1）不动产的租赁；（2）旅店的宿泊；（3）旅客或货物的运送；（4）公职人员职务上的过失；（5）动产的保存；（6）动产的买卖；（7）种苗或肥料的供给；（8）农工业的劳役（《日本民法典》第 311 条）。三为不动产先取特权。它是指因下列原因，在债务上的特定不动产上享有的先取特权：（1）不动产的保存；（2）不动产的工事；（3）不动产的买卖（《日本民法典》第 325 条）。在上述三种先取特权制度中，其中不动产先取特权与法定抵押权极为相似，可以发挥同样的功能。

**六、我国及我国台湾地区的法定抵押权**

依我国现行民事法律，抵押权只能通过合同方式成立，很少有关于法定抵押权的规定。在我国台湾地区，抵押权主要以合同形式设定，台湾地区《民法典》第513条例外地规定了"承揽人的法定抵押权"，它依承揽人的请求登记而成立。

### 七、小结

通过上述介绍可知，抵押权既可依当事人的双方法律行为即抵押合同而成立；亦可依当事人的单方法律行为而成立，如在德国、瑞士；在法国民法和受法国民法影响的国家，还承认依法律规定成立的法定抵押权；还有法国民法中独有的依裁判成立的裁判上的抵押权。总之，抵押权的成立方式由于各国民法关于抵押权及类似制度的种类的规定不同而存在差异，但通过合同方式设定抵押权是最常见的方式，而且抵押登记也是抵押权成立过程中一个不可缺少的环节。下面两节分别就抵押合同和抵押登记详加阐述。

## 第二节 抵押合同

### 一、抵押合同的形式

关于抵押合同的形式，有些国家的民法典作了特别要求，有些国家则没有，形成了要式主义和非要式主义两种立法例。法国民法要求，约定的抵押权，仅得在公证人二人面前，或者在公证人一人与证人二人前，以经过公证的证书设立（《法国民法典》第2127条）。瑞士民法则要求，不动产担保应以抵押证书、债券或定期金的形式设定，上述形式以外的不动产担保，不得设定（《瑞士民法典》第793条）。我国《担保法》第38条规定："抵押人和抵押权人应当以书面形式订立抵押合同。"根据我国《合同法》第11条的规定，合同的书面形式是指合同书、信件和数据电文（包括电报、电传、传真、电子邮件）等可以有形地表现所载内容的形式。就书面形式的效力而言，有人认为，在我国，抵押合同不具备书面形式应视为不具备强制执行效力，并不会导致合同无效，抵押人不得以抵押合同无效为由进行抗辩。① 上述国家的立法例在抵押合同的形式上都采要式主义。与此不同，日本、德国等则采非要式主义，抵押合同既可以是书面形式，亦可以是口头形式。日本之所以采取非要式主义，这是因为形式自由原则是日本民法典的一条基本政策。德国的原因则更为特殊，在德国对抵押权采绝对的登记成立要件主义，登记具有公信力，而且在德国存在着债权行为与物权行为的区分，依此理论，抵押合同系债权行为，登记才是物权行为。因此，德国民法典没有必要对抵押合同的形式作特别要求。

因此，抵押合同究竟是采要式主义还是非要式主义，这与各国民法的其他相关制度有关。例如，在法国采公证形式，这是与法国民法长期发展过程中公告制度的不健全以及公证文书具有执行名义的优点有关。法国民法发展到今天，之所以还保持公证人在抵押的成立与保管上的垄断地位，是因为土地公告机关打算只和少数人即公证人打交道，原因在于这些机关对公证人有施加压力的办法。日本和德国的原因上面已阐述过了。

### 二、抵押合同的当事人

抵押合同的当事人为抵押权人和抵押人。抵押权人一般为债权人，但在承认所有人抵押制度的国家，如德国，土地所有人也可以为自己设定抵押权。而在法国、日本、我国和我国台湾地区等严守抵押权的附属性的国家和地区，抵押权人与债权人只能是同一的。但在日本等国，近年来出现了所谓的抵押权附从性缓和的现象，因此抵押权人和债权人分离的场合也多有发生。对抵押权人而言，设定抵押权系受益行为，因此可以是未成年人（《日本民法典》第4条第2款）。

抵押人为债务人或债务人以外的第三人。当抵押人为债务人以外的第三人时，该第三人被称为"物上保证人"。物上保证人仅负担物的责任，在抵押物不足以清偿全部债权时，对剩余债权部分仍然

---

① 董开军主编：《〈中华人民共和国担保法〉原理与条文释义》，中国计划出版社1995年版，第110页。

由债务人来清偿。物上保证人为抵押合同的当事人,这与债务人以他人财产设定抵押权的情形不同;在后者情形下,抵押人仍然为债务人而非第三人。对抵押人而言,设定抵押权是严重的行为,因为它诱导债权人扣押不动产,尤其是授予债权人取得负担担保权的不动产价值的权利,因此设定抵押权属于处分行为,要受严格的行为能力规则的约束。此外,抵押人对其财产必须有处分权,否则亦不得设定抵押权,如破产人对破产财产即不得设定抵押权。但是,依照我国台湾地区《民法典》第118条的规定,无权利人就权利标的物所为之处分,经有权利人之承认,始生效力。因此,无权利人所设定的抵押权,后经财产所有人承认的,应当有效。

### 三、抵押合同的标的——抵押财产

在大陆法系国家民法典所规定的抵押权制度中,用于抵押的财产仅限于不动产及不动产用益权,动产抵押制度是通过特别法即以民事单行立法的形式逐步确立起来的。《法国民法典》第2118条规定:"抵押物,以下列财产为限:(1)属于交易范围内的不动产以及被视为不动产的附属部分;(2)在用益权期间,前项所指相同的不动产及不动产附属部分的用益权。"法国民法典明确规定,不得就动产设定抵押权(《法国民法典》第2119条)。但民法典的规定并不改变特别法中关于动产抵押的规定(《法国民法典》第2120条)。法国学者认为:"抵押与动产的矛盾,仅仅是历史上的意外事故。抵押的特征是不给权利持有人任何物质上的权限,纯粹以法律公告向外表示。"[①] 此外,需要指出的是,在法国民法典中,虽不承认动产抵押权,但承认不动产质权(《法国民法典》第2085条),这就使得抵押与不动产,质押与动产这种对应关系,即使在法国民法典中,也不是一条普遍的法理。

德国民法典中规定的抵押权制度也仅为不动产抵押,动产只能用于设定质权。瑞士民法典关于抵押权的规定基本上与德国民法典是一致的,只是《瑞士民法典》第885条关于家畜出质的规定,与

---

① 沈达明编著:《法国、德国担保法》,中国法制出版社2000年版,第144页。

动产抵押相类似，即不转移占有且须登记。这项规定，从瑞士民法典的体系来考察，严格地说应将之称为不丧失占有的质权更为确切，但从法律效果来看，称之为动产抵押权或不丧失占有的质权的区分没有多大实际意义。

在日本民法典中，抵押权的客体为不动产、地上权及永佃权（《日本民法典》第369条）。在日本民法典制定时，毫无异议地认为用于抵押的财产只能是不动产。但在民法典通过后，由于现代社会中动产种类的高价值化，日本逐步以单行立法的形式确立了动产抵押制度，这主要包括1933年的《农业动产信用法》、1951年的《机动车抵押法》、1953年的《飞机抵押法》以及1954年的《建设机械抵押法》。通过对这些动产建立相应的登记制度，使动产抵押成为可能。此外，日本还通过单行立法扩大了可用于设立抵押权的用益物权的范围，除民法典规定的地上权和永佃权外，尚包括采掘权（1905年《矿业法》）、渔业权（1910年《渔业法》）、采石权（1950年《采石法》）、水库使用权（1957年《特定多目的水库法》）。

我国台湾地区民法典关于抵押权的标的规定，基本上与日本民法相同，只是在用于抵押的不动产用益权上增加了我国所特有的典权。此外，台湾地区于1963年仿照美国法制定了《动产担保交易法》，该法将可用于抵押的动产的范围作了很大的拓展，丰富了抵押财产的范围。

我国担保法中虽有不动产与动产的划分（《担保法》第92条），但关于可用于抵押的财产即抵押物的规定，并没有严守大陆法系各国只限于不动产（包括不动产用益权）的陈规，而是采取了肯定与否定相结合的双重列举性规定，即对可以抵押的财产和不得抵押的财产都作了明确的列举（《担保法》第34条、37条）。《担保法》第34条规定，可用于抵押的财产包括：（1）抵押人所有的房屋和其他地上定着物；（2）抵押人所有的机器、交通运输工具和其他财产；（3）抵押人依法有权处分的国有的土地使用权、房屋和其他地上定着物；（4）抵押人依法有权处分的国有的机器、交通运输工具和其他财产；（5）抵押人依法承包并经发包方同意抵押的荒山、荒沟、荒丘、荒滩等荒地的土地使用权；（6）依法可以抵押的其他财产。

《担保法》第37条规定，不得设定抵押权的财产包括：(1) 土地所有权；(2) 耕地、宅基地、自留地、自留山等集体所有的土地使用权，但本法第34条第5项、第36条3款规定的除外；(3) 学校、幼儿园、医院等以公益为目的的事业单位、社会团体的教育设施、医疗卫生设施和其他社会公益设施；(4) 所有权、使用权不明或者有争议的财产；(5) 依法被查封、扣押、监管的财产；(6) 依法不得抵押的其他财产。从这两条规定来看，在我国可用于抵押的财产包括：不动产，如房屋和其他地上定着物、林木；不动产用益权，如国有土地使用权、"四荒"（荒山，荒沟，荒丘，荒滩）土地使用权，以及动产，如机器，交通运输工具等。不得抵押的财产主要指不得买卖的财产，如土地所有权，无权处分的财产，如依法被查封、扣押、监管的财产。我国担保法之所以采取这种对不动产抵押与动产抵押不作明确区分统一立法的模式，这主要是由于我国担保法立法较晚，且采取了单行法的形式，因此没有必要像大陆法系国家那样在民法典之外，于特别法中再以单行立法来规定动产抵押制度。

总之，关于抵押财产的范围，传统大陆法系国家民法典的规定以不动产（包括不动产用益权）为限。但随着动产的高度个别化和高价值化，以及与之相应的登记制度的确立，上述国家和地区在特别法中以单行立法的形式逐步确立了动产抵押制度。我国由于担保法制定较晚且采取了单行立法的形式，因此将不动产抵押与动产抵押统一加以规定，而不作明确区分。

**四、被担保债权**

在严守抵押权附从性的立法中，抵押权的存在通常是以被担保债权的存在为基础的（但也并不是绝对的）。从立法来看，除法定抵押权外，各国民法对被担保债权的种类并未作明确规定，但依抵押权实行时以变价为主要方式和使被担保债权从变价中得到优先受清偿的抵押权设定目的，一般认为被担保债权通常应为金钱债权，或于不履行时可变为金钱债权的债权（损害赔偿债权）。

关于被担保债权，立法上侧重于对其数额的规制，通常要求债权额应该相对确定，尤其在抵押权实行时必须确定。《法国民法典》

第 2132 条规定："约定的抵押权，仅在为之设定抵押的债权数额已由证书确定与确实时，始为有效。如因债之关系所生的债权附有条件或者债额未确定，债权人仅得就其明示宣告的估算债额，请求进行下述登记，并且在债务人有必要时，有权请求减少此种估算的债额。"德国民法在抵押权登记的规定中，对债权额也要求确定（《德国民法典》第 1115 条）。此外，依《德国民法典》第 1113 条第 2 款的规定，抵押权也可以为将来的或附条件的债权设定。瑞士民法也对债权额有明确规定。依瑞士民法，在不动产担保的债权额不能确定时，应标明其土地对债权人的总请求权所负担责任的最高额（《瑞士民法典》第 794 条第 2 款）。此外，与其他国家不同的是，瑞士民法典允许：不动产抵押，亦可为金额不定或应变更的债权，以一定的抵押等级设定，并且，不管有何变更，仍维持其登记顺序（《瑞士民法典》第 825 条第 1 款）。我国《担保法》在抵押合同应包括的内容中，也要求记载"被担保的主债权种类、数额"（《担保法》第 39 条第 1 项）。总之，各国民法关于抵押权所担保的债权的规定，都集中在关于债权额的规制上，通常要求债权额要确定，这是抵押权特定性的基本要求。

### 五、抵押合同的内容

关于抵押合同的内容，在不违背法律的强行性规则和社会公共利益的前提下，各国民法一般将之委于合同自由原则去调整。但我国《担保法》第 39 条对此作了明确具体的规定，即：抵押合同应当包括以下内容：（1）被担保的主债权种类、数额；（2）债务人履行债务的期限；（3）抵押物的名称、数量、质量、状况、所在地、所有权权属或者使用权权属；（4）抵押担保的范围；（5）当事人认为需要约定的其他事项。抵押合同不完全具备前款规定内容的，可以补正。《担保法》该条的规定，是属于强行性规定，还是任意性规定，或者说有多少强行的内容，这是有疑问的。根据《担保法解释》第 56 条第 1 款的规定，只有"被担保的主债权的种类、抵押财产"才是必须加以约定的，否则将导致合同无效。因此说，《担保法》第 39 条并不是完全的强行性规范，除《担保法解释》的内容，只具有指导性的意义，这也从一个侧面说明我国在抵押合同领域贯彻了合同自由原则。

## 第三节 抵押登记

抵押权的成立，除有设定抵押权的行为外，还需进行抵押登记，以向社会公示它的存在。在前章关于"公示原则"的叙述中，已对登记的效力等问题作了介绍。下面就登记机关与登记程序，债权人登记请求权，抵押权登记留用等问题作一阐述。

**一、抵押权登记机关及其审查权**

（一）抵押权登记机关

关于抵押权的登记机关，除少数国家外，大多数国家都对不动产抵押权和动产抵押权作了不同规定。在大陆法系国家（地区），如前所述，在其民法典中只规定了不动产抵押权（包括不动产用益权上设定的抵押权，亦称准抵押），与之相对应，这些国家都专门制定有关于不动产登记的法律（如日本的《不动产登记法》和我国台湾地区的《土地登记法》）和由其设立的统一的不动产登记机关。但动产抵押权因为是在特别法中以单行立法的形式分别确立起来的，因此其登记机关则较为分散。就不动产抵押权或不动产物权的登记而言，在世界范围内，大致有两种立法例：一是由行政机关负责登记，如日本、我国台湾地区等。依日本《不动产登记法》第8条第1款的规定："登记事务，以管辖不动产所在地的法务局、地方法务局或其支局、派出所为登记所，而予以掌管。"《不动产登记法》第8条第2款规定："不动产跨数个登记所的管辖区域时，依法务省令所定，由法务大臣、法务局长或地方法务局长指定管辖登记所。"二是由法院负责登记，如德国。在德国，不动产物权的登记由法院设立的不动产登记局负责进行[①]。在我国，如前所述，担保法中虽有动产

---

[①] 孙宪忠著：《德国物权体系研究》，载梁慧星主编：《民商法论丛》第5卷，法律出版社1996年版。

与不动产的划分，但没有明确区分动产抵押权和不动产抵押权，登记机关极为分散。就以在不动产和不动产用益权上设定的抵押权为例，其登记机关就有如下之多：（1）以无地上定着物的土地使用权抵押的，为核发土地使用权证书的土地管理部门；（2）以城市房地产或者乡（镇）、村企业的厂房等建筑物抵押的，为县级以上地方人民政府规定的部门；（3）以林木抵押的，为县级以上林木主管部门（《担保法》第42条第1、2、3项）。此外，结合我国房地产法律制度的有关规定，实际上我国目前在"房产"与"地产"包括在其上设定的抵押权的登记上，采取的是"房地分管"的分别登记制度（个别地方实行"房地共管"的统一登记制度），但根据《担保法》第36条和相关房地产法的有关规定，我国在"房产"和"地产"的物权变动上则采取的是"房随地走"、"地随房走"的物权一体变动原则，这就使得同一个交易行为，可能要到两个机关去分别办理相关的登记手续，这无疑增加了当事人的交易成本，也给社会公众的查阅带来不便。因此，我国有必要建立统一的不动产登记机关和不动产登记制度。对动产抵押权的登记，各国针对动产的不同，一般都由不同的机关来主管登记事务，因此也没有强制统一的必要。

（二）抵押权登记审查权

就登记机关对抵押权登记的审查权而言，有两种立法例：一为实质审查主义；二为形式审查主义。前者指登记机关对物权的存在与否以及物权的内容等进行全面的审查核实，若登记机关因疏忽导致登记的物权与实际权利状况不符，此时就产生登记错误的国家赔偿制度。采此立法例者，目前主要是瑞士等国。后者指登记机关仅就当事人提供的有关书面文件材料以及当事人的陈述进行表面上的审查，若非因登记机关的过错，出现了物权的实际状况与登记的内容不符，登记机关对此不承担法律责任。采此立法例者，如法国、日本等国。我国《担保法》对此内容未作明文规定，《担保法解释》第61条规定："抵押物登记的内容与抵押合同约定的内容不一致的，以登记的内容为准。"这实际上是关于登记的公信效力的规定，至于在由于登记申请人的原因或者由于登记机关的原因造成公示的内容与权利实际状况不符对权利人造成损害时，对受害人如何进行补偿等,《担保法》和《担保法解释》未予明确。

## 二、抵押权登记程序及其内容

抵押权登记的程序分为申请、审查、登记三个步骤,登记的内容或者项目包括设立登记、变更登记和注销登记三个方面。在抵押权设立登记中,一般应由抵押人和抵押权人向登记机关提出登记申请并办理登记手续。登记机关在受理登记申请后,依形式审查或实质审查的原则进行审查,符合条件的予以登记。在抵押权变更登记中,若抵押权的变动不涉及第三人的,变更登记由抵押当事人进行;变更登记若涉及第三人,如抵押权主体变更或抵押权顺位变动的,应由有关利害关系人和抵押当事人共同办理变更登记。在抵押权注销登记中,一般由债务人及物上保证人进行,在特定情形下,后位抵押权人或其他利害关系人也可以申请注销登记。我国《担保法》第43条对办理抵押权登记作了原则性规定,即:办理抵押权登记,应当向登记部门提供下列文件或者其复印件:(1)主合同和抵押合同;(2)抵押物的所有权或者使用权证书。

## 三、抵押权登记请求权

抵押权登记请求权是指登记权利人(常指因登记而取得权利的一方当事人)对于登记义务人所享有的要求其协助进行抵押权登记的权利。之所以要承认登记请求权制度,是因为在抵押权的变动(设立、变更、注销)立法上,各国通常都要求由双方当事人共同完成相应的登记过程;在一方当事人拒绝进行登记或不予协助时,登记便难以进行,因此就有必要赋予另一方以一种请求权,以保障抵押权登记的顺利进行。

我国《担保法》对抵押权登记请求权未作明确规定,但这并不意味着我国法律就不承认登记请求权。从抵押合同的角度对我国《担保法》中的抵押登记权可作如下理解:在法律要求必须为登记(即强行登记,采登记成立主义的抵押权)的场合,对登记权利人而言,登记请求权是一项基于登记的性质而必然具备的权利;对登记义务人而言,登记乃其附随义务。因此在登记义务人不履行此项义务致使权利人受损时,他就应负赔偿责任。《担保法解释》第56条第2款也作了这样的规定:"法律规定登记生效的抵押合同签订后,抵押人违背诚实信用原则拒绝办理抵押登记致使债权人受到损失的,抵押人应当承担赔偿责任。"在自愿登记的场合,是否登记应由当事人双方在抵押合同中约定。在约定登记时,登记请求权对登记权利人而言,实际上是一项合同权利,对登记义务人而言,实际上是一项合同义务。因此,在登记义务人不履行登记致使权利人受损时,他就应负违约责任。在这两种情况中,登记请求权都有债权请求权的属性,它只能对特定的人来行使。

### 四、抵押权登记留用

抵押权的登记留用,亦可称这为无效登记的留用[①],指因债权受偿还等使抵押权消灭,登记无效时,为了其他同样的债权的担保,仍可将该抵押权的登记不予注销而再次加以适用的制度。例如A对B的Ⅰ抵押权,因B的偿还而消灭后,B再一次从A处借入同样的金额时,设定Ⅱ抵押权;Ⅰ抵押权的登记没有注销时,其登记在Ⅱ抵押权中可以使用。

抵押权的登记留用存在于承认抵押权的附从性和次序升进的立法例中,而它本身则是抵押权附从性和次序升进的例外。因为在承认抵押权独立化的立法中,如德国、瑞士,债权因偿还等消灭时抵押权并不消灭,而转化为所有人抵押权(德国法)或空位抵押权(瑞士法),抵押权的顺位是固定时,此时该抵押权用于担保其他债权并不存在法律上的障碍,因此没有承认抵押权登记留用的必要。但在承认抵押权附从性和次序升进的立法中,它则有着现实的意义,最重要的是可节约交易成本,使交易变得更加便捷。日本就是采此立法例的国家,因此抵押权登记留用在日本的学理和判例中得到广泛的讨论。对抵押权的登记留用是采否定还是肯定的态度,主要看对第三人利益有无损害。这正如日本学者近江幸治所介绍的日本的情况那样,"以前,对这个问题在原则上是否定的。特别是,对顺序

---

① 〔日〕近江幸治著:《担保物权法》,法律出版社2000年版,第110页。

在后的债权人、第三取得者等的第三人，根据顺序递进的原则将会受到侵害。但是，登记的本身是因为公示现实的实体关系，即使其过程是不正确的，只要符合现在的权利状态，而且，不损害第三人的利益，就认可其留用的存在。从有关的观点可以看出，现在判例、学说都对无效登记的留用予以认可。问题的关键是不得损害第三人的利益"①。由此可知，抵押权的登记留用在日本只是有条件地予以承认，即登记留用只有在不存在与留用有利害关系的第三人的范围内使用，与登记留用有利害关系的第三人包括后顺位抵押权人和第三取得人；在有利害关系的第三人存在的情形下，登记留用是否有效，取决于是否取得该第三人的同意。

---

① 〔日〕近江幸治著：《担保物权法》，法律出版社2000年版，第110页。

# 第五章 抵押权的效力

## 第一节 概 述

抵押权的效力,主要用以界定抵押权关系中诸多利害关系人围绕同一抵押物的权利义务的边界,平衡和协调他们之间的利益关系,并在特定情况下根据一定的社会经济政策作出某种倾斜。在抵押权关系中,涉及的利害关系人包括:抵押权人,抵押权设定人或称抵押人(债务人、物上保证人),后顺位抵押权人,第三取得人,抵押物买受人,抵押物租赁人,抵押权受让人,债务人的一般债权人等。抵押法理的首要问题,就是要廓清上述抵押权关系人间的利益纠葛,构筑公平合理的利益结构体系,从而确立他们在抵押权法律关系中的地位,以保障其正当权益。基于此,日本的担保法学者提出了所谓的"抵押权关系者论",我们认为,用该理论来分析抵押权的效力,可以抓住抵押权立法和进行司法解释的要害,更好地把握其精髓。

抵押权关系者论,最早由日本的椿寿夫教授首倡。椿寿夫教授的基本构想是,在抵押权关系中,多个关系人围绕一个标的不动产形成利益对峙,这些关系人的利害状况彼此迥异,因此,担保法理有必要准确细致地把握每个关系人的利害状况,并加以理论化,在此基础上构筑抵押制度。日本的近江幸治教授继承和发展了这一理论,并描绘出抵押权关系人图,对抵押权关系人的抽象的利害状况作了形象的分析。该理论的提出,不但是对原来的抵押权解释论忽视关系人利害状况的反思,也给物权法定主义禁锢下的抵押权解释学(从抵押权的本质、性质、立法目的加以演绎的学问)带来生机。其最明显的特征是将利益衡量学说导入抵押权解释论,并且将其作为一般的解释准则。值得指出的是,现代的金融担保交易伴随国际化和电子化的发展,呈现高度的技术性,要求明确的规范,利益衡量的适用空间正在萎缩。这也给"抵押权关系者论"提出了挑战①。但将该理论用来分析抵押权的效力，仍不失是一种极好的手段，这也是我们导入"抵押权关系者论"作为本章的方法论的初衷。

## 第二节 抵押权的效力所涉及的范围

抵押权的效力范围，包括抵押权的效力及于标的物的范围和抵押权所担保的债权的范围两个方面。

### 一、抵押权的效力及于标的物的范围

各国民法对抵押权的效力所涉及的标的物的范围都作了明确规定。一般除抵押合同约定的主物外，基于法律的规定或当事人的约定，还可能包括与主物有关的物或权利等。由于各国法律传统不同，对这里所谓的"与主物有关的物或权利"的规定及所使用的法律术语，也存在着很大的差异。这就导致各国民法在这个问题上进行沟通的困难。如《法国民法典》第 2133 条第 1 款将之规定为："对设定抵押权的不动产进行的所有改善"；《德国民法典》第 1120 条规定为："与土地分离的出产物和其他成分"以及"土地的从物"；《瑞士民法典》第 805 条第 1 款规定为："土地连同其组成部分及所有从物"；《日本民法典》第 370 条规定为："附加于标的不动产的，与之连成一体的物。"此外，抵押权的效力还及于抵押物扣押后由抵押物分离的天然孳息（《法国民法典》第 2176 条，《德国民法典》第 1122 条第 1 款，《日本民法典》第 371 条第 1 款但书），以及抵押物扣押后就抵押物得收取的法定孳息，但抵押权人未将扣押抵押物的情况通知应清偿法定孳息的义务人的，不能以此来对抗（《法国民法典》第 2176 条，《德国民法典》第 1123—1125 条，《瑞士民法典》第 806 条，《日本民法典》第 371 条，我国《担保法》第 47 条）。最后，在抵押权的效力所涉及的标的物的范围上，还涉及到抵押权的代位物。

---

① 胡宝海著：《现代金融担保法研究——不动产担保及其证券化理论》，中国社会科学出版社 1999 年版，第 82~84 页。

(一) 从物

在德国民法中,对"物的构成部分"与"从物"进行了区分。若某物附从于主物,从而失去其独立性,被主物的所有权所吸收,就形成物的构成部分;若某物即使附从于主物,也不失去其独立性,而是作为独立的所有权的对象,就形成从物(《德国民法典》第93、97条)。在法国民法中,并未作这种区分。《日本民法典》第87条划分主物与从物,并明确规定"从物随主物处分。"一般认为,物的构成部分,不论是在抵押权设立之前或设立之后附从于抵押物,都属于抵押权的效力所及;但从物是否为抵押权的效力所及,判例和学理存在不同意见。对抵押权设定前的从物,一般均认可其为抵押权的效力所及;但对抵押权设定后的从物,则有否认其为抵押权的效力所及的,但近来的判例和学说对此持肯定意见者甚多。日本学者近江幸治认为:"这个问题的本质是,如果抵押权的效力不涉及设定后的从物的话,抵押物的价值的把握变得明显狭小,特别是在经济上无法作为企业的担保手段使用。从这一点可以看到,学说将从物的范围扩大了,即使是抵押权设定后的从物也涉及抵押权的效力。"① 因此说,抵押权的效力应及于从物,且不论它是在抵押权设定前还是设定后。但我国《担保法解释》则仅限于抵押权设定前的从物,《担保法解释》第63条规定:"抵押权设定前为抵押物的从物的,抵押权的效力及于抵押物的从物。但是,抵押物与其从物为两个以上的人分别所有时,抵押权的效力不及于抵押物的从物。"

(二) 附属物

依《德国民法典》第98条,所谓附属物,是指"供主物为经济上的目的而使用的"物,它包括:(1)对于为营业而永久设置的建筑物,特别是对于磨坊、锻工场、酿酒厂和工厂,用于营业的机械和其他器具;(2)对于农场,用于经营的器具和牲畜,继续经营至预计收获相同或类似出产物时期以前所必要的农产品,以及在农场获得的现存的肥料。德国民法中规定的附属物,在其他国家民法中,或作为独立的物对待,或作为从物对待。德国民法之所以规定"附

---

① 〔日〕近江幸治著:《担保物权法》,法律出版社2000年版,第115页。

属物"这一概念和制度，有学者认为，这是因为德国民法的物权以不动产为中心，所以对附属物的范围规定较广；而在其他国家，动产物权与不动产物权并重，没有将机器、设备、工具等归入附属物范围的必要[1]。

（三）添附物

添附是所有权取得的一种方式，依《德国民法典》第946—952条的规定，添附有三种方式：附合、混合和加工。在民法上，附合是指属于他人所有的一物与所有人的物结合而成为该物的不可分割的组成部分，非毁损不能分离，或虽能分离，但所需费用过高；混合是指两个以上的物相互混同而成为一个新物，原有的物丧失其独立的存在；加工是指对他人的工作物进行改造或施加工作，而使其成为一种新物。关于抵押物因添附所导致的对抵押权效力的影响，我国《担保法解释》的规定基本上概括了各国民法在这个问题上的处理方法，具有典型性。该《解释》第62条规定："抵押物因附合、混合或者加工使抵押物的所有权为第三人所有的，抵押权的效力及于补偿金；抵押物所有人为附合物、混合物或者加工物的所有人的，抵押权的效力及于附合物、混合物或者加工物；第三人与抵押物所有人为附合物、混合物或者加工物的共有人的，抵押权的效力及于抵押人对共有物享有的份额。"

（四）从权利

抵押权的效力可以及于从权利，这在《日本民法典》第281条关于"地役权的附从性"的规定中可以找到明证。该条规定："地役权作为需役地所有权的从权利，与之一起移转，或成为需役地上存在的其他权利的标的。但设定行为另有订定时，不在此限。地役权不得与需役地分离而让与或作为其他权利的标的。"依此规定，当需役地用于抵押时，其效力也及于为其设立的地役权，但抵押权设定人可在抵押合同中对此加以排除。此外，地役权作为需役地的从权利，不得单独用于抵押。我国台湾地区《民法典》第862条也有类似的规定。

---

[1] 许明月著：《抵押权制度研究》，法律出版社1998年版，第240、241页。

（五）从抵押物分离的物

抵押物在抵押权人实行抵押权之前，一部分从抵押物中分离时，抵押权的效力是否及于该分离物，各国民法对此有不同规定。《法国民法典》第2119条规定："不得就动产设定抵押权。"因此，不动产的从物从主物分离后，而成为动产的，抵押权的效力不及于该动产。这显然是受到可用于抵押的财产的性质而作出的限制，有点绝对化。与此不同，德国民法从确保抵押人的占有、使用、收益的权能角度出发，作出了更为合理的规定。《德国民法典》第1121、1122条规定：该动产分离后，若仍为所有人或自主占有人所有，并在其让与、分离前进行了扣押，则抵押权可以仍存留其上，抵押权人在债务人不履行义务时仍可对其行使抵押权；若已被抵押人处分，则不再为抵押权的效力所及。在日本，通常情况下，抵押权的效力并不及于分离物，这是抵押物的使用、收益权能归抵押人所有的必然结果。但是，当残存于抵押不动产中的抵押权不能偿还全部的债务时，这时就应考虑抵押权对分离物的特别效力。通常有两种处理方法：第一，是抵押权的追及力，即被称之为追及被分离的物的方法；第二，是抵押权的物权的请求权，或者是抵押人的义务违反，即被称之为禁止搬出分离物的方法①。我国《担保法》对此未作规定。

（六）孳息及抵押物的代位物

关于抵押权对孳息的效力，我国《担保法》的规定与其他大陆法系国家的做法基本一致。《担保法》第47条规定："债务履行期届满，债务人不履行债务致使抵押物被人民法院依法扣押的，自扣押之日起抵押权人有权收取由抵押物分离的天然孳息以及抵押人就抵押物可以收取的法定孳息。抵押权人未将扣押抵押物的事实通知应当清偿法定孳息的义务人的，抵押权的效力不及于该孳息。前款孳息应当先充抵收取孳息的费用。"关于抵押权对抵押物的代位物的效力，在第三章关于"抵押权的物上代位性"中已有提及，兹不赘述。

---

① 〔日〕近江幸治著：《担保物权法》，法律出版社2000年版，第118页。

## 二、抵押权所担保债权的范围

抵押权所担保的债权的范围,包括原债权(主债权)、利息(包括迟延利息)、违约金、损害赔偿金及实行抵押权的费用等,但抵押合同另有约定的,则按照约定。

### (一)主债权

抵押权的效力及于主债权,这是抵押权的最主要的效力。各国法律通常要求主债权必须确定,至少在实行时必须确定,在需依法进行登记时,则以登记的债权额为准。

### (二)利息

各国民法均承认利息为抵押权的效力所及,但关于利息的具体范围,则有不同规定。《法国民法典》第2151条规定以最后三年的利息为限;《日本民法典》第374条规定以债务到期前的最后二年的利息为限;《瑞士民法典》第818条第1款第3项规定以破产开始或担保物变价请求时已届满清偿期三年的利息以及自最近的利息日以来的利息为限。上述国家的做法可称之为限制主义的立法例。德国民法与此不同,采取无限制主义的立法例,但对利率也有特别要求。《德国民法典》第1115规定:"债权为支付利息的,并须写明利率。"第1119条第1款规定:"债权为不支付利息的,或利率低于5%的,可以不经同顺序或后顺序的权利人的同意而扩张抵押权,使土地对5%以内的利息负责任。"《瑞士民法典》第795条规定:"不动产担保的债权的利息,可在旨在反滥定利息的范围内任意确定。各地的州法,对不动产担保债权的利率,可规定许可的最高数额。"我国担保法仅规定利息为抵押权所担保的债权的范围,对利息无期限限制,可解释为采无限制主义的立法例,但它必须受最高利率的限制。

### (三)迟延利息

我国台湾学者史尚宽先生认为,迟延利息,为原债务不履行时法律上当然发生之附随债权,当事人间虽无特约,无须登记而得就抵押标的物,行使抵押权[①]。此项利息在当事人间通常按约定的本金

---

① 史尚宽著:《物权法论》,中国政法大学出版社2000年版,第277页。

利率执行，在无约定时，按法律规定的利息率及迟延期计算。在日本，迟延利息也只限于民法所规定的对最后两年的部分可以行使抵押权，而且利息及其他定期金的计算，不能超过两年（《日本民法典》第374条2款）。我国担保法对迟延利息未有明文规定，可作与前述史尚宽先生同样的解释。

（四）违约金

依《日本民法典》第420条第3款的规定，违约金是对赔偿额的预先推定。在日本，违约金通常以迟延利息对待，因此，即使未约定，也可根据登记对最后的两年部分行使抵押权。但是，违约金被限定在一定金额内时，不适用登记的方法，但作为"债权额"可以进行登记①。与此不同，在我国台湾地区立法中，对于违约金债权规定需以当事人作约定并进行登记为限；否则，抵押权人不得就违约金债权对抵押物行使抵押权②。根据我国《担保法》第46条，抵押担保的范围原则上应包括违约金，但抵押合同另有约定的，按照约定。

（五）损害赔偿金

关于损害赔偿金，由于其在抵押权设定时不可得知，也事先难确定其数额，因此，大多数国家均不将之列为抵押权效力所及的范围。但少数国家也有肯定的，《日本民法典》第374条规定："抵押权人，有请求债务不履行而产生损害赔偿的权利时，就其最后两年分者，亦适用前款规定。"我国担保法将之置于合同自由的原则下。

（六）实行抵押权的费用

实行抵押权的费用包括因抵押物扣押而发生的费用、抵押物拍卖费用、抵押物在扣押后的保管费用等。各国或地区或在民法典中（如我国台湾地区《民法典》第878条）或在拍卖法或民事执行法中（如日本《拍卖法》第33条，《民事执行法》第42条、85条）或在其他法律中均有规定，实行抵押权的费用可从抵押物变价中优先扣除。最近，日本民法界认为，实行抵押权的费用是"共益费用"，即

---

① 〔日〕近江幸治著：《担保物权法》，法律出版社2000年版，第131页。
② 谢在全著：《民法物权论》，台湾三民书局1992年版，第444~448页。

为全体抵押权人及参加抵押物变价的债权人的共同利益而支出的费用，它不是抵押权的效力所及，而应优先于一切债权人在抵押物的变价中优先扣除，尤其在后顺位抵押权人实行抵押权时更是如此①。

（七）抵押权的保全费用

抵押权的保全费用与前述实行抵押权的费用相似，它也是为全体抵押权人的利益所作的支出，因此应优先于其他被担保债权获得清偿。《瑞士民法典》第819条规定："担保债权人为维持担保物而支出必要的费用，特别是在代所有人支付拖欠的保险金时，虽未在不动产登记簿上登记，仍对其债权有请求相同担保的权利。"其他国家也有类似的规定，我国也应作同样的解释。

## 第三节 抵押物价值减少与抵押权的效力

抵押权是对抵押物价值的支配权，故抵押物价值的减少必然会影响到抵押权的效力，因此各国民法对抵押权（尤其是抵押物）的侵害及其救济都做出了明确规定（《法国民法典》第2131条，《德国民法典》第1133、1134、1135条，《瑞士民法典》第808、809、810条，《日本民法典》第137条第2项，我国《担保法》第51条）。

### 一、对抵押权的侵害

对于抵押权的侵害可从不同角度来加以观察。就侵害对象而言，可分为对抵押标的物的侵害和对于抵押权的侵害，后者如第三人不当地冒用抵押权人的名义，注销抵押权的登记或妨害抵押权的实行等；就侵害主体而言，可分为抵押人的侵害和第三人的侵害；就抵押人的侵害而言，又可分为积极侵害和消极侵害，可归责于抵押人的侵害和不可归责于抵押人的侵害等。

在这里，最重要的是如何判断"侵害"的标准。在日本的学理中，先前将抵押物的价值低于被担保债权的价值作为构成"侵害"的标准，但这一标准存在着很大的弊端。因为，在抵押权实行前的

---

① 〔日〕近江幸治著：《担保物权法》，法律出版社2000年版，第131页。

阶段，抵押物的价值是否在债权额之下，是不好预测的，因此它缺乏现实的妥当性。于是，学理上提出了新的判断标准，即所谓"严格区别的标准"。依此标准，第一，对于债务人的价值减低行为，用在担保关系中的义务违反的观点判断，包括"侵害"的意思、抵押物的利用状态等，对"侵害"进行综合的考察，衡量其是否构成价值减低行为；第二，对于第三人的侵害行为，要求不以造成实际损害为必要，只要其行为具有致使抵押物价值减少的可能性即可[①]。

## 二、对于抵押权侵害的救济

（一）抵押人对于抵押权的侵害及其救济

抵押人负有抵押物价值维持义务，此义务从积极方面来看，就是抵押人负有保全抵押物的价值并使之不减少；从消极方面来看，就是抵押人不得实行诸如毁损抵押物或搬出其附加物等使抵押物价值减少的行为。若抵押人违反此义务，即构成对抵押权的侵害。各国对此都规定有救济途径：或赋予抵押权人以物权请求权，即请求停止侵害，消除危险，恢复原状，返还原物；或赋予抵押权人提前实行抵押权的权利；或赋予抵押权人提出补充担保或增担保请求的权利。依《法国民法典》第2131条规定："现有的用于抵押的不动产或每一项不动产全部灭失或受到毁损，从而不足以担保债权情况下，债权人得从现在起请求或诉请偿还其债权，或者取得补充抵押。"

德国民法对此规定得更为详细，依《德国民法典》第1133条，在土地减损危害抵押权时，首先，债权人可定相当期限，请求抵押人除去危害。若期限届满后，危害仍未消除，债权人有权立即就土地求偿。《德国民法典》第1134条进一步规定：此时，若债权为无利息且未界清偿期的，债权人只取得扣除支付时起至清偿期至这一期间的法定利息后的数额。此外，在所有人对土地进行干涉，致使土地可能发生危害抵押权担保的减损时，债权人可以提起不作为之诉，或法院应依债权人的请求，命令所有人采取为免除危害而有必

---

[①] 〔日〕近江幸治著：《担保物权法》，法律出版社2000年版，第131页。

要采取的措施。

瑞士民法典除规定与德国民法典相类似的内容外，它还赋予抵押权人经法官许可或径直采取保全性措施的权利，并规定采取此项措施支出的费用，即使未登记，也优先于任何在该不动产上已登记的其他权利（《瑞士民法典》第 808 条第 2、3 款，第 811 条第 2 款）。此外，《瑞士民法典》第 811 条第 1 款还对无过失的价值减少作了规定："对非因所有人的过失而发生的价值减少，担保权人仅在所有人因损害而已受到补偿的范围内，有请求担保或清偿的权利。"这一规定为我国担保法所吸收（《担保法》第 51 条第 2 款）。

依日本民法，债务人毁灭或减少担保时，丧失期限利益，债权人得立即实行抵押权（《日本民法典》第 137 条第 2 款）。在此情况下，抵押权人能否提出增担保的请求，日本民法没有规定，但在学理上是被认可的，即，在"债务人义务违反的情况下，在不失去期限的利益时，即使抵押权人没有特别约定条款也当然能提出增担保的请求"①。

总之，在抵押人侵害抵押权及其救济上，各国民法中的规定虽然存在一定差别，但结合各自的判例和学说，实际上各国的作法大同小异。我国担保法借鉴上述立法例，《担保法》第 51 条对此也作了规定："抵押人的行为足以使抵押物价值减少的，抵押权人有权要求抵押人停止其行为。抵押物价值减少时，抵押权人有权要求抵押人恢复抵押物的价值，或者提供与减少的价值相当的担保。抵押人对抵押物价值减少无过错的，抵押权人只能在抵押人因损害而得到的赔偿范围内要求提供担保。抵押物价值未减少的部分，仍作为债权的担保。"即，首先，担保法赋予抵押权人停止侵害、恢复原状的物权请求权，或者提供增担保（亦称补充担保）的请求权；其次，在抵押人对抵押物价值减损无过失时，认可抵押权人对赔偿金的担保权。《担保法解释》进一步赋予抵押权人在此情形下请求债务人履行债务或提前行使抵押权的权利，该《解释》第 70 条规定："抵押人的行为足以使抵押物价值减少的，抵押权人请求抵押人恢复原状

---

① 〔日〕近江幸治著：《担保物权法》，法律出版社 2000 年版，第 145 页。

或提供担保遭到拒绝时,抵押权人可以请求债务人履行债务,也可以请求提前行使抵押权。"

(二)第三人对抵押权的侵害及其救济

除抵押人对抵押权的侵害外,与担保关系(狭义)无关的第三人也可构成对抵押权的侵害,如第三人非法占有抵押物、毁损抵押物或非法搬出抵押物的分离物等。在此,关键的问题是,在第三人构成对抵押权的侵害时,抵押权人能否径直对其行使物权请求权。依德国民法,债权人对第三人对土地进行干涉危害抵押权的行为可以提起不作为之诉(《德国民法典》第1134条第1款),但在土地减损因所有人对第三人的干涉或对其他减损不采取必要的防护措施而可能发生时,则法院应依债权人的申请,命令所有人采取为免除危害而有必要采取的措施(《德国民法典》第1134条第2款)。在日本的学理和判例上,抵押权人是否有权向不法占有的第三者请求排除妨害,对这个问题,向来有让出请求否定说和让出请求肯定说两种,但现在肯定说占上风;在请求返还第三人不法搬出了抵押不动产的一部分时,通说认为,在抵押权中没有对抵押物的占有权能,所以,抵押权人不能提出向自己返还的请求,但可以请求返还到抵押人的名下①。

### 三、抵押权侵害的损害赔偿

针对抵押标的物,债权人、债务人、第三人均可能实施侵权行为,从而引起损害赔偿问题。在这里,着重讨论侵权行为由第三人实施的情况。

侵权行为由第三人实施时,抵押权人有独立的损害赔偿请求权;抵押物的所有人也可基于所有权的侵害,请求损害赔偿。这里,是这两项请求权竞合呢,还是只有所有人享有请求权?对此问题,在日本存在着两种学说:第一,竞合说,亦称抵押权人、所有人双方请求说。依此说,抵押权人与所有人一起具有损害赔偿请求权,两者的请求权产生竞合。在日本判例中,其分配比例是,抵押权人得

---

① 〔日〕近江幸治著:《担保物权法》,法律出版社2000年版,第146、147页。

到债权无法清偿的金额,抵押物所有人得到从抵押物的份额中减去以上的金额后的余额。第二,物上代位说,亦称所有人请求说。依此说,第三人毁损了抵押不动产的,只有抵押物所有人有损害赔偿请求权,抵押权人在此时只能取得物上代位权①。日本学者近江幸治认为,依抵押权的特性,物上代位说是正确的②。我国台湾学者史尚宽先生认为,在此种情况下既应承认抵押权人的损害赔偿请求权,亦应承认抵押权人的物上代位权③。关于此损害赔偿请求权的行使期限,现在通说认为,即使在抵押权实行前也能行使,即在侵权行为发生后,也可请求损害赔偿④。从我国《担保法》第51条第2款的规定来看,我国系采取物上代位说。

## 第四节 抵押权与用益权

抵押权,是抵押权人对抵押物价值的支配权,它并不妨害抵押人对抵押物的使用和收益,这也是抵押权较之其他物的担保优越的地方。因此,为了充分发挥抵押物的价值和使用价值,担保法必须对担保物上负担的抵押权和用益权的关系加以妥善调整。

### 一、抵押权与用益权关系概述

抵押权的实行是把抵押物按照设定抵押权时的状态进行折价处分,这是处分的原则。因此法律保护买受人受让的抵押物应保持设定抵押权时的状态⑤。依此原则,在抵押权设定前,若用益权已经在抵押物上存在,则用益权具有对抗抵押权人及抵押物买受人的效力,买受人只能取得有用益权负担的抵押物所有权;在抵押权设定后创设的用益权,原则上不得对抗抵押权人和抵押物的买受人。在抵押

---

① 〔日〕近江幸治著:《担保物权法》,法律出版社2000年版,第148~149页。
② 同上书,第148~149页。
③ 史尚宽著:《物权法论》,中国政法大学出版社2000年版,第289~290页。
④ 〔日〕近江幸治著:《担保物权法》,法律出版社2000年版,第149页;史尚宽著:《物权法论》,中国政法大学出版社2000年版,第289页。
⑤ 〔日〕近江幸治著:《担保物权法》,法律出版社2000年版,第150页。

权实行（扣押）时，抵押权人对抵押物的控制力更加强化，此时所有人对于抵押物的收益权被剥夺。

## 二、抵押权与用益权关系详述

（一）抵押权设定前的用益关系

抵押是不转移占有担保，抵押人不论在抵押权设定前还是设定后，都有对抵押物使用、收益的权利。这种使用、收益，包括抵押人自己对抵押物的使用、收益（自主用益），亦包括抵押人通过设定用益权而由他人使用、收益（他主用益）。在抵押人就抵押物为自主用益时，在抵押权设定后，其对抵押物的用益不受影响，但不得以之对抗拍卖的买受人。在承认土地和建筑物是独立的不动产的立法例中（如日本），在土地或建筑物之一被设定抵押权并进行拍卖时，为了谋求建筑物的存续，则承认建筑物的法定地上权，并以之来对抗拍卖的买受人（《日本民法典》第388条，我国台湾地区《民法典》第876条）。我国在土地使用权及其上的建筑物的关系上，采取的是变动的"一体连动原则"，因此在其中之一用于抵押且拍卖时，并不存在建筑物的法定地上权的成立（《担保法》第36条）。在抵押权设定之前已经存在的为他人设定的用益权（如地上权、永佃权、典权、租赁权），能够对抗抵押权人，若已经进行登记的，则可对抗抵押物买受人，若未经登记，则不得对抗抵押物买受人。我国《担保法》第48条规定："抵押人将已出租的财产抵押的，应当书面告知承租人，原租赁合同继续有效。"《担保法解释》第65条规定："抵押人将已出租的财产抵押的，抵押权实现后，租赁合同在有效期内对抵押物的受让人继续有效。"我国《担保法》及其解释对租赁合同应否登记以及登记与不登记的效力没有规定，有待进一步明确。

（二）抵押权设定后的用益关系

抵押权的设定不影响抵押人对抵押物的用益（包括自主用益和他主用益），这是抵押权关系的一条基本法理。《德国民法典》第1136条规定："因协议而使所有人对债权人负有不让与土地或不再对其设定负担的义务的，协议无效。"《瑞士民法典》第812条第1款规定："已被担保的土地，所有人抛弃使其土地继续承受负担的权利的，无效。"因此，抵押物设定抵押权后，抵押人仍有移转抵押物所有权或在其上设定其他负担（用益物权或租赁权）的自由，而且对此项自由和权利的协议排除或单方抛弃，不产生法律上的效力。但抵押权也不得因此而受损害。对此，《瑞士民法典》第812条第2款规定："不动产担保设定后，未经担保权人的同意而再使土地承受地役权或土地负担时，担保权优先于后设定的负担；如担保权标的物变价而损害优先担保权人的利益时，可注销后设定的负担。"在此种情况下，抵押权是否受到侵害，在瑞士是通过两次拍卖的方法来衡量的[1]。即：第一次拍卖时，就抵押土地附土地负担拍卖，若所得价金能够完全满足抵押权人的债权，则土地与其负担一并转移于买受人。如果不能满足抵押权人的债权，此时，应对抵押物进行不附负担的拍卖，如果此次拍卖所得的价金高于第一次拍卖，买受人可以获得无负担的抵押物所有权，土地上的负担注销。如果第二次拍卖的价金不多于第一次拍卖，则抵押物仍连同其负担一并转移于买受人。依对日本民法的解释，抵押权设定后在抵押物上设定的用益物权不得对抗买受人，但民法例外地承认短期租赁的效力（《日本民法典》第395条）。我国《担保法解释》第60条规定："抵押人将已抵押的财产出租的，抵押权实现后，租赁合同对受让人不具有约束力。抵押人将已抵押的财产出租的，如果抵押人未书面告知承租人该财产已抵押的，抵押人对出租抵押物造成承租人的损失承担赔偿责任；如果抵押人已书面告知承租人该财产已抵押的，抵押权实现造成承租人的损失，由承租人自己承担。"可见，我国担保法解释只对抵押物上设立租赁债权有规定，尚未涉及在抵押物上设立用益物权的情形，对此在解释上似应与租赁权采取同样的态度。

（三）抵押权实行后的用益关系

在前面关于抵押权对孳息的效力中已述及，抵押权的效力及于抵押物被扣押后的天然孳息和法定孳息（在法定孳息时，需通知支付人），同时，对抵押物的处分权也因抵押物的被扣押而丧失。[2]

---

[1] 史尚宽著：《物权法论》，中国政法大学出版社2000年版，第284页。
[2] 同上书，第285页。

### 三、日本民法中对短期租赁的保护

如前所述，抵押权设定后的用益关系，根据抵押权的实行将全部消灭，但日本民法基于对用益权人利益特别保护的社会政策考虑，例外地承认对抵押权设定后成立的短期租赁予以保护。《日本民法典》第395条规定："不超过第602条所定期间的租赁，虽于抵押权登记后进行登记，亦可以之对抗抵押权人。但是，其租赁害及抵押权人时，法院因抵押权人请求，可以命令解除该租赁。"在这里，"不超过第602条所定期间的租赁"，就是所谓的短期租赁。《日本民法典》第602条将短期租赁的期限的上限规定为：(1) 以栽植或采伐树木为目的的山林租赁为10年；(2) 其他土地租赁为5年；(3) 建筑物的租赁为3年；(4) 动产的租赁为6个月。在日本法律实务中，对"超过602条所定期间的租赁"(即长期租赁)和"未规定期间的租赁"(即不定期租赁)，越来越多的学者认为，也应按"短期租赁"所定期间适用第395条予以保护。[①] 在这里，"租赁害及抵押权人"就是一般所称的"欺诈的租赁"，它是指诸如租金非常低、有预付租金且其结果使抵押权人的债权不能得到满足的情形。在此情形下，抵押权人可以以出租人和承租人作为共同被告向裁判所提出解除租赁关系的请求。

此外，在日本的法律实务中，由于短期租赁的存在确实影响抵押物的拍卖价格，还存在着抵押权人排除短期租赁的自卫手段，即所谓的"预防的租赁"(或称"抵押权并用租赁")，它指抵押权人以排除短期租赁为目的，自己作为承租人在抵押物上成立的以抵押债务的不履行作为停止条件的租赁合同，并在抵押权设定的同时进行租赁合同的登记或临时登记。在此预防的租赁中，抵押权人实际上无法得到抵押物用益，它只不过是作为排除使抵押物的价值降低的短期租赁的手段而存在。在日本，预防的租赁对抵押物拍卖的买受人并不具有拘束力，租赁关系因抵押权的实行而消火。[②] 我们认为，

---

① 〔日〕近江幸治著：《担保物权法》，法律出版社2000年版，第153～156页。
② 同上书，第150～160页。

抵押权人以"预防的租赁"作为自卫手段来防止"欺诈的租赁"的出现，这一做法过分地保护了抵押权人的利益，它实际上使《日本民法典》第395条保护短期承租人利益的社会政策目的落空，也限制抵押人对抵押物的充分利用（在预防租赁中，抵押权人实际并未对抵押物进行用益）。依《德国民法典》第1136条的法理，这样的旨在排除租赁的协议应解释为无效，以更好地协调抵押权人和抵押人的利益以及抵押物的价值权和利用权的关系。

最后，有必要对短期租赁的立法背景和它在实践中的运用状况作一交代，以便更好地了解和把握该项制度。日本民法学者内田贵教授通过对日本民法第395条的立法沿革的考察，认为第395条的立法是鲍瓦索纳德（1825—1910，法国法学家，日本旧民法的起草者）参照比利时抵押权法而提出的。他还通过对作为第395条原型的比利时抵押权法的成长过程的考察，得出如下结论：第一，将抵押权设定后的租借权限于一定期限加以保护的制度，是以佃农经济为基础的，是由农业社会决定的制度；第二，在比利时保护的租借期间是9年，这一期间是以农地租耕习惯为根据的，具有较强的农业保护的观念；第三，作为这一制度的前提，存在农地作为有地租收入的财产投入流通的背景（即使附着租借权也不致降低不动产的价值）。实际上，日本并不存在比利时那样的经济基础与社会习惯，短期租赁权的保护在民法典颁布后并没有得到很好的执行。① 因此说，对短期租赁权的保护，是一些国家在某个历史阶段里特定经济条件的产物，它与农业社会的耕作习惯紧密相关，并不具有必然的合理性和普遍的适用性，我国在迈向农业现代化和发展不动产金融的今天没有必要也不应该借鉴该制度。

### 四、法定地上权

法定地上权是指在承认土地与建筑物为独立的不动产的立法中，由于设定在土地上的抵押权或者建筑物上的抵押权之一的实行而导

---

① 胡宝海著：《现代金融担保法研究》，中国社会科学出版社1999年版，第105、106页。

致的土地的所有者与建筑物的所有者为不同的主体时，为了保存建筑物的继续存续而设立的制度。《日本民法典》第188条规定："土地及土地上的建筑物属于同一所有人，而仅以土地或建筑物进行抵押，于拍卖时，视为抵押人设定地上权。但其地租，因当事人请求，由法院予以确定。"依此规定，法定地上权的成立有如下四个要件：（1）抵押权设定当时，土地上存在建筑物；（2）抵押权设定当时，土地与建筑物属于同一所有人所有；（3）土地或建筑物或两者上存在抵押权；（4）可以进行拍卖。[1] 法定地上权的性质与地上权一样，只是其地租是根据当事人的请求，由日本裁判所加以裁定。但如果当事人对地租有协议，则协议优先。[2] 我国台湾地区的民法中也有类似的规定。我国在担保法和有关房地产的立法中，对土地使用权和房屋权利采取"一体变动"原则，无承认法定地上权制度的必要。

## 第五节　抵押权的优先受偿效力

抵押权最基本的效力就是，债权在已届期未得到偿还的情况下，从抵押不动产的变价中得到优先清偿。这里主要涉及两个问题：第一，抵押权人对债务人一般财产的效力；第二，优先受偿的顺序。至于优先受偿权的实现条件及实现方法，在下节"抵押权的实行"中再作详述。

### 一、押权权人对债务人一般财产的效力[3]

抵押权人在债务人不履行债务时，得就抵押财产优先于一般债权人受清偿，这是抵押权的优先受偿效力的基本内容之一，但反过来，抵押权人能否对债务人的一般财产加之执行呢？对此，回答是肯定的，但不是无条件的，关键看是不是损害一般债权人的利益。《日本民法典》第394条对此作了规定。依该394条和相关判例、学

---

[1]〔日〕近江幸治著：《担保物权法》，法律出版社2000年版，第162～172页。
[2] 同上书，第172页。
[3] 同上书，第132页。

说，第一，抵押权人只能就已抵押不动产的代价未能受清偿部分，以其他财产受清偿（《日本民法典》第394条第1款）。这实际上是近代抵押权制度所确立的物的责任和人的责任相结合的产物。第二，在抵押权人没有实行抵押权，而是先对债务人的一般财产采取了强制执行时，依日本判例和学说，一般债权人为了保护自己利益，可以提出异议申请。但债务人不能申请。第三，在实行抵押权前，一般债权人对一般财产采取了强制执行的情况下，不再适用第394条第1款的规定，抵押权人可以从一般财产中得到全部清偿（《日本民法典》第394条第2款）。但是，其他一般债权人为了使抵押权人按照第394条第1款的规定受偿，可以请求抵押权人将应该向他分配的金额提存（《日本民法典》第394条第2款）。抵押权人只有在抵押不动产中无法得到全额受偿的情况下，才能从提存金中受偿，并且在这种情况下，抵押权人与其他一般债权人一起平等地按债权比例受偿。我国《担保法》第49条第3款、第53条第2款，《担保法解释》第73条规定，抵押物不足以清偿全部债权的，不足部分由债务人清偿。上述规定确立了我国抵押权制度中物的责任和人的责任并存的制度，但对抵押权实行前，抵押权人能否从债务人的一般财产中获得清偿，我国法律对此没有规定，应参照日本民法进一步加以完善。

## 二、抵押权优先受偿的顺序

关于在同一抵押财产上存在的数个抵押权的顺位问题，已在第三章关于"顺位原则"的叙述中讲过了，这里主要探讨抵押权与其他担保物权，尤其是和质权、留置权以及其他优先权的顺位问题。关于抵押权与其他担保物权的关系，在立法例上有两种不同的处理方式：第一，承认抵押权的追及力，即在抵押物上存在其他担保物权时，该担保物权人可以行使权利，但其权利的行使，对抵押权不产生影响；第二，不承认抵押权的追及效力，通过立法来规定抵押权与其他担保物权发生竞合时的顺位处理规则。[①] 我国担保法不承认

---

① 许明月著：《抵押权制度研究》，法律出版社1998年版，第299~300页。

抵押权的追及效力,担保法解释对抵押权与其他担保物权竞合时的顺位作了强行性规定。基于此,我们只就第二种立法例加以介绍。

(一)抵押权与质权

关于抵押权与质权发生竞合时的顺位,民法上有三种学说:第一,质权优先说。这是罗马法上"同等情况下占有人优先"原则的体现。第二,抵押权优先说。这一处理可以防止抵押人在设定抵押权后,又以该物为第三人设定质权,从而使原设定的抵押权落空。第三,抵押权与质权同效力说。此时,依设立先后来决定两者的顺序,同时设立时,效力相同,按债权比例受偿。我国《担保法解释》采第二种学说,第79条第1款规定:"同一财产法定登记的抵押权与质权并存时,抵押权优先于质权人受偿。"

(二)抵押权与留置权

关于在同一财产上设定的抵押权与留置权的顺位,民法上也有两种学说:第一,抵押权和留置权效力相同说。此时,依成立先后来决定两者的顺序。第二,留置权优先说。因为留置权是法定担保物权,它不以当事人之间的合意为基础,因此其顺位应优先于基于合意产生的抵押权。现在以后者为通说,其原因还可从发生留置权的原因关系即主合同关系中,债权人(留置权人)对留置物的意义中去寻求。在留置权所担保的主合同关系中,留置权人所实施的行为通常使留置物的价值得以维持或增加,这是该物上其他权利得以行使的前提和保障,因此有必要承认留置权的优先效力。我国《担保法解释》亦采此学说,该《解释》第79条第2款规定:"同一财产抵押权与留置权并存时,留置权人优先于抵押权人受偿。"

(三)抵押权与其他优先权

关于优先权(日本称"先取特权")制度在第三章第一节和第四章第一节已有提及,兹不赘述。在日本民法中,对抵押权与优先权的顺位有明文规定(《日本民法典》第339条),即登记的不动产保存先取物权和不动产工事先取物权,可以先于抵押权而行使。我国担保法没有确立优先权制度,但在《海商法》中有关于船舶优先权的规定。

## 第六节 抵押权的实行

抵押权的实行,指抵押权人在债务人届期不偿还债务时,以法律的方式处分抵押物并从中得到优先受偿。

### 一、抵押权实行的条件

抵押权实行的核心要件是"债权已届清偿期而未受清偿";其次,必须有作为抵押权实行前提的"抵押权的存在";最后,在严格遵循抵押权附从性和登记无公信力的国家,还要求"对于债权的未受清偿抵押权人没有过失"。

(一)抵押权的存在

抵押权的实行,首先应以抵押权的存在为前提,若抵押权不存在,就无法实行抵押权。在日本,民事执行法要求在实行抵押权时须提出证明抵押权存在的"抵押权存在证明文书"(《日本民事执行法》第181条),这些文书包括:(1)证明抵押权存在的确定判决或者民事审判或者是与这些有同一效力的文书誊本;(2)由证明抵押权存在的公证员制作的公证书的誊本;(3)已登记的抵押权(临时登记除外)登记簿的誊本(《日本民事执行法》第181条第1款)。而且,基于抵押权而开始决定实行不动产拍卖时,债务人或者是不动产的所有人,可以以抵押权的不存在或者是消灭作为理由,对其提出异议(《日本民事执行法》第182条)。[①] 其他国家的法律对此也有类似的规定。我国《担保法》第38条规定:"抵押人和抵押权人应当以书面形式订立抵押合同。"《担保法》第41条、第43条还对抵押权的登记作了规定。因此,在我国能够证明抵押权存在的法律事实包括两类:第一,抵押合同;第二,抵押权登记资料。

(二)债权已届清偿期而未受清偿

债权已届清偿期而未受清偿,这是实行抵押权的核心要件。这里所谓的清偿,是指抵押权所担保的债权全部得到清偿,若主债权

---

① 〔日〕近江幸治著:《担保物权法》,法律出版社2000年版,第134页。

仅获得部分清偿，抵押权人仍可对抵押物全部行使抵押权，而使未受清偿部分的债权清偿，这是抵押权的不可分性原则的体现；但若利息债权先于主债权届清偿期且未受清偿，此时，抵押权人是不能行使抵押权的，这是因为在这种情况下，并不能表明债务人必然丧失清偿债务的能力，而且实行抵押权是关系抵押物命运的重大事件，必须严格把握其行使条件，否则会损害抵押人的利益。我国《担保法》第53条将这个条件作为行使抵押权的惟一的法定要件。

（三）对于债权的未受清偿抵押权人没有过失

在不承认物权抽象原则（即物权行为的独立性和无因性原则）和不采用登记公信力的国家，抵押权具有严格的附从性，债权履行过程中发生的瑕疵必然会影响抵押权的效力。因此，若在抵押权所担保的债权不能履行是因抵押权人的原因而发生时，抵押权人则不能以债权已届清偿期未获清偿为由，行使抵押权。

## 二、抵押权的实行方法

（一）抵押权实行方法概述

由于各国（地区）立法对抵押权实行的性质认识不一，与此相适应，也规定了不同的实行方法。大致有两种立法例：第一，是当事人自救主义。在这种立法例下，主要通过抵押权人与抵押人协商来决定抵押权的实行问题，国家在正常情况下不进行强制性干预。英美法系国家大多采用这种立法主义。在英美法中，担保权的实行方法根据当事人约定而决定，有多种形式，其中主要有：担保权人取消赎回权（foreclosure），后抵押协议（post-mortgage agreement），出卖担保物（private sale），占有抵押物并以其孳息清偿债务（posseessory to collect），占有担保物并进行经营（posseessory to operate），担保物接管（appointment of a receiver to manage theasset），公开拍卖（public auction）等。[①] 第二，是司法保护主义。在这种立法例下，要求抵押权的实行采取公法上的方法，抵押权人实行抵押权之前通

---

① Philip R Wood Comparative Law of Security and Guarantees, London Sweet and Maxwell, 1995, pp139 - 144.

常需要获得法院或其他国家机关签发的裁判或决定,不能私自实行抵押权。大陆法系的国家大多采用这种立法主义。根据《德国民法典》第1147条、1149条的规定,强制执行是抵押权最主要的实行方法。在德国,抵押权的实行有三种方式:法院出售(通过拍卖方式),交给争议财产保管人保管(简称争议保管),审判上的登记,其中最后一种方式在实务中很少使用。① 瑞士民法对抵押权的实行规定了公共拍卖和官方估价等方式(《瑞士民法典》第829、830条)。在日本,抵押权的实行方法依照民事执行法规定的不动产拍卖程序进行。② 在我国台湾地区,抵押权的实行方法依照民法典的规定有三种:第一,申请法院拍卖(台湾地区《民法典》第873条);第二,订立契约取得抵押物的所有权(台湾地区《民法典》第878条);第三,用拍卖以外的方法处分抵押物(台湾地区《民法典》第878条)。

我国《担保法》第53条第1款规定:"债务履行期届满抵押权人未受清偿的,可以与抵押人协议以抵押物折价或者以拍卖、变卖抵押物所得的价款受偿;协议不成的,抵押权人可以向人民法院提起诉讼。"对担保法这条规定,学术界在理解和解释上存在分歧:一种见解认为,我国系兼采当事人自救主义和司法保护主义;另一种见解认为,我国采彻底的当事人自救主义。后一种见解的主张者指出,《担保法》第53条所谓的"向人民法院提起诉讼",是指当事人就抵押权的实行方式存在争议而向法院起诉,法院在受理当事人起诉后,应只就抵押权的实行方式问题作出裁判。经法院裁判后,抵押权人按法院确定的方式实行抵押权,只有在抵押权人因抵押人的原因不能自行按照法院确定的方式行使抵押权时,才可根据法院裁决申请强制执行。并由此得出结论:我国对抵押权的实行采彻底的当事人自救主义。我们认为,在世界范围内,英美法系大多系采当事人自救主义,大陆法系大多采司法保护主义,我国从法系归属上

---

① 沈达明编著:《法国、德国担保法》,中国法制出版社2000年版,第266、267页。

② 〔日〕近江幸治著:《担保物权法》,法律出版社2000年版,第133页。

来说似应与大陆法系取得一致；但从抵押权实行方式的成本效益分析以及它的发展趋势来看，在抵押权实行领域贯彻私法自治原则是妥当的，况且，即使在采司法保护主义的国家，现在也通过让与担保等制度来进行抵押权的私下实行，以规避对抵押物的强制执行。因此，将我国《担保法》第53条关于抵押权的实行方式解释为彻底的当事人自救主义，是可取的。

总之，在抵押权的实行方法上，尽管两大法系以及隶属于这两大法系的各个国家的法律传统不同，但拍卖这种转移抵押物所有权的方式都是被认可的。因此，我们主要介绍拍卖这种方法，也兼及其他的抵押权实行方法。

（二）拍卖

1．拍卖的性质

拍卖是各国法律均认可的抵押权的实行方式，同前述关于抵押权实行的当事人自救主义和司法保护主义两种立法例相对应，拍卖也有任意拍卖和强制拍卖之分。所谓任意拍卖，指非依强制执行程序，而是由抵押权人和抵押人进行协商来对抵押物进行拍卖，并以拍卖的价金清偿抵押权担保的债务。我国担保法和拍卖法就采这种做法。所谓强制拍卖，指法院根据抵押权人的申请，对抵押物进行拍卖，并以拍卖的价金清偿抵押权担保的债务。德国、日本等国家采取此种做法。此外，在采强制拍卖的国家，对拍卖的性质在学理上也形成了两种学说，即公法行为说和私法行为说，现在通说是公法行为说，德国大多数学者就采这种说法。①

2．拍卖的程序

强制拍卖和任意拍卖在程序上是不同的，下面分别以日本民事执行法和我国拍卖法的规定为例，详细介绍这两种程序的具体操作和运行。

（1）强制拍卖程序

日本采取强制拍卖，由执行裁判所负责拍卖，依照《日本民事执行法》的规定，拍卖只是强制执行的程序之一，其强制执行和拍

---

① 史尚宽著：《物权法论》，中国政法大学出版社2000年版，第296页。

卖程序大致上可以分为拍卖的开始、折价、分配这么三个阶段。

首先，拍卖程序的开始。大致做法是，由债权人向有管辖权的抵押物所在地方裁判所提出申请（《日本民事执行法》第2条），申请被受理后，执行裁判所对各要件、程序等进行审查，但审查并不涉及实体上的要件。经审查后在决定拍卖开始时，宣布抵押不动产被查封并送达债务人（或者是所有人）（《日本民事执行法》第45条第1、2款）。同时，裁判所的书记员应该立即在登记处进行抵押不动产的查封登记（《日本民事执行法》第48条）。查封的效力在上述的决定送达或者是查封登记发生时产生（《日本民事执行法》第46条第1款）。由于查封，所有人失去抵押物的处分权。

其次，折价程序。由执行裁判所决定要求分配的终止期（《日本民事执行法》第49条第1款）。与这种终止期被公告的同时，发出对一定的债权人的债权登记催告（《日本民事执行法》第49条第2款）。以执行官对不动产现状的调查和评估人的评估为基础决定最低出售价额（《日本民事执行法》第57—60条）。这种最低出售价额，在偿还手续费用和优先债权后，没有剩余的话，只要无法证明对查封债权人还有剩余财产可以偿还的话，拍卖程序将结束（《日本民事执行法》第63条）。不动产的出售方法由裁判所从招标、拍卖中加以选择裁量（《日本民事执行法》第64条）。执行裁判所公开出售决定日期，讲明出售的许可或者是不许可（《日本民事执行法》第69条）。出售许可决定被确定后，买受人在特定期限内必须交付价金（《日本民事执行法》第78条），价金交付时，取得不动产的所有权（《日本民事执行法》第79条）。根据价金的交付，裁判所书记员进行买受人取得所有权等的转移登记，以及因出售而消灭的抵押权等的注销登记（《日本民事执行法》第82条）。价金交付后，不能以抵押权的不存在或者是消灭作为理由而主张拍卖无效（参照《日本民事执行法》第184条）。

最后，分配程序。价金交付后，执行裁判所可以用出售价金偿还债务金额或执行费用，然后按查封债权人、要求分配债权人（《日本民事执行法》第87条）的顺序受偿，剩余交付给债务人（《日本民事执行法》第84条第2款）。除上述情况外，执行裁判所在分配日期内制作分配表,通知《日本民事执行法》第87条第1款中规定的债权人及债务人,并进行审查(《日本民事执行法》第84条第1款,第85条)。这些人对于分配,可以提出分配异议诉讼(《日本民事执行法》第89、90条)。此外,分配表作为一种裁判形式,对没有提出异议的当事人也有约束力。①

(2)任意拍卖程序

我国采取任意拍卖程序,依照我国《拍卖法》的规定,拍卖程序分为拍卖委托、拍卖公告与展示、拍卖的实施三个阶段。

首先,拍卖委托。依拍卖法,委托人委托拍卖物品或者财产权利,应当提供身份证明和拍卖人要求提供的拍卖标的的所有权证明或者依法可以处分拍卖标的的证明及其他资料(《拍卖法》第41条)。拍卖人应当对委任人提供的有关文件、资料进行核实。拍卖人接受委托的,应当与委托人签订书面委托拍卖合同(《拍卖法》第42条)。拍卖人认为需要对拍卖标的进行鉴定的,可以进行鉴定。鉴定结论与委托拍卖合同载明的拍卖标的的状况不相符的,拍卖人有权要求变更或者解除合同(《拍卖法》第43条)。

其次,拍卖公告与展示。依拍卖法,拍卖人应当于拍卖日七日前发布拍卖公告(《拍卖法》第45条)。拍卖公告应当通过报纸或其他新闻媒介发布(《拍卖法》第47条)。拍卖人应当在拍卖前展示拍卖标的,并提供查看拍卖标的的条件及有关资料。拍卖标的的展示时间不得少于两日(《拍卖法》第48条)。

最后,拍卖的实施。依拍卖法,拍卖标的无保留价的,拍卖师应当在拍卖前予以说明。拍卖标的有保留价的,竞买人的最高应价未达到保留价时,该应价不发生效力,拍卖师应当停止拍卖标的的拍卖(《拍卖法》第50条)。竞买人的最高应价经拍卖师落槌或者以其他公开表示买定的方式确认后,拍卖成交(《拍卖法》第51条)。拍卖成交后,买受人和拍卖人应当签署成交确认书(《拍卖法》第52条)。拍卖标的需要依法办理证照变更、产权过户手续的,委托人、买受人应当持拍卖人出具的成交证明和有关材料向有关行政管理机

---

① 〔日〕近江幸治著:《担保物权法》,法律出版社2000年版,第136~138页。

关办理手续（《拍卖法》第55条）。

通过上述中、日两国拍卖程序的介绍可见，在强制拍卖程序下，国家拍卖机构（在日本是执行裁判所）在整个拍卖过程中，居于主导地位，其程序比较繁杂，费用相对也高，它的好处是对债权人保护有力；在任意拍卖程序下，将一切都委之于意思自治和合同自由的原则下，拍卖机构属于私法主体，是合同的一方当事人。国家只对拍卖进行适度干预，以保护拍卖的正常进行并取得相对公正的结果。比较之下，后者简便易行，也不失公正。

3. 拍卖的效果

（1）拍卖与抵押权

关于拍卖与抵押物上抵押权的关系，有消灭原则与承受原则两种立法例，这在第三章关于"消灭原则与承受原则"中已有论述，兹不赘述。

（2）抵押物拍卖与权利转移

首先，是关于依拍卖而获得抵押物权利的性质。对此，在学理上有两种看法：第一，原始取得；第二，继受取得。在德国，通说认为拍卖为公法行为性质，而且法律赋予物权变动登记以公信力。因此，在德国因拍卖而取得所有权具有原始取得的性质。在我国，拍卖是一种私法行为，因拍卖而取得所有权只能解释为继受取得。

其次，是抵押权利转移的时间和抵押物风险转移的时间。依德国《强制拍卖法》第90条规定，买受人因"拍定"而取得土地（"土地"与"不动产"系同义）所有权。依《日本民事执行法》第79条规定，"价金交付"时，取得不动产的所有权。我国拍卖法对此规定不明确，但依我国的不动产立法，通常以办理完登记和权利过户手续时作为权利转移的时间。但在拍卖这种特殊形式的买卖中，我们认为，应以买受人交付价金时作为抵押不动产权利发生转移的时间为妥。关于抵押物风险转移的时间，多数人认为风险应与所有权同时转移，我国法律亦应作同样解释。依我国台湾地区立法，拍卖不动产买受人自领得法院所颁发的权利转移证书之日起取得该不动产的所有权，拍卖不动产的买受人在"交足价金"后，执行法院将发给权利转移证书及其他书据。这实际上与日本的规定是一致的。

（3）抵押物拍卖的瑕疵担保责任

瑕疵担保责任分为权利的瑕疵担保责任和物的瑕疵担保责任两个方面。权利瑕疵指的是标的物上负担有第三人的合法权利；物的瑕疵指标的物含有隐藏的缺陷或其他与合同规定不符的品质问题，以至不适于其用途或使其价值减少。①

首先，是抵押物拍卖时的权利瑕疵担保责任。对此，各国法律规定不一，德国法律不承认权利的瑕疵担保责任（《德国强制拍卖法》第568条）。日本民法则规定有权利的瑕疵担保责任（《日本民法典》第568条）。德国立法之所以否认抵押物拍卖时的权利瑕疵担保责任，这主要是因为德国拍卖程序中的拍卖公告具有公示催告的效力，通过公告，有无瑕疵已被公开，故无实行担保之必要，同时，德国法采承受原则，买受人可以取得负有各种负担的抵押物，承认权利瑕疵担保与此矛盾。②而依我国拍卖法，应承认抵押物拍卖时的权利瑕疵担保责任。

其次，是抵押物拍卖时的物的瑕疵担保责任。对此，大多数国家都不予承认，如《德国强制拍卖法》第56条、《日本民法典》第570条（但依《日本民法典》第568条，如债务人恶意，则例外地承认物的瑕疵担保责任）。我国《拍卖法》强行令拍卖委托人、拍卖人承担物的瑕疵声明义务，与之相对应也认可拍卖人的物的瑕疵担保责任和损害赔偿，这就使得拍卖物展示程序的意义大打折扣。我们认为，在我国抵押物拍卖虽然有私法行为的性质，但拍卖法规定了拍卖物展示程序，因此应该不予认可抵押物拍卖时物的瑕疵担保责任。

（三）其他抵押权实行方式

抵押权的实行方式除拍卖外，当事人还可以通过协议取得抵押物或通过变卖抵押物来实行。

1. 协议取得抵押物

协议取得抵押物，在性质上属于"代物清偿契约"，我国担保法

---

① 王家福主编：《民法债权》，法律出版社1991年版，第629、630页。
② 许明月著：《抵押权制度研究》，法律出版社1998年版，第306页。

称之为"抵押物折价",它指在债权届清偿期后,抵押权人未受清偿,可以与抵押人订立契约取得抵押物所有权。我国台湾地区《民法典》第878条,我国《担保法》第53条第1款、《担保法解释》第57条第2款对此均有明文规定。在德国民法中,虽不以协议取得抵押物作为抵押权实行的方式,但德国民法中有代物清偿制度,在债务届清偿期后,债权人与债务人可以通过签定代物清偿契约,使债权人获得抵押物,以充作债务人对债务的清偿(《德国民法典》第363、364、365条)。

需要指出的是,协议取得抵押物与流质契约不同。所谓"流质契约",亦称"绝押契约",在日本则称之为"直流抵押",它指在抵押权设定时或清偿期前,约定于债权届清偿期而未为清偿时,抵押物所有权移转于抵押权人。自罗马法以来,对于流质契约大多采取禁止的态度和做法(《德国民法典》第1149条,《瑞士民法典》第816条第2款,我国台湾地区《民法典》第873条第2款,我国《担保法》第40条)。之所以对流质契约采禁止态度,"其立法理由在于防止债务人因一时之急迫,以高价之物而供较小数额债权之担保,于清偿不能时,不得不忍受所有权之丧失,其用意与利息之限制相同"[①]。与上述国家立法不同,直流抵押在日本民法中没有禁止的规定,这是法制史上一个很有趣的现象,据日本学者介绍,现行的明治民法典编纂者置流担保(流质合同和直流抵押)在合同自由的原则之下,而且考虑适用《民法典》第90条来处理暴利行为。有关流质,在以后的众议院的审议中被追加为禁止规定(《日本民法典》第349条),但关于直流抵押却没有提出意见。日本学者认为,这主要是因为在19世纪后期的日本,作为重要的担保手段依然是不动产质押,抵押权在农村等地并没有被认为重要。虽然直流抵押未被明文加以禁止,但以后的判例确立了清算原则,即对抵押物的价值超过债权额的部分,应该进行清算,在属于暴利行为的情况下,依《民法典》第90条必须加以返还。仔细考量,实际上清算原则是从担保禁止法理变换而来的。此外,直流抵押与其他"非典型担保"(亦称

---

① 史尚宽著:《物权法论》,中国政法大学出版社2000年版,第305页。

"变相担保",如让与担保、临时登记担保、回赎与再买卖约定、所有权保留等)方式具有相同的法律效果,这些都是合同自由占上风的产物。①

我国担保法及其解释,也认可代物清偿契约,但绝对禁止直流抵押,其立法理由与上述国家相同。《担保法》第40条规定:"订立抵押合同时,抵押权人和抵押人在合同中不得约定在债务履行期届满抵押权人未受清偿时,抵押物的所有权转移为债权人所有。"《担保法解释》第57条进一步规定:"当事人在抵押合同中约定,在债务履行期届满抵押权人未受清偿时,抵押物的所有权转移为债权人所有的内容无效。该内容的无效不影响抵押合同其他部分内容的效力。债务履行期届满后抵押权人未受清偿时,抵押权人和抵押人可以协议以抵押物折价取得抵押物。但是,损害顺序在后的担保物权人和其他债权人利益的,人民法院可以适用合同法第74条、第75条的有关规定。"可见,我国在承认代物清偿契约的同时,还附有条件,即不得损害顺序在后的担保物权人和其他债权人的利益。

2. 变卖抵押物

变卖抵押物,指在债务人不履行债务时,抵押权人与抵押人协议将抵押物出卖,而以出卖的价款清偿受抵押权担保的债权。我国台湾地区《民法典》第878条,我国《担保法》第53条第1款,对此种抵押权实行方式均有规定。我们认为,《担保法解释》第57条第2款规定的抵押物折价不得损害顺序在后的担保物权人和其他债权人利益的规定,亦应类推适用于抵押物变卖的情形。

## 第七节 物上保证人及抵押物 第三取得者的地位

抵押权的实行,使物上保证人与债务人以及抵押物第三取得者与债权人的利益发生变动,因此法律必须对他们之间的权利义务关系加以明确界定。

---

① 〔日〕近江幸治著:《担保物权法》,法律出版社2000年版,第138~140页。

一、物上保证人的求偿权与代位权

在债务人不履行债务时，为债务人设定抵押权的第三人（物上保证人），或消极地容忍抵押权人实行抵押权从而丧失对抵押物的所有权（但亦可在拍卖程序中作为应买人来确保其所有权），或积极地代抵押人为清偿以确保其对抵押物的所有权不被剥夺。在前种情形下，物上保证人对于债务人享有求偿权；在后种情形下，于清偿的限度内，债权人对于主债务人的债权移转于物上保证人，即物上保证人取得代位权。对于求偿权，多数国家或地区法律规定准用关于保证的规定（《德国民法典》第1225条，《日本民法典》第351条、第372条，我国台湾地区《民法典》第879条）。我国担保法在物上保证人可获救济的方式上只规定了求偿权，而未规定代位权（《担保法》第57条）。

关于求偿权与代位权的关系，有学者认为，两者间是种互补的竞合关系，物上保证人在替代清偿时，同时取得代位权和求偿权。在物上保证人行使代位权时，其求偿权在代位取得的债权金额范围内消灭，但对于其他损失而发生的求偿权仍然存在，例如，因替代履行而支出的必要费用的请求权，不因代位权的行使而消灭，物上保证人得就其请求权的总额扣除代位取得的债权金额的余额向债务人请求赔偿。反过来也是一样，物上保证人在就替代清偿而受到的损失行使求偿权并获得清偿后，则代位权丧失，不得再向债务人行使代位权。①

二、第三取得人的地位

第三取得人的地位所要解决的问题是，在抵押权实行前，第三人取得抵押物的所有权时，该抵押物上负担的抵押权怎么办？这个问题实际上是要解决第三取得人的利用权与抵押权人的价值权的关系，以及抵押物的流通性价值与抵押权的安全性价值之间的关系。

关于第三取得人的地位，大陆法系各国（地区）民法都规定，

---

① 许明月著：《抵押权制度研究》，法律出版社1998年版，第396～397页。

第三人在取得抵押物所有权时,其上负担的抵押权不复存在,但各国在具体制度的设计上存在很大差别。依德国民法,抵押人在抵押权实行前出卖抵押物,应除去其上负担的抵押权(《德国民法典》第434条,第439条第2款),第三人取得无任何负担或瑕疵的物的所有权。我国台湾地区民法典也有类似的规定(台湾地区《民法典》第348条第2款)。这种立法的优点是简便易行。与上述国家不同,法国自古有所谓的涤除制度,民法典制定时仍残存其中(《法国民法典》第2181—2184条)。所谓涤除,指在实行抵押权之前,抵押标的的第三人取得人以向抵押权人支付一定的代价而对抵押权人提出消灭抵押权的要求,在抵押权人同意这一要求时,抵押权消灭;在抵押权人不接受要求时,由抵押权人承担一定责任的制度。日本民法在第三取得人的地位上,仿意大利民法设有代价清偿制度(《日本民法典》第377条),仿法国民法设有涤除制度(《日本民法典》第388条)。所谓代价清偿,指抵押物的受让人,根据抵押权人的请求清偿抵押物的代价,抵押权因第三取得人的清偿而消灭的制度。它一般使用于通过竞卖程序债权无望实现的场合,使用与否的主动权在抵押权人。代价清偿与涤除制度的区别是:在代价清偿时,由抵押权人向第三取得人出价,第三取得人按抵押权人的要求支付代价后,抵押权消灭;而在涤除时,则由第三取得人向抵押权人出价,在抵押权人同意时,抵押权消灭,在抵押权人不接受第三取得人提出的涤除代价时,抵押权人须提出增价拍卖。依日本民法,抵押权人必须保证抵押物能以高出第三人提出的涤除代价十分之一的价格卖出,否则,抵押权人必须自己以高于涤除代价十分之一的价格买下抵押物。此外,与代价清偿相似的,还有所谓的第三者清偿,它指为避免抵押权的执行,第三者通过清偿债务人的债务全额以消灭抵押权。

我国担保法对第三取得人的地位规定得很不清楚。《担保法》第49条主要是从抵押合同的内部关系着眼,规定了抵押人转让抵押物应具备的要件以及产生的相应法律后果。从该条规定来看,抵押人符合条件转让抵押物后,抵押权人对抵押物不享有追及权,但抵押权人可提前行使债权或取得对转让价金的物上代位权,受让人无负担地取得抵押物的所有权。《担保法解释》进一步明确了抵押人不符合条件转让抵押物的法律后果以及与此相应的受让人的地位，此外，还规定了特殊方式转让（继承和赠与）抵押物时第三取得人的地位。《担保法解释》第 67 条规定："抵押权存续期间，抵押人转让抵押物未通知抵押权人或者未告知受让人的，如果抵押物已经登记的，抵押权人仍可以行使抵押权；取得抵押物所有权的受让人，可以代替债务人清偿其全部债务，使抵押权消灭。受让人清偿债务后可以向抵押人追偿。如果抵押物未经登记的，抵押权不得对抗受让人，因此给抵押权人造成损失的，由抵押人承担赔偿责任。"《担保法解释》第 68 条规定："抵押物依法被继承或者赠与的，抵押权不受影响。"根据担保法及其解释的上述规定，我们认为，对我国抵押权制度中第三取得人的地位应作如下理解：第一，抵押权存续期间，抵押人转让已办理登记的抵押物时通知了抵押权人并告知了受让人转让物已抵押的，第三取得人无负担地取得物的所有权，此时，抵押权人可提前行使债权或对转让价金取得物上代位权；第二，抵押权存续期间，抵押人转让已办理登记的抵押物时未通知抵押权人或未告知受让人转让物已抵押的，第三取得人取得负担有抵押权的物的所有权，但其可以代替债务人清偿全部债务使抵押权消灭，从而避免抵押权人对抵押物行使抵押权（即第三人清偿），此时，第三取得人享有类似于物上保证人的对债务人的求偿权；第三，抵押权存续期间，抵押人转让未经登记的抵押物的所有权的，第三取得人无负担地取得抵押物的所有权，由此给抵押权人造成损失的，由抵押人承担赔偿责任；第四，抵押物不论登记与否依法被继承或者赠与而被转让所有权的，第三取得人（继承人或受赠人）取得负担有抵押权的物的所有权。

### 三、涤除制度简评

涤除制度发源于法国古代法，它的初衷是为了在登记制度不完善的情况下保护不动产交易的安全，防止因隐藏的抵押权人主张权利而使不动产的取得人丧失已经获得的不动产。在 1771 年法国国王发布的一项法令中，明确确立了抵押权涤除制度。到了共和 3 年

（1795年），法国发布了号称"抵押法典"的敕令，确立了抵押权登记制度，从而使涤除制度失去其必要性，尽管如此，它仍残存于法国民法典中。以后，日本和瑞士相继确立了该项制度。

涤除制度产生和存在的背景和条件有二：第一，涤除制度是登记制度不完善的产物，是对登记制度的一种救济，同时它也是抵押物上的利用权与价值权冲突调和的产物；第二，涤除制度是在承认抵押权的追及效力的前提下，为了使抵押物的第三取得人对抵押物获得完善的所有权或其他用益物权而采用的一种制度。在登记制度不完备的条件下，它的确能调和抵押物的价值权和利用权的冲突，并能平衡抵押权人和抵押物第三取得人间的利益。对第三取得人而言，他可以通过行使涤除权来消除已经取得的抵押物上的抵押权，从而避免隐藏的抵押权人突如其来的袭击，以保障交易的安全；对抵押权人而言，通过涤除可以使其节省因抵押物拍卖而发生的费用。

但在登记制度健全的条件下，涤除制度的缺点就暴露出来了。在涤除关系中，抵押权人虽然没有接受涤除权人提出的涤除的申请额的义务，但在抵押权人拒绝涤除的情况下，他应该申请增价拍卖。这是因为抵押权人认为涤除的申请额太低，通过拍卖至少可以得到其预测申请额的一成以上的价格。如果不能以一成以上的价格出售的话，抵押权人自己就应该以增价额买受。此外，为了防止增价拍卖的滥用，抵押权人申请增价拍卖时，还必须提供保证。实际的情形是，对第三取得人而言，涤除的申请额通常是他的任意估价，过低估价时有发生；而对抵押权人而言，由于市场行情的千变万化，他往往不能准确地判断抵押物的拍卖价格，加之来自一成的增价拍卖和相应的保证提供的压力，因此在很多情况下，抵押权人不得不接受第三取得人的出价而丧失抵押权。所以，涤除制度实际上多被作为强迫抵押权人接受第三取得人提出的买入价的方法而被滥用。正由于如此，在日本等采用涤除制度的国家，学界多有微词，判例对其适用亦越来越严格。我国已建立了比较完备的抵押权登记制度，亦不承认抵押权的追及效力，我国不存在涤除制度产生和存在的条件。况且，即使在建立了涤除制度的国家，对其废除的呼声已在日益高涨。所以，我国无借鉴此项制度的基础，也无必要。

## 第八节 抵押权及其次序的处分

抵押权,是对抵押物价值的支配权,是独立的财产权形态,抵押权人对其享有一定程度的处分权,可以转让、放弃抵押权或其次序,或对其次序加以变更。各国民法对此都有规定,惟我国担保法尚付阙如。

**一、抵押权的转让**

在承认抵押权附属性的立法中,抵押权不得单独转让,它只能随同其所担保的主债权的转让而转让。我国《担保法》第50条规定:"抵押权不得与债权分离而单独转让或者作为其他债权的担保。"在债权进行部分转让时,抵押权应对被转让债权提供担保。在关于抵押权转让的立法中,只有日本民法例外地承认抵押权可单独进行转让来作为其他债权的担保(《日本民法典》第375条第1款),这就是日本民法中所谓的"转抵押"制度。日本学者认为,转抵押与转质相同,是把自己取得的担保权再一次作为金钱借入的手段而使用[1]。转抵押权一般由原债权人与转抵押权人以合同的方式来设定,取得抵押人的承诺不是其成立的必要条件。但转抵押的设定若没有通知抵押人,并且没有得到抵押人的承诺,则不能以此对抗债务人、保证人、抵押人(物上保证人)以及各自的承受人(《日本民法典》第376条第1款)。原抵押权所担保的债权的债务人、保证人、物上保证人在收到转抵押的通知或者承诺后,在未经转抵押权人承诺,不得以之对抗债务人、保证人、抵押人及各自承受人(《日本民法典》第376条第2款)。此外,在承认抵押权独立性的立法中,一些特定的抵押权形态,如德国的"土地债务"和"定期土地债务",瑞士的"债务证券"和"定期金"等,都可以与债权分离而单独进行转让。

---

[1] 〔日〕近江幸治著:《担保物权法》,法律出版社2000年版,第178页。

## 二、抵押权的抛弃

抵押权的抛弃依受益人及效果的不同，分为绝对的抛弃和相对的抛弃。所谓抵押权绝对的抛弃，指抵押权为一切债权人的利益而消灭，抛弃抵押权的人成为普通债权人。该项抛弃的意思表示应向因抛弃而直接受益的人即抵押权设定人进行，且须进行注销登记。所谓抵押权相对的抛弃，指抵押权人为同一债务人的特定债权人利益而抛弃其抵押权（《日本民法典》第375条第1款）。抵押权的相对抛弃"应经抵押人之同意，并应为附记登记"[1]。就相对抛弃的效力而言，"抛弃人对于其他债权人依然有抵押权人之地位，得优先受清偿。惟抛弃人所应由抵押物卖得价金受分配之金额，应按抛弃人之债权额与受抛弃人之债权额比例分配之"[2]。

## 三、抵押权次序的转让

依《日本民法典》第375条第1款的规定，抵押权人可以为同一债务人的其他抵押债权人的利益，让与其抵押次序。日本学者认为，在诸如日本这样的采取次序递进的立法例中，"这种制度不用说是回避顺序递进的原则"的[3]。次序转让的效果为，次序的转让人与受让人之间产生优先次序的交换。次序介于次序后移的权利和次序前移的权利之间的权利，不因次序变更而受影响（《德国民法典》第880条第5款）。抵押权次序的转让，以让与人的债权额为限度，发生效力。抵押权次序的转让，以让与人和受让人抵押权的存在为前提，在次序转让后，有一方抵押权消灭时，则因法定解除条件的成就，次序的转让失去效力。但让与人的抵押权因法律行为而消灭的，抵押权次序转让的效力不受影响（《德国民法典》第880条第4款）。

## 四、抵押权次序的抛弃

抵押权次序的抛弃与抵押权的抛弃相类似，亦有绝对抛弃和相

---

[1] 史尚宽：《物权法论》，中国政法大学出版社2000年版，第309页。
[2] 同上书，第309页。
[3] 〔日〕近江幸治著：《担保物权法》，法律出版社2000年版，第183页。

对抛弃之别。所谓抵押权次序绝对的抛弃，指抵押权人失去其次序权而退于最后的地位，其他抵押权人各升进其次序。但对于抛弃后成立的抵押权，仍居优先①。所谓抵押权次序的相对抛弃，指次序在先的抵押权人对次序在后的抵押权人，放弃自己的优先受偿的利益，两者成为同一顺序，按相应的债权额的比例进行偿还。因此，抵押权次序的相对抛弃对中间的抵押权人没有任何影响。依《日本民法典》第375条第1款的规定，抵押权人可以为同一债务人的其他抵押债权人的利益，抛弃其抵押次序。

**五、抵押权次序的变更**

日本民法规定，抵押权的次序可以依各抵押权人的合意而变更，但是，有利害关系人时，应经其承诺（《日本民法典》第375条第2款）。并且，抵押权次序的变更，非经登记，不发生效力（《日本民法典》第373条第3款）。与抵押权次序的转让相比，抵押权次序的变更产生绝对的效力，两者的根本区别在于优先偿还的范围是完全不同的，因为次序变更会影响到中间抵押权人的分配关系。

---

① 史尚宽著：《物权法论》，中国政法大学出版社2000年版，第311页。

# 第六章 抵押权的消灭

抵押权的消灭,是指抵押权人对特定的标的物享有的抵押权因一定的法律原因的出现而不复存在。综合各国法律的规定,导致抵押权消灭的法律事实大致有十余种。

## 一、被担保债权的消灭

在承认抵押权附从性的立法中,被担保债权因清偿、抵销、混同、免除等原因而消灭时,一般情况下,抵押权亦随之消灭,"但因第三人之清偿,其清偿人为求偿权之担保,得代位该债权人行使抵押权时,其抵押权不消灭"[①]。在被担保债权一部消灭时,抵押权仍存在于抵押物全体上,这是抵押权的不可分性的要求。我国担保法严格遵循抵押权的附随性原则,《担保法》第52条规定:"抵押权与其担保的债权同时存在,债权消灭的,抵押权也消灭。"但依《担保法解释》第77条,在抵押权和抵押物的所有权发生混同时,则例外地规定抵押权并不消灭,而是转变成所有人抵押权,这是为了防止在次序升进原则下后顺位抵押权人以外受益而作的特别处理,它并不改变抵押权的附随性。

在承认抵押权(广义)独立性的立法中,被担保债权的消灭并不必然导致抵押权的消灭。如《德国民法典》第1163条第1款规定:"已为其设定抵押权的债权未产生的,抵押权为所有人享有。债权消灭的,所有人取得抵押权。"值得指出的是,在德国民法中,作为广义抵押权的"土地债务"的消灭要复杂得多。具体来说,如果债务人清偿债权人,土地债务并不同时归所有权人,仅仅产生土地债务债权人重新转移的义务,因此必须确定付款是为债权还是为土地债务作出的。在债务人和所有权人为同一个人的情况下,由他来决定付款的用途。如果他没有明确表示其意思,应当进行解释,并

---

[①] 史尚宽著:《物权法论》,中国政法大学出版社2000年版,第317页。

考虑不同的利益、惯例和当事人的善意以确定付款的用途。通常作这样的处理：如果是一次性全部付款，按照多数意见，是为债权和土地债务付款的，因此债权消灭，土地债务则转移给所有权人；如果是分期付款，按照商业惯例和意思推定，分期付款是针对债权的，债权将随着分期付款而逐步消灭，但土地债务将作为为第三人利益设定的土地债务而继续存在。如果所有权人和债务人是不同的人，所有权人的付款原则上是为消灭土地债务，作为付款的效果，土地债务依法转移给所有权人；相反，如果债务人付款，则债权就此消灭。原则上，债务人不能指定为土地债务付款，因为他没有被授权。但当事人能以明示协议约定债务人的付款是针对土地债务，债权就按照《民法典》第 362 条消灭①。依瑞士民法规定，债权消灭后，抵押权并不当然消灭，但抵押权顺位发生空位，抵押人可以该空位为其他债权人的债权作担保。

## 二、时效

### （一）消灭时效

关于消灭时效，要区分抵押权本身的消灭时效和抵押权所担保的债权的消灭时效两种情况来。就前者而言，纵观各国（地区）立法例，法国民法、日本民法承认抵押权本身存在消灭时效。《法国民法典》第 2180 条第 1 款第 4 项规定，优先权与抵押权因时效完成而消灭。《日本民法典》第 167 条规定："债权因 10 年间不行使而消灭。债权或所有权以外的财产权，因 20 年间不行使而消灭。"此处所谓的"债权或所有权以外的财产权"当然包括抵押权，即抵押权的消灭时效为 20 年。与上述法、日两国立法不同，很多国家法律并未规定抵押权本身的消灭时效，但为保护抵押人的利益，对于抵押权的存在期限亦有限制性措施。如在德国、瑞士民法中设有消除抵押权的公示催告制度，我国台湾地区民法设有抵押权除斥期间制度。依《德国民法典》第 1170 条规定，对于不知名债权人在登记经 10

---

① 关于德国法中土地债务的消灭，参见沈达明编著：《法国、德国担保法》，中国法制出版社 2000 年版，第 280、281 页。

年以后，未行使抵押权时，经抵押人请求，法院可作出除权判决，经除权后，抵押权归所有人。

关于抵押权所担保债权的消灭时效问题，主要有两种立法例：第一，依德国、瑞士民法，被登记的权利（含抵押权）所生之请求权，不因时效而消灭，而且受抵押权担保的债权也不因时效而消灭（《德国民法典》第902条，《瑞士民法典》第807条）；第二，与前述立法例不同，《日本民法典》第391条规定："抵押权，除非与其担保的债权同时，不因时效而对债务人及抵押人消灭。"即仅在债权时效及抵押权时效均已届满的情况下，抵押权才会消灭。债权时效虽已完成，但抵押权时效仍未完成时，抵押权不发生消灭；同样，抵押权时效完成，而债权时效未完成时，抵押权亦不消灭。在我国，《民法通则》关于诉讼时效的规定并不适用于抵押权，因此抵押权本身并不存在消灭时效；至于抵押权所担保的债权罹于时效的法律后果，我国法律对此未有明确规定。我们认为，为了保护抵押人利益，我国法律应对抵押权的时效问题作出规定。

（二）取得时效

很多国家的法律都基于因取得时效而取得物的所有权的原始取得性质，因此均规定在此情况下抵押权原则上应消灭，但多附有限制条件或设有例外。如依《德国民法典》第945条，在时效取得人为非善意时，抵押权不因取得时效而消灭；依《日本民法典》第397条，在时效取得人为抵押人或债务人时，抵押权不因取得时效而消灭。我国民法不承认取得时效制度，因此谈不上因取得时效而致抵押权消灭的情形。

### 三、除斥期间

所谓除斥期间，亦称预定期间，指某种权利存在的有效期间，期间经过，则权利绝对地消灭。我国台湾地区民法对抵押权规定有除斥期间制度，台湾地区《民法典》第808条规定："以抵押权担保之债权，其请求权已因时效而消灭，如抵押人于消灭时效完成后5年间不实行抵押权，则其抵押权消灭。"该条规定的5年期间即为抵押权的除斥期间。我们认为，台湾地区民法规定的抵押权除斥期间制度，与《德国民法典》第1170、1171条和《瑞士民法典》第871条规定的通过公示催告程序对抵押权作出除权判决的制度具有类似的功能，但相比之下，前者要简捷得多。我国《担保法解释》对此也有规定。《担保法解释》第12条第2款规定："担保物权所担保的债权的诉讼时效结束后，担保权人在诉讼时效结束后的2年内行使担保物权的，人民法院应当予以支持。"此处的2年期间即为担保物权的除斥期间。

### 四、抵押物灭失

抵押物全部灭失且无代位物时，抵押权自应绝对地消灭，这是客观事实使然。但在有代位物时，则成立物上代位，抵押权在替代的价值上实现（关于物上代位，第一章有详述，兹不赘述）。在抵押物一部分灭失时，依抵押权不可分原则仍存在于剩余部分上。

### 五、拍卖

抵押权在具备实行条件而予以拍卖时，执行债权人的抵押权自应消灭，而且在"消灭原则"的立法例中，买受人无负担地取得抵押物的所有权，抵押物上负担的其他抵押权和优先权统统归于消灭。

### 六、涤除

涤除，指的是在实行抵押权之前，抵押标的的第三取得人以向抵押权人支付一定代价而对抵押权人提出消灭抵押权的要求，在抵押权人同意这一要求时，抵押权消灭，而在抵押权人不接受要求时，由抵押权人承担一定责任（通常为增价拍卖）的制度。因此，涤除权人行使涤除权的结果将导致抵押物上既存的抵押权消灭。

### 七、第三人无负担抵押权的取得

在承认登记有公信力的国家，在抵押权误被注销，第三人善意取得抵押物的所有权且履行了移转登记时，则抵押权消灭[①]。

---

① 史尚宽著：《物权法论》，中国政法大学出版社2000年版，第317页。

## 八、抵押权的抛弃

抵押权为独立的财产权,抵押权人可以予以处分。在抵押权人抛弃(绝对抛弃)抵押权时,抵押权自应消灭。但在德国、瑞士等采抵押权独立性的立法中,抵押权于此情况下并不消灭而转化成所有人抵押权或成立空位担保,如《德国民法典》第1168条第1款规定:"债权人抛弃抵押权的,其为所有人取得。"

## 九、抵押权与所有权混同

此特指抵押权人与物上保证人合二为一的情形,此时抵押权应消灭。在抵押权人与作为抵押人的债务人合二为一的情形时,实际上构成前述第一种类型的抵押权消灭。我国《担保法解释》第77条在上述两种情况下,若有后顺位抵押权人时,例外地规定抵押权并不消灭,而是转化成所有人抵押权。因此,在我国抵押权与所有权混同并不必然是抵押权的消灭事由。

## 十、担保的取代

法国1984年的《集体程序法》规定,在债权人同意担保的取代或法院强迫他接受时,抵押权消灭。物的担保的消灭仅仅是在替代担保成立之后才发生,因此消灭的确切时间取决于替代担保的性质[①]。如以保证替代抵押,只有在保证合同有效成立时,抵押权才告消灭。

---

[①] 沈达明编著:《法国、德国担保法》,中国法制出版社2000年版,第175页。

# 第七章 特殊抵押权

## 第一节 共同抵押

### 一、共同抵押的概念

共同抵押,亦称总括抵押或连带抵押,它是相对于一抵押物担保一债权或数个债权的典型的抵押权形态而言的,指数个抵押物担保同一债权,而依抵押物的个数成立复数的抵押权的情形。对共同抵押各国民法均有涉及,如《德国民法典》第1132条、《瑞士民法典》第798条、《日本民法典》第392条、我国台湾地区《民法典》第875条的规定等。关于设立共同抵押制度的意义,研习日本民法的学者认为:共同抵押制度可使债权人不至于因某一不动产的灭失、毁损或减价而过多地受到损失;同时,就日本民法而言,它又克服了实际需要必须将土地、建筑物一并设定抵押权而民法典却规定土地、建筑物为彼此独立的不动产这一难题[1]。

### 二、共同抵押的设定

关于共同抵押的设定,依《瑞士民法典》第798条规定,同一债权可对数块土地设定不动产担保,但仅以该土地属于同一人所有或连带债务人所有为限,在此种情况下,数块土地连带负物上责任。在数块土地不为同一人所有或连带债务人所有时,各土地应分别负担一定的债额,在没有特别约定时,依各土地价额的比例来确定分配的债额。台湾学者史尚宽先生认为:"共同抵押,数个抵押权全部,无须为同一次序。"[2] 此外,在日本共同抵押不需要同时设定,

---

[1] 邓曾甲著:《日本民法概论》,法律出版社1995年版,第245页。
[2] 史尚宽著:《物权法论》,中国政法大学出版社2000年版,第319页。

法律允许追加设定，并要求对抵押标的物逐一登记。

### 三、共同抵押的效力

关于共同抵押的效力，各国民法的规定存在差异，下面以德国、日本民法的规定为例加以介绍。依德国民法，对债权存在数个土地上的抵押权（连带抵押权）的，各土地均对全部债权负责。债权人可以任意就土地中的任一土地全部或部分求偿（《德国民法典》第1132条第1款）。设定连带抵押权的土地中的一块土地的所有人向债权人清偿，取得对自己土地的抵押权，对其他土地的抵押权消灭（《德国民法典》第1173条第1款）。而且，在此情况下，若向债权人清偿的所有人可以向其他土地中的一块土地的所有人或此所有人的前权利人请求偿还的，在偿还请求权的限额内，对此所有人的土地的抵押权向其移转；此项抵押权与对自己的土地的抵押权仍为连带抵押权（《德国民法典》第1173条第2款）。债权人有权以各土地只对分配的金额负责的方式，将债权的金额分配给各土地（《德国民法典》第1132条第2款前段）。但在计算土地的价值时，须扣除在顺序上优先于连带抵押权的负担（《德国民法典》第1172条第2款）。

日本民法的规定与德国民法相类似，但在异时分配程序中，为了保护后顺位抵押权人的利益，确认其享有抵押权代位权。具体来说，在同时分配程序中，即在共同抵押的标的物不动产全部同时被拍卖时，债权人可同时接受其代价分配，其原则是，各不动产按其价额，分别负担其债权（《日本民法典》第392条第1款）；在异时分配程序中，即在共同抵押的标的物不动产的一部分被拍卖时，其价款分配依下述原则：共同抵押权人可对该不动产的一部分的价款受债权的全部清偿，然后，次顺位的抵押权人以上述共同抵押权人应就其他不动产上比例分配的受清偿债权额为限，代位行使共同抵押权人的抵押权（《日本民法典》第392条第2款）。

总之，通过对上述德、日两国关于共同抵押权的效力的介绍可知，共同抵押权人可以就抵押数个不动产的全部同时实行，或就各抵押权不动产顺次实行。在顺次实行上，以何者为先，则全凭共同抵押权人自由选定。值得指出的是,在顺次实行上,很可能影响到其他利害关系人尤其是后次序抵押权人的利益,那么如何对其利益进行保护,这就成了各国民法在共同抵押权效力规制上的侧重点,日本民法关于后顺位抵押权人代位权的规定,很有借鉴的必要。

### 四、我国《担保法》中的共同抵押权制度

我国《担保法》第 34 条第 2 款规定:"抵押人可以将前款所列财产一并抵押。"《担保法解释》第 50 条规定:"以担保法第 34 条第 1 款所列财产一并抵押的,抵押财产的范围应当以登记的财产为准。抵押财产的价值在抵押权实现时予以确定。"对担保法及其解释的上述规定,学界存在不同的认识,有人认为该条是对共同抵押的规定,也有人认为是对财团抵押的规定,亦有人认为是对浮动抵押的规定,甚至还有人认为该条对共同抵押、财团抵押和浮动抵押都作了确认。之所以会有如此众多不同的认识,其原因有三:第一,担保法及其解释的规定过于原则,法律效果不够明确,这是产生歧义的立法原因;第二,共同抵押、财团抵押、浮动抵押,其抵押财产的范围都有复数性特征(即不是设定在单一的不动产或其他单一财产上,而是设立在财产集合体上),这是产生分歧的法理原因;第三,学界有些人对共同抵押、财团抵押、浮动抵押的内涵和外延把握得不够准确,不能确切地区分三者间的界限,这是产生分歧的主观原因。

我们认为,我国《担保法》第 34 条第 2 款和《担保法解释》第 50 条的规定,只宜解释为共同抵押,而排除其他担保方式的适用。这是因为:第一,所谓财团抵押,是指将企业中一定的不动产、动产、权利(如专利权、注册商标专用权)组成一个财团,使其具有特殊的价值,并采用适当的公示方法,而在其上设定用以担保特定债权的抵押权。成立财团抵押,必须制作财团目录并进行登记。登记是财团抵押设定的对抗要件,也是财团抵押的标的物特定化的标志。财团抵押最主要的特征之一,是其标的物的不可分割性,因此财团抵押设定后,财团目录所列财产不得单独转让,不得为抵押人的普通债权人强制执行。而我国担保法及其解释的规定,并没有体现财团抵押的这些内涵和特征。第二,所谓浮动抵押,是指企业以

其经营中的全部资产包括现在和将来可以取得的全部资产（如机器、设备、原材料、库存、土地权利、专利权、商誉等）为标的设定的担保权。浮动抵押的最主要特征之一，是浮动抵押的标的物在特定化（确定、冻结）之前处于浮动状态，继续流动，各个财产不受担保权的支配，抵押人对担保物仍享有自由处分权。还有，浮动抵押由于是在企业经营中的资产上设定的担保权，且其对浮动抵押设定后经营过程中被处分的财产无追及效力，因此它本身存在很大的风险，可能由于企业经营状况严重恶化，而使债权人设定浮动抵押的目的落空。基于此，各国民法对设立浮动抵押都有限制，例如，英国规定浮动担保的担保人只能是财产雄厚的股份有限公司，个人或合伙不能采用浮动担保；日本规定只有在股份公司发行公司债时才能采用企业担保（即浮动担保）的形式。我国担保法及其解释的规定，也不符合浮动抵押的内涵和特征。第三，从立法技术角度来看，大陆法系各国一般将共同抵押规定在其民法典中，而对财团抵押和浮动抵押则采取单行立法的模式。这也是我们将担保法及其解释的规定解释为共同抵押而不是财团抵押和浮动抵押的原因之一。

关于共同抵押的效力，我国《担保法解释》第75条规定："同一债权有两个以上抵押人的，债权人放弃债务人提供的抵押担保的，其他抵押人可以请求人民法院减轻或者免除其应当承担的担保责任。同一债权有两个以上抵押人的，当事人对其提供的抵押财产所担保的债权份额或者顺序没有约定或者约定不明的，抵押权人可以就其中任一或者各个财产行使抵押权。抵押人承担担保责任后，可以向债务人追偿，也可以要求其他抵押人清偿其应当承担的份额。"这一规定明确了连带抵押人之间的关系，但较之《日本民法典》第392条的规定，仍有不尽完善的地方。

总之，我们认为，将我国《担保法》第34条第2款和《担保法解释》第50条的规定解释为共同抵押比较妥当。但这并不意味着担保法及其解释的上述规定已完全具备了共同抵押的全部要件和特征，这只是从法律整体和立法技术角度考虑而采取的权宜之计，我国有必要借鉴《日本民法典》第392条的规定，对共同抵押的效力进一步加以完善，至于财团抵押和浮动抵押，应仿照其他国家立法例，以采取单行立法模式为宜。

## 第二节  最高额抵押权

### 一、最高额抵押权的意义、特征和功能

**(一) 最高额抵押权的沿革及意义**

最高额抵押权是近代以来很多国家的民法典所确立的一种特殊的抵押权制度。《法国民法典》第 2132 条规定："如因债之关系所生的债权附有条件或者债额未确定，债权人就其明示宣告的估算债额，请求进行下述登记，并且债务人有必要时，有权请求减少此种估算的债额。"这一规定被看做是近代民法中最高额抵押权制度的嚆矢，它已具备最高额抵押权的两个基本要素，即债权不确定和有最高额（即这里所谓的"估算债额"）限制。《德国民法典》第 1190 条第 1 款规定："抵押权可以只确定土地应负责任的最高金额，而除此之外，则保留债权的确定方式设定。最高金额必须登入土地簿册。"德国的最高额抵押权制度是将最高限额作为其本质特征的。瑞士民法也有类似的规定（《瑞士民法典》第 794 条第 2 款）。在日本，最高额抵押制度的确立经过了一个漫长的过程，直到 1971 年 6 月 3 日（昭和四十六年），日本颁布《关于民法一部分改正的法律》时，才在《民法典》第 10 章增设第 4 节用 21 个条文（《民法典》第 398 条之 2—22）对最高额抵押作了专门规定。依《日本民法典》第 398 条之 2 第 1 款的规定，最高额抵押权是指当事人在特定财产上设定的就将来发生的不特定债权在最高限额内进行担保的抵押权。有学者认为，日本民法对最高额抵押权的界定主要强调所担保债权的不确定并以之作为其本质特征的[1]。我们认为，客观地讲，日本民法是将债权的不确定和最高限额这两个要素同等重要地作为最高额抵押权的本质特征来加以界定的。日本民法用很多条文就最高额抵押权在效力上不同于普通抵押权的地方作了详尽的规定。我国《担保法》

---

[1] 许明月著：《抵押权制度研究》，法律出版社 1998 年版，第 423 页。

在第2章第5节首次确立了最高额抵押制度。依《担保法》第59条的规定,所谓最高额抵押,是指抵押人与抵押权人协议,在最高债权额限度内,以抵押物对一定期间内连续发生的债权作担保。这与上述日本民法的界定基本是一致的。

(二)最高额抵押权的特征

关于最高额抵押权的特征,有学者将其概括为七个方面:第一,被担保债权的不确定性;第二,被担保债权以将来债权为常态;第三,被担保债权的交替互换性;第四,债权金额的不确定性;第五,受基础法律关系的约束;第六,最高限额限制;第七,抵押权实行以对债权进行决算为必要[①]。日本学者认为,最高额抵押权的最主要特征可集中到一点,那就是它的相对独立性,即抵押权从被担保债权中分离出来,作为独立的价值权处理[②]。我们认为,最高额抵押权的特征可归纳为三点:第一,被担保债权的相对不确定性,即在受基础法律关系约束的范围内,在债权决算之前,最高额抵押权所担保的债权处于不断变化之中,金额不确定;第二,最高额抵押权的相对独立性,即在债权决算前,被担保债权的成立、转让、变更、消灭并不必然导致最高额抵押权的变动,它具有相对的独立性;第三,有最高额限制,即在最高额抵押中,抵押权人仅能在最高限额范围内享有就抵押物优先受偿的权利,债权超过最高额时,对于超过的部分,抵押权人不再享有优先受偿权。

(三)最高额抵押权的功能

最高额抵押权的功能可以从积极的和消极的两个方面来加以把握。首先,从积极的方面来看,最高额抵押权可以回避抵押权连续设定中的繁杂技术问题,它是对持续交易中特有的信用的处理技术[③]。它在保证交易安全的前提下大大地提高了交易效率,节约了交易成本。其次,从消极的方面来看,若对最高额抵押权规制不良,极易形成抵押权人对抵押人及其他利害关系人利益的损害,影响物

---

① 许明月著:《抵押权制度研究》,法律出版社1998年版,第425~427页。
② 〔日〕近江幸治著:《担保物权法》,法律出版社2000年版,第194页。
③ 同上书,第193页。

的充分利用。例如，最高额抵押在最后决算期届临之前，债权人及债务人之间的债权债务关系消灭并不引起最高额抵押权的消灭，若债权人设定抵押权后，长期不按照基础关系契约进行交易，或与先次的交易完成后，长期不与债务人发生新的交换关系，但抵押权仍然存在于抵押物之上，这势必会影响抵押物的价值的充分利用，因为抵押人本可以通过抵押物再为其他债权担保，但由于最高额抵押权的存在，使其利用抵押物进行再次融资的能力受到极大的限制。

### 二、最高额抵押权的设定

最高额抵押权的设定同一般抵押权一样，主要通过抵押合同的方式来设定。抵押合同的内容和登记事项除与一般抵押权一样外，还包括被担保债权的范围，最高限额和决算期等。

### 三、最高额抵押权的效力

#### （一）最高额抵押权所担保债权的范围

关于最高额抵押权所担保债权的范围，因各国（地区）立法对最高额抵押规制的侧重点不同而存在差异。德国、瑞士民法对此没有限制。日本民法则规定的比较详细，包括四类：第一，是根据特定的持续的交易而产生的债权，例如，银行与客户之间的连续性信用给与关系，票据贴现关系，当事人间的交互计算关系，厂家与客户间的连续性经销关系，批发商与零售商之间的批发关系等；第二，是根据一定种类的交易而产生的债权，这类交易指的是当事人于设定最高额抵押合同时，就交易的类型已为指定的交易；第三，是基于特定的原因与债务人持续产生的债权，如因工厂排放废液而产生的连续性损害赔偿请求权；第四，是票据与支票债权（《日本民法典》第398条之2第2、3款）。前述第四种债权，如果对其无条件认可的话，则范围太广，有被债权人恶意加以利用的可能性，基于此法律对之设有限制性规定：以并非因和债务人的交易而取得的票据、支票上的请求权，作为最高额抵押权应担保的债权，于债务人停止支付时，或就债务人有破产、和解开始、重整程序开始、整顿开始、特别清算开始的申请时，或对抵押不动产有拍卖申请、因滞纳处分有扣押时，只能就这以前取得者，行使最高额抵押权，然而债权人不知此事实取得的不在此限（《日本民法典》第398条之3第2款）。

我国担保法对可用于最高额抵押的债权的范围规定较窄，包括两种类型：一为借款合同；二为债权人与债务人就某项商品在一定期间内连续发生交易而签定的合同（《担保法》第60条）。与上述日本立法例相同，为了防止债权人滥用最高额抵押权损害其他利害关系人的利益，担保法解释对债权范围也作了限制性规定。《担保法解释》第81条规定："最高额抵押权所担保的债权范围，不包括抵押物因财产保全或者执行程序被查封后或债务人、抵押人破产后发生的债权。"该条是关于最高额抵押权的决算事由的规定，同时也是对债权范围的限制。

（二）最高额抵押权的限度额（或称最高额）

最高额抵押权具有以限度额为限度进行优先受偿的效力，最高额抵押权人只能在限度额内，支配抵押物的价值。依日本民法，此限度额包括：确定的本金、利息及其他定期金以及全部的迟延赔偿（《日本民法典》第398条之3第1款）。对日本民法此项规定需要说明的是，首先，在这里对利息和定期金债权没有"只能就到期前的最后两年分者，行使其抵押权"（《日本民法典》第374条）的限制；其次，在这里即使没有顺序在后的抵押权人和一般债权人存在，最高额抵押权人也不能超越此限度额受偿；最后，最高额抵押权人得到优先受偿的金额，只能是根据"确定"的现实化的实际的债权额而非此限度额[①]。关于限度额的效力，我国《担保法解释》第83条第2款规定："抵押权人实现最高额抵押权时，如果实际发生的债权余额高于最高限额的，以最高限额为限，超过部分不具有优先受偿的效力；如果实际发生的债权余额低于最高限额的，以实际发生的债权余额为限对抵押物优先受偿。"这与日本民法的规定是一致的。

---

① 〔日〕近江幸治著：《担保物权法》，法律出版社2000年版，第196、197页。

### 四、决算前最高额抵押关系的变动

这里涉及的内容很多,《日本民法典》第 398 条之 4 至第 398 条之 10 对此作了规定,具体来说涉及到:被担保债权范围的变更,债务人的变更,最高额的变更,原本确定日期及其变更,债权让与,债务承受、更改、继承、合并。现单就最高额的变更作一介绍。《日本民法典》第 398 条之 5 规定:"最高额抵押权的最高额的变更,非经利害关系人承诺,不得进行。"该条规定中,关键的问题是如何确定"利害关系人"的范围,据日本学者的解释,这里所谓的"利害关系人",是指因为变更而受到不利影响的人,所以,在限度额增额的情况下,顺序在后的抵押权人是利害关系人;在限度额减额的情况下,转抵押权人等是利害关系人。日本民法典对限度额变更的登记效力没有规定,一般解释为效力发生的要件。① 对最高额抵押权的限度额的变动,我国《担保法解释》第 82 条规定:"当事人对最高额抵押合同的最高限额、最高抵押期间进行变更,以其对抗顺序在后的抵押权人的,人民法院不予支持。"这实际上是对在限度额增额的情况下,关于限度额变动效力的规定。由于我国担保法不承认所谓的"转抵押"制度,因此在限度额减额的情况下,不涉及利害关系人,所以担保法解释对此没有规定。

### 五、最高额抵押权的处分

依日本民法,最高额抵押权是在确定(即清算)前从被担保债权中独立出来并存在的,这是它与一般抵押权不同的地方。基于此特征,所以在原本确定前,作为一般抵押权处分方法的《日本民法典》第 375 条第 1 款规定的处分方法(即抵押权及其次序的让与、抛弃,但转抵押除外)被加以禁止(《日本民法典》第 398 条之 11 第 1 款),但最高额抵押权的转抵押、全部转让、分割转让、部分转让,共有以及顺序的变更被承认(《日本民法典》第 398 条之 11—15)。我国担保法对此没有规定,但《担保法》第 61 条规定:"最高

---

① 〔日〕近江幸治著:《担保物权法》,法律出版社 2000 年版,第 197 页。

额抵押权的主合同债权不得转让。"

### 六、共同最高额抵押与累积最高额抵押

依日本民法理论,所谓共同最高额抵押权,是指与其设定同时在数个不动产上为同一的债权担保而登记设定的最高额抵押权。这里所谓"同一的债权",是指被担保债权的范围、债务人以及限度额是同一的。而所谓累积最高额抵押,是指为担保同一债权,对各不动产规定各自的限度额,来担保该债权的实现。它的特征是,数个最高额抵押权是彼此独立的最高额抵押权,最高额抵押权人从各不动产的代价中,直至各限度额为止可行使优先权。就这两种最高额抵押权的关系而言,日本学者认为,共同最高额抵押是例外,累积最高额抵押是原则。但是,在现实中累积最高额抵押几乎未被使用,而共同最高额抵押常被使用。① 在具体适用上,对交易额的扩大作相应追加担保的情况下,不可能进行共同最高额抵押(不符合同时设定的要求)而只能适用累积最高额抵押。此外,不能满足共同最高额抵押的要件的,则构成累积最高额抵押。② 我们认为,共同最高额抵押实际上是最高额抵押构成共同抵押的情形,是一种特殊的共同抵押权形态,应适用关于共同抵押的一般法理,它类似于民法中的"共同共有"或"连带债权";而累积最高额抵押实际上是数个最高额抵押权的简单相加,只是因担保同一的债权才将他们结合在一起,它类似于民法中的"按份共有"或"按份债权"。

### 七、最高额抵押的决算

(一)决算的意义

最高额抵押的决算(在日本民法中称"确定"),是指发生特定的原因或当事人之间约定的期限届满时,对最高额抵押权所担保的债权进行清算,以确定最高额抵押权担保债权的范围。决算产生如下后果:第一,被担保债权的确定;第二,与第一个法律后果相对

---

① 〔日〕近江幸治著:《担保物权法》,法律出版社2000年版,第202、203页。
② 同上书。

应，最高额抵押关系终了。因为最高额抵押以不确定债权的担保作为其基本特性，在决算后债权确定时，最高额抵押就转变为一般抵押（亦称普通抵押），同时它也当然地取得附随性，可以适用一般抵押权的规定。在这里需要说明的是，决算不等于最高额抵押权的实行，决算后，抵押权仍可以继续存在，只是其性质不再是最高额抵押权，而是一般抵押权。决算在导致最高额抵押关系终了的同时，也决定了优先受偿的范围，因此说决算实际上是对最高额抵押人、顺序在后的抵押权人和第三取得人等利害关系人的保护。

(二) 决算的发生原因

决算发生的原因主要有两大类：第一，是决算日期的到来或决算请求的提出，这些都是以最高额抵押关系的当事人的意思为基础的。首先，是决算日期的到来。依日本民法，在最高额抵押权人与抵押人的合意中，可以约定最高额抵押权的确定日期（《日本民法典》第398条之6第1款），确定前任何时候也可以，这不需要顺序在后的抵押权人及其他第三人的承诺（《日本民法典》第398条之6第2款→第398条之4第2款）。但是，确定日期要求约定的时间是在5年之内的日期（《日本民法典》第398条之6第3款）。以上约定的确定日期，在其后根据当事人的合意也能进行变更（《日本民法典》第398条之6第1款）。在这种情况下，也不需要顺序在后的抵押权人等的承诺，而且从变更之日开始5年内有效，如果在变更前的日期（旧日期）之前没有进行变更登记的话，那么就可按旧确定日期来确定（《日本民法典》第398条之6第3款）。其次，是决算请求的提出。在没有前述的决算日期的情况下，依《日本民法典》第398条之19的规定，最高额抵押人自最高额抵押权设定时起经过3年时，可以请求确定应担保的原本。有这种请求时，最高额抵押权从请求时开始经过2周得以确定。日本学者认为，确定请求主要着眼于对抵押人进行保护。[①] 第二，是决算事由的产生，这是一系列客观事件。依《日本民法典》第398条之20的规定，最高额抵押权因下列确定事由的发生而确定：（1）因应担保债权范围的变更、交易

---

① 〔日〕近江幸治著：《担保物权法》，法律出版社2000年版，第205页。

终止或其他事由,应担保的原本不再产生时,最高额抵押权确定;(2)最高额抵押权人申请抵押不动产的拍卖或者是根据物上代位进行查封的时候,最高额抵押权确定,但必须真实地开始拍卖程序,或者是进行查封;(3)国家或者公共团体是最高抵押权人的,其根据滞纳处分对抵押不动产进行查封时,最高额抵押权确定;(4)自最高抵押权人知道其他抵押权人对抵押不动产的拍卖程序开始或者有滞纳处分而进行的查封时起,经过两周时,最高额抵押权确定;(5)债务人或者最高额抵押人受破产宣告时,最高额抵押权确定。

依我国《担保法解释》第81条规定,最高额抵押权的决算事由有二:第一,抵押权因财产保全或者执行程序被查封时;第二,债务人、抵押人破产。

(三)决算后对限度额的减额请求

根据《日本民法典》第398条之21的规定,在最高额抵押确定后,最高额抵押人可以请求将其最高额抵押权的最高额,减至现存债务额加上以后2年应产生的利息、其他定期金及因债务不履行而产生的损害赔偿额的合计额。在共同最高额抵押权情况下,对一个不动产的减额请示,也对其他的不动产产生减额的效力。依日本学者的见解,最高额抵押人的减额请求权属形成权。[①] 设定减额请求权的目的,主要是为了防止因最高额抵押权的存在而影响抵押物价值的充分利用,保护抵押物上其他抵押权人或优先权人的利益。

(四)决算后对最高额抵押权的消灭请求

依《日本民法典》第398条之22的规定,在最高额抵押确定后,现存债务额超过最高额抵押权的最高额时,物上保证人、第三取得人(取得所有权、地上权、永佃权的人)以及承租人在支付了与限度额相当的金额或者提存后,可以请求消灭最高额抵押权。但主债务人、保证人及他们的继承人因是全债务的负担者,所以不能提出这种消灭请求。这实际上是关于最高额抵押权使用涤除制度的规定。在共同最高额抵押下,对一个不动产提出的消灭请求,对其他不动产也产生消灭请求的效力。依日本学者的见解,这种消灭请

---

① 〔日〕近江幸治著:《担保物权法》,法律出版社2000年版,第208页。

求权也属于形成权,因此物上保证人的上述支付行为虽有偿还的效力,但偿还代位不被承认。①

### 八、最高额抵押权的实行

最高额抵押权的实行同一般抵押权的实行相同,应以债务不履行作为其核心要件,但基于最高额抵押权的特殊性,即其担保的债权为不确定债权,因此只要债务人对受最高额抵押权担保的债务群中的一项债务发生不履行时,即可构成债务人不履行债务,而且实行时需进行决算,使被担保债权确定。此外,由于最高额抵押所担保债权的复杂性,因此法律通常要求最高额抵押权人在实行最高额抵押权时,应负担对其债权的证明责任。

### 九、对我国最高额抵押制度的检讨和完善

我国《担保法》用 4 个条文(第 59—62 条),《担保法解释》用 3 个条文(第 81—83 条)对最高额抵押作了规定,其中个别条文的内容存在不尽合理的地方,很多重要制度尚付阙如,有必要参照别国(主要是日本)立法例加以补充。

首先,对我国担保法及其解释中个别条文的检讨。

《担保法》第 60 条规定:"借款合同可以附最高额抵押合同。债权人与债务人就某项商品在一定期间内连续发生交易而签订的合同,可以附最高额抵押合同。"该条是关于最高额抵押适用范围亦即最高额抵押权所担保的不特定债权的范围(即"基础关系")的规定。有学者认为,我国担保法的该条规定和《日本民法典》第 398 条之 2 的类似规定相比,其范围要小。② 笔者认为,这种理解不够准确。首先,我国《担保法》第 60 条系例示性规定(用了"可以"),而非穷尽性列举。其次,对我国担保法关于最高额抵押权所担保的债权范围的理解,应将第 60 条和第 59 条"对一定范围内连续发生的债权作担保"联系起来从整体上加以把握。基于此,笔者认为,我国的

---

① 〔日〕近江幸治著:《担保物权法》,法律出版社 2000 年版,第 208 页。
② 房绍坤、吴祥、郝倩:《论最高额抵押权》,载《法学家》1998 年第 2 期。

最高额抵押权所担保的债权并不限于《担保法》第60条规定的两种情形，只要符合第59条"一定期间内连续发生的债权"这一特征，均可设定最高额抵押。当然，在立法技术上，《日本民法典》第398条之2的规定同我国《担保法》第60条相比，用语比较抽象，列举比较全面，这是值得我国借鉴和学习的。

《担保法》第61条规定："最高额抵押的主合同债权不得转让。"该条是关于最高额抵押下主合同债权转让的规定。该条规定存在歧义，即：这里的"主合同债权"是指最高额抵押权所担保的某一特定债权，还是指它所担保的一定范围内的不特定的债权（亦即"基础关系"），但无论作上述哪种理解，禁止债权转让的规定都没有法理依据。因为，如果这里的"主合同债权"指最高额抵押权所担保的某一特定债权，依据最高额抵押的一般法理，其对某一具体债权不具有从属性。若某一具体债权转让时，最高额抵押权并不伴随其转让，该债权只是脱离最高额抵押权的担保而成为普通债权而已，但即使如此，也断无禁止债权转让的理由；或者，如果这里的"主合同债权"指最高额抵押权所担保的一定范围内的不特定债权，则依据最高额抵押的一般法理，其对基础关系具有从属性，若基础关系转让时，最高额抵押权亦随之转让，但由此也不能推导出禁止债权转让的法理。总之，《担保法》第61条的规定存在歧义，禁止债权转让与法理不符，因此，对该条应谨慎使用，等待时机成熟时可以修订或删除。

《担保法解释》第81条规定："最高额抵押权所担保的债权范围，不包括抵押物因财产保全或者执行程序被查封后或债务人、抵押人破产后发生的债权。"该条表面上是关于最高额抵押权所担保的债权的时间范围的规定，实际上是关于最高额抵押权"确定事由"的规定。"确定"是最高额抵押权所特有的一种制度，它指的是最高额抵押权所担保的一定范围内的不特定债权，由于一定事由之发生，而变得具体、特定。关于确定事由，前述我国《担保法解释》只规定了两种情形，但翻阅其他国家关于此项内容的有关规定，实际上它远不止于此，还包括诸如下列确定事由：因应担保债权范围的变更、交易终止或其他事由，应担保原本不再产生（《日本民法典》第

398条之20条第1款第2项);最高额抵押人提出原本确定的请求(《日本民法典》第398条之19);当事人约定的确定日期届至(《日本民法典》第398条之6);等等。依学者解释,确立最高额抵押确定制度的理由,除在于确定最高额抵押权人的优先受偿额外,更重要的还在于保护利害关系人(如后次序抵押人、抵押物所有人和普通债权人)的利益。① 因此,它对于最高额抵押制度事关重大,基于此,笔者认为,对最高额抵押权的确定事由,我国应参照其他国家的做法,以尽可能地详尽性列举为宜。

《担保法解释》第82条规定:"当事人对最高额抵押合同的最高限额,最高额抵押期间进行变更,以其变更对抗顺序在后的抵押权人的,人民法院不予支持。"该条是关于最高额抵押权的最高额、最高抵押期间的变更的规定。对最高限额的变更,《日本民法典》第398条之5规定:"最高额抵押权的最高额的变更,非经利害关系人承诺不得进行。"据日本学者的解释,这里所谓的"利害关系人",是指因为变更而受到不利影响的人,所以,在限度额增额的情况下,顺序在后的抵押权人、查封债权人等是利害关系人;在限度额减额的情况下,转抵押权人是利害关系人。② 同日本民法的上述规定相比,我国《担保法解释》第82条关于最高限度额变更的规定,实际上是对在限度额增额的情况下,关于限度额变更效力的规定,但从立法技术上考察,我国民法在适用范围的周延性上不如日本民法好。至于在限度额减额的情况下,由于我国担保法不承认所谓的"转抵押"制度,无利害关系人可言,因此担保法解释对此没有规定,这是合理的。对最高额抵押期间的变更,是否应采用与最高限度额变更相同的立法例,值得商榷。参照《日本民法典》,第一,对最高额抵押的确定日期进行限制;第二,赋予最高额抵押人确定请求权;第三,赋予最高额抵押人减额请求权;第四,关于最高额抵押的消灭请求权的规定。其中最后一项制度,实际上是涤除制度在最高额抵押领域的运用,由于我国民法向来不认可涤除制度,因此无借鉴

---

① 陈华彬著:《物权法原理》,国家行政学院出版社1998年版,第663页。
② 〔日〕近江幸治著:《担保物权法》,法律出版社2000年版,第197页。

的必要。其他三项制度,与我国民法不存在体系冲突,可以借鉴。

关于日本最高额抵押的确定日期及其限制,规定在《日本民法典》第 398 条之 6。依该条规定,原本确定日期就最高额抵押权应担保的原本可以由当事人于设定契约中自由约定,但为了维护设定人的利益,使之免受最高额抵押权的长期支配与约束,该日期应限定在自确定该日期起的一定期间之内,日本民法将此期间规定为 5 年。

最高额抵押人的确定请求权,规定在《日本民法典》第 398 条之 19。依该条规定,最高额抵押权设定契约未约定确定日期的,最高额抵押人,自最高额抵押权设定时起经过 3 年的,可以请求确定应担保的债权额。最高额抵押人为此请求时,自其请求时起经过两周而确定。设定该制度的目的与前项制度相同,也在于使最高额抵押的设定人免受最高额抵押权的长期支配与拘束。

最高额抵押人的减额请求权,规定在《日本民法典》第 389 条之 21。依该条规定,原本确定后,最高额抵押人,可以请求将最高额抵押权的最高限额,减至现在债务额加上以后两年的利息、其他定期金及因债务不履行而产生的损害赔偿额的合计额。这一制度的设计为抵押物所有人利用抵押物剩余价值进行再一次融资提供了可能。日本学者还认为,这一制度实际上具有间接牵制恶意债权人操纵和把持抵押物全部价值的机能。①

## 第三节 财团抵押与浮动担保

### 一、财团抵押

(一)财团抵押的概念、特征及功能

财团抵押,是指将企业中一定的不动产、动产、权利组成一个财团,使之具有特殊的价值,并采用适当的公示方法,而在其上设定的用以担保特定债权的抵押权。财团抵押制度源于德国的铁路财

---

① 〔日〕铃木禄弥:《根抵当法概述》,新日本法规出版株式会社 1993 年日文版,第 175 页;转引自陈华彬著:《物权法原理》,国家行政学院出版社 1998 年版,第 667 页。

团制度。这一制度后被大陆法系其他国家所效仿，创立有多种财团抵押类型，如日本的铁道抵押法、工场抵押法、矿业抵押法、渔业财团抵押法等。

德国的财团抵押制度有如下特征：第一，担保的标的物限于企业现在财产中特定的财团；第二，抵押权的标的物在设定时已特定；第三，在抵押权实行前，设定人就其标的财团及其财团所属的各个物或权利的处分，受到一定程度的限制。①

财团抵押制度是适应工商业在现代新的发展而出现的特殊的抵押类型，其优点为：第一，有利于发挥企业财产的总体效应。在现代经济条件下，企业的各种财产只有作为一个整体，才能发挥其使用价值而供企业经营之用，才能在整体上有其特殊的价值而作为引进大额资金的手段。否则，如将企业的财产分解成各个的不动产、动产、权利，则会使其原来作为企业的构成分子的价值消失，其价值的总和和企业财产的总体相比，要低得多。若以这些个别的财产分别设定担保，则可能会导致企业的废止。因此应以构成企业的个别的物供企业经营之用，而以企业一定的财产组成的财团来作为债权的担保，这样处理将有利于发挥企业财产的总体效应。第二，有利于大额资金的引进。② 正如日本学者近江幸治所指出的，财团抵押制度是大额资金的引进手段，因它将各种财产组成一个集合体来掌握，因而使它的担保价值大大地提高了。具体地说，它是将有关财产的集合体作为一个财产目录的"财团"来处理的。③

（二）财团的构成

作为财团抵押的财团，指供企业经营之用，依企业目的结合而成为企业组成部分的物或权利。它的具体范围依企业种类的不同而有不同。如依我国台湾地区的工矿抵押法，该种财团的构成物件就是以与企业经营结合而有不动产性的物或权利为限，诸如浮动性的商品、营业上的债权、商业秘密等不在财团构成之列。④ 在日本，财

---

① 史尚宽著：《物权法论》，中国政法大学出版社 2000 年版，第 331 页。
② 同上书，第 331 页。
③ 〔日〕近江幸治著：《担保物权法》，法律出版社 2000 年版，第 214 页。
④ 史尚宽著：《物权法论》，中国政法大学出版社 2000 年版，第 332 页。

团的构成有两种方法：第一，"不动产财团"构成。它是以不动产为中心的构成方法。在此构成中，因将机械、器具等动产与其依附的不动产作成一体化，因此将之称为"不动产财团"。"不动产财团"的构成，在法律上采用的是任意选择主义，即以当事人在财团目录中记载的物件为准。在日本，依据工场抵押法、矿业抵押法、渔业财团抵押法、港湾运送事业法、道路交通事业法、观光设施财团抵押法等设立的财团，都属于这种构成方法。第二，"物财团"构成。它是以企业设施全体作为一个"物"来看待的构成方法。在此构成中，因以该"物"作为抵押权的标的，因此将之称为"物财团"。"物财团"的构成，在法律上采用的是当然归属主义。因为它是以企业全体作为一个"物"，所以物财团的构成不是当事人的任意选择，而是采用以构成企业全体一体性的财团的当然归属主义。在日本，依据铁道抵押法、关于轨道抵押的法律和运河法设立的财团，都属于这种构成方法①。

在财团抵押中，构成财团的物件的增减，势必会影响到抵押人和抵押权人的利益，因此各国法对此都有限制性规定。在构成财团的物件分离的情况下，法律通常设有严格限制，即原则上不经抵押权人的同意，不得将属于财团的物件由财团分离。在任意分离时，被分离的物件仍受抵押权的约束。但在随企业经营而在企事业设备增加物件的情况下，若当事人在抵押权设定时没有作相反约定且增加行为不构成欺诈行为时，增加的物当然为财团的组成分子，抵押权及于其上。在这两种情形下，为取得公示效力，须进行变更登记。②

## 二、浮动担保③

（一）浮动担保的起源、特征和功能

在英美法系，与前述大陆法系中的财团抵押制度最相类似的是

---

① 〔日〕近江幸治著：《担保物权法》，法律出版社2000年版，第214、215页。
② 史尚宽：《物权法论》，中国政法大学出版社2000年版，第333页。
③ 该部分内容主要参考孙春华著：《论英国法上的浮动担保》，载沈四宝编：《国际商法论丛》第1卷，法律出版社1999年版。

所谓的浮动担保制度。浮动担保始创于19世纪的英国，它是在商人的强大压力下为适应其需要而产生的。浮动担保的概念是在1903年由英国上诉法院法官罗默（Romer, L.J）在审理约克郡梳手机联合有限公司一案（Re Yorkshire Woolcombers Association Ltd.）时明确提出的。罗默法官在该案的判词中第一次阐明了浮动担保的三个特征：第一，它是以公司目前存在或将来存在的一类资产为基础的担保；第二，在正常的经营过程中，这类资产的形态会随着时间的变化而变化，即处在浮动之中；第三，除非债券持有人提出利用担保资产偿债的请求，否则公司可以运用所抵押的资产进行正常的经营活动。浮动担保的最大特点是：在浮动担保固定（亦称"冻结"）之前，公司始终保持着正常的生产经营活动所需要的各类资产，如公司的机器设备、原材料、库存物资、应收款项、合同权利及无形资产等，而且公司可以在正常的业务中处分已供担保之用的这类资产，且毋需征得债权人的同意。因此，浮动担保实际上是在不确定的经营中的资产上设定的一类担保。这种担保对商人来说是极为有利的，他可以在保持商事活动连续性的同时，以其经营中的变动不居的资产给予信用以获得资金融通或促成其他交易。

我们认为，浮动担保制度和最高额抵押制度有异曲同工之处。首先，两者都是对传统抵押权制度中"确定原则"的灵活变通。在浮动担保中，在冻结之前，抵押物处在浮动之中，它是抵押权标的物即抵押财产的不确定；在最高额抵押中，在决算（日本称"确定"）之前，抵押权所担保的债权处在流动之中，它是被担保债权的不确定。其次，两者也都是对传统抵押权制度中"附随性原则"的灵活变通。在浮动担保中，抵押财产处于流动之中，但它并不影响抵押权的效力；在最高额抵押中，被担保债权处于流动之中，但它也不影响抵押权的效力。在这两种情形下，抵押权成为一个抽象的、独立的存在。

（二）浮动担保的设定和完善

在大陆法系，在讲到抵押权的设定时，通常涉及两个问题：抵押合同和抵押登记。在英美法系也一样，只是在这里将登记称为"完善"，但登记的意义与大陆法系大相径庭。浮动担保一般是通过债券设定，或者通过当事人之间的协议设定。在设定之后，必须依照公司法的规定进行完善。完善的本质是要给担保利益以最大效用，也就是说，一项未经完善的担保利益通常对后来的不动产债权人没有效力，即使存在任何其他的优先权规则；而一项完善的担保利益除非被一项特殊的优先权规则所取代，否则它对后来的不动产债权人就具有约束力。浮动担保完善的方式是根据公司法进行登记。在英国，登记不是设定担保的要件，一项未经登记的担保也可以有效地对抗公司本身，只要公司未结业或未被接管。登记也不是一个优先权要件，相竞争的担保利益的优先权是由普通法规则支配的，而不是由登记顺序支配的。同样，登记也不能保证对后来的利益享有优先权。在英国，登记的意义有二：第一，登记构成对外界的通知；第二，登记是区分所有权保留条款与浮动担保的关键。

（三）浮动担保权利的实现——冻结（crystalization）

所谓浮动担保的冻结，是指担保物停止浮动而变为固定担保，浮动担保权人授予债务人处置担保物的权力终止，担保权人有权变卖担保物来清偿担保的债务。具体来说，冻结产生如下效力：第一，冻结使得债务人处置担保资产的权力终止，担保物于冻结时确定化，担保权存在于债务人于冻结时拥有的全部资产或后来的利益上；第二，冻结不涉及在公司登记处重新登记；第三，浮动担保冻结后，产生于冻结之前的抵销权和留置权并不因此而受到影响。浮动担保可因下列三类事由而冻结：第一，公司停止营业；第二，债券持有人介入（通常通过委任接管人来进行），执行担保物；第三，以合同条款冻结。

### 三、财团抵押与浮动担保的比较

大陆法系创立的财团抵押制度与源自英美法系的浮动担保制度有相类似的地方，两者都是在企业全部的资产上设定的担保，都有利于保证企业正常营业的持续进行，都是大额资金的引进手段。但二者也存在着显著的区别：浮动担保是在公司现有和将来的一类资产上设定的担保，其价值在冻结前不断变化，而且公司在正常经营过程中可以自由处置担保资产，而不需要取得债权人的同意；财团抵押是将企业中一定的资产组成一个财团并于其上设定的担保，其价值在设定时就已特定，而且在未经担保权人同意的情况下，抵押人不能处分构成财团的资产。关于财团抵押与浮动担保两种制度的优劣，大多数人认为，财团抵押在保护债权人利益上要优于浮动担保。① 我们认为，财团抵押和浮动担保这两种源自不同法律传统的担保制度，各有其优缺点：财团抵押的优点是对债权人保护有力，缺点是制作财团目录的成本极高；浮动担保的优点是能够提高企业的效率，缺点是存在债权不能实现的危险。但这两种制度是相互独立的，可共存于一个国家的法律体系之中，战后日本为发行公司债而仿照英国的浮动担保制度制定的《企业担保法》（1958年）就是显例。在我国现在的担保法律体系中，这两种制度都尚付阙如，将来考虑可同时建立，以供企业于融资时加以选择。

**四、我国财团抵押和浮动担保制度的确立**

我国《担保法》第34条第2款规定："抵押人可以将前款所列财产一并抵押。"这一规定通常被看做是我国关于财团抵押的原则规定。《担保法解释》第50条规定："以担保法第34条第1款所列财产一并抵押的，抵押财产的范围应当以登记的财产为准。抵押财产的价值在抵押权实现时予以确定。"该条前半段好像是关于财团抵押中财团的构成及其登记的规定，后半段又好像是关于浮动担保中冻结程序的规定，前后存在不相协调的地方，法律解释的本义令人难以琢磨。即使就《担保法》第34条第2款的规定来说，它没有规定财团抵押不同于普通抵押的地方，因此也很难称得上是关于财团抵押的规定。因此，笔者认为，我国现时立法在形式上似乎允许设定财团抵押权，但从实质的内容来分析，该项制度实属空白。至于浮动担保制度，在我国现在的立法中更难找到依据。所以在我国，财团抵押和浮动担保制度是一个从无到有加以确立的问题，而不是完善的问题。在我国确立财团抵押和浮动担保制度的过程中，笔者认

---

① 史尚宽著：《物权法论》，第333页；孙春华：《论英国法上的浮动担保》，载沈四宝主编：《国际商法论存》第1卷，法律出版社1999年版。

为,如下几点值得考虑。

首先,关于财团抵押和浮动担保的立法体例。

在财团抵押和浮动担保的立法体例上,日本采取了制定单行的特别法的形式,就财团抵押而言,日本针对不同企业分别制定相应的财团抵押法,现在行之有效的财团抵押法就有九部之多。笔者认为,我国可以通过研究提炼出各种财团抵押的共性,并分析其与普通抵押相区别的个性,在此基础上以一部立法涵盖所有的财团抵押类型;至于浮动担保制度,自然应该进行单行立法。

其次,关于对财团抵押中"财团"的构成及其登记的设计。

关于财团的构成,日本有"不动产财团"和"物财团"两种构成方式,分别采取任意选择主义和当然归属主义。考虑到我国在财团抵押上宜采取统一立法的问题,因此不宜采取上述日本并于财团构成的划分方法和确定原则,应该统一规定财团的构成以财团登记簿卜记载的为准。在登记效力上,由于财团构成大多涉及不动产且对第三人的影响较大,因此,不论构成财团的标的物是不动产、动产,还是权利,应统一规定为登记生效主义。

再次,关于对浮动担保的适用范围及其"冻结"程序的设计。

关于浮动担保的适用范围,考虑到浮动担保其标的物流动不居的特点和对债权人保护不力的客观情况,很多国家都作了限制性规定。例如,英国从适用主体上加以限定,浮动担保只能是注册公司适用,个人、独资商号和合伙商号均不得提供浮动担保;日本从适用主体和所担保的债权两个方面进行限定,企业担保仅适用于股份公司发行公司债。由于我国公司法对股份公司发行公司债券没有关于提供担保的强制要求,而只是规定了可转换公司债制度(《公司法》第172条),因此,我国可仅从主体上进行限定,可以规定浮动担保只适用于对公司债权的担保,个人独资企业、合伙企业均不得运用。关于浮动担保冻结程序的设定,我国应参照其他国家的立法例,宜详尽列举冻结的主要理由,并设置切实可行的冻结程序。

## 第四节 动产抵押

### 一、动产抵押概述

大陆法系各国的民法典均将抵押权的标的限定于不动产,但进入现代社会后,随着动产价值的提高和相应登记簿册的设置,以动产不转移占有而供债权担保的方式逐渐被确立起来。如日本1933年的《农业动产信用法》确立了农业动产抵押制度。依照该法,可用于抵押的动产包括:发动机,电动机,原动力机,载货机动车,脱谷机,孵卵机,扬水机,稻米脱壳机,牛马等。在这些动产上设定抵押权,要取得对抗效力,须在农业用动产抵押登记簿中进行登记。日本在第二次世界大战后,于1951的制定的《机动车抵押法》中,进一步扩大了动产抵押的适用范围。

我国台湾地区仿照美国的动产抵押法、统一附条件买卖法、统一信托收据法于1962年制定了《动产担保交易法》。该法创设了动产抵押、附条件买卖及信托占有三种不以占有标的物为成立要件的动产担保制度。台湾地区的《动产担保交易法》有如下特征:第一,以登记代替占有作为公示方式;第二,几乎全部动产均可设定担保,该法第4条规定:"机器、设备、原料、半制品、成品、车辆、农林渔牧产品、牧畜及未满20吨的动力船或未满50吨的非动力船舶,均可为担保物。"[①] 此外,在台湾地区,动产抵押还包括《海商法》规定的船舶抵押和《民用航空法》规定的航空器抵押等。

如前文所述,我国担保法虽有动产与不动产的区分,但没有明确的不动产抵押和动产抵押的划分,只是对不动产与动产、特定动产与一般动产规定不同的登记制度。依我国《担保法》第41、42、43条的规定,在我国对不动产(包括不动产用益权)和特定动产(如航空器、船舶、车辆和企业设备等)实行强行登记,在登记效力

---

[①] 王闯著:《动产抵押制度研究》,载《民商法论丛》第3卷,法律出版社1995年版。

上采取成立要件主义；对一般动产实行自愿登记，在登记效力上采取登记对抗主义。此外，在一些特别法中对特定动产的抵押也作了更为详尽的规定，如《海商法》对船舶抵押的规定。

## 二、对我国动产抵押制度的检讨和完善

我国《民法通则》关于抵押的规定实际上包括质押的内容在内（《民法通则》第89条第2项），因此，其对动产抵押是否承认，未置可否。担保法在形式上将动产抵押和不动产抵押以及其他抵押形式混合规定在一起，但在实质上确立了动产抵押制度并作了较详细的规定（《担保法》第34、41、42、43、45条），但也存在欠妥当的地方，除前述立法体例方面的缺陷外，尚存在其他一些问题，有待于进一步完善。

（一）关于动产抵押权的标的物的范围

根据我国《担保法》第34、42条的规定，在我国可设立动产抵押的标的物包括：机器、设备；交通运输工具（航空器、船舶、车辆）；其他动产。这里的"其他动产"，是指与机器、设备和交通运输工具相类似的动产，还是泛指上述动产以外的其他所有动产，担保法及其解释规定的很不明确。这有赖于通过比较法的方法来确定。

在法国，由于《民法典》第2119条明确规定："不得就动产设定抵押权。"因此，除通过特别立法规定各种动产抵押外，法国民法中动产与不动产的特殊分类标准使其能在只认可不动产抵押的形式下，实现不动产抵押向动产扩展的实际效果。在法国，动产与不动产的划分标准除了纯粹的物理标准外，还有不完全的物理标准，即基于财产的用途，法律赋予其有时与物理属性不同的法律属性，其中最典型的是关于"注册动产"的规定。在法国，注册动产是指国家出于行政管理的需要而规定某些流动性大的动产，如船舶、飞机等交通工具，必须以行政手段进行管理。由于注册动产的公告（即登记）可以在其注册地进行，所以对其设定担保可不剥夺债务人的

占有①。但正如法国学者所指出的，公告不能替代传统质权的丧失占有所完成的其他功能，即：第一，确保债权人能在债权到期日变卖标的物，为此，必须授予债权人完整的追及权；第二，使担保财产个别化，即能从设定者可能持有的相似财产中分别开来。所以，行使追及权的动产必须是高度个别化的，公告手续太麻烦，就不太适合行使追及权。同时，如果其使用是隐蔽的，公告就不起多大作用，而只有海运船舶、内河船舶、飞机、影片、铺底甚至汽车符合个别化等要求，也即适合作为动产抵押的标的物②。因此，从理论上来说，在法国只有一部分动产适于设定动产抵押权，其标的物的范围是有限的。在德国，民法典不承认动产抵押制度。在法典化以后，与动产抵押具有类似功能的，是通过判例所发展起来的让与担保制度和所有权保留制度，在构造上属权利移转型担保，由于没有公示方式，因此从理论上说，其标的物没有范围限制。在日本，关于动产抵押，通过商法典（第848条）、农业动产信用法、汽车抵押法、航空机抵押法、建设机械抵押法分别规定了船舶、农业用动产、汽车、飞机、建设机械为动产抵押物。所以，一般认为日本法中对于可抵押的动产是采用了法定主义原则③。在我国台湾地区，1963年制定的《动产担保交易法》第4条规定："机器、设备、工具、原料、半制品、成品、车辆、农林渔牧产品、牧畜及未满20吨的动力船或未满50吨的非动力船舶，均可为担保物。"其详细品名授权台湾"行政院"以命令定之，即《动产担保交易标的物品类表》。因此，在我国台湾地区，动产抵押标的物的范围至为广泛，但仍然是受到限制的。需要补充的是，台湾地区将动产抵押的标的物规定得如此广泛，这与其实施的其他配套制度有关，如关于"同一性识别方法"的规定，关于刑事责任的规定等。

从上述大陆法体系一些国家和地区的规定可以看出，动产抵押

---

① 尹田：《法国物权法中动产与不动产的法律地位》，载《现代法学》1996年第3期。

② 沈达明编著：《法国、德国担保法》，中国法制出版社2000年版，第143～144页。

③ 邓曾甲著：《中日担保法律制度比较》，法律出版社1999年版，第184页。

权标的物的范围并非漫无边际，尽管各国的规定或宽或窄，但仍限定在一定的范围之内。我国担保法关于抵押物的规定，采取了列举式（《担保法》第34条）和禁止式（《担保法》第37条）相结合的立法方式，而且包含有许多概括式的规定，这种立法的弊端已受到学界的批判[①]。因此，我国在司法实践中在对"其他动产"的含义的理解上，应采取限缩的解释方法，宜将之解释为与机器、设备和交通运输工具相类似的易于行使追及权的动产。建议在以后关于动产抵押的立法中应严格限定标的物的范围，对不适宜设定动产抵押权的动产，可以通过质权、回赎、让与担保和所有权保留等制度来实现其担保化。

（二）关于动产抵押权的登记公示制度

根据我国《担保法》第41、42条和43条的规定，在我国对特定动产（《担保法》第42条规定的动产如航空器、船舶、车辆、企业的设备和其他动产）实行强行登记，在登记效力上采取登记生效主义；对上述动产以外的动产实行自愿登记，在登记效力上采取的是登记对抗主义。我国对动产抵押权实行的这种"二元制"立法模式，存在着诸多的弊端；担保法的规定还与一些特别法的规定相抵触，例如，海商法对船舶抵押权实行的是自愿登记、登记对抗主义（《海商法》第13条）。此外，基于动产的本性，单纯的登记并不能解决动产抵押存在的所有问题，各国还采取一些辅助性措施和制度，而这些在我国现在立法中尚存空白，有待于通过比较研究进一步完善。

在动产抵押权的登记上，大多数国家采取的是登记对抗主义的立法例。但登记对抗主义本身也存在一系列的缺陷和不足，对此各国又采取了相应的补救措施。具体来说，第一，因它能使第三人查阅登记簿而将会暴露当事人的经济状态。这一缺陷在对动产抵押权的标的物的范围规定比较狭窄的国家和地区，如法国、日本等基本上是不存在的，但对动产抵押权的标的物规定比较宽泛的国家和地区，如美国、我国台湾地区，则现实地存在着。为此，美国在其

---

① 邓曾甲著：《中日担保法律制度比较》，法律出版社1999年版，第185～187页。

《统一商法典》中精心设计了"通知登记制度"和"债务报告和担保物清单"制度,较好地弥补了上述缺陷,同时兼顾了第三人的权益要求。① 在我国,如前所述,笔者主张对动产抵押权的标的物进行限缩解释或限制规定,这样就不会存在上述缺陷,因此没有引进上述美国做法的必要。第二,动产交易属于日常经济生活中发生的事情,而第三人为交易安全则需要经常查阅登记簿,这样会使其耗神费力而承受查询之苦。针对这一缺陷,日本和我国台湾地区在动产抵押立法中规定了"同一性识别方法",即在抵押物上打刻或贴标签。例如,日本的汽车抵押通过车体号码加以识别,飞机抵押通过登记号码的打刻进行识别,建设机械抵押通过打刻记号进行识别。再如,在我国台湾地区,其《动产担保交易法施行细则》第 6 条规定:"登记机关应于登记之标的物之显著部分烙印或贴标签以资识别。"在我国,有学者主张对上述制度加以借鉴,并提出:凡是可打刻或贴标签的动产,其公示应采取登记和打刻相结合的方式;而凡不宜打刻或贴标签的动产,则以登记为满足。② 笔者认为,我国应严格限定动产抵押权的标的物的范围,不需要对动产作上述区分,应依动产特性全面实行打刻或贴标签或其他的同一性识别方法。

总之,笔者认为,我国在动产抵押权的登记公示制度上,应该抛弃"二元制"的不当做法,统一采纳登记对抗主义的立体例,并附之以"同一性"的识别方法。

## 第五节 让与担保制度

### 一、让与担保制度概述

让与担保,指债务人或第三人为担保债务履行的目的,将担保标的物的权利(通常为所有权)预先转移给债权人,由双方约定于

---

① 王闯:《动产抵押制度研究》,载梁慧星主编:《民商法论丛》第 3 卷,法律出版社 1995 年版。

② 同上书。

债务清偿后，将担保标的物返还于债务人或第三人；于债务不履行时，债务人得就该担保标的物受偿的一种担保方式。现代的让与担保制度可追溯至罗马法中的"信托"和日耳曼法中的"所有质、新质"。在近代欧洲大陆的法典化浪潮中，让与担保制度被诸如抵押权、质权等担保物权制度所压倒，未被立法所确认，但一些国家和地区在法典化后，由于其民法典中物的担保制度的不足，让与担保制度又被通过判例形式逐步发展起来。在近代民法体系下，让与担保的有效性是在接受了其构成"虚伪意思表示"、符合"流质契约"、有违"物权法宝主义"等的拷问后才被最终承认的。① 让与担保的优越性在于：第一，它能扩大融资的可能性。首先，让与担保可以实现集合财产（包括具有流动性的集合财产）的担保化。其次，让与担保可以使一些不能设定典型担保物权的权利实现担保化。社会上各种新形成或正在形成过程中的财产权，诸如电脑软件的权利，电话加入权（日本），单纯未保存登记的不动产，拟购买中的不动产，建设中的建筑物，老铺和招牌等特殊权利，在其上设定抵押权或质权尚有疑问，但通过让与担保可实现上述财产的担保化。第二，它能阻却或削减交易第三人出现的可能性。让与担保可以削减因标的物的第三取得人或后位担保权人的出现而阻碍担保权实现的可能性。第三，它能节约交易成本。让与担保可以节约抵押权、质权实行的费用，并避免标的物在拍卖程序中换价过低的不利。但让与担保制度也存在如下缺陷：第一，由于让与担保交易关系是以担保权人和设定人之间的依赖关系为基础的，因此其中任何一方从事背信行为，皆会损害另一方的利益。第二，让与担保权人在债务人不履行债务时可以直接实行担保权的特点，也同时意味着具有因此而损害设定人以及第三人利益之虞。针对这些缺陷，上述国家和地区采取了一系列的补救措施，其中最为重要的是关于"清算法理"的确立及其强行化。

---

① 王闯著：《让与担保法律制度研究》，法律出版社2000年版，第39～55页。

## 二、我国对让与担保制度应采取的态度

近些年来,配合我国的物权法起草工作,学者对物权制度的研究趋之若鹜,在此背景下,我国法学界对比较生疏的让与担保制度的介绍和研究也达到了一个高潮,出现了一系列论著[①],并围绕对实践中出现的"按揭"(英文中"mortgage")担保的争论,形成了对让与担保肯定和否定两种截然相反的观点。以原中国社会科学院王闯博士为代表的持肯定论者认为,从我国香港地区传入内地的按揭担保方式,在实质上与大陆体系的让与担保制度相同,应该以其为基础通过改造来确立我国的让与担保制度[②];而以中国人民大学王利明教授为代表的持否定论者认为,让与担保制度与我国实践中的按揭并不相同,后者在当事人之间形成一种非常均衡的相互制约与互动关系,在制度设计上比前者更为合理,因此不主张我国引入大陆法系的让与担保制度。[③]

### (一) 我国应否承认让与担保制度

我国应否承认让与担保,对这一问题,笔者认为应从其他国家确立这一制度的原因和我国物的担保制度的构成中去找答案。让与担保制度在各国的确立原因和与此相适应的其发挥作用的范围和程度各不相同。例如,在德国,让与担保出现的目的是为了实现动产抵押制度的功能[④],因此其适用范围很广。在日本,首先,让与担保得以在民事法律规制外存在并发展,一方面是由于其适用对象的广泛性和灵活性,另一方面也由于日本典型担保制度的自身缺陷。日本典型物权担保的缺陷之一,是各具体担保形式在一般的动产、不动产、权利对象的适用上具有特定的选择性和法定的限制,阻碍了其作用的发挥,不能适应社会经济发展的需要。日本典型担保制度的缺陷之二,是对现代经济活动中出现的新的财产权形式——集合

---

[①] 如,王闯著:《让与担保法律制度研究》;顾长浩:《论日本的让渡担保制度》,王建源:《让与担保制度研究》,后两篇均载于梁慧星主编:《民商法论丛》第10卷。

[②] 王闯著:《让与担保法律制度研究》,法律出版社2000年版,第432~459页。

[③] 王利明:《抵押权若干问题的探讨》,载《法学》2000年第11期。

[④] 王闯著:《让与担保法律制度研究》,法律出版社2000年版,第33页。

动产、流动动产、集合债权、流动债权、无体财产权等作为担保标的物的不适应。而让与担保制度的运用在一定程度上缓和了上述二缺陷引发的与社会实践的巨大张力。其次，让与担保是一种避免担保权"公开实行"缺陷的一种选择，这是日本确立包括让与担保在内的非典型担保制度的最为重要的原因。在日本，抵押权、质权的实行方式是法定的拍卖，除了手续繁琐、费用支出高、花费时间长外，还由于标的物被分割等因素而可能使其价值实现不充分；同时，不动产抵押登记需公开当事人的债权债务状况等企业经营秘密或个人经济秘密。从当事人对于法律作为选择的自由度来看，让与担保可以避免这些缺陷。①

比照上述德、日的情形，笔者认为，我国应承认让与担保制度，其理由如下：第一，我国同德国、日本一样，也面临着对一些无法设定典型担保物权的财产权实现其担保化的共同课题，让与担保无疑是可供选择的最佳解决方案之一。第二，我国现行的担保制度存在不周延的地方，需要让与担保加以补充。在我国，如笔者前面所论述的，动产抵押的标的由于考虑到追及力的问题，应当限定在一定的范围。对其余动产，除以质权、所有权保留担保外，让与担保也可供当事人来选择。还有对集合财产尤其是流动性的集合财产的担保化，我国现在在规制上尚属空白，即使将来确立了财团抵押和浮动担保后，由于其适用范围的限定性或其他不足，如浮动担保仅适用于公司制企业，财团抵押制作"目录"需要很高的成本，让与担保也有适用的必要。第三，我国现实中已出现了类似于让与担保的一些担保方式，如按揭等，必须对其加以规制。

（二）我国在承认让与担保的前提下，应否对其专门进行成文立法规制

众所周知，让与担保是大陆法系一些国家和地区在法典化后通过判例形式所确立起来的一种非典型担保制度。在这些国家或地区虽出现过要求对之成文立法规制的提议，如在日本，据不完全统计，

---

① 顾长浩：《论日本的让渡担保制度》，载梁慧星主编：《民商法论丛》第14卷，法律出版社2000年版。

从 1918 年到 1994 年,对让与担保至少有四次重要的立法提议,但至今没有一个国家或地区将其变成现实。究其原因,笔者认为,一方面让与担保制度尚未定型,如在让与担保的构成上,日本尚处在从"所有权的构成"向"担保权的构成"的演变过程中,这导致了对其规制的困难;另一方面让与担保关涉不动产、动产、权利、集合财产、流动中的财产乃至尚在形成中的财产权利等,极为复杂,这是在民法典中的任何一项担保制度都不曾遇到的,因此对其进行立法规制存在法理和立法技术上难以克服的困难。最后,让与担保作为私法自治的产物,若对其进行立法规制(上述难点可能会导致立法不当),可能会遏制其生命力,难以达到预期的立法目标。日本对假登记担保制度的立法(1978 年)就是一例。因此,笔者坚决反对对让与担保制度专门进行成文立法规制。

(三)我国在承认让与担保制度但不对之进行成文法规制的条件下,应采取什么样的调整方式

笔者认为,我国将让与担保制度放在债权法的框架内进行规制比较妥当。首先,如前所述,让与担保制度最早可追溯至罗马法中的信托,当时的信托分为管理信托和担保信托两种。对管理信托[①],后世大陆法系一些国家和地区借鉴英美法系的信托制度,专门制定单行的信托法进行调整,如日本、韩国和我国台湾地区,我国在 2001 年制定的信托法也属这种立法例;让与担保属于信托担保之一种,在大陆法系的一些国家和地区,主要依照私法自治原则通过判例加以发展和确认。尽管在上述国家和地区,有将让与担保加以担保物权化并进行成文立法规制的呼声和提议,但这一目标至今尚未实现。笔者认为,上述国家和地区对让与担保的调整实际上是按照私法自治原则、运用合同法的规则进行的。这是笔者主张将让与担保制度放在债权法的框架内进行规制的原因之一。其次,我国现在对实践中已经存在的类似于让与担保的按揭制度,也是运用合同法

---

① 管理信托是一方当事人为达成其财产管理或债权收取的目的,将权利移转给另一方当事人的法律行为。参见张琼文:《信托行为在"我国"民法上之发展》(台"司法院"1986 年研究发展项目研究报告),载《司法研究年报》(1988 年度)第 964 页。

规则进行调整的,并且已经取得了良好的效果。依合同法的原理,我国实践中大量存在的按揭合同(最常见的为"商品房按揭贷款合同")大多以格式合同形式存在,银行是这类格式合同的提供方,消费者是接受方。我国在1999年制定的合同法中对格式合同已有较为完备的规定,这为抑强扶弱提供了法律依据。从我国按揭运作的实践来看,诸如"清算义务"等保护设定者利益的条款已得到了较好的贯彻。基于此,笔者认为,可以将这种调整方式推广到类似的担保领域中去,没有改变的必要。至于在名称上用"按揭","抵押",还是"让与担保",这只是一个名称问题,不影响实践的发展,当然若要追随大陆法系的传统,则用"让与担保"更为准确。

# 第八章　抵押权制度的新发展及趋势

## 第一节　大陆法系两个抵押权
体系的区分及意义

**一、大陆法系两个抵押权体系的区分**

大陆法系可细分为法国法系和德国法系两个支系，抵押权制度也可划分为类似的这样两个体系，即以法国的抵押权制度（系广义，指"优先权和抵押权"）为模板的法国抵押权体系和以德国的抵押权制度（系广义，指"抵押权、土地债务和定期土地债务"）为模板的德国抵押权体系。这两个抵押权体系的对立，从根本上来说是债权保全型抵押（保全抵押）和金融媒介型抵押（投资抵押）的对立，即：法国的抵押权体系是以确保债权的履行为目的的保全抵押；德国的抵押权体系是以充分发挥抵押不动产的交换价值，使其在金融市场上流通而成为投资人金钱投资的媒介的投资抵押。这两个抵押权体系的对立是由历史原因造成的。就拿比较特殊的德国的投资抵押制度来说，它的确有如下两个方面的原因：首先，德国投资抵押制度的确立与德国作为后起的资本主义国家，与其资本主义发展的特殊性有关。日本民法学者铃木禄弥教授认为，投资抵押是伴随18世纪以后的普鲁士农业的资本主义化而发展起来的。普鲁士的封建领主们在英国先进资本主义的刺激下，逐渐被卷入商品经济。在推行土地经济资本主义化的过程中，为满足资金需要而将自己所有的土地作为担保以实现融资，于是产生了投资抵押。而这对典型资本主义发展的英国、法国则不存在。[①]其次，笔者认为，德国投资抵押

---

[①] 胡宝海著：《现代金融担保法研究》，中国社会科学出版社1999年版，第29～31页。

制度的存在，还与德国民法在理论和实践中长期以来采纳物权行为及其独立性和无因性的传统密切相关。物权行为及其独立性和无因性理论为德国学者萨雅尼首倡，在1872年普鲁士《不动产物权的取得及物上负担的法律》中，物权行为的无因性作为排除实质审查主义登记制度弊端的方式被确立下来。① 而该法是德国民法典中物权制度立法的直接渊源。在德国民法中，作为抵押权常态的流通抵押，作为独立的价值权并借助于有价证券得以高度流通，这与德国民法典所确立的物权行为的独立性和无因性是紧密相关的。中国人民大学教授、民法学者王利明认为："抵押权能否证券化更多地取决于在物权立法上是否采纳物权行为理论。因为依据物权行为的独立性和无因性，抵押权可脱离债权而独立存在，只有独立存在的抵押权，才可以比较方便地证券化并进入流通。"② 这从一个侧面证实了笔者上述的结论。实际上，德国民法中抵押权的独立化和抽象化，是其民法物权抽象原则在抵押权领域的具体化。因此，德国的投资抵押制度是建构在物权行为独立性和无因性的基础之上的。

正如日本民法学者我妻荣教授所言："所有权人以其所有的不动产作为担保而借入金钱，资本家因其需要而贷与金钱，于是不动产担保成立，这两点互为表里，从法律的形式上看，两者并无二致。"③ 那么，保全抵押与投资抵押区别的根本点是什么呢？我妻荣教授认为："抵押权制度从以金钱借入为中心过渡到以金钱投资为中心，只能说是导入抵押权投资流通性的结果。"④ 因此，保全抵押和投资抵押区别的根本点在于抵押权是否具有流通性上。在法国保全型抵押权体系中，抵押权以确保特定债权的履行为目的，严格遵循从属性，抵押权不得脱离被担保的主债权而独立转让，即抵押权不具有流通性。在德国投资型的抵押权体系中，抵押权以支配标的物不动产的交换价值的确定部分为目的，抵押权作为投资媒介流通于金融交易

---

① 陈华彬著·《物权法原理》，国家行政学院出版社1998年版，第121页。
② 王利明：《抵押权若干问题的探讨》，载《法学》2000年第11期。
③ 〔日〕我妻荣著：《债权在近代法中的优越地位》，中国大百科全书出版社1999年版，第52页。
④ 同上书，第52页。

市场，因此安全迅捷地转让抵押权是必不可少的条件。为满足这一要求，德国的抵押权体系设计出两方面的制度：一是保障抵押权安全转让的公信制度，即赋予抵押权登记簿以公信力，使抵押权的取得人不因抵押权自身的瑕疵以及作为抵押权存在前提的债权的瑕疵而受到威胁；二是促使抵押权高度流通的证券化措施，即将抵押权转换为证券，借助于有价证券理论来确保抵押权交易的迅捷和安全。此外，在德国为确保抵押权的流通性，立法还肯定了诸如抵押权的独立化（抽象化）原则、顺位确定原则和抵押权与抵押物利用权相分离原则等。

**二、大陆法系两个抵押权体系的比较**

以法国为代表的债权保全型抵押权体系和以德国为代表的投资媒介型抵押权体系，两者的根本区别，如上所述，在于抵押权是否具有流通性上，由此决定，两个抵押权体系在具体的原则、制度上也存在着巨大差异，具体表现在如下方面：

（一）关于抵押权的公示原则和特定原则

不论在保全型的抵押权体系中，还是在投资型的抵押权体系中，公示原则和特定原则作为现代抵押权的特质都是存在的，但由于这两个抵押体系对罗马法上的抵押权制度继受的程度不同，因此在对这两个原则的贯彻程度上存在差异。

古罗马法中的抵押权制度有两个特点，一是缺乏抵押权公示制度，二是未严格遵循特定原则。[①] 这两个特点不论在约定抵押还是在法定抵押中都是存在的，但在法定抵押中表现地比较突出，并且对后世的影响也比较大。罗马法中的法定抵押分为一般抵押和特定抵押，前者以债务人的全部财产为标的，后者以债务人的特定财产为标的。在近代以法国为代表的保全抵押的国家，由于对罗马法的继受比较彻底或者受法国法的影响较大，因此在其本国立法中都不同程度地存在着否定公示原则和特定原则的法定抵押权制度。例如，在法国民法典所确立的抵押体系中，除约定抵押权外，还存在着承

---

① 许明月著：《抵押权制度研究》，法律出版社1998年版，第15页。

袭罗马法中法定抵押权的"优先权"制度和"法定抵押权"制度，以及作为法国法中的一般抵押权在民法典中的残余的"裁判上的抵押权"制度。这些制度的存在表明，公示原则和特定原则在法国民法典中并没有被彻底贯彻。在受法国民法影响的日本民法典中，其"先取特权"制度，也是背离公示和特定原则的。

与上述法国、日本不同，德国的抵押权制度是以中世纪日耳曼法上的新质（非占有质）作为源头的，这种制度从一开始就强调担保权的公示原则和特定原则。17世纪后，罗马法的继受曾一度使德国固有法中抵押权的公示原则和特定原则受到破坏。但进入18世纪后，在以普鲁士王国为代表的立法改革中，罗马法的继受中断，德国固有法得到恢复，公示原则和特定原则重新受到重视并得以彻底贯彻。德国民法典中的抵押权制度主要是以1872年普鲁士《不动产物权的取得及物上负担的法律》为母法制定的，它体现了公示、特定和独立三大原则。其中，公示原则体现在：第一，抵押权的设定通常以在不动产登记簿上进行登记为必要，抵押权人相互间的优先顺位根据登记时间的先后来决定；第二，在德国民法典中不存在不公示的法定担保权和享有特权的担保权。特定原则体现在：第一，抵押权仅能在特定的不动产上设定，德国法中不承认在抵押人的全部财产上成立的所谓的一般抵押权；第二，被担保的债权额在德国法中原则上也被特定，但在保全抵押中允许仅就受担保债权的最高额进行确定的最高额抵押；第三，实行顺位确定原则。这两个原则与独立原则相结合，使得德国法中的抵押权制度极度地表现出价值权的性质，而这有利于实现抵押权高度的流通性。①

总之，由于历史原因所致，在这两个抵押权体系中，以法国为代表的保全型抵押未能彻底地贯彻公示原则和特定原则，优先权和法定抵押权制度在这些国家的立法中依然存在；以德国为代表的投资型抵押，为确保抵押权高度的流通性，严格遵循公示原则和特定原则。但从理论上来看，确立公示原则和特定原则的目的在于第三人免受抵押权的侵害，因而它应是这两种抵押权制度共同的特质。

---

① 许明月著：《抵押权制度研究》，法律出版社1998年版，第39页。

因此，首先，继受法国法的一些国家一反法国法的传统对公示原则和特定原则严格加以遵循；法国本国也进行了一系列的立法改革来彻底贯彻这两项原则，如法国在1955年1月14日通过的《关于不动产公示的法令》中，彻底地确立起了公示原则和特定原则。其次，对背离公示原则和特定原则的优先权和法定抵押权制度，很多国家采取慎重的态度，大多不予采纳；在已经采纳的国家，法律又赋予其贯彻特定社会政策的新的使命，使得优先权和法定抵押权制度不但没有消亡，反而得到了某种程度的发展。这正如日本民法学者近江幸治先生在讨论日本"先取特权"制度的发展性时所指出的："先取特权是背离公示制度的，所以，其意义与近代的担保制度不相容，是落后了的制度。但是在其他方面，先取特权的基础是应该注意优先考虑特殊的债权，这是有其政策性的。这种意义上的先取特权的机能，在现代已被日益强烈要求。民法典制定后，不只是民法，在其他方面在特别法中也出现了许多先取特权（特别重要的是国税、地方税、健康保险费的征收金等主要方面），这应该理解为是从某种意义上可以说是经济的以及法律意义里的社会政策。"[1]

从我国历来的立法来看，我国的抵押权制度一直系债权保全型抵押，不存在法定抵押权的传统，因此，公示原则和特定原则始终被严格地加以遵循。

(二) 关于抵押权的从属性和独立性

在以法国为代表的债权保全型抵押权体系中，由其担保权的性质所决定，抵押权对被担保的主债权具有严格的从属性。它的内容，我国台湾民法学者谢在全先生认为，应包括成立上的从属性，移转上（或处分上）的从属性和消灭上的从属性。[2] 抵押权的从属性在近代立法中首先为法国民法确立，后为日本、旧中国等所继受，在债权保全型的抵押权立法中，它是抵押权最基本的属性之一。

在以德国为代表的投资型抵押权体系中，为了确保其流通性，立法赋予抵押权强烈的独立性或抽象性，具体来说，第一，在德国，

---

[1] 〔日〕近江幸治著：《担保物权法》，法律出版社2000年版，第32页。
[2] 谢在全著：《民法物权论》下册，台湾三民书局1995年修订版，第25～32页。

属于广义的抵押权范畴的土地债务和定期土地债务，根本不具有从属性，而狭义上的抵押则具有严格的从属性，但土地债务及定期土地债务可以相互转化，因此，就总体而言，德国民法中的抵押权具有极强的独立性。① 第二，公信原则助长了这种抵押权的独立性。在德国，抵押权以流通抵押为原则，故流通抵押被称为普通抵押权，而保全抵押仅为抵押权的一种例外。流通抵押和保全抵押的基本差别表现在：就流通抵押来说，被担保债权有土地登记簿上的公信力和推定力；而与此相反，保全抵押则没有这种公信力和推定力，抵押权人的权利完全定着于债权。第三，在德国，抵押权以证券抵押为原则，抵押权常以证券为载体，故抵押权具有更强的独立性。第四，德国民法典没有采用法国民法中的涤除制度，从而使得抵押权独立于对抵押物的利用权。

在以法国为代表的保全型抵押权体系中，从属性是抵押权最本质的属性之一，但随着现代市场经济的发展，抵押权的从属性暴露出许多缺陷，在上述国家出现了所谓的抵押权从属性缓和的理论，并影响到立法和司法实践。这一理论在承认抵押权的从属性前提下认为应从更为宽广的意义上重新对抵押权的从属性进行界定，抵押权的从属性不应理解为抵押权与债权自始至终地伴随存在，只要抵押权人在依抵押权取得交换价值时抵押权应与债权同时存在即可，无须对抵押权的设定、移转及消灭上的从属性过于苛求。② 该理论在立法、司法实践中具体表现为：第一，根据抵押权从属性缓和理论，最高额抵押的合法性和有效性得到了立法的肯定。第二，对于将来债权设定抵押权的承认。第三，登记流用（亦译"留用"）在一定范围获得承认。第四，在债权因无效而消灭时，抵押权并不当然消灭。在债权无效时，若抵押权人对于债务人已经给付，债权人对债务人享有返还和损害赔偿请求权，原债权虽然消灭，抵押权仍可就此项返还请求权和损害赔偿请求权而存在。第五，对于最高额抵押权，

---

① 刘得宽：《抵押权之附从性与特定性》，载郑玉波主编：《民法物权论文选辑》下册，台湾五南图书出版公司1985年版，第593页。

② 〔日〕柚木馨著：《担保物权法》，有斐阁1958年日文版，第191页；转引自许明月著：《抵押权制度研究》，法律出版社1998年版，第90页。

国外立法中承认抵押权人可以在最高额限度内将抵押权本身全部转让、分割转让或部分转让，也可以单为其他债权担保。[①] 需要指出的是，尽管在债权保全型的抵押权体系中，出现了抵押权从属性缓和的理论，但这与投资型的抵押权体系中抵押权的独立性是有根本区别的，前者是在承认抵押权的从属性的前提下，对从属性的部分修正；而后者从根本上是否认抵押权的从属性特征的。

我国的抵押权制度一直系债权保全型抵押，立法和司法实践向来贯彻抵押权的从属性原则。我国《担保法》第50条规定了抵押权移转（或处分）上的从属性，第52条规定了抵押权消灭上的从属性。此外，我国担保法还规定了最高额抵押制度（《担保法》第59—62条），这说明在我国立法中，抵押权的从属性也得到了一定程度的缓和。

（三）关于抵押权的顺位升进与顺位固定原则

在一物重复抵押的情况下，必须解决同一物上数个抵押权之间优先受偿的次序问题，这就是所谓的抵押权的顺位原则。顺位原则主要解决两个问题：第一，以什么标准来确定数个抵押权之间的先后次序；第二，在前次序抵押权所担保的债权消灭后，抵押权是否也随之消灭，后次序抵押权的顺位是升进还是保持不变。对第一个问题，因抵押权采公示原则，并以登记作为公示方法，因此各国民法莫不规定以登记的时间先后来决定抵押权之间的先后次序（《法国民法典》第2134条，《德国民法典》第865条，《瑞士民法典》第813、814条，《日本民法典》第373条，我国《担保法》第54条）。对第二个问题，在大陆法系国家，形成顺位升进和顺位固定两种立法例。

在以法国为代表的保全型抵押权体系中，由于严格遵循抵押权的从属性且不承认所有人抵押权和空位担保制度，因此，在重复抵押时，先次序的抵押权消灭后，后次序的抵押权的次序依次自动升进，这被称为顺位升进原则，法国、日本、旧中国民法等采这种立法例。

---

① 许明月著：《抵押权制度研究》，法律出版社1998年版，第90~92页。

在以德国为代表的投资型抵押权体系中，由抵押权的价值权本质所决定，各抵押权人支配的不动产的价值是固定的，先次序的抵押权不随被担保债权的消灭而消灭，而是转化成所有人抵押权（德国）或抵押权空位（瑞士），这被称为顺位固定原则，德国、瑞士民法等采这种立法例（《德国民法典》第1163条，《瑞士民法典》第814条）。

对于这两种立法体例的优劣得失，一些学者认为顺位固定原则优于顺位升进原则。原因在于：第一，次序固定原则有利于保护一般债权人，防止后次序抵押权人因次序升进而获取不当得利。因为后次序抵押权人一般是在先次序抵押权人受偿之后就剩余的抵押物价值受偿，在顺位升进的情况下，若前次序的抵押权消灭，而后次序的抵押权随之升进，从而使后次序的抵押权人的债权得到充分满足，这显然是获得不当利益。但顺位固定能有效地阻止后次序的抵押权人取得不当利益。① 同时，由于后次序的抵押权风险大，可能因先次序抵押权的实现而不能足额受偿，所以通常后次序抵押权在设立时的条件比较苛刻，如高利息、高违约金等。若因前次序抵押权消灭而使之风险全无，使他在无风险状况下享有高利益，这对债务人也不公。② 第二，在次序固定原则下，先次序的抵押权所担保的债权比较安全，抵押人能够得到低利率的融资，而且，在先次序的抵押权所担保的债权消灭后，抵押权并不当然消灭，而是转化成所有人抵押权或抵押权空位，所有权人可以以该抵押权再为其他债权人作担保，从而取得再次融资。第三，抵押权的次序固定原则，是对抵押权抽象化原则的进一步确认，有利于实现抵押权的证券化。抵押权的次序固定，表明抵押权所支配的标的物的变换价值确定不变，先次序抵押权所担保的债权，虽然因为清偿而消灭，但抵押权支配的交换价值仍然存在，这为先次序的抵押权提供了可以独立存在的基础。所以要实行抵押权证券化，则必须实行抵押权顺序固定主

---

① 徐武生著：《担保法理论与实践》，工商出版社1999年版，第306页。
② 梁慧星、陈华彬著：《物权法》，法律出版社1997年版，第319页。

义。[1]

　　对上述观点，我国台湾民法学者谢在全先生和北京民法学者王利明教授作了较全面的论述，第一，在次序升进原则下，后次序的抵押权人并非获得不当得利，也没有损害一般债权人的利益。首先，次序升进并没有使后次序的抵押权人获取不当利益。因为，一方面，后次序的抵押权人之所以接受后次序抵押权，也可能是因为其寄希望于先次序的抵押权人会放弃其抵押权，这是一种合理的期待，一旦先次序的抵押权人放弃其抵押权，尽管后次序抵押权所担保的债权条件比较苛刻，但其次序升进，获得全部或部分受偿，并非是不当得利，而是合理期待利益的现实取得。另一方面，后次序抵押权人自愿接受后次序的抵押权，可能是合理期待抵押物价值的升值，不仅使先次序的抵押权人获得受偿，也使后次序的抵押权人受到清偿。还有，也可能是期待先次序的抵押权所担保的债权因为正常清偿、免除债务、混同等原因，导致其不必借助于抵押物而消灭，由此获得利益，也并非不当得利。其次，次序升进并没有影响一般债权人的利益。因为后次序抵押权毕竟仍然享有抵押权，具有优先于普通债权人的地位，他先于普通债权人以抵押物的价值受偿，这是完全合理的。再次，次序升进主义是否损害一般债权人的利益，应当在一般债权的合理预见和实际结果的对比中体现。在抵押物之上设定了若干抵押权并且经登记公示时，一般债权人完全可以通过查阅登记材料而知晓，而后次序抵押权可以升进则是由法律明文规定的，所以一般债权人对把抵押物作为一般责任财产偿还其债务，应当具有多大的合理预期是明确的，如果一般债权人认为在次序升进主义情况下，会导致债务人一般责任财产的减少，从而降低了其债权的保障，那么他也完全可以要求债务人为其提供担保。第二，抵押权的次序升进原则是符合所有权的弹力性原则的。因为抵押权的设定曾经对不动产所有权形成一定的限制，一物之上设立数个抵押权，实际上是给不动产的所有权设立了负担，同时也是对所有权的限制，当顺序在先的抵押权消灭后，所有权的内容基于弹性力而恢

---

[1] 邹海林、常敏著：《债权担保的方式和应用》，法律出版社1998年版，第167页。

复其内容，随之应由顺序在后的抵押权人享有并支配抵押物的价值，所以顺序升进主义是合理的。[1] 第三，次序固定原则虽有利于建立所有人抵押制度，但该制度本身也存在着很多弊端。首先，它使后次序抵押权人难以和抵押人发生交易关系，抵押人在融资借款方面反而会遇到障碍。因此，如果抵押权的次序固定，后次序抵押人没有机会升进，就会降低利用抵押权担保的信心，而不愿意接受后次序抵押担保，这对抵押人是不利的。只有在后次序抵押权有升进的可能时，后次序抵押人才更有可能与抵押人发生交易，从而使抵押人易于将已设抵押的抵押物向其他债权人再次抵押，这无疑增加了抵押人的融资能力。其次，所有人抵押也会造成抵押权在实现时遇到障碍，因为所有人不能对自己的物申请强制执行，一旦所有人在不能主张强制执行的情况下，后次序抵押权人也会在实现抵押权时遇到障碍。第四，次序固定原则是以抵押权人所支配的抵押物的价值固定不变为前提的，它忽略了抵押物价值在市场经济条件下，会随着市场的变化而变化。第五，认为次序固定原则有利于实现抵押权的证券化的观点也是站不住脚的。实际上，抵押权是否可以证券化并不直接取决于其是否采纳了次序固定原则，在次序升进的情况下，同样可以实行抵押权的证券化，因为每个抵押权所能够支配的抵押物的交换价值在证券上可以是固定不变的。但这在实际中是根本不可能的，抵押物的价值总是要随着市场行情的变化而发生变化。问题的实质在于，抵押权能否证券化更多地取决于在物权立法上是否采纳物权为理论。因为依据物权行为的独立性和无因性，抵押权可以脱离债权而独立存在，只有独立存在的抵押权，才可以比较方便地证券化并进入流通。当然在不承认物权行为理论的物权法体系中，也不是不可以实行抵押权的证券化，只不过该证券的发行、转移都需要以债权为依托罢了。[2]

笔者认为，评价一项具体制度的优劣得失，必须将该制度放在

---

[1] 谢在全：《抵押权次序升进原则与次序固定原则》，载台湾《本土法学杂志》2000年第7期；转引自：王利明：《抵押权若干问题的探讨》，载《法学》2000年第11期。

[2] 王利明：《抵押权若干问题的探讨》，载《法学》2000年第11期；谢在全：《抵押权次序升进原则与次序固定原则》，载台湾《本土法学杂志》2000年第7期。

它赖以存在的大的制度背景中去考察,不能抽象地、孤立地去谈,否则得出的结论就会有失偏颇。实际上,这两种制度在各自的制度体系中都是合理的,不存在谁比谁更优的问题。在保全型的抵押权体系中,次序升进原则并没有什么不妥之处;相应地,在投资型的抵押权体系中,次序固定原则则是必要的。我国的抵押权制度系债权保全型抵押,担保法虽然对顺序原则未有规定,但学理和司法实践中都贯彻了顺位升进原则。需要补充的是,2000年通过的《最高人民法院关于适用〈中华人民共和国担保法〉若干问题的解释》第77条规定:"同一财产向两个以上债权人抵押的,顺序在先的抵押权与该财产的所有权归属一人时,该财产的所有权人可以以其抵押权对抗顺序在后的抵押权。"这是我国担保法关于所有人抵押权制度的规定。从该条规定可以看出,我国的所有人抵押权制度只因所有权和抵押权发生混同而存在,并不允许成立因当事人的意思表示而设定的所有人抵押权。因此,完整地说,我国在抵押权的次序上,总体上采取的是次序升进原则,只是在特殊情况下才例外地承认次序固定。

### 三、区分两个抵押权体系的意义

如上文所述,以抵押权是否具有流通性为标准,可以将大陆法系的抵押权制度划分为以法国为代表的债权保全型抵押权体系和以德国为代表的投资媒介型抵押权体系。这两个抵押权系统是独自生成,并行发展的,由此导致它们在许多重要的方面,如本质、特性、原则等都存在着巨大的差异。区分这两个抵押权体系,并揭示其间的差异,笔者认为有如下几个方面的意义:

第一,就关于"抵押权的新发展"这个论题的研究而言,它有助于准确地把握抵押权的发展趋势。由于受日本一度盛行的"近代的抵押权论"[①]的影响,我国海峡两岸的大部分法学者认为,随着金

---

① 日文"近代的",有汉语"近代的"和"现代的"两重涵义,"近代的抵押权论"意即现代抵押权理论。关于日本"近代的抵当权论",参见胡宝海著:《现代金融担保法研究》,第22~29页。

融经济的发展，抵押权由债权保全型抵押向金融媒介型抵押发展，即投资抵押是现代抵押权的发展方向，流通性确保是现代抵押权的必然课题。以此理论为基础，倡导本国的抵押权立法应向投资抵押靠拢，以实现抵押权的现代化。① 实际上，如前文所述，投资抵押在德国的确立，有其独特的国情背景，并不具有普遍性，认为抵押权都存在着由保全抵押向投资抵押发展的观点也与很多国家的立法实践不相符合。在法典化后，在采取保全抵押的法国、日本等国家，并没有放弃其保全抵押的传统而转向德国的投资抵押。况且，在日本曾盛极一时的"近代的抵押权论"也受到了学界强烈的批判，到现在已显得门可罗雀。② 受此影响，我国海峡两岸的学者对以前的主张也开始反思③。笔者认为，保全抵押和投资抵押系各自生成、并行发展的，投资抵押并不是所有国家抵押权的发展方向。从我国历来的传统和担保法的规定来看，我国系保全抵押，现在我国不存在实行投资抵押的条件，也无转向投资抵押的必要。目前切实可行的做法是，借鉴法、日保全抵押的新的发展以促使我国的抵押权制度日趋完善并向现代方向迈进。

第二，对抵押权制度的一般原理的研究而言，它有助于更加科学地认识抵押权的本质、特性和原则等。由于这两个抵押权体系是独自生成、并行发展的，因此在研究时就要分别考察它们各自的本质、特性、原则和发展等，不能不作区别，抽象地加以概括。具体来说，就抵押权的本质来说，在保全抵押下，抵押权虽有价值权性的一面，但更重要的是它的担保权性；而在投资抵押中，抵押权则

---

① 谢在全著：《民法物权论》下册，台湾三民书局1995年修订版，第23~25页；梁慧星：《日本现代担保法制及其对我国制定担保法的启示》，载梁慧星主编：《民商法论丛》第3卷，法律出版社1995年版；邓曾甲著：《中日担保法律制度比较》，法律出版社1999年版，第146~147页；许明月著：《抵押权制度研究》，法律出版社1998年版，第63~68页；余国华著：《抵押法专论》，经济科学出版社2000年版，第57~59页。

② 〔日〕近江幸治著：《担保物权法》，法律出版社2000年版，第93~95页；胡宝海著：《现代金融担保法研究》，中国社会科学出版社1999年版，第29~31页。

③ 谢在全：《抵押权次序升进原则与次序固定原则》，载台湾《本本法学杂志》2000年第7期；胡宝海著：《现代金融担保法研究》，中国社会科学出版社1999年版，第33页；陈华彬著：《物权法原理》，国家行政学院出版社1998年版，第592~595页。

具有纯粹的价值权性。其次,就抵押权的特性来说,在前者,抵押权具有严格的从属性;在后者,抵押权具有很强的独立性。再次,就抵押权的原则来说,在前者,其对公示、特定原则贯彻的不彻底,在顺位上采用次序升进原则;在后者,抵押权严格遵循公示、特定原则,在顺位上采用次序固定原则。总之,这两个抵押权系统在基本原理方面的一些差异,是不宜调和并加以抹杀的。但我国以往的大部分有关民法或担保法的教科书、专著等,在论述抵押权的一般原理时,并没有对这两个抵押权体系作明确区分,也不指明我国抵押权制度的体系归属,只是抽象地来谈抵押权的一般原理。因此得出的结论,要么是对保全抵押的概括,要么是对投资抵押的概括,或者将两者加以调和,不伦不类,而这与抵押权在各国的立法现状并不相符,同时也对我国抵押权制度的立法和司法产生了一定的负面影响。因此,笔者认为,在研究抵押权制度的一般原理时,应当看到世界范围内抵押权制度的多样性,如仅在大陆法系内至少就存在着保全抵押和投资抵押两种类型,绝不可以偏概全,调和和抹杀这种多样性。

第三,就法学研究的一般方法而言,要用历史的、比较的、系统的方法研究法律问题。首先是历史的方法。通过对这两个抵押权体系生成和发展的历史考察,可以得出它们系独自生成、并行发展的结论。而且,这两个抵押权体系在具体原理方面存在的差异,也能从历史中找到原因。例如,就公示、特定原则而言,由于法国对不重视公示和特定原则的罗马法中的抵押权制度继受的比较全面,因此公示和特定原则在法国民法典中贯彻的不够彻底;由于德国后来对罗马法的继受中断,德国固有的日耳曼法重视公示、特定原则的传统得以恢复,因此德国民法典严格遵循公示和特定原则。再如,就德国投资抵押的确立而言,它与德国作为后起的资本主义国家其资本主义发展的特殊性有关,而这一切只有在对各国的历史尤其是法的历史的具体考察中才能准确地加以把握。其次是比较的方法。通过比较,在"存同求异"的基础上,才将大陆法系的抵押权制度区分为保全抵押和投资抵押两个体系,并认识到这两个体系独自生成、并行发展的规律,同时揭示出了这两个体系的根本差异,论述了它们各自的特殊规则及其优缺点。在此基础上，我们驳斥了投资抵押比保全抵押先进和投资抵押为现代抵押权的发展趋势的不正确观点。最后是系统的方法。通过对这两个抵押权体系的具体原则的系统考察，可以看到，制度的各个要素如同生态系统的各个要素一样，存在着相互依赖、相互配合、相辅相成的有机联系，如对德国的投资抵押而言，它的纯粹的价值权本质，公示、特定原则，独立原则，顺位固定原则，流通性确保原则等之间就存在着这种内在的有机的联系。而且，依照系统的观点和方法的要求，在评价某一具体制度的优劣得失时，只有将它放在其赖以存在的大的制度背景中去考察，才能得出较为科学、中肯的结论。例如，顺位固定原则在投资抵押中是必要的、合理的，但在保全抵押中就失去了这种特性，相应地，顺位升进原则在保全抵押中并不落后，但在投资抵押中就显得不合时宜，这一切都有赖于用系统的观点和方法去认识和研究。

## 第二节 法典化后抵押权制度的新发展及对我国的影响和启迪

### 一、抵押权制度的新发展概述

（一）抵押权制度新发展的背景

近代法典化时期，大陆法系各资本主义国家在其民法典中确立的抵押权制度主要是不动产抵押（包括以不动产用益权为标的的准抵押）。当时，由于各资本主义国家正处在由农业社会向工业社会的过渡时期，因此担保制度主要服务于个人金融和消费金融。法典化后，随着工业经济的发展，担保制度在以前的基础上开始转向于企业金融和生产金融，这使得担保制度成为民法中变动最为活跃的领域，而素有"担保之王"美名的抵押权制度的变革最为剧烈，出现了所谓的抵押权制度的新发展。

首先，是社会经济形态的变化。在法典化时期，各资本主义国家在经济形态上处在由农业社会向工业社会的过渡时期，担保法尤其是抵押权制度反映了这种经济现实，它主要用作个人获得消费借贷资金的担保手段。在法典化后，大陆法系各资本主义国家迅速地进入到工商业社会，包括抵押权制度在内的担保制度在服务于个人金融和消费金融的同时，它作为企业获得生产借贷资金的担保手段的作用被不断加以强调。这就在民法典规定的抵押权制度外，出现了服务于企业金融和生产金融的各种特别抵押权制度，如最高额抵押制度、财团抵押和浮动担保制度等。

其次，银行等金融机构在经济生活中的作用加强。在法典化时期，金融经济不发达，个人间相互借贷资金比较普遍，包括抵押权制度在内的担保制度运用有限。在法典化后，金融经济发展强劲，不论是个人取得消费借贷资金，还是企业取得生产借贷资金，其对象都指向了专门的金融借贷机构——银行，而银行借贷通常要求提供担保，这促进了包括抵押权制度在内的担保制度的大发展，出现了服务于个人消费金融和企业生产金融的各种特别抵押权制度，如动产抵押制度等。

最后，抵押权的优越性更加凸显。在法典化时期，抵押权作为非转移占有的限制物权型担保，其以优越性居于近代物的担保制度的核心地位。在法典化后，抵押权的这一优越性更加凸显，因为对企业来说，其提供担保若要不影响企业生产和经营活动的继续进行，必须不转移担保标的物的占有，这就促进了以抵押权制度为典型代表的非转移型担保制度的巨大发展，它主要表现为各种特别抵押权制度和非典型担保制度的确立和扩展，如让与担保、所有权保留、回赎和融资租赁等制度。

（二）抵押权制度新发展在大陆法系一些国家和地区的主要表现

在法国，主要表现为公示和特定原则的不断完善，以及动产抵押的确立和扩展。① 第一，公示和特定原则的完善。法国民法典抵押权制度在公示原则和特定原则方面还存在很多不令人满意的地方，这种状况在19世纪一直未得到根本的改善。进入20世纪，在1955年1月14日颁布的《关于不动产公示的法令》中，最终在法国确立

---

① 许明月著：《抵押权制度研究》，法律出版社2000年版，第25~29页；陈华彬著：《物权法原理》，国家行政学院出版社1998年版，第581~583页。

了特定原则和公示原则。第二，动产抵押的确立和扩展。对于动产不得基于抵押权而进行追及在法国民法典中作为抵押制度的一般原则而得到承认。但是，这仅就无公示的动产抵押来说是如此，对于与不动产有同样公示的动产来说，对设定抵押权予以排除并没有根据。《法国民法典》制定以来相继颁布的承认动产抵押的法律包括：1806年3月7日关于农业担保证券的法律，1935年关于收获物担保证券的法律对其进行了修订；1909年3月17日关于营业财产买卖及设质的法律；1913年8月8日关于旅馆业者担保证券的法律；1932年4月21日石油担保证券的创设的法律和关于机器及装备材料设质的法律；1953年关于汽车担保买卖的法律等。

在德国和瑞士，则表现为：第一，财团抵押的创立。由于工业经济的发展，对工业经营中每一财产分别进行抵押会破坏企业财产的完整性，故而产生了对以统一的企业财产进行抵押的需要，这就产生了财团抵押制度。德国民法施行法对这种抵押进行了认可。普鲁士在1902年制定的《关于铁道一体化的法律》中正式确立了财团抵押制度。第二，动产抵押的确立。第二次世界大战期间，船舶的需求量大增，德国政府于1940年1月15日发布《与登记船舶及建造中的船舶的权利相关的法律》和《船舶登录法》，这两项法律确立了船舶抵押制度。第三，海底电缆质的确立。1925年3月3日德国发布《海底电缆担保法》，规定对于海底电缆经当事人合意及邮政大臣的同意和登记，可以设定海底电缆质。第四，租赁人所属用具担保权的建立。1926年德国颁布《促进农地用益租赁人资金融通的法律》，规定了农地租赁人所属用具的担保权。①

在日本抵押权制度的发展更为迅猛，主要表现为通过特别立法和判例所确立起来的特别抵押权制度和非典型担保（变则担保）制度（后文详述）。②

在旧中国和以后我国的台湾地区，表现为：第一，抵押权标的

---

① 许明月著：《抵押权制度研究》，法律出版社2000年版，第42～44页。
② 胡宝海著：《现代金融担保法研究》，中国社会科学出版社1999年版，第40～72页；〔日〕近江幸治著，段匡、杨永庄译：《日本民法的展开——特别抵押法》，载梁慧星主编：《民商法论丛》（第17卷），金桥文化出版（香港）有限公司2000年版。

物范围的扩大。主要表现为动产抵押和以渔业权、矿业权为标的的准抵押的确立。第二，财团抵押立法之引进。第三，动产担保交易法之制定。台湾于1963年仿照美国统一附条件买卖法、统一信托收据法和动产抵押法制定了动产担保交易法，确立了动产抵押、附条件买卖和信托占有三种动产担保制度。第四，最高额抵押权之承认。第五，让与担保之兴起与融资租赁之兴盛。①

总之，在法典化后，随着工商业经济的发展，抵押权制度出现了突飞猛进的新发展，在上述诸国中，日本的抵押权制度与我国最为相似，日本的抵押立法和司法实践及学说理论对我国的影响也最为显著，因此，笔者以日本为例来详细考察抵押权制度和理论的新发展及对我国的影响和启迪。

**二、日本"近代的抵押权论"和对它的批判以及对我国的影响和启迪**

(一) 日本"近代的抵押权论"及其对我国的影响

日本现代的抵押权制度是把德川时代的"书入"作为概念上的渊源的，并以在法国法强烈影响下产生的《地所质入书入规则》(明治6年［1873］)和在该规则的基础上由法国人鲍瓦索纳德以比利时抵押权法为蓝本起草的《旧民法》债权担保编(明治23年［1890］)为基础，通过在民法典论争中对德国民法典第一草案的法理继受，最终形成现在《明治民法典》(明治29年［1896年］)上的抵押权制度。② 从日本民法典对抵押权制度的规定来看，它系与法国法相同的债权保全型抵押。对此，在法典化后，日本学者认为其是落后的，并主张以德国的投资抵押制度为理想模式来改造日本的抵押权制度，使其达到现代化的水平，这就形成了所谓的"近代的抵押权论"。

日本"近代的抵押权论"由石田文次朗博士首倡，经我妻荣教授发展和完善，曾一度成为日本担保物权法教科书上抵押权理论的

---

① 谢在全著：《民法物权论》下册，台湾三民书局1995年修订版，第19~23页。
② 〔日〕近江幸治著：《担保物权法》，法律出版社2000年版，第100~101页；胡宝海：《现代金融担保法研》，中国社会科学出版社1999年版，第34页。

主导观点。该理论的出发点是，把德国的投资抵押制度作为理想模式，认为抵押权存在着由债权担保手段（保全抵押）向投资媒介手段（投资抵押）发展的趋势，并以此来衡量日本的抵押权制度，试图通过德国抵押权理论的解释理论以及制定特别法，来改善日本的抵押制度，使其接近现代抵押权的发展水平。①"近代的抵押权论"的基本内容包括三部分：抵押权发展史观，抵押权本质论，抵押权特质论。首先，就抵押权发展史观而言，它认为：在近代法上，随着资本主义的不断发展，抵押权的发展遵循这样一条法则，即从以确保债权履行为目的的保全抵押，发展为通过抵押不动产所具有的变换价值并使之流通于金融交易市场，充当投资者现金投资媒介手段的投资抵押。其次，就抵押权的本质论而言，它认为：作为投资抵押的现代抵押权的本质是价值权，是以取得标的物的交换价值为目的的权利，它独立于以取得标的物的使用价值为目的的物质权或实体权。最后，就抵押权的特质论而言，它认为：现代抵押权发挥着现金投资媒介手段的功能，必须遵循如下诸项法律原则：严格公示抵押权之存在，即公示原则；抵押权的客体限定于现在的特定标的物之上，即特定原则；同一标的物上的抵押权各自保有其确定顺位且互不侵害，即顺位确定原则；抵押权不受无公示的债权之瑕疵的影响，即独立原则；抵押权具有迅速地流通于金融市场的能力，即流通性确保原则。"近代的抵押权论"将上述五项原则作为现代抵押权的特质，并比照这些原则对日本民法上的抵押权制度展开了批判。②

同日本立法相似，我国在各个时期的立法中也确立了债权保全型抵押权制度，因此，日本"近代的抵押权论"在我国学界中很有市场，影响深远。例如，台湾学者谢在全先生在《民法物权论》中提到："我国抵押权原着眼之社会作用，系在确保特定债务之清偿，

---

① 〔日〕我妻荣著：《债权在近代法中的优越地位》，中国大百科全书出版社1999年版，第50~67页；胡宝海著：《现代金融担保法研究》，中国社会科学出版社1999年版，第22页。

② 胡宝海著：《现代金融担保法研究》，中国社会科学出版社1999年版，第22~29页。

属于保全抵押之性质,最多仅足为特定当事人间信用授受之媒介,未免过于消极,以立法当时之社会情况言,自无可厚非,然时至今日,工商业突飞猛进,抵押权之运用,已绝非如此消极,从我国抵押权演进过程,其运用范围不断扩大一端,亦可窥见其一般,故如何使抵押权之社会作用,随着经济之进步,往作为媒介投资手段之积极方面推移,逐渐加入投资抵押之性质,实为抵押权未来立法与实务运作之当然指标。"① 上述认识与日本"近代的抵押权论"同出一辙,明显是受后者影响的结果。在我国,也有很多学者受此理论影响并主张加以借鉴。例如,在担保法出台前,民法学者梁慧星教授认为,日本在战后通过对民法典的修改及特别法的制定,使担保制度由保全型担保转变为金融媒介担保,最终实现了担保法制的现代化,这对我国有重大参考价值。并且他主张,我国所建立的担保法制,应兼顾金融媒介型担保和保全型担保两种性质②。再如,在担保法确立债权保全型抵押制度后,民法学者邓曾甲教授仍坚持:"中国立法机关应当在抵押权立法中充分认识到现代抵押权功能这一变化的倾向(从保全型抵押向投资抵押发展——笔者注),高度重视抵押权的流通性问题,并在这个认识的基础上,认真研究、大胆借鉴日本关于最高额抵押和证券抵押的立法经验。"③ 有趣的是,正当我国学界在大张旗鼓地鼓吹这一理论时,它在其母国却早已受到了激烈的批判,甚至最近日本出版的担保法教科书或不再将"近代的抵押权论"作为重点问题④,或完全不提及该问题⑤,而这暗示着日本"近代的抵押权论"的终结。⑥ 值得庆幸的是,我国一部分学者已开始注意到日本学界的这种变化,主张重新审视日本"近代的抵押权

---

① 谢在全著:《民法物权论》下册,台湾三民书局1995年修订版,第23~25页。
② 梁慧星:《日本现代担保法制及其对我国制定担保法的启示》,载梁慧星主编《民商法论丛》第3卷,法律出版社1995年版。
③ 邓曾甲著:《中日担保法律制度比较》,法律出版社1999年版,第147页。
④ 〔日〕近江幸治著:《担保物权法》(日文),弘文堂1988年版,第105页;转引自:胡宝海著:《现代金融担保法研究》,中国社会科学出版社1999年版,第32页。
⑤ 〔日〕道垣内弘人著:《担保物权法》(日文),三省堂1990年版,第93页以下;转引自:胡宝海著:《现代金融担保法研究》,中国社会科学出版社1999年版,第32页。
⑥ 胡宝海著:《现代金融担保法研究》,中国社会科学出版社1999年版,第32页。

论",在我国抵押权制度的立法取向上应采取慎重的态度。

(二) 对日本"近代的抵押权论"的批判及其对我国的影响

日本民法学界对"近代的抵押权论"的批判也是从抵押权发展史观、抵押权本质论、抵押权特质论三个方面展开的。首先是对抵押权发展史观的批判。一般认为,日本民法学者铃木禄弥教授最早明确地对抵押权发展史观提出了批判。他通过对德国投资抵押确立的历史的考察,最后得出结论:抵押权由保全抵押向投资抵押的发展模式只适合于具有特殊的资本主义形态的德国尤其是普鲁士,但对典型资本主义发展的英国、法国则不合适。[①] 日本另一位民法学者内田贵教授更为深刻地指出,纵观世界各国的担保法制度,担保法上存在进化法则且发展方向固定的论点不易维持,担保法制度的功能和形态受各种各样的经济条件的制约,找出单一的发展法则是困难的。[②] 其次是对抵押权本质论的批判,对抵押权的本质为价值权的论点,在日本民法学界也存在异议,日本民法学者川井键教授认为,抵押权的本质为价值权的观点对现行抵押权而言是妥当的:第一,抵押不动产的使用价值由抵押权设定人把握;第二,对交换价值的支配仅限于被担保债权的范围。但是抵押权最终着眼于剥夺设定人的所有,因此,仅以价值权概括抵押权的本质是不充分的,并且在剥夺不动产所有权这一点上,抵押权与不动产让渡担保别无二致,必须探讨两者共同的本质,作为不动产担保本质的一元论说明,川井键教授提出了期待权理论。他认为抵押权人享有通过实现抵押权而取得标的物交换价值的期待权,它具有物权性质,依登记取得对

---

[①] 〔日〕铃木禄弥:《德国抵押权法与资本主义的发达》(日文),载日本《法律时报》第28卷第11号,第20页;转引自:陈华彬著:《物权法研究》,金桥文化出版(香港)有限公司2001年版,第523、524页;〔日〕铃木禄弥著:《抵押权制度的研究》(日文),一粒社1968年版,第26页以下;转引自:胡宝海著:《现代金融担保法研究》,中国社会科学出版社1999年版,第29~30页。

[②] 〔日〕内田贵著:《民法Ⅲ·担保物权》(日文),东京大学出版社1996年版,第352页;转引自:胡宝海著:《现代金融担保法研究》,中国社会科学出版社1999年版,第30页。

抗力。① 最后是对抵押权特质论的批判。对"近代抵押权论"所列举的作为现代抵押权特质的五项原则，日本民法学者星野英一教授认为，公示原则与特定原则鉴于第三人免遭抵押权的侵害，当然可作为现代抵押权的特质，独立原则和流通性确保原则产生于德国的特殊国情，不能断定没有这两条原则就不是现代抵押权，此外，顺位确定原则中的第二原则，即先顺位抵押权消灭而后顺位抵押权不得升进，也不应含于现代抵押权的特质之中。②

日本学者对"近代的抵押权论"的批判，我国民法学者也有一定程度的回应。曾在日本民法学者内田贵教授指导下研习金融担保法的我国青年学者胡宝海博士，在1997年完成的博士论文——《现代金融担保法研究——不动产担保及其证券化理论》中，在我国学界最早对日本"近代的抵押权论"及其受到的批判作了系统的介绍。③ 他指出："抵押权最本质的功能在于债权保全，现代金融交易的发展从而使包括抵押权制度在内的担保制度表现出金融媒介手段的特征，投资抵押与其说是抵押制度的发展方向，不如说是现代金融交易上债权保全的法律手段之一。将抵押权抽象为价值权，对抵押法理实益不大。抵押权为法律创设的限制物权之一种，对标的物所有人表现为于其所有权上的必要约束和心理压力，对抵押人表现为债务不履行时的优先受偿权。我国要实现担保法的现代化，需要对现行制度体系加以改革，'近代的抵押权论'的炎凉际遇，无疑具有一定的启迪意义。"④ 再如，曾追随日本著名民法学者铃木禄弥教授研修物权法的我国青年学者陈华彬博士，在1998年出版的专著《物权法原理》中谈到德国、瑞士抵押权制度的独立性原则时提到：

---

① 〔日〕川井键著：《担保物权法》（日文），青林书院新社1975年版，第12、13页；转引自：胡宝海著：《现代金融担保法研究》，中国社会科学出版社1999年版，第30、31页。

② 〔日〕星野英一著：《民法概论Ⅱ》（日文），良书普及会1976年版，第240～241页；转引自：胡宝海著：《现代金融担保法研究》，中国社会科学出版社1999年版，第31页。

③ 胡宝海著：《现代金融担保法研究》，中国社会科学出版社1999年版，第22～33页。

④ 同上书，第33页。

"是否意味着抵押权的独立性原则是现代乃至未来各国家和地区抵押权立法所应遵循的基本方向呢？换言之，各国家和地区关于抵押权的立法是否都应一体采用以上所述的德、瑞抵押权原则呢？对这一问题的回答毋庸置疑是否定的。因为。迄今为止的民法史以大量的事实印证了这样的法律现象：对于一个国家乃至一些国家来说是合理、妥当的法律制度，而对其他国家却往往无丝毫的价值和适用余地。"[1]他还指出："从我国现实的实际情形出发，要否定抵押权的这一基本属性（从属性——笔者注），进而使抵押权完全独立于债权而存在，并自由辗转流通，这非但不可能，而且也是绝不适宜的。"[2]我国部分学者已注意到了这个问题，这是令人欣喜的。

（三）对日本"近代的抵押权论"的评价及其对我国的启迪

日本"近代的抵押权论"者的目的是，借近代的抵押权论的提倡，大力促进日本民法解释理论，尤其是抵押权法解释论的发展，并通过新的立法不断对日本的抵押制度加以改造，使其接近于现代抵押权的水准。但是，以投资抵押的理论作为以保全抵押为前提的日本抵押制度的解释论，在理论和实践上存在矛盾。这正如我国学者胡宝海所指出的："'近代的抵押权论'作为法理论必须接受三方面的拷问：第一，作为抵押权制度的发展史观，关于抵押权的发展规律理论必须具备普遍性，不能以偏概全，惟有具有普遍性的发展规律（发展史观），对不动产担保的实践方产生指导意义。第二，作为现行法律的法解释论，必须与现行法体系保持形式和内容上的整合性，否则将招致法律的不适合性，无法适用。第三，作为立法论，既要具备前瞻性，符合历史发展的普遍规律，同时也应具有现实性，即国民经济发展的实际需要，无经济需要的法律只能沦为死法。"[3]笔者认为，上述三个方面的标准，不但可以作为审视日本"近代的抵押权论"和投资抵押制度的标准，而且可以作为衡量一切法理论

---

[1] 陈华彬著：《物权法原理》，国家行政学院出版社1998年版，第592～593页。

[2] 陈华彬著：《物权法原理》，国家行政学院出版社1998年版，第593页；但值得注意的是，陈华彬对其观点以后有修订，参见陈华彬著：《物权法研究》，金桥文化出版（香港）有限公司2001年版，第525～528页。

[3] 胡宝海著：《现代金融担保法研究》，中国社会科学出版社1999年版，第32页。

和法制度借鉴是否适当的标准。此外，从日本"近代抵押权论"及其批判对我国学界的影响一个侧面，也可以窥见我国学者在法学研究上追随国外亦步亦趋、不能自主的现状，这就启迪和警示我国的法学研究者，不仅要有比较法的视角，采取"拿来主义"的态度，更重要的是要立足本国实际，保持"独立自主"的姿态。

**二、日本抵押权制度的新发展及对我国的影响**

（一）日本抵押权制度新发展的具体展开

日本民法典中的担保制度，是在资本主义发展不充分的情况下产生的。此后随着工业经济的发展，抵押权等担保制度作为企业金融和生产金融获得信用的手段被不断加以强调，这就产生了通过特别法和判例所确立起来的特别抵押权制度和非典型担保制度，而这被看做是对民法典中的抵押权制度的重大发展。它具体体现在如下几个方面[①]：

第一，从属性缓和——关于最高额抵押的立法。

第二，抵押权标的范围的扩大。

这具体又表现在如下几个方面：（1）不动产概念的修正；（2）财团抵押的引入；（3）对浮动担保的移植——企业担保法的制定；（4）动产抵押制度的确立及扩展；（5）权利抵押制度的拓宽。

第三，权利移转型抵押制度的确立。

这具体又表现在如下几个方面：（1）让渡担保判例法的实践；（2）让渡担保法的确立；（3）所有权保留担保法的确立；（4）假登记担保法的建立。

第四，抵押权流通性的增强。

（二）日本抵押权制度发展的背景及特点

日本在民法典制定后，抵押权制度在各个领域、各个层次上获得了巨大的发展。日本民法学者近江幸治先生，通过对日本民法典

---

[①] 该部分资料主要源自：胡宝海著：《现代金融担保法研究》，中国社会科学出版社1999年版；〔日〕近江幸治：《日本民法的展开——特别法担保法》，载梁慧星主编：《民商法论丛》第17卷，金桥文化出版（香港）有限公司2000年版。

制定后各种特别担保法（财团抵押法，农业动产信用法，汽车抵押法、飞机抵押法、建设机械抵押法，企业担保法，临时登记担保法）的由来，及其与民法典的担保制度的关系，和新的历史变迁的考察，认为日本法中的特别担保法存在如下特征：第一，民法典中的担保制度是在资本主义发展不充分的情况下产生的，作为对策通过特别法来加以适用。第二，很多担保特别法通常作为挽救危机的手段而被制定，以贯彻日本采取的以"自力更生"为宗旨的政策。第三，特别法和民法典存在特殊的构造关系，即几乎所有的特别法都是以民法典原则的重大例外乃至特别规则被规定下来，这是日本民法的重大特征之一。第四，这些特别担保法，在各个时代的确发挥过作用，但是随着经济情况的变动，有些特别法几乎完全不用了（也有立法错误方面的原因）。担保制度如实地反映了金融经济状态。第五，担保关系中存在利益对立，制定法律的场合几乎都反映出由金融界（债权人）的力量来规定法律的内容，这造成了对债务者的束缚。[①]

近江幸治先生还从金融状态与担保形态的关系方面考察了日本金融担保制度的发展演变，他将日本金融担保形态的变迁分为三个时期：第一，从明治维新到1970年，这是日本间接金融（间接金融，指企业从银行或其他金融机关借入资金的形态）时代。在该时期，确立了银行资本对企业的支配形态；但在该时期，也产生了间接金融的畸变，即全面不重视消费信用（消费金融），其结果是助长了变形的消费金融专门组织即高利贷资本的发展。第二，从1970年到1990年，这是日本直接金融（直接金融，指企业不通过银行，而是直接从资本市场得到资金的形态，即通过发行公司债券、票据等方式来吸引资金的形态）的展开与银行资本的变质时期。在该时期，由于国外资金市场对日本企业的吸引及日本政府对此的危机感，迫使其采取了一系列措施，开始由间接金融（担保金融）转换到直接金融（无担保金融）。对这个过程，一般可分为三个阶段：其一，根

---

① 〔日〕近江幸治：《民法的展开——特别法担保法》，载梁慧星主编：《民商法论丛》第17卷，金桥文化出版（香港）有限公司2000年版，第407、408页。

据"转换"公司债券的无担保化;其二,完全无担保普通公司债的发行;其三,商业票据(Commercial Paper)的发行。无担保金融的全面展开,其结果使银行的游资出现了闲置,银行开始把其资本向下述三个领域进行投资:向股份、金融商品方面的投资;向不动产市场的投资;向消费信用方面的投资。第三,1990年以后,是日本向证券化发展的时期。在该时期,直接金融体系得以确立,作为处理不良债权的对策,资产证券化(Asset Backed Securities)得以兴盛。[①] 近江幸治先生的上述论述,对我们更好地认识日本抵押权制度在法典化后的新发展很有益处。

由此可以看出,抵押权制度在日本法典化后的发展,如同投资抵押在德国的确立和发展一样,它虽然存在对他国制度(如德国的财团抵押制度,英国的浮动担保制度,美国的资产证券化措施)的借鉴,但从根本上来说是由其本国国情和本国资本主义发展的特殊性决定的。日本资本主义发展的特殊性有很多表现,其中最重要的一点是政府对经济发展的积极促进和参与。比如,在明治维新之后,日本政府推行强有力的增加财产振兴实业的政策,扶植各个领域产业的发展,在政府的这种特别保护下,各企业从一开始就没有必要依靠民间信用来积累资本,所以本该成为民间信用基础的担保物权制度(包括抵押制度),特别是其作为生产过程中获得信用的手段没有被意识到,甚至连意识到的必要都没有,最多只认识到是消费金融的借贷手段。当时的现状直接反映到民法典的制定过程,并由此决定了民法典抵押权的基本性格。[②] 在法典化后,随着工业经济的发展,担保制度作为企业生产过程获得信用的手段被不断加以强调,这使得日本不得不通过制定特别法或以判例形式来发展和完善其担保物权制度(包括抵押制度)。

(三)日本抵押权制度的新发展对我国的影响

我国在制定担保法之初,就有学者曾对日本的担保法制进行介

---

① 〔日〕近江幸治著,李凌燕译:《日本金融担保形态的变迁与日本担保法面临的新问题》,载《外国法译评》1999年第3期。

② 〔日〕近江幸治:《日本民法的展开——特别法担保法》,载梁慧星主编:《民商法论丛》第17卷,金桥文化出版(香港)有限公司2000年版,第375~376、407页。

绍并主张予以借鉴。① 在担保法制定过程中，考虑到我国担保法制定较晚（1995年）的现实情况，我国对大陆法系各国（尤其是日本）在法典化后新出现的一些抵押类型也多有涉及。我国1995年制定的担保法规定的抵押类型包括：不动产抵押（《担保法》第34条第1款第（一）、（三）项，第92条第1款）；动产抵押（《担保法》第34条第1款第（二）、（四）、（六）项）；权利抵押（《担保法》第34条第1款第（三）、（五）项）；最高额抵押（《担保法》第59—62条）；财团抵押（《担保法》第34条第2款）。此外，1992年制定的《海商法》还对船舶抵押权（系动产抵押）作了规定（《海商法》第11—20条）。在担保法制定后，有很多学者从比较的角度对中日两国的担保法进行比较，试图以日本先进的担保法制及其法解释理论来进一步完善我国的担保法制。② 在此之后，配合物权法的起草工作，我国学者对大陆法系各国尤其是日本法典化后出现的特别担保制度和非典型担保制度进行介绍和研究的专著（译著）和论文（译文），更可谓是汗牛充栋。③

---

① 如，梁慧星：《日本现代担保法制概述》，载《外国法译评》1994年第1期，梁慧星：《日本现代担保法制及其对我国制定担保法的启示》，载梁慧星主编：《民商法论丛》第3卷，法律出版社1995年版。
② 胡宝海著：《现代金融担保法研究》，中国社会科学出版社1999年版；邓曾申著：《中日担保法律制度比较》，法律出版社1999年版。
③ 如仅就"让与担保"而言，主要者有：王闯著：《让与担保法律制度研究》，法律出版社2000年版；顾长浩：《论日本的让渡担保制度》，王建源：《让与担保制度比较研究》，载梁慧星主编：《民商法论丛》第10卷，法律出版社1998年版。

＃ 第三编　质　押

# 第九章　质押制度概述

## 第一节　质押制度的沿革

### 一、引言

质押，是指以担保债权为目的，而由债权人占有债务人或第三人移交之物，于债务人逾期未作清偿时，得就该物的价金优先受偿的一种物上担保制度。债权人因质押而对标的物享有的支配权，称为质权。在质押法律关系中，享有质权的人被称为质权人，提供质押标的物的人称为出质人，该标的物即为质物。

### 二、古代的质押制度

质押的雏形可追溯至罗马法中的信托让与（Fiducia）制度。在信托让与中，"当事人一方用市民转让的形式（要式买卖或拟诉弃权）移转其物之所有权于他方，他方则凭信用，在约定情形下仍把该物归还原主。"① 这一担保方式在罗马法早期被大量使用。但由于在信托让与中，须转移标的物的所有权，使得债务人随时面临因债权人违背约定随意处分而丧失标的物的风险（债务人最多仅享有信托之诉而无物件返还之诉）；另一方面，该制度也严格限制了债务人或第三人对物的再利用。同时，信托让与所要求的严格设立方式不

---

① 周枏著：《罗马法原论》上册，商务印书馆1994年版，第392页。

适用于略式移转物及外省土地及外国人。因此,它已无法适应当时社会的发展要求。由此,一种新的担保制度——质押(Pignus)便应运而生。质押与信托让与的最大区别在于,前者并不要求发生所有权的移转,并且可以适用于略式物、外省土地及非市民;它较好地平衡了债权人、债务人之间的利益冲突。债权人(质权人)不得违背约定随意处分质物,债权人可以留置该标的物,并可在债务人到期不履行债务时处分质物,但须于出售前通知出质人,变卖标的物所得价金除用于抵偿债务外,剩余部分应返还出质人等等。虽然质押制度相对信托让与有较多进步之处,但与后者一样,有一个严重的弊端无法克服,即无论是转让所有权还是转移占有,都严重限制了债务人或第三人对物的再利用,致使一物仅能供一人担保,并且在以农具、牲畜作为租种土地的担保中,严重影响了罗马农民的正常生活。鉴于种种弊端,经罗马裁判官察尔维乌斯的确认,将源于古希腊的抵押制度引入罗马,允许农民保留占有,在农具、家畜上设定担保。授予地主以物权,使其可对债务人提起对物之诉(具体即为塞尔维亚那之诉[actio serviana]),追及担保物而扣押之。① 从而较好地兼顾了地主与佃农的利益。此后,随着商业的发展,这一制度也逐渐适用于其他物及佃农、地主以外的其他债务人和债权人。此后,抵押与质押并行于罗马。

我国古代的担保制度则可溯至先秦,即《诗经·大雅》篇"汤之什"中有文曰"贝赘卒荒",《说文解字》有:赘,以物质钱,质则以物相赘。故赘同质。而不论动产、不动产或人身,如以交付占有作担保,均称为质。两汉之后,常以"典"字代之。此二者,虽转移占有但原则上不移转所有权。至六朝时,已产生贴卖(附买回条件的买卖)、占有质(贴、质举、典)及无占有质。② 在现存的敦煌、吐鲁番契约中就存有以债务人在契约成立的同时即向债权人提交抵押品为主要内容的"收质"、"质典"制度。如在《乙丑年索猪苟贷麦契》(S·5811号文书)中约定:"更欠麦两硕,直至十月,趁还不

---

① 周枬著:《罗马法原论》上册,商务印书馆1994年版,第393页。
② 谢在全著:《民法物权论》下册,中国政法大学出版社1999年版,第544页。

得，他自将大头钏壹，质欠麦两硕。"① 在唐宋及其以后各朝代，除上述"占有质"以外，还产生了"经一段时间若不回赎，担保物所有权即归债权人"的归属质和"须将质物变价以抵偿债务"的售卖质。② 至近代，于满清末年的第一次民律草案（即大清民律）中仿照德国民法例规定了不动产质权与动产质权。

### 三、近现代的质押制度

至近现代，世界范围内的经济活动日益活跃、复杂，对担保手段的利用日趋频繁，故各国（地区）立法纷纷对各种担保方式加以规制，使其更加充实、完善，以确保各方经济利益的圆满实现，质押制度也不例外。《德国民法典》于第九章（第1204—1296条）规定了动产质与权利质，而将不动产质则完全转为抵押制度；《瑞士民法典》第884—918条亦规定了动产质与权利质；《法国民法典》第三编第十章规定了质押制度，它与前述两国规定的不同之处在于，除动产质、权利质之外，仍然保留了不动产用益质；日本民法体例与法国民法类似，在其《民法典》第362—367条规定了动产质、不动产质及权利质。但现今日本不动产质权几乎不被利用。③ 我国台湾地区《民法典》对于质押的规定系仿自德国、日本的立法例④，规定有动产质及权利质两部分（第884条—927条），但不承认不动产质，而是以典权制度代之。⑤

我国《民法通则》由于继受苏联民法典的传统，未将抵押、质押加以区别（1995年施行的《俄罗斯民法典》第二十三章第三节仍将质押含于抵押中予以规定）。但由于质押与抵押在权利取得、效力内容及其实行等方面多有不同，所以在1995年通过的《担保法》中，将质押制度予以独立规定（第63—81条）。在2000年12月13日实施的《最高人民法院关于适用〈中华人民共和国担保法〉若干

---

① 李功国、陈永胜：《敦煌、吐鲁番契约文书研究》，载《商事法论集》第4卷。
② 史尚宽：《物权法论》，中国政法大学出版社2000年版，第342页。
③ 梁慧星：《日本担保法制概述》，载《外国法译评》1999年第4期。
④ 谢在全著：《民法物权论》下册，中国政法大学出版社1999年版，第755页。
⑤ 同上书，第545、546页。

问题的解释》中大量借鉴了现代各国担保制度中的新内容,对质押制度也做了较大的改进。

## 第二节 质押制度的特性和分类

### 一、质押的特征

(一)质押的标的物为动产和可以转让的财产权利

不动产虽然在质押制度的早期形成过程中被大量采用,但由于质押要求转移占有,故不动产出质对出质人损害甚大,加之物权公示及抵押制度的完善,大多数国家的质押立法均将不动产予以排除,即使在依然保留不动产质的日本、法国等国家,由于封建土地租佃关系被切断,而在以土地的利用、生产为前提的市场经济中,只有非占有担保是必要的,因而使得不动产质的存在意义消火,逐渐衰落了。[①] 同时,由于质押制度着眼于对标的物价值的支配,而财产权利的转移与动产类似(即转移权利凭证或予以背书,而不能由原权利人占有),因此,在质押发展过程中,可转让财产权利与动产均被列为质押的重点内容。

(二)质押须转移质押物的占有

这也是质押与抵押的根本区别所在。因质押的标的物一般为动产,而对动产所有权移转的公示手段即为转移占有。质押的重点也在于质权的行使,即取得质物的交换价值来抵偿债权,因此,出于保护交易安全及保障债权人利益的考虑,设立质押须得对标的物转移占有。而这即是质押的留置效力所在。通过留置质物,对债务人造成心理及财政上的压力,从而督促其及时履行债务。而为使该留置效力得以落实,则由出质人代质权人占有质物的交付方式——"占有改定",被各国和地区立法所禁止(如我国《担保法解释》第87条,我国台湾地区《民法典》第885条第2项,《日本民法典》第345条,《瑞士民法典》第884条第3项,《法国民法典》第2076

---

[①] 〔日〕近江幸治著:《担保物权法》,法律出版社2000年版,第62、63页。

条)。

(三) 质权人享有优先受偿的权利

这也是质权物权效力的体现。设立担保物权的主要意义在于,通过在债务人或第三人的财产中划出特定的部分,从而使该部分与其他一般财产相分离,当债务人逾期不履行债务时,担保物权人即可直接以该特定财产受偿。因而,担保物权的设立使该债权人优于其他普通债权人而优先受偿。由于质押是以质物的转移占有为要件,使得债权人更易于实现其权利。

## 二、质权的性质

作为典型的担保物权,质权与抵押权一样也当然具有附随性、不可分性及物上代位性。

(一) 质权的附随性

因质权的设立即以担保债权的实现为其目的,系从属于主债权的一种从权利。而根据主从权利关系,则从权利依主权利的存在而存在,主权利消灭则其也必然灭亡。所以,质权的附随性具体可分为成立上、处分上及消灭上的附随性。首先,质权的成立须以有效的债权成立为其前提。"被担保债权如自始无效或因撤销而溯及的消灭或因嗣后清偿或因其他事由而消灭时,质权亦失去存在的意义,同样不发生效力或消灭。"[1] 其次,因质权附属于被担保债权,所以当该债权发生移转时,其也应当一同转移。质权人不得将质权与债权分别予以让与或自己保留债权而将质权单独让与,也不得自己保留质权而将债权单独出让。最后,当债权消灭时,质权也随之消灭,这也是质权消灭的一个主要原因。但是质权以及其他担保物权的着眼点在于担保物的交换价值而非其物的利用,因此随着社会经济进步的需求这种附随性已逐渐缓和。[2] 例如,以诱导或促进债权之成立,而以将来之债权作为被担保债权未尝不可,只须于质权实行时,有债权存在即可;参照最高额抵押,有学者也认为最高额质押也有

---

[1] 史尚宽著:《物权法论》,中国政法大学出版社 2000 年版,第 346 页。
[2] 谢在全著:《民法物权论》下册,中国政法大学出版社 1999 年版,第 552 页。

其成立的理论根据。① 加之现代担保已由保全担保（即以确保现存债务之履行为目的的担保）转向投资担保（其目的在于确保资本之收回），后者系完全建立在以支配标的物交换价值为中心的构造上，使它的价值权（即由于担保物权以优先支配担保物之交换价值为内容，故学者亦称其为价值权）特性予以凸显，因而其可与债权分离，具有了独立性与流通性。而在金融市场上，担保物权可作为独立的交易客体，充当投、融资的主要手段。但传统的动产质权由于其标的物须转移占有，造成其在投融资领域发挥作用的局限。而权利质权则由于自身的特性克服了质权留置效力的弊端，反而以优先受偿效力作为其担保作用的主导，而具有了价值权的特性，因此，它已成为投、融资领域的"新宠"。

（二）质权的不可分性

质权的不可分性，是指债权人于其债权未受清偿前，得就质物的全部行使其权利。它包含两方面内容：第一，质物的一部分灭失时，其剩余部分依然担保债权的全部。若质物因共有而被分割占有时，则质权效力及于被分割之各部分；第二，债权即使被分割、一部分清偿或消灭，质权仍为担保各部分债权或剩余债权而存在。

（三）质权的物上代位性

质物变卖所得的价金，或质物因灭失、毁损而所得的赔偿金，即成为原质物之代替物，质权人得就该代替物行使质权，此即质权的物上代位性。

### 三、质押的分类

（一）以质押标的物为标准的分类

以质押标的物性质的不同，质押可分为：

1. 动产质押，即以动产作为标的物设立的质押。

2. 不动产质押，即以不动产作为标的物设立的质押。作为质押的早期存在形态，现在其功能已大多为抵押制度所替代，只有法国、日本等少数国家仍保有这一制度。

---

① 谢在全著：《民法物权论》下册，中国政法大学出版社1999年版，第758页。

3. 权利质押，如前文所述，有转让性的财产权利完全可以作为质押的标的物且基于其自身的优越性，现已显现出超越动产质押的趋势。

(二) 以质押效力为标准的分类

以质押效力的不同，质押可分为：

1. 占有质押，是指质权人对质物须得占有，但原则上不得使用、收益的质押制度。现多数国家对质押均采此制。

2. 收益质押，指质权人不仅得占有质物，而且可以使用、收益的质押制度。它一般适用于不动产质押。而依收益用途的不同又将其分为：(1) 利息质权，即以标的物的收益抵充债权原本的利息，如《日本民法典》第358条的规定；(2) 销偿质权，即以质物的收益抵销债权原本的质押，又被称为活质，如《法国民法典》第2085条的规定；(3) 归属质押，是指质权人可取得质权标的物的所有权以抵充其债权之质权。此亦称为流质，为各国民法所禁止，如《德国民法典》第1229条、《日本民法典》第349条、我国台湾地区《民法典》第893条和我国《担保法》第66条等的规定。

(三) 以所适用的法规为标准的分类

以所适用法规的不同，质押可分为民事、商事及营业质押。

1. 民事质押，以民法所设立的质押即为民事质押。

2. 商事质押，在有独立商法典的国家，以其商法典所设立的质押即为商事质押。采民商合一的立法例中无独立的商事质押存在，而在日本、德国、法国采民商分立的立法例中，则存在不同于民事质押的商事质押，如《日本商法典》第515条即允许为担保商行为而设立流质契约。

3. 营业质押，是指适用当铺业管理规则所设立的当铺业质权，如《瑞士民法典》第907—915条及台湾地区《民法典》第899条的规定等。

(四) 以成立的原因为标准的分类

以成立原因的不同，质押可分为：

1. 意定质权，即当事人以法律行为设定的质押。质押立法的一般规定均属此。

2. 法定质权，是指以法律规定而发生的质押，如《德国民法典》第 1275 条、《法国民法典》第 647 条及《德国商法典》第 421、397、410 条的规定等。

# 第十章　动产质押

以动产作为质押标的物，是现今各国质押立法例的常态。因动产所有权变更之特殊性，致使动产质的效力也有别于抵押制度。

## 第一节　动产质权的取得

出质人与质权人间就质物转移占有成立质押法律关系，这对质权人而言即为质权的取得。依照民法的规定和理论，权利的取得途径不外乎基于法律行为取得与基于法律行为以外之原因取得两种。对前者，按是否以他人既有权利为取得基础，可分为原始取得与继受取得；对于后者，按其具体形态，可分为法律规定取得、继承、赠与和善意取得等几类。质权的取得也不例外。

### 一、质权的设立取得

质权的设立取得，指双方当事人以转移质物占有来担保债权履行的意思表示而成立质权法律关系。以设立方式取得质权是质权取得方式的常态，通常采用合同方式。对于这一设立行为的性质，认识并不统一，有人认为属物权行为[①]，有人认为属债权行为。[②] 这主要是由于各国（地区）立法和学理对物权行为所采取的态度不同所致。但不管采取何种立法例，当事人达成设立质权的合意即成立质权。在承认物权行为的国家和地区，其中将转移标的物占有视为质权的生效要件，如我国台湾地区《民法典》第885条规定，质权之设定，因移转占有而生效力；《瑞士民法典》第884条规定，动产，经将其占有移转质权人始为出质；《意大利民法典》第2786条规定，质权通过向质权人交付物或独立占有支配权证书而设立；《德国民

---

[①] 谢在全著：《民法物权论》下册，中国政法大学出版社1999年版，第764页。
[②] 邹海林、常敏著：《债权担保的方式和应用》，法律出版社1998年版，第246页。

典》第 1205 条规定，质押权的设立也自所有人将标的物的占有交付时生效。① 我国立法不承认物权行为，因此担保法将转移占有规定为质押合同的生效要件，这不利于对债权人进行保护，当出质人拒不转移质物时，由于质押合同并未成立，则对其无法进行约束、惩罚，使质权担保的安全受到极大挑战，增加质权人要求质物转移的负担。因此，我国《担保法解释》第 86 条规定："债务人或者第三人未按质押合同约定的时间移交质物的，因此给质权人造成损失的，出质人应当根据其过错承担赔偿责任。"

（一）设立质权的当事人

设立质权的当事人包括出质人和质权人。首先，质权是为担保主债权而存在的从权利，根据其不可分性，质权一般不可以独立于被担保债权而进行转让，因此，质权人与债权人同一。其次，对于出质人而言，作为质物的提供者，通常为债务人本人，但各国和地区立法也同时规定可由债务人以外的第三人提供质物，作为出质人（《法国民法典》第 2077 条、《日本民法典》第 342 条、台湾地区《民法典》第 884 条、我国《担保法》第 63 条）。此第三人在学理上又被称为物上担保人，"乃为担保他人债务，而于自己财产上设定担保物权之人。"② 需要指出的是，作为物上保证人的出质人与保证担保中的保证人都虽然是以债务人之外的第三人的财产作为债权的担保，但两者存在较大的差别。前者对于被担保债权，仅以质物之价值为限负有限的物上责任，即若在质权实行时，质物之价值小于被担保债权数额，则出质人再无义务就不足部分进行补充；而保证人因其是以自己的全部财产对被担保债权承担无限连带责任，所以，其责任限度完全与被担保债权的数额一致。虽然二者在债务承担范围上，及责任形式上多有不同，但无论是物上保证人还是一般的保证人都并非主债务人，因此，当其替主债务人履行债务后，即享有追偿权（《德国民法典》第 268、1249 条，《日本民法典》第 351 条，我国《担保法》第 72 条，《担保法解释》第 367 条都有此种规定）。

---

① 孙宪忠著：《德国当代物权法》，法律出版社 1997 年版，第 333、315 页。
② 谢在全著：《民法物权论》下册，中国政法大学出版社 1999 年版，第 566 页。

(二) 标的物

质权的标的以动产为常态，此外还包括财产性权利。何者为动产，是界定动产质权标的物的首要问题，对此，有的国家采取列举的立法方式，如《法国民法典》第527—536条以一章的篇幅规定了动产，即能从一处搬往另一处，或能自行行动或仅在受外力作用而改变位置的物体为动产，还包括以可追索之款项或动产物品为标的的债与诉权，在金融、商业、工业公司内的股份与利息。但大多数国家将动产界定为不动产以外的财产，因此其范围有赖于立法对不动产的界定。例如，《德国民法典》没有列举动产的范围，直接规定除不动产之外的一切物都是动产，由于德国民法采用有体物概念，因此其动产中不包括权利；《日本民法典》第86条规定：（不动产）以外的物及无记名债权为动产，而其不动产被界定为土地及其定着物；我国台湾地区民法与德国、日本类似，先对不动产加以界定（土地及其定着物），而除此之外的即为动产。还有的国家立法对动产给出抽象的定义，如《瑞士民法典》第713条定为：性质上可以移动的有体物及法律可支配的不属于土地的自然力，为动产所有权的标的物。在我国，《民法通则》未对动产及不动产做明确区分，仅仅在《最高人民法院关于贯彻执行〈中华人民共和国民法通则〉若干问题的意见（试行）》第186条规定"土地、附着于土地的建筑物及其他定着物、建筑物的固定附属设备为不动产"。《担保法》第92条对不动产和动产作了明确的界定："本法所称不动产是指土地及房屋、林木等地上定着物。本法所称动产是指不动产以外的物。"

在担保领域内，并非所有动产都适合充当质押标的物，动产成为质权的标的物还须符合以下特性：

1. 须为特定物

质权为物权、支配权，其标的物须为特定。法律一般要求在订立契约时，须对质物的名称、种类、数量、价值等列明（我国《担保法》第65条），以便减少在质权实行时的各种繁累与纠纷的发生。但另一方面，质权为价值权并非如用益物权须支配物之实体，为适应现代投资担保的发展趋势，对标的物特定性的要求也趋于减弱。所以，所谓"特定"也可理解为有确定的交换价值即可，因此，以流动的同类物作为质物,或约定以某一范围内的物作为质物而其内部组成部分则自由流通,类似于浮动担保的形式已经成为动产质发展的新特点。① 其次,对于金钱而言,因其为种类物,且其占有转移即意味着所有权的转移,因此难以成为质物。但若以特定物的要求对一定数额之金钱加以包封,指定特定号码或存入特定账户,此时即可认为其已被特定化,与其他可供出质的动产并无区别,可以作为质物。②

2. 须为独立物

这是对担保物权标的物的共同要求。它是指该物须有独立经济价值,并且能够被转移占有。《法国民法典》第520、521条和我国台湾地区《民法典》第66条均规定,对于不动产上的产出物,如林木、庄稼,在其未被采伐前,为不动产,是不动产的一部分;而被采伐后,即与其所附着的不动产相分离,成为有独立价值之物,即成为独立之动产,故可成为质权之标的物。这一特性与前述特定物之要求相辅相成,都是质权留置效力的必然要求。

3. 须为可让与物

质权主要以对标的物交换价值的支配为内容。如果标的物不得融通,则质权最终无法实现;如果该标的物虽具有流通性却无交换价值,也不得设立质权。随着融资担保的呼声日益高涨,对于前述两项要求已逐渐缓和,而对于标的物让与性的要求则愈显重要。若以当事人约定不得让与之物而设立了质权的,则此约定仅在约定的当事人间具有效力,而不具备公示对抗他人的支配力。所以这种禁止让与之特约,不能对抗善意第三人(即质权的善意取得人)(《德国民法典》第137条)。对于一些自身虽无经济价值,或价值甚小,但对于债务人心理有巨大影响的物品,如荣誉证、学位证书、证件、特殊意义照片等,可以借助这些物品的特殊作用,对其予以留置,从而也达到督促债务人履约的效果,则此类物品是否也可以作为质

---

① 谢在全著:《民法物权论》下册,中国政法大学出版社1999年版,第766页注释2。

② 同上书,第767、768页。

物呢？对此，多数学者认为，以这些物品"出质"，虽然效果与其他物相同或更优，但其仍不应列入质物的范围，原因在于，这些物品多属于公众对债务人或债务人对自己的评价，并无经济价值可言，而且这种评价也只是对债务人以前经历的评述，与其履约能力并无直接联系，债务逾期不予履行时，仅凭这些物件并不能对债权人有丝毫的补偿作用，因而与质押及整个担保制度的宗旨相违。

4. 须为适于留置之物

质押与抵押最大的区别在于须对标的物转移占有，而转移占有是质押留置效力的体现，但并不是所有动产都适用留置，如船舶、航空器、机动车辆等，其价值很大，管理费用较一般动产为高，因此为使这些物件最大程度地发挥作用，实现其使用价值，各国一般规定它们适用于抵押制度，当然也不排除在特殊情况下，其也可成为质物。①

### 二、让与取得

质权属财产性权利，且具有从属性，因此，质权可以转让，但须与担保的债权一并转让。此时，质权效力自债权有效转移于新债权人时产生，而不需等到原债权人转交质物于新债权人处时方产生效力。

### 三、通过法律规定取得

此即法定质权，《法国民法典》第 2075 条，《德国民法典》第 559、647、704、1257 条对法定质押权有明确规定。《德国民法典》规定的法定质权的性质是"占有质押权，其意义与一般所谓的留置权等同。"其特点在于：第一，它的产生不需要当事人间的合意，在符合法定条件时当然产生；第二，法定质押权比其他物权有优先权，当债务人破产时权利人可以优先获得清偿。② 其立法规定法定质押权的目的在于"赋予先履行者占有对方交付的动产，并在对方不履行

---

① 谢在全著：《民法物权论》下册，中国政法大学出版社 1999 年版，第 767 页注释 2。

② 孙宪忠著：《德国当代物权法》，法律出版社 1997 年版，第 338 页。

义务时从质押的动产求得清偿的权利。"① 我国《民法通则》、《担保法》及其相关司法解释对此并未做明确规定,也有学者认为,我国《担保法》第73条对质权代位物之规定即为法定质权之规定,但是在代位物上成立质权实际上是质权价值权的体现,是质权效力的延伸或延长。故我国台湾有学者认为,将在代位物上成立的质权作为法定质权是不适宜的。②

### 四、继承取得

质权作为一种财产权,当质权人死亡之后,其当然可以成为被继承财产即遗产,由继承人取得。由继承取得之质权,无须转移占有即生效力。

### 五、善意取得

善意取得是动产原始取得的主要途径。动产质权人须占有质物,在最终实行质权时,其已等同于物之所有权人。因此,也有必要在质物属无权转移的情况下,对质权人予以保护,以增加交易安全,如,《德国民法典》第1207条规定:"物不属于出质人的,对设定质权准善意取得之规定。"台湾地区《民法典》第886条也规定:"纵出质人无处分质物之权利,质权人仍取得质权。"日本学者近江幸治认为,据《日本民法典》第192条,也产生善意取得质权③。我国《担保法》中并未规定质权的善意取得,但《担保法解释》第85条对此进行了规定,这体现出立法者对交易安全及债权人利益保护的考虑。质权的善意取得是质权人与物之所有人的对抗,为平衡双方的利益,适用善意取得须满足一定的条件,一般准用动产善意取得的条件:第一,受让人通过交易取得动产。因善意取得制度的目的在于保护交易安全,因而只有在当事人以权利的移转、设定为目的(如买卖、互易等)的法律行为而取得财产时方可适用。第二,转让

---

① 孙宪忠著:《德国当代物权法》,法律出版社1997年版,第338页。
② 谢在全著:《民法物权论》下册,中国政法大学出版社1999年版,第775、559页。
③ 〔日〕近江幸治著:《担保物权法》,法律出版社2000年版,第78页。

人须为无处分权人,但若该无处分权人取得该动产系非因权利人意思,是否也得适用善意取得制度,各国(地区)立法稍有差异。《法国民法典》第2279条第2项规定:占有物如系遗失物或盗窃物时,其遗失人或被害人自遗失或被盗之日起3年内,得向占有人请求回复。第2280条规定:"如被盗物或他人遗失物之现实持有人系在交易会、市场、公开销售处或出卖同类物品人处买得者,原所有人仅在向现占有人支付其为取得该物品而支付的价款后,方得请求回复其物。"《日本民法典》第193、194条除规定原所有人向占有人提出所有权返还请求的时间为两年外,与法国民法典同出一辙。《德国民法典》则有所不同,第935条第1款规定:对遗失物或被窃物不适用善意取得制度,但第2款规定"对于金钱或无记名证券以及以公开拍卖方式出让的物,不适用上述规定"。我国台湾地区《民法典》第949、950条与《日本民法典》第193、194条相同;但其第951条则与《德国民法典》第935条第2款一致,也对盗赃或遗失物、金钱及无记名证券规定了得请求回复之例外规定。第三,标的物须为动产。由于现今各国对于不动产及一些特殊的动产如车辆、船舶的物权变动采登记生效(或对抗)原则,因此以是否登记即可考察权利的正当性,所以善意取得一般是作为动产物权的取得方式予以规定的。第四,受让人须是善意的受让动产的交付。各国(地区)立法都规定受让人只有在善意受让动产交付时,方有善意取得适用。何为善意,在理论上有积极观念说(即要求受让人有须将出让人视为所有人的观念)和消极观念说(要求受让人不知或不应知转让人为无处分权人即可)①,因后者较为符合交易实际,故各国多加以采纳。

## 第二节　动产质权效力所涉及的范围

### 一、被担保债权的范围

对质权所担保的债权的范围,各国规定不尽一致。《法国民法

---

① 史尚宽著:《物权法论》,中国政法大学出版社2000年版,第564页。

典》第2082条规定得较为概括,"仅在为之设立质押的债务的原本、利息和费用全部清偿时,债务人始得返还出质物"。《德国民法典》第1210条规定,除了主债权、利息及违约金外,还同时包括通知费用和行使偿还请求权的费用。《日本民法典》第346条增加了违约金、质物保管费用等。《瑞士民法典》第891条第2款规定为债权、利息、执行费用及延期利息。我国台湾地区《民法典》第887条规定,动产质权的担保范围为原债权、利息、迟延利息、实行质权之费用及质物隐有瑕疵而生之损害赔偿,但契约另有约定者不在此限。从以上各国(地区)立法例来看,质权所担保债权的范围要大于抵押权,即除债权原本、利息、迟延利息及实行费用等与抵押权相同外,还包括质物的保管费用及因质物所造成的损害赔偿费用。这是由于质权的留置效力所致。因为质权人享有占有质物之权,同时也就负有保管质物的义务。为此而支付的费用应与留置权一致,可以向出质人请求返还,自应列入被担保债权的范围。同理,基于质权的留置效力,质权人占有质物,若因质物自身瑕疵而致使质权人受到损害,因所有权并未移转,所以也应由出质人予以赔偿,但应符合如下条件:第一,质物存有瑕疵,若因他物造成之损害,则不在此列。第二,此瑕疵须是质权人并不知晓或不应当知晓的,若质权人明知质物有此瑕疵,则一旦发生损害,出质人可以免责。第三,该瑕疵与损害有因果联系。

在特定的质押担保关系中,对质权担保的具体范围须依当事人订立的质押合同去确定,因为日本、我国台湾地区民法及我国《担保法》,在对债权范围的但书规定中,允许当事人约定,即法律对质权担保范围的规定从根本上来看属任意性规定。

我国担保法与德国、日本民法一样,将违约金列入被担保债权的范围,但在对待违约金的性质上,则存在差异。在德国,除其《民法典》第341条第1款规定的在不适当履行(尤其是逾期履行的)时可为实际履行与支付违约金并用外,在其他情况下,违约金作为损害赔偿,可代替实际履行。在日本,违约金是对赔偿额的预先推定(《日本民法典》第420条第3款),同时,在债务人任意不履行时,强制履行与损害赔偿可并行适用(《日本民法典》第414条第 1 款、第 420 条第 2 款)。我国台湾地区《民法典》没有明确规定违约金为被担保债权，但有学者认为基于违约金系代替因不履行之损害赔偿，所以也应由质权予以担保。① 因此，除个别情形外，这两个国家多将违约金定位为损害赔偿制度。

在我国原先的三部合同法中，违约金兼有赔偿性与惩罚性二重属性，但在新合同法中，与德国及日本类似，将违约金主要定位为补偿性质，只在少数情况下规定为惩罚性质。担保物权制度的最终目标是在债务人不履行债务时，确保债权最终受到清偿以保障债权人利益，而作为因债务不履行而产生的违约金支付义务，是除债权原本之外，债务人应负担的债务之一。因此，从对主债权的担保机能以及对债务人的约束上考虑，赔偿性违约金应当然属于质权担保之列，但对于惩罚性违约金，则已超出了担保债权实现的目的。除非有当事人明确约定，否则，不应列入担保债权之列。②

在质权设定后，如果要变更担保债权的范围，因其对后序质权人及第三人利益颇具影响力，所以可援用合同变更理论，即须征得债务人或物上保证人的同意；若有后次序质权人，也须征得其同意，否则不生效力。③

## 二、担保标的物的范围

由于质权最终涉及对标的物交换价值的支配，因此，它与所有权的效力并无区别，质权标的物的范围也应与所有权的范围相同。但为充分保护质押法律关系当事人的利益，使质物的效用与价值得以充分体现，二者标的物的范围还是有差异的。根据各国（地区）的立法例，质物的范围如下：

（一）质物自身

质权作为支配权，且以质物转移占有为公示要件，故质物自身即当然成为质权的标的物。

---

① 史尚宽著：《物权法论》，中国政法大学出版社 2000 年版，第 354 页。
② 台湾地区学者史尚宽也认为当此违约金为惩罚性质时，除当事人另有约定外，不在质权担保之内。史尚宽著：《物权法论》，中国政法大学出版社 2000 年版，第 354 页。
③ 谢在全著：《民法物权论》下册，中国政法大学出版社 1999 年版，第 773 页。

## （二）从物

依照民法理论，从物是指独立存在的、与主物有一定联系的、附助主物发挥效用的物。从物是否为担保权的标的物，在抵押和质押之中不尽一致。在抵押中，有些立法明确规定从物属于抵押权标的物的范围，如《法国民法典》第2118条第2款、我国台湾地区《民法典》第862条将从物列为抵押物的范围，这是依据用途区分而形成的不动产，从而使得用途上客观结合的物——从物被不动产化。德国民法则不同，它依据"构成部分、从物"理论①，即物附从于主物因而其被主物的所有权吸收形成主物的构成部分，即为附属物，而所谓附从于主物但不失去其独立性而是作为对立的所有权对象则形成从物，所以对不动产（主物）设立的抵押权并不必然及于从物，但基于抵押权的特殊性，依照处分主物人的意思，使从物从属于主物一并予以处分，这是一种特殊规定（《德国民法典》第1120条）。日本学者也认为，日本现行民法关于从物的规定系仿照德国民法，也应按《德国民法典》第1120条的规定处理，依据《日本民法典》第87条第2款"从物附主物的处分"的规定，抵押权的设定相当于是处分，基于对不动产担保效能充分发挥的考虑，从而抵押权的效力也扩及于从物。② 以上是在抵押权范畴下对从物的认识，那么在质权中，是否也有同样的结果呢？《瑞士民法典》第892条第1款明确规定质权范围涉及从物。我国台湾地区学者认为，其《民法典》于质权一节中未如第862条第1款的规定肯认从物属于质权范围，但基于第68条第2款"主物处分及于从物"的规定，认为"动产质权的效力必然及于从物。"③ 德国、日本民法对此未明文规定，但应明确的是，质权与抵押权的成立要件是不同的：前者以转移占有质物为构成要件；而后者的标的物依旧由抵押人占有、用益，仅为登记。所以在抵押权设立时并不当然及于附从于主物不动产上的从物，而仅在为处分时，为保证主物效能得以充分发挥，价值得以完满实现，

---

① 〔日〕近江幸治著：《担保物权法》，法律出版社2000年版，第114页注释1。
② 同上书，第114～117页。
③ 谢在全著：《民法物权论》下册，中国政法大学出版社1999年版，第774页。

因此须对从物一并处置。但在质押制度则此推理并非当然,基于占有改定的禁止法理,凡质押标的物必须得转移占有,因从物自身仍有独立性,故与主物分离也属可能。所以,基于当事人意思自治,设立质押转移动产时,不转移从物的占有也属情理之中。所以,若从物未随同主物一并移转于质权人占有,则应解释为出质人不愿将从物归入质权标的物的范围内。"主物处分及于从物"虽属原则,但由于质权自身的特殊构成及当事人意思自治的考虑,虽属从物,若未转移占有,则并不属于质权之标的物。我国《担保法解释》也采此种做法,第89条规定:"质押合同中对质押的财产约定不明,或者约定的出质财产与实际移交的财产不一致的,以实际交付占有的财产为准。"第91条规定:"动产质权的效力及于质物的从物。但是,从物未随同质物移交质权人占有的,质权的效力不及于从物。"

(三)孳息

孳息是指从原物中分离出来的该物的收益部分。质权人是否收取孳息,决定着质权人的权利范围,故可依此标准将质押分为占有质(无收益权)和收益质。依据质押制度原理,出质人转移的仅是对物的占有权,并依留置效力与优先受偿效力来确保债权的实现。故现代多以占有质为常态,收益质则较多地运用于不动产质中,而实际上由于抵押制度的日益发达及封建土地制度的瓦解,使得不动产质也日益衰退。由于原物可产生孳息(包括天然孳息与法定孳息),而质物由质权人占有,造成出质人收取不便;但质权人之质权尚不具备实行的条件,所以他也无权收取孳息,这就对出质人造成巨大损失,同时也动摇了质押制度的合理性,这无疑是对经济资源的巨大浪费。有鉴于此,各国和地区立法也赋予了质权人以收取质物孳息的权利(台湾地区《民法典》第889条、《德国民法典》第1213条、《意大利民法典》第2791条、《日本民法典》第350、297条等)。一方面减少因出质而给出质人带来的损失;另一方面,以收取孳息来"真正剥夺出质人之占有,充分发挥留置作用",增加质物之价值。但这里仍有以下问题需要澄清,首先,这里所指的孳息是否包括法定孳息。在占有期间,法定孳息的来源有两个,一是质权人经出质人同意,对物进行使用、收益;二是设定质权时为指示交付,由第三人代质权人占有,而此第三人为物的用益人。对于前者,因是当事人双方的自由协商结果,故与质权的效力并无必然联系,即质权人与出质人间独立地建立一种用益物权法律关系,若双方协商将此收益用来抵偿债权并无不可(即具有销偿质的性质);对于后者,虽然存在间接占有,但质权的效力应与直接占有时并无区别,质权人应对此孳息有收取权。其次,孳息的用途。由以上分析可以看出,无论是天然孳息还是法定孳息,其被列入质物范围,都是对质权人的有力保障,但另一方面,也有可能致使质权人为收取孳息,而致损害质物,从而损害出质人的利益,所以各国和地区立法一般规定,所收取的孳息应先抵充收取孳息的费用,次抵原债权利息,最后方可以抵充原债权(《德国民法典》第 1214 条第 2 项、我国《担保法解释》第 64、96 条及我国台湾地区《民法典》第 283、890 条)。

(四)代位物

在用益物权上,当标的物灭失,则用益物权当然消灭。由于质权系价值权,因而质权标的物毁损灭失的,质权并不必然消灭,当质物的交换价值继续存在时,如有损害赔偿金、保险金等,则意味着标的物交换价值的提前实现,因而就支配的交换价值而言,这二者是完全同一的。并且这也可避免质押权因质押物灭失而消灭,而出质人却可保有赔偿金,乃至造成当事人利益分配不公的情形。所以,基于质押权的物上代位性,质物的代位物也应成为质权的标的物之一(《德国民法典》第 1219 条,《日本民法典》第 350、304 条,我国台湾地区《民法典》第 1892、899 条,我国《担保法》第 73 条)。

关于质权的代位物的构成要件,可概括如下:第一,质物的价值有减少之虞,足以害及质权时,如水产品濒于腐败,或质物已为事实或法律上灭失时,如洪水冲走质物,质物被政府征收等。若此时质物有灭失危险,可及时处理以形成代位物;或当质物已灭失时,即质物已不存在,则基于质权价值权之特性,此时如有代位物则质权可转至其上。第二,当质物价值减少而足以害及质权时,质权人得拍卖质物(《德国民法典》第 1219 条、我国台湾地区《民法典》

第892条)。我国《担保法》规定,在此种情况下,质权人可要求出质人提供相应的担保,否则即可予以变卖。这一规定看似较为全面,但在实际运行中,当质物濒于腐败或价值明显减少时,时间甚短,若再经协商、被拒绝、又返回重新变卖质物,则质物价值可能已经大幅减少,对质权人及出质人都是很大的损失,上述德国及我国台湾地区的作法较为高效、直接。但为了兼顾尊重出质人和质权人的利益,不妨将要求提供担保与即行变卖作为并列的方法更为可取,还需要进一步明确赔偿金请求权是否应为代位物范畴。我国台湾地区学者依台湾地区民法,认为"得受之赔偿金"须包括已受之赔偿金也包括赔偿金请求权[①];而依照我国《担保法》,此时仅包含赔偿金,这应视为我国《担保法》的一大缺漏。此外,这里虽以"赔偿金"定位,但基于代位性考虑,除金钱外,代位物也应包括实物及财产权在内,所以这里的"赔偿金"不应仅以金钱为限。第三,须是出质人得受的赔偿金。就质物签订保险合同,如果受益人为第三人而非出质人时,则保险事故发生后,保险金及其请求权均应归于第三人,而质权的效力不得扩及于他人财产之上,因此质权难以及于代位物。为了防止出质人在质权设立后签订以第三人为受益人的保险合同来损害质权人利益,多认为此时应依质权的优先受偿效力,优先于受益人而就赔偿金取偿。[②]

(五) 添附物

动产与动产因附合、混合或加工等方式而结为一体,各自回复原状虽非不可能,但会害及物的价值,与社会经济观念有违,因此法律规定,使添附之物归为一人或若干人共有。《法国民法典》第546条规定:所有权能扩张至该物(动产或不动产)因天然或人工而产生或附加之物。《德国民法典》第947条规定了动产的两种添附方式,即第947条第1款:"数动产因相互附合而成为一个合成物的重要组成部分的,各原所有权人成为该合成物的共同所有人,其应有份额按各物在附合时的价值比例加以确定",即各添附物间没有主、

---

① 谢在全著:《民法物权论》下册,中国政法大学出版社1999年版,第775页。
② 同上书,第598页注释1。

从关系的，其原所有权人因添附取得共同所有权①；该条第 2 款规定："其中一物应视为主物的，该物的所有权人取得单独所有权"。在这种情况下，会产生如下两个结果：(1) 从物之上的第三人的权利因从物的所有权消灭而消灭。(2) 丧失所有权之人可依不当得利请求权，而向取得所有权之人要求赔偿，不得要求恢复原状（《德国民法典》第 949、951 条）、《瑞士民法典》第 727 条、《日本民法典》第 243、244 条和我国台湾地区《民法典》第 811—816 条的规定均与之类似。我国《民法通则》对此未作明确规定，仅是在《民法通则若干问题的意见（试行）》第 86 条作了简要规定。依添附物所有权归属的立法例，当发生在质物上时，若添附物所有权仍归质物所有人时，则质权效力也自然扩及于添附物上；如成立共有时，则质权效力及于质物在添附物中所占价值的特定部分。若质物所有人丧失其所有权时，可分为两种情形，一为转移占有前发生添附的，则所有权丧失，无法出质质物，故质权不成立，可要求更换质物或依据设立质押契约，追究出质人的违约责任；若在质权人占有（因质权人一般无质物的用益权，所以较少发生添附，但在收益质及以间接占有成立质权时多有发生）期间，发生添附情形时，因质权等同于所有权效力，故应赋予质权人以物上保护请求权，直接要求受益人予以赔偿。在此赔偿金上适用前述代位物规则，同时也可要求质物所有人向受益人提出赔偿要求，也适用前述代位物规则，以保护债权。

## 第三节　质权人的权利

### 一、留置权

质权为转移占有的担保物权，债权人在其债权未受全部清偿前，不负有返还质物的义务，即质权人对质物享有留置权，各国对此均有规定。如《法国民法典》第 2082 条规定，债务人仅在以质押物担

---

① 孙宪忠著：《德国当代物权法》，法律出版社 1997 年版，第 321 页。

保的债务原本、利息及费用已全部清偿时,始得请求返还质物。《意大利民法典》第2794条规定,如果未支付全部本金和利息以及未偿付债务和质押的有关费用,则质押人不得要求返还质物。《瑞士民法典》第889条第2款、《日本民法典》第347条、我国《担保法解释》第95条都有类似的规定。质权人之所以被赋予留置权,一是质权成立的要求,即不转移占有质物,质权人无法支配质物的交换价值,质权即不成立;二是质权存续的要求,即只有质权人持续占有质物,对出质人在财产及心理上造成压力,方可使债务人积极履约,若丧失占有,则无法担保债权,将致使质权消灭。因此,留置权是质权人的重要权利之一。同时,基于质权不可分的要求,债务人仅清偿部分债务时,也无权要求返还质物。此外,我国台湾地区学者认为,基于质权人的这种留置权,其可享有占有保护请求权(即除去妨害,返还质物等);同时,若出质人的一般债权人对质物请求强制执行时,质权人可提起第三人异议之诉。[①] 我国民事诉讼法中也有类似规定(《民事诉讼法》第234条第2款)。

## 二、优先受偿权

因此权与质权的实行联系紧密,在"质权的实行"部分论述。

## 三、收取孳息权

各国均明确规定了质权人的收取孳息权(详见前文关于"孳息"的论述)。质权人之所以享有此权,并非基于占有的效力,而是基于质权的效力,因此,所收取的孳息,并不归质权人所有,质权人只享有对此部分收益的留置权和质权实行时的优先受偿权。对质权人在收取孳息时应负何种义务,各国和地区立法不尽相同。《德国民法典》第1214条第1款规定:质权人享有收取收益的权利的,负有注意收益并进行报告的义务。我国台湾地区《民法典》第890条第1款规定:质权人收取质物所生之孳息,应以对于自己财产为同一之注意收益之,并为之计算。日本民法和我国《担保法》未有明文规

---

① 史尚宽著:《物权法论》,中国政法大学出版社2000年版,第361页。

定,只是在对质物保管中,要求质权人尽"善良管理人"(《日本民法典》第298条第1款)或"妥善保管"(我国《担保法》第69条)的义务。所以对于孳息,质权人一般不享有所有权,仅相当于管理人的地位,但为充分保护出质人利益,故以善良管理人义务来约束质权人保管质物和孳息收取的行为。因此,所有人注意义务的规定,对于质权人负担过重。

**四、变价处分权**

《德国民法典》第1218条第1款规定:因质物有败坏之虞或其价值显有减少之虞时,出质人得以提供其他担保请求返还质物,不得由保证人提供担保。该法第1219条规定:因质物有败坏之虞或因其价值显有减少致足以危害质权人的担保者,质权人得公开拍卖质物。《意大利民法典》第2795条规定:如果质物发生毁损致使债权人产生不足以保障利益实现的疑虑,在预先告知质押人的情况下,债权人得向法官请求许可将质物提前出售。在允许采取出售措施的同时,法官亦要对担保债权的价款存放作出决定。设定人可避开出售而取回质押物,而提供法官认为适宜的其他担保物。我国台湾地区《民典法》第892条规定:因质物有败坏之虞,或其价值显有减少,足以害及质权人之权利者,质权人得拍卖质物,以其卖得价金代充质物。我国《担保法》第70条规定:质物有损害或价值明显减少的可能,足以危害质权人权利的,质权人可以要求出质人提供相应的担保。出质人不提供的,质权人可以拍卖或变卖质物,并与出质人协议将拍卖或变卖所得的价款用于提前清偿所担保的债权或向与出质人约定的第三人提存。

从各国(地区)的规定可归纳出变价处分权的共同特征:第一,须质物有败坏之虞或其价值明显减少,如质物为易腐食品或作为质物的电扇因天气转凉价格将下跌;第二,须害及债权,即若不及时变价或另行提供担保,而待债权清偿期届满时再实行,则所得价金必不足以清偿全部债权,从而难以达到担保债权实现的预期目的。这既是对债权人利益的损害,同时也因为质权人之债权未足额清偿,故以其债权余额参与债务人一般财产分配,从而也极大影响了一般债权人预期利益的实现,最终也因未能及时变价,使得出质人财产总量减少,产生了其预期之外的减损。因此,赋予质权人这种变价权于己于人都甚有好处。相反,虽然有毁损或落价情形发生,但并未害及债权时,因质物之交换价值尚足以担保债权,故质权人不得行使此权,但此时,质权人利益虽不受影响,但由于已发生不利情形,会减少质物减除债权额之后的剩余价值,即不利于后顺序质权人及一般债权人,并最终影响出质人的利益,因此各国也规定了相应的处理措施。《德国民法典》第1218条规定于此情形:出质人可另行提供担保物;《意大利民法典》第2795条后半部分规定于此种情形:设定人亦得向法官请求将该物出售或取回质物,而提供法官认为适宜的其他担保物。在有利于设定人的情况下,设定人可向法官提出出售质物的请求,在作出许可的同时,法官要求对出售的条件和对出售所得价款的保管做出决定。由此,德、意两国民法均允许出质人在此种情形下,更换担保物或出售质物,以充分照顾各方当事人的利益。

在变价权的行使上,我国担保法的规定较为特别,它把要求出质人另行提供担保作为变价权实施的先行程序。这一做法虽然较好地照顾了出质人的利益的保护,但又与变价权设立的初衷相违,从而延误了质物交换价值的最优实现。可考虑将此二种方法(即变价权和另行提供担保之请求权)并列,供质权人选择。此外,当质物并未减损反而增值时(如质物为古玩),则此时质权人是否享有变价权抑或负有变价义务?首先,以某物出质是出质人自己的选择,出质后即丧失对该物的支配力;当质物价值上升时他也无法变现,这些不利后果,只能由他自己承受。其次,质权人在占有质物的期间,仅负有以善良管理人之注意保管质物,而要求其关注质物升值与否,已超出了他的注意义务。所以在质物升值时,因不符变价权设立的初衷及实行条件,所以质权人此时无变价权,同时因已超出他的注意义务,故也无变价的义务,但这不妨碍双方协商变价或变更质物。

**五、费用偿还请求权**

在质押中,须对质物转移占有,那么在质权人占有期间就质物所支出的各项费用（如保管费、修理费、饲养费及有关税赋）是否有权要求出质人补偿呢？《德国民法典》第1216条规定，依无因管理之规定，出质人对于质权人为质物所支出的费用应予偿还；日本民法准用留置权之规定（《日本民法典》第350、299条）；我国台湾地区民法对此未作明文规定，但有学者主张拟将费用分为必要费用和有益费用，对前者援引其民法关于留置权之规定（我国台湾地区《民法典》第934条），对后者则有主张依占有规定解决（我国台湾地区《民法典》第955条），也有主张依无因管理解决（我国台湾地区《民法典》第176条）①。我国《担保法》对此也未有明确规定，有待司法解释予以明确。

### 六、质权的保护

质权受他人不法侵害时，质权人对于一切人有除去及防止侵害的请求权，并对于侵害人，有损害赔偿请求权。在抵押中，因不转移占有，抵押权人仅支配抵押物的交换价值，故抵押权人的物权保护请求权以存有减少抵押物价值的行为为必要，且其内容也以妨害除去及防止为限。②而质权除对质物的交换价值支配外，还须对质物予以留置，其物权保护请求权的内容除了妨害除去及防止外，还包括占有返还请求权（《德国民法典》第1227条、《日本民法典》第353条）。我国《担保法解释》第87条第2款也规定：因不可归责于质权人的事由而丧失对质物的占有，质权人可以向不当占有人请求停止侵害、恢复原状、返还质物。同时，对质权的侵害不一定发生在质权实行中，当侵害发生在质权实行前时，此时对质物价值的减损程度难于确定，质物的交换价值与担保债权额的差额也难于确定，那么是否意味着，质权人的保护请求权于此时就无法实施呢？回答当然是否定的，因为这一损害即使发生在质权实行之前，它也对日后质权实行时质物的交换价值的完满实现造成消极影响或障碍，这与质权人当时以此物设立质权的愿望相违背，而基于这种盖然性，

---

① 史尚宽著：《物权法论》，中国政法大学出版社2000年版，第371页。
② 同上书，第286页。

也应当视为质权受到了损害,质权人可于此时行使保护请求权。第三,基于前述,质权的保护请求权不以抵押权为限,质权人还可行使占有人之物上请求权,即要求返还质物,故与所有权请求权近乎一致。《德国民法典》第1227条规定:质权人的权利受到侵害的,对质权人的请求权准用关于由所有权产生的请求权的规定。以侵害人的不同,可分为如下三种情形:

(一)因出质人过错致使质物毁损、灭失的或其属不当占有质物的

质权属于价值权,不以支配质物实体为目的,所以只要能使质物恢复原状,或更换等价值的质物也未尝不可。因此对于质押而言,质物由质权人占有,不同于抵押中经常会发生抵押人任意毁损抵押物的情形,但也不能排除出质人的这种侵害行为的发生,故应当赋予质权人类似抵押权人的"恢复原状、增加担保请求权"(《瑞士民法典》第809条第1款、我国《担保法》第51条第1款、我国台湾地区《民法典》第872条)。但同时质权人享有占有权,且质权以占有质物为要件,故也应赋予质权人以占有保护请求权(《德国民法典》第861条第1款、《日本民法典》第200条、《瑞士民法典》第927、我国台湾地区《民法典》第962条)。占有被妨害的,得请求除去妨害,占有有被妨害之虞时,得请求防止其妨害(《德国民法典》第861、862条、《瑞士民法典》第927、928条)。在对占有造成侵害的,占有人可向侵权人请求损害赔偿。而在出质人(包括债务人自己充当出质人)造成质权损害的情况下,因出质人即为质物的所有人或有处分权人,发生债权债务混同,所以这时质权人的损害赔偿请求权无法产生实际作用。若出质人拒不恢复质物原状或提供相当担保的,可以质权受侵害诉请法院强制执行。此外,在此情形下,《日本民法典》第137条第2款规定:"债务人毁灭或减少担保的,丧失期待利益,债权人即得实行质权。"也就是说,可要求债务人即时履行债务。

(二)因第三人过错致使质物毁损、灭失的

因第三人过错致使质物毁损、灭失的,质权人可以质权受侵害提出侵权损害赔偿,所请求之赔偿额,以质物交换价值减少额为准,

但不得超出质物所担保之债权额。当然，第三人的此种行为也给质物所有人造成了损害，质物所有人也可向第三人请求赔偿。此二种请求权的关系如何呢？与之相类似的，在第三人对抵押权的侵害中，也产生抵押权人之请求权与所有权人之请求权关系问题，对后者，日本学者提出竞合说和物上代位说。① 前者认为抵押权人与所有人共同具有损害赔偿请求权，两者的请求权竞合，在判例中，其实际分配比例是抵押权人得到其债权无法清偿的金额，而所有人得到从抵押物的价值中减去以上金额的余额；后者是指第三人毁损了抵押不动产的，只有所有人的损害赔偿请求权，抵押权人在此时只能取得物上代位权（我国台湾学者史尚宽也持此见解②，但谢在全先生认为，若在由第三人提供抵押物情况下，第三人与抵押权人之间无债的关系，故无法实行物上代位③）。那么，在质权受第三人侵害时，是否也会必然得此结论呢？在质押中，质权人除与抵押权人一样支配质物的交换价值外，还享有对质物的占有权，质权与动产所有权之效力并无不同。当第三人的侵权行为造成质物毁损时，质权人作为质物的占有者，且效力内容上应与所有人无异，因而它的保护请求权与质物所有人是一致的。因而，在第三人对质权的损害赔偿上并无竞合说与物上代位说区分的必要；损害赔偿额为因毁损而使质物交换价值减少的数额，但须以被担保的债权额为限；得请求赔偿的时期，为发生损害之时。

（三）当第三人不当占有质物的

按照《德国民法典》第1227条规定，质权人享有与所有权受侵害时同样的请求权；《日本民法典》第353条第1款规定，质物占有被侵夺的，动产质权人能依占有收回之诉请求返还；我国台湾地区民法未作此规定，但台湾有学者认为，可依其《民法典》第962条关于占有保护的规定，请求返还，但并未如日本民法限定为侵夺情形，

---

① 〔日〕近江幸治著：《担保物权法》，法律出版社2000年版，第148页。
② 史尚宽著：《物权法论》，中国政法大学出版社2000年版，第289页。
③ 谢在全著：《民法物权论》下册，中国政法大学出版社1999年版，第633页。

于诈欺、遗失丧失占有的，均可向该第三人请求返还。①

## 第四节　质权人的义务

### 一、保管质物的义务

《德国民法典》第1215条、《意大利民法典》第2790条第1款、《日本民法典》第350条、298条第1款、我国台湾地区《民法典》第888条均规定了质权人保管质物的义务，我国《担保法》第69条等也有类似的规定。质权设定后，须转移占有质物，从而剥夺了出质人对其物的管领、支配。质权又为价值权，为保护出质人的合法权益及保障债权的足额清偿，质权人还应负担保管质物的义务。质权人占有质物并非如普通的保管人，他并非为出质人利益而是为自己的利益（债权受偿）占有质物，所以他的保管义务应当重于一般的保管义务。日本、我国台湾地区民法以"善良管理人注意"（我国台湾学者认为"系指一般交易上之观念，认为有相当知识经验及诚意之人所具有之注意。故是否已尽此项注意而非以主观之注意能力为断"②）来定义。这种定义标准客观、明确，故我国学者在起草物权法建议稿中，也将《担保法》第69条规定的"妥善保管义务"改为"善良管理人义务"③。

当质权人未尽上述保管义务时，其应负何种责任？《法国民法典》第2080条第1款规定，对于因自己之过失而造成质押物遗失或毁损的，负赔偿责任；《德国民法典》第1217条规定，出质人可请求由质权人负担费用将质物提存，不适宜提存的将质物交由法院指定的保管人或请求提前清偿取回质物；《瑞士民法典》第890条规定，若质权人不能证明非因其过失而发生质物之价值减少及灭失者，应赔偿出质人因此所受之损害，当其以私力出质质物或转质时，应

---

① 参见谢在全著：《民法物权论》下册，中国政法大学出版社1999年版，第791页；史尚宽著：《物权法论》，中国政法大学出版社2000年版，第370页。
② 谢在全著：《民法物权论》下册，中国政法大学出版社1999年版，第797页。
③ 参见梁慧星等：《中国物权法草案建议稿》，中国法制出版社2000年版，第723页。

就此所生之一切损害负其责任；《日本民法典》第 350 条并参照第 298 条第 3 款规定，出质人可请求消灭质权①；台湾地区民法对此未做明文规定，学者认为质权人未尽此项注意使出质人受损害时，自应负赔偿责任。② 我国《担保法》第 69 条第 2 款规定，质权人不能妥善保管质物可能致使质物灭失或毁损的，出质人可要求质权人将质物提存，或者要求提前清偿债权而返还质物；《担保法解释》第 93 条规定，质权人在质权存续期间，未经出质人同意，擅自使用、出租、处分质物，因此给出质人造成损失的，由质权人承担赔偿责任。

在上述质权人承担赔偿责任时，对于其所给付的赔偿金是否应列入代位物的范围呢？答案是否定的。因为，第一，由于该损失是由质权人违反其保管义务造成的，这与赔偿金代位中由第三人造成侵害不同；第二，此时出质人所享有之赔偿金是质权人对出质人所有权（或处分权）侵害所给予的补偿，允许代位有违公平观念；第三，若将此赔偿金列入代位物，无异于在鼓励质权人违反义务，非法用益质物，因为，虽然质权人违反义务用益质物，造成了质物价值减损，但不仅质物的剩余价值可继续担保，而且其所支付的赔偿金也仍作为质物来担保质权，则此二重担保早已优越于"普通之质权"。因此，此赔偿金不应列为代位物。

## 二、返还质物的义务

质权人占有质物是质权留置效力及质权存续的当然要求，当质权消灭后，此占有即成为无权之占有，自当予以返还。《德国民法典》第 1223 条、《瑞士民法典》第 889 条第 1 款、我国《担保法》第 71 条、我国台湾地区《民法典》第 896 条都对此作出了明确规定。但在各国（地区）立法中，对于质物返还的相对人不尽一致，如我国台湾民法定为受领权人，德国民法定为物的所有人，法国民法定为债务人，这是立法对于出质人的定义不同所致，这也导致各国对返还的根据认识有别。

---

① 〔日〕近江幸治著：《担保物权法》，法律出版社 2000 年版，第 29 页。
② 谢在全著：《民法物权论》下册，中国政法大学出版社 1999 年版，第 797 页。

## 第五节 转 质

### 一、概述

所谓转质,指质权人基于其对于质物的占有权,以担保自己或他人的债务,而将该物交付于新的债权人,设立新质权。在动产上设立质权后,由质权人占有质物,但他并不享有使用、收益权,这是对质物价值的巨大浪费,转质是对质物担保价值的再度利用,从而可以有效地弥补质押制度的缺陷。立法上是否承认此制度,各国(地区)并不一致。《瑞士民法典》第887条规定:质权人经出质人同意后始得将质物转质;《日本民法典》第348条规定:质权人在其权利存在期间内,可以以自己的责任,转质质物,对此情形,因不可抗力造成的,不转质就不会产生的损失,亦负其责。该法典第350、298条第2款规定:须经出质人的承诺,方可将质物出质。我国《担保法解释》第94条第1款与瑞士民法规定类似,但其第2款则完全否定了《日本民法典》第348条的规定。

依照上述各国(地区)立法,可对转质做如下大致区分:以转质是否需出质人许可,分为承诺转质与责任转质两种,前者是指质权人须得出质人承诺后,为自己或他人债务担保,而将质物转质于第三人(《瑞士民法典》第887条、《日本民法典》第350条、298条第2项,我国《担保法解释》第94条第1款);后者指,质权人在质权存续期间,得以自己的责任,将质物转质于第三人(《日本民法典》第348条、我国台湾地区《民法典》第891条)。

### 二、责任转质

(一)责任转质的性质

学界对责任转质的性质认定不一,归纳起来有如下几种:

(1)附条件质权让于说。认为转质系质权人将其质权让与转质权人,仅附有如转质权人的债权因清偿或其他原因而消灭时,质权仍复归于质权人的解除条件。

(2) 质权再度出质说。认为转质权人以质权为标的物，在质权上进一步设定质权，为权利质的一种。

(3) 债权与质权共同出质说。认为转质系质权人将质权与其被担保的债权，共同设定质权于第三人。

(4) 新质权设定说。认为转质系质权人为供自己或第三人债务的担保，于质物上再设定新质权的行为，系质物再度出质说。①

上述各说中，(1)(2)两说共同之处在于，均是将质权脱离于担保债权，而单独处分（转让或设质），此有违于质权的特性，故此(2)说支持者甚少。对于学说(3)，有学者认为"根据这种构成，转质权的成立范围受到原质权的限制，原质权的债权也受到转质权的约束"②，"其构成平直明白，又能调节当事人间之利害关系"且"不因转质对于债务人、出质人、转质权人与以任何不利益"③。所以，此说为一部分学者所推荐。但此说仍有其无法克服的缺陷，即它与附质权担保的债权质难以划清界线。(4)说较好地克服了上述各说之缺点，又鲜明地体现了交易者对质物担保价值的再利用这一本质特征，故而成为多数之说。④

(二) 责任转质的构成要件

1. 须于质权存续期间为之

转质的基础在于转质人须享有质权，占有质物，应在质权尚未成立或已消灭时，如果无质权存在，则无法实施转质；即使转质人享有质权，其设立的转质权也须得限定在原质权担保的债权的存续期内，即原债权的偿还期届满时，转质权的存在是不合理的。⑤

2. 转质权的担保范围不得超过原质权的担保范围

---

① 参见谢在全著：《民法物权论》下册，第781页注释1；〔日〕近江幸治著：《担保物权法》，法律出版社2000年版，第75页；史尚宽著：《物权法论》，中国政法大学出版社2000年版，第364、365页。

② 〔日〕近江幸治著：《担保物权法》，法律出版社2000年版，第75页。

③ 谢在全著：《民法物权论》下册，中国政法大学出版社1999年版，第781页注释1第3项。

④ 〔日〕近江幸治著：《担保物权法》，法律出版社2000年版，第75页；史尚宽著：《物权法论》，中国政法大学出版社2000年版，第365页。

⑤ 〔日〕近江幸治著：《担保物权法》，法律出版社2000年版，第74页。

根据责任转质的本质——对质物既有担保价值的再利用,原质权人的权利在转质中虽有所突破,但其所享有的仅是定限物权,未经所有人同意,不得对超出原有支配范围的质物的价值进行处分。所以,在责任转质中,原质权人对质物的权利在原有的占有及优先受偿权的基础上增加了再行出质的权利,其所担保的新债权的范围应小于其原有的担保范围,不得超越;否则,与上述超出原质权存续期间的转质权一样,超出部分无效。

3. 须以自己的责任为之

即原质权人应对因转质所产生的一切责任负责。对于因原质权人过失、故意造成质物毁损灭失的,基于其所负善良管理人的义务,自应负责。但在一般情况下,若非因质权人过错,而因不可抗力致使质物毁损的,则质权人免责。

4. 须具备质权成立的一般要件

如设质的合意,有被担保债权、转移占有等。

(三)责任转质的效力

1. 对于出质人的效力

在承认责任转质的立法中,认为转质是质权人对质物的再次设质,即在其上设立了新的定限物权,是对原来支配的质物的交换价值的再度利用。故作为质物所有人或对质物有处分权的出质人也应间接受此权的支配,所以当出质人欲替债务人清偿债务而取回质物时,从理论上来说,则须向转质权人为之。但由于责任转质中,转质无须得出质人承诺,所以对出质人的代位清偿权利一概否定,这使出质人蒙受不测之损失[①],那么,应如何来构造这种利益平衡机制呢?依质物、质权共同出质说较易解决。因其债权也出质,故依债权设质的要件,经通知原债务人方可对抗原债务人向原债权人的清偿效力。因此,在责任转质中,须原质权人或转质权人通知出质人后,即使出质人向原质权人清偿,也无法与转质权人对抗。在质物再度设质理论下,如果认为转质权是原质权人对其的担保物权的再度用益,则此担保物权的存在基础是必须有被担保债权的存在,若

---

① 〔日〕近江幸治著:《担保物权法》,法律出版社2000年版,第76页。

该债权消灭,则此担保物权就失去了存在基础,转质所设立的质权也成为无源之水。因此,转质所设立的质权也间接受到原质权所担保债权的约束,基于此两者间的相互约束关系,可将转质与债权本身设质同视(《日本民法典》第364条、我国台湾地区《民法典》第907条),因此转质后原质权人或转质权人负有通知出质人的义务,经通知后,若出质人未经转质权人的同意而对质权人清偿的,对转质权人不生效力。①

2. 对于原质权人(转质人)的效力

第一,原质权人应对因转质所产生的一切损失负责(见前述构成要件之3)。但若该损失并非因转质而引发,则原质权人也并不承担责任。

第二,质权存在的基础即在于被担保债权的存在,而原质权人实施转质,对质物的担保价值再用益也须依赖其质权继续存在。相应地,转质权人享有的质权也依赖于原债权债务关系的存在。另一方面,原质权人将质权转质后,即已丧失了对质物价值的支配力,丧失其质权的实行权,故无权抛弃质权或消灭质权所担保的债权。若该行为已经发生,则因此行为实施于转质通知的前后而有区别:发生在通知之前的,则转质无法对抗该消灭债权行为的效力。因债权消灭,原质权也应消灭,随之转质权人享有的质权也消灭,但原质权人应对转质权人负赔偿之责。若发生在通知之后,即使原质权人已实施此消灭债权行为,因无法对抗转质权人的质权,转质权人就无返还质物的义务。

第三,当原质权人债权额超过转质权人的债权额时,就此差额,原质权人是否可以自由处分,学者之间见解不一。史尚宽先生认为,原质权人于债权数额的范围内,负有不使其质权消灭之拘束,而当原质权所担保之债权额超过转质权所担保债权额时,于其超过之范围,得实行质权。② 而谢在全认为:在转质权人的债权未受清偿前,

---

① 〔日〕近江幸治著:《担保物权法》,法律出版社2000年版,第77页;史尚宽著:《物权法论》,中国政法大学出版社2000年版,第367页。

② 史尚宽著:《物权法论》,中国政法大学出版社2000年版,第367页。

可能有利息及违约金等继续发生,所以这一差额尚处于未确定之状态,且基于质权之不可分性,质权人所支配之全部交换价值,自应受转质权拘束之故,况且原质权人转质后失去了质权之实行权。① 还有日本学者有共同出质说,认为对此债权之差额也应受到约束。② 本书认为,对此问题不应一概而论。基于前述,对于责任转质现以质物单独出质为通说,也为本书所采纳。既然采质物单独出质,则是认为原质权人是脱离了原担保债权,对质物担保价值进行重新支配,那么其在转质时,就不一定将质物全部价值供以担保,也即转质设立之质权所担保的债权的范围由双方自由约定,同样质物的范围也应由双方约定,虽然转移占有限制了同一质物上设立数质权情形的发生,但基于间接占有,并不排除此种情形的发生;此外,也不排除原质权人为自己保留一部分质物担保价值的可能性(如质物是可分物时),基于单独设质理论,应当承认原质权人对质物担保价值的自由支配,故当存此差额时,应允许其实行。

3. 对转质权人的效力

基于转质,转质权人在质物上取得新的质权,其与一般质权在效力范围上并无不同,如享有留置权、孳息收取权、变价权、优先受偿权,也可再行转质等。但由于其是通过责任转质设立的质权,故其与一般质权仍存在如下差异:

(1) 由于责任转质是以质物单独出质,所以原质权人仅以质物的交换价值担保转质权人的债权,而非以质物、债权共同出质,所以转质权人并无对原债权的支配力,并且,转质权人的债权仅是针对转质人的,也与原质权人的债务人不存在直接的债权债务关系,所以转质权人并无权直接向该债务人收取债权。

(2) 对于一般质权而言,只需债务履行期届止,债务人仍未清偿的,则质权人可实行质权;但转质权人所享有的质权是建立在原质权人质权的基础上,而对质物交换价值的再度支配。转质权人要想实现其质权,现实享有该交换价值,除其债权已届清偿期外,还

---

① 谢在全著:《民法物权论》下册,中国政法大学出版社1999年版,第566页。
② 〔日〕近江幸治著:《担保物权法》,法律出版社2000年版,第76页。

需原质权人的债权也届至履行期。当转质权人的债权的履行期先于原质权人届至时，因转质人尚无实行权，故转质权人无权实行其质权，只能在原质权人可实行时方可实行；若其履行期后于原质权人的届至时，则基于前述，超出部分应为无效，视为同期而止。

(3) 质权是对质物的交换价值的优先受偿权，原质权人将其支配的质物的交换价值转由转质权人支配，转质权人也享有该优先受偿权，并且他所享的优先受偿权应优先于原质权人的优先受偿权。同时，因原质权人所支配的质物的担保价值的全部或一部，已由转质权人代为支配，故在转质权人就自己的质权实行后，原质权人的质权也在此清偿范围内消灭。所以，在实行质权时应以质物的价金优先清偿转质权人的债权，有剩余的可转由原质权人就其债权额与转质权人的债权的差额优先受偿，如仍有剩余须返还给原出质人，作为其一般责任财产。若转质权人债权未受足额清偿，则他成为原质权人而非原出质人的普通债权人。

### 三、承诺转质

承诺转质，是指质权人经出质人的同意（或承诺），而将质物转于他人以供自己或第三人债务的担保。由于在承诺转质中，质权人是经出质人同意而实施的转质，故此时"质权人所能赋予转质权人对于质物交换价值之支配范围应不受原质权人所能支配交换价值之约束"①，即转质权人的质权已与原质权完全脱离关系，但在我国对此原则进行了限制：即承诺转质所设立的质权，应当在原质权所担保的债权范围内（《担保法解释》第94条）。

（一）承诺转质的构成要件

1. 承诺转质时须经出质人同意，而转质的期限、质物担保债权的范围，原质权人承担的责任等，均从约定。

2. 须满足设立质权的一般构成要件：须有原质权人与转质权人的设质合意；转移质物占有等内容。

---

① 谢在全著：《民法物权论》下册，中国政法大学出版社1999年版，第787页。

(二) 承诺转质的效力

1. 对出质人的效力

因转质行为的发生是经原出质人承诺的,因而与责任转质相比,原出质人是自愿将其质物予以转质,当然应承受该新设立质权的约束,所以他欲替债务人清偿债务取回质物就必须得向转质权人为之。如果转质质权人的债权额大于原质权人的,或其债权履行期限长于原质权人的,对于这些不利益,若其承诺了的,则都对其有效。[1] 我国担保法解释则对此种超期、超额的承诺转质持否定态度。

2. 对原质权人的效力

转质权人所享有的质权,并不是对原质权人所支配的质物的交换价值的再利用,而是经出质人承诺、授权后,对质物全部交换价值的重新分配,故与其原有质权并无牵连,即新设立质权的范围与原有质权的范围无关。所以,第一,原质权人有权接受其债务人的清偿、抵销,或免除债务人的债务,这丝毫不影响转质权人质权的继续存在;第二,因转质是经出质人同意的,故相对于责任转质,原质权人的责任被减轻,即"不负转质时不可抗力之责任,而仅受其通常之过错责任"[2]。

3. 对转质权人的效力

转质权人所享有的质权与原质权人的质权及其所担保的债权无关,故其享有的质权的支配范围、债权履行期限均不受原质权效力的限制,超额、超期质权可一并当然有效。当原质权人的质权已具备实行要件而转质权人的债权尚未届至履行期时,因是原质权人自愿设立的超期质押,所以其无权就质物取偿。而转质权人也无须提前实行其质权。可以认为,原质权人的这种不利益已通过其转质行为获得的转质权人的融资而先期予以补偿。所以,承诺转质较好地体现了各方当事人的自由意思,减少了各方的利益冲突,故较责任转质为大多数国家所接受。当实行超额转质时,因承诺转质虽然是经

---

[1] 参见史尚宽著:《物权法论》,中国政法大学出版社 2000 年版,第 368 页;〔日〕近江幸治著:《担保物权法》,法律出版社 2000 年版,第 73 页。

[2] 谢在全著:《民法物权论》下册,中国政法大学出版社 1999 年版,第 788 页。

出质人承诺的,但其质押关系的双方当事人仅为原质权人和转质权人,而非出质人在同一质物上设立多个质权所形成的质权次序问题。所以,转质权人就其所享有之质物担保价值享有优先受偿效力,且优先于原质权人。由于转质权人设立新质权并非基于原质权而设立,而仅以质物存在为满足,所以转质权人的质权并不含在责任转质中,得包含于或替代原质权人的质权(即小于或同于原质权人的债权额,须在原质权人的债权履行期中设立),而是独立于原质权之外的(从二者的清偿效力上也可进行反推,即主债务人清偿原质权人的债权,债权消灭,同时原质权也消灭,但转质权人质权并不消灭)。所以,转质权人受清偿或实行其质权使其质权消灭后,原质权并不当然消灭。对质物交换价值的剩余额,原质权人以其全部债权予以受偿,若质物的交换价值全部为转质权人所受偿,再无剩余或其剩余额不足以清偿原质权人债权的,则原质权人的债权也并不消灭,成为其债务人的普通债权人。

## 第六节 动产质权的实行

在动产上设立质权,目的是在债务人不履行债务时,债权人依然可以从质物的交换价值中获偿,来弥补损失,所以,当债务人的债权已届清偿期,而债权人未受清偿时,质权人即可行使其权利,处分质物,以其交换价值受偿。

### 一、实行的条件

《法国民法典》第 2078 条第 1 款规定,债权人在未受清偿时,不得处分质物。但其得请求法院裁判,经鉴定人作价,在其债权数额限度内,以该出质物抵偿其债权或将质物公开拍卖,以清偿其债权。《德国民法典》第 1228 条规定,当质押在成熟时,即债务人届时不履行债务时,质权人有权出卖质物。当债务标的不是金钱时,仅在债权已变为金钱债权后,始准许出售质物。我国台湾地区《民法典》第 893 条第 1 款规定,债权已届清偿期,而未受清偿者,得拍卖质物,就其卖得价金而受清偿。我国《担保法》第 71 条也规定,债务履行期届满质权人未受清偿的,可与出质人协议以质物折价,也可依法拍卖、变卖质物。依上述各国(地区)立法的规定,可对质权的实行条件作如下概括:

1. 须有质权的有效存在

因质权以转移占有为公示手段,所以确定质权是否存在的最简捷方式即考察质物是否由质权人或其指定的人占有。其次,依质权的成立要件,还须有设立质权的合意(一般以合同为之)。

2. 须债权已届清偿期而未获清偿

第一,若债权清偿期尚未到来,则无法确定债务人是否违约(若发生预期违约情形,则债务人之期限利益也即为丧失,则此时可解释为履行期提前届止。则质权人可提前实行其权利);且以质物承担债务清偿责任仅是一种替代责任,所以在债务人尚未负有偿还的责任时,即要求以质物清偿则不合乎法理。第二,设定质权,无须像抵押权那样将其权利内容(包括债权清偿期)载于登记簿上,故质权的具体内容由双方当事人约定,如果没有设质合同中订立担保债权偿还期,则依据债权法的一般法理,债权人可要求债务人随时履约,故而质权也随同(债权人)该要求的发出具备了实行条件。第三,此处所指未受清偿,不仅指全部未受清偿,"一部未受清偿亦包含之"[①]。第四,如果在设质合同或在偿还期到来前的合同中约定:于债权已届清偿期而未为清偿时,质物的所有权移转于质权人者,其约定无效(《法国民法典》第 2078 条、《德国民法典》第 1229 条、《瑞士民法典》第 894 条、我国《担保法》第 66 条、我国台湾地区《民法典》第 893 条第 2 款等)。此即关于流质契约禁止的规定。各国(地区)立法均规定流质约款无效,"意在避免穷困状况中的债务人,为了异常小额的借金而把高价物作为质物提供,使其在不能偿还债务时成为暴利行为的牺牲品"[②]。但近来,也产生了对流质约款的重新认识。如日本有学者以不动产回赎、让与担保制度的兴起以

---

① 谢在全著:《民法物权论》下册,中国政法大学出版社 1999 年版,第 791 页。
② 〔日〕近江幸治著:《担保物权法》,法律出版社 2000 年版,第 71 页;谢在全著:《民法物权论》下册,中国政法大学出版社 1999 年版,第 675 页。

及以合同自由原则为依据,认为对带有暴利性的流质合同以日本《民法典》第90条"关于暴利的规定"确认为无效,故日本《民法典》第349条禁止流质约款的规定应予以废弃,且流质合同作为一种私权的实现方法被逐渐认可,这被认为是现代的一种变迁,而且其特别法,如《日本商法典》第515条、《日本典当商营业法》第19条对流质合同已明文予以许可。① 我国台湾学者也认为,现行台湾民法对于流质约款禁止的规定已非金科玉律,对此规定在现代的必要程度及实益进行质疑。② 第五,只须有债务人届期不履行债务的事实即可,质权人对此无须举证。第六,这里所指债权,除当事人有特别约定外,应指其本金债权。因在担保债权范围内除本金债权外,尚包括利息、违约金、赔偿金等债权,其各自的决算期、履行期并不一致,对质权实行期限的确定造成困难,且当其他债权先行届止而主债权尚未届期时,即实行质权,与设立质权的初衷相违,损害了债务人、出质人的期限利益,另一方面若此时即依协议方式取得质物所有权,则会有产生实质上的流质约款的结果。③

## 二、实行的意义

质权的实行是质权人优先受偿权的具体表现,故是否实行质权是质权人的权利而非义务。因此,质权人有权要求债务人履行合同义务,而不实行质权,但债务人不得以质权人存有质权为由而主张免除履行合同义务。问题在于,这是否意味着债权人可任意放弃其物上担保权,在债务人的一般财产中求偿而不存在任何限制呢?对此,各国(地区)立法规定并不一致。依《德国民事诉讼法》第777条规定:"若质物价值为充分时,债务人得申明异议。"对抵押权的实行,《日本民法典》第394条第1款规定,只能就以抵押不动产的代价未能受清偿部分,方可对债务人的一般财产强制执行。如果债权人先对债务人财产强制执行时,一般债权人为保护自己利益可提

---

① 参见〔日〕近江幸治著:《担保物权法》,法律出版社2000年版,第71、72页。
② 参见谢在全著:《民法物权论》下册,中国政法大学出版社1999年版,第675、676页。
③ 同上书,第636页。

出异议申请,而债务人则不可以。但在质权中未有此种规定,有学者认为也可以类推适用之。① 对此,我国担保法以及我国台湾地区民法都没有明确规定。

从质权设立的目的看,设立担保物权在于弥补或增加债务人的信用能力,使债权免受因债务人责任财产不足而无法补偿的局面,从而增加交易机会。设立质权后,债务人或第三人财产之一部或全部就得以特定化——用以担保特定债权人的特定债权,而其余之一般财产则用于担保其他普通债权。各种债权人基于这一区分,形成各自的预期利益,从而在交易中与债务人设立不同的交易条件。如果使质权担保的债权人不受限制地参加一般财产的分配,则会严重扰乱业已建立的均衡机制,对一般债权人损害甚大,从而殃及整个质权制度的正常运行。所以,日本民法关于抵押权人就一般财产受清偿予以限制的规定是合理的,而质权与抵押权在责任财产划分上有相同的机理,故也可适用此制度。即当质物价值充分时(即足以清偿质权人之债权),若质权人不实行其质权而要对债务人一般财产参与分配的,普通债权人都有权提出异议;仅当质物的变价不足以清偿债权时,质权人方可作为一般债权人参与分配债务人的一般财产。

最后,若质权人怠于实行质权,致使质物价值减少、毁损,质权人是否应对此负责?《瑞士民法典》第890条第1款规定,若质权人不能证明非因其过失而发生质物的价值减少及灭失者,应赔偿出质人因此所受的损害。我国台湾地区的判例、学说认为,质权的实行系质权人的权利,"纵质物嗣后有价值低落之情事,亦不负任何责任"②。我国《担保法解释》第95条第2款规定,债务履行期届满,出质人请求质权人及时行使权利,而质权人怠于行使权利致使质物价格下跌的,由此造成的损失,质权人应当承担赔偿责任。对于上述两种截然相反的规定,本书认为,基于前文对质权人保管义务的论述,此时质权并未因实行而消灭,质权人仍占有质物,故保管义

---

① 参见史尚宽著:《物权法论》,中国政法大学出版社2000年版,第362页。
② 谢在全著:《民法物权论》下册,中国政法大学出版社1999年版,第791页。

务仍存在,而此时因他的不作为(即未积极实行质权)而使质物价值减损,也是对出质人权益的间接侵害,因此应视为对其保管义务的违反。所以,质权在质物价值减损的范围内予以消灭(《担保法解释》第38条第3款),造成损失的应予以赔偿。

### 三、质权的次序

因为质权设立时须转移质物的占有,剥夺了出质人对其出质物的用益权,因而与抵押权相比较少发生质权次序权的问题。但由于出质人并未丧失其所有权,且"质物之交付即其占有之转移,不以现实的移转占有为限,以简易交付或指示交付之方式为之,自无不可"①,因此,当出质人在将质物出质于质权人之后,又可依指示交付方式由质权人间接占有质物而成立新的质权。对于就同一质物成立多数质权的,其次序如何确定?对于动产质权,其公示方式仅为转移占有,而在同一质物上设立多数质权的,又多依指示交付方式进行。因此对于尚未设立质权的动产,可依据指示交付通知的先后予以确定。由于质权人对于质物享有留置权,所以对于已存在质权的质物再行设立质权的,就以通知此前质权人的先后为其次序的确立标准。②

质权次序的确定,决定了质权之间的优先受偿,决定着质权人的利益,故学理上将这一关系称为次序权。当前次序质权消灭后,后次序质权的受偿次序是保持不变还是予以升进?参照前述抵押权编中,对此问题有次序升进与次序固定两种立法例。但对于质权,立法及学说并未有明确的规定与统一认识。在质权中,须转移质物的占有,且占有改定是被禁止的,所以在前次序质权消灭后,若采取次序固定,即要产生所有人(或出质人)质权,这就需要由出质人占有质物,但这是与质权性质相违背的。并且采次序固定原则,设立所有人抵押权制度,以使抵押权的价值予以固定,方便抵押物所有人进行不动产融资,并以此推动抵押权证券化的发达,而在动

---

① 谢在全著:《民法物权论》下册,中国政法大学出版社1999年版,第761页。
② 史尚宽著:《物权法论》,中国政法大学出版社2000年版,第359页。

产质权基于其转移占有的弊端，使它的担保融资功能受损，价值固定质权的设立难度较大，仅限于个别情形。基于以上原因，在动产质权中无法也无必要设立所有人质权制度，因而也无法适用次序固定原则，所以，应当以次序升进为原则。其次，若先次序质权人为同一出质人的后次序质权人的利益而让于其优先受偿的次序时，因此让于只是就可得而分配的价金，在当事人间改变他们的受偿顺序，并不影响当事人以外的第三人[①]，即质权次序的让于仅有相对效力，所以此时让于质权就须由让于的双方当事人与出质人对其设质契约予以修正。第三，当先次序质权人为特定的后次序质权人的利益而抛弃其次序的（即次序相对抛弃），也与次序让于一样，仅在当事人间产生效力，抛弃质权次序的质权人与受抛弃利益的质权人成为同一次序而已。而当其绝对地抛弃其次序权，居于最后的地位（但由于其仍然是质权人，故仍具有优先于其他普通债权人受偿的权利），而其他质权人的次序则依次升进。

### 四、实行的方法

对质权的实行，各国规定不同。《法国民法典》第 2078 条第 1 款规定，债权人在债务人未清偿时，不得处分质物，但债权人可请求法院准许据鉴定人的估价，将质物作价清偿归自己或拍卖出售。《意大利民法典》第 2797 条规定，在通过司法人员出售以前，债权人应当催告债务人履行债务及附随义务，并通知债务人在他不履行债务时将出售质物，还应将催告通知设定质押的第三人。如果自催告的 5 日内无异议或异议被拒绝，债权人得将质物以公开拍卖的形式出售，或当质物有市场价格时也可由被委托的人按市场价格出售。第 2798 条规定，债权人得始终向法官请求根据谨慎的估价，或者若质物有市场价格的，则根据其市场价格清偿债权，直至债权的实现。《日本民法典》对于质权的实行方式除第 354 条规定的简易偿还充当外，还可依据其民事执行法之规定可以拍卖或其他方法实行。[②] 我国

---

[①] 谢在全著：《民法物权论》下册，中国政法大学出版社 1999 年版，第 620 页。
[②] 〔日〕近江幸治著：《担保物权法》，法律出版社 2000 年版，第 80 页。

《担保法》第71条和我国台湾地区《民法典》第893、895、878条的规定相类似，规定质权的实行方法有三：协议取得质物，依法拍卖质物及以其他形式变卖质物取偿。现详述如下：

（一）拍卖

拍卖是担保权最普通的一种实行方法。在日本，拍卖可分为依拍卖法的拍卖（即任意拍卖）与依民事诉讼法的拍卖（强制拍卖）。在德国也有私的拍卖与公的拍卖之分，在前者，无须有执行名义即可进行拍卖（《德国民法典》第1233条第1款），而在后者则须取得执行名义依民诉法原则拍卖（《德国民法典》第1233条第2款）。在我国台湾地区民法中拍卖方法也有两种，一为债权人自行依拍卖法拍卖（在其"拍卖法"未公布实施前，应依"债编实行法"第14条之规定，即依市价变卖），二是申请法院拍卖，债权人于取得许可拍卖标的物之裁定后，以该裁定为执行名义向执行法院申请强制执行。① 我国法律中对拍卖的分类也类于上述立法例，即分为一般拍卖与强制拍卖，前者是指由权利人委托拍卖人，双方达成拍卖协议，依拍卖法进行的拍卖（《拍卖法》第3条），如《担保法》第71条第2款规定"依法拍卖"应包括依拍卖法进行的拍卖；后者即指若双方未达成拍卖协议的，可向法院提起拍卖标的物的诉讼，在人民法院判决生效之日起，拍卖申请人可以申请人民法院强制执行判决，拍卖抵押物（《担保法》第71条第2款，参见同法第53条第1款，《民事诉讼法》第226条）。而就质权的实行方法而言，其所适用的拍卖方法，既可为强制拍卖，也可为一般拍卖。这不同于前文所述抵押权的拍卖大多数国家（地区）均要求以强制拍卖（《德国民法典》第1147条、《瑞士民法典》第829、830条、我国台湾地区《民法典》第873条第1项）。这是因为抵押权人不享有占有权，无权直接处分抵押财产，所以只能申请法院强制执行方可顺利实行。而质权人基于留置权则可在实行时独立决定拍卖或变卖质押财产，故质权人除申请法院拍卖外，还可以自行依法拍卖。

---

① 参见谢在全著：《民法物权论》下册，中国政法大学出版社1999年版，第793页。

当质权人以拍卖方式实行质权时,由于是质权人依质权效力而直接对质物的变价处分,故无须出质人同意。但若任其自由拍卖,会对出质人预期利益有极大损害,无法给予出质人以代替清偿债务或以其他方法消灭质权而取回质物的合理机会。所以,前述各国(地区)在允许质权人以私的拍卖方法处分质物的同时,附加有质权人对出质人通知的义务(《德国民法典》第1241条,《意大利法典》第2797条,我国台湾地区《民法典》第894条)。我国《担保法》第71条并未有此规定,且似乎取消了同法第53条第1款中双方协议进行拍卖的方式。我国的这一立法似对出质人利益考虑欠周全,也应对质权人附加将拍卖通知出质人的义务。①

若质物上有多数质权并存时,若由先次序质权人占有质物的,当其质权实行条件具备时,其可径自依其质权之效力拍卖质物优先受偿;优先受偿后,若有剩余则按质权先后顺序将余额予以转移。若质物由后次序质权人占有时(并非质权的善意取得),则依据其留置效力,他可请求质物的占有返还②,以优先受偿。若后次序质权人的质权已具备实行条件(即其债权履行期先于前者届至),且质物也由其占有时,基于设立质权时的质物占有转移条件,后次序质权人的债权履行期先于先次序质权人的届至,这必须先征得该先质权人的同意后,方得以实现。所以,后质权人基于其质权实行条件已具备而实行时,先次序质权人无申明异议的权利,而仅得依其所处之次序参与分配,就其担保债权额依物上代位的原则,其质权转移至变价所得价金或其他物之上,该后次序质权人无权要求返还质物予以拍卖。

当质权人以私的拍卖方式实行质权时,其形式虽为法定的拍卖程序,但其本质上仍应为一种私法上的买卖行为,所以质物的买受人取得质物的所有权是所有权的继受取得(即从质权人处取得)。所以当质物存有物及权利有瑕疵时,其可向质权人主张瑕疵担保责

---

① 李国光、奚晓明、金剑锋、曹士兵著:《"最高人民法院关于适用〈中华人民共和国担保法〉若干问题的解释"理解与适用》,吉林人民出版社2000年版,第339页。

② 谢在全著:《民法物权论》下册,中国政法大学出版社1999年版,第793页。

任。① 而当以强制拍卖方法实行质权时，对此拍卖的性质，多有纷争。德国通说认为，此为公法行为（基于国家机关司法处分行为而发生私权得丧）；我国台湾地区实务上则采私法行为说，即该拍卖仅系买卖的一种，即以债务人（或出质人）为出卖人，拍得人为买受人，执行法院仅系代表债务人立于出卖人之地位而已。② 基于这一分歧，又决定了对因强制拍卖而取得的质物所有权性质认识上的差异。依公法行为说，则主张是原始取得；依私法行为说，则主张是继受取得。因强制拍卖中，"执行法院并非以担保物所有权人的代理人之资格而为私法上之行为，而实是基于统治权之公法上之处分"③，所以，以原始取得理论界定此时的所有权取得的性质较为合理，因此，依强制拍卖所得的质物的所有权当然属于买受人，从而使得物上的原所有权依一物一权原则而消灭，这也可以较好地解释依强制执行进行拍卖的买受人不得享有瑕疵担保请求权。我国相关法律对此未有明确规定，基于上述原因，也应对两种拍卖方式的效力做出类似的规定。

（二）以协议方式取得所有权

质权的实行方法虽以拍卖为常态，但因拍卖程序繁琐，成本较高，拍定价格也未必理想，故我国台湾地区《民法典》第875、878条及我国《担保法》第71条等都规定除拍卖方法外，当事人可订立契约以协议方式取得质物的所有权。由于此方法由契约当事人（即债权人与出质人或质物所有人）实施，缺乏公示性，故须对其加以限制，以保护他人合法权益免受损害。其构成要件包括：

1. 须由质权人与出质人订立契约。

此契约的性质为代物清偿契约，故契约的当事人须对质物有处分权，故一般多为质权人与出质人订立。

2. 须于债权清偿期届止后订立。

若在清偿期届满前订立，则构成前文所述流质契约，为无效约

---

① 史尚宽著：《物权法论》，中国政法大学出版社2000年版，第377页。
② 谢在全著：《民法物权论》下册，中国政法大学出版社1999年版，第644页。
③ 参见史尚宽著：《物权法论》，中国政法大学出版社2000年版，第300页。

定。而清偿期届至后，质权已具备了实行条件，此时，以物之所有权——这一财产权所包含的交换价值充抵债务清偿，并不违反质权的价值权特性。在此方法中，此协议的订立是在质权已具备实行条件——债务人届期未履约时，当然对质物进行的处分，所以其并不必然产生暴利。

3. 须以清偿为目的。

若协议双方当事人以此质物进行赠与、互易而并非以此物代替清偿的，则不属于质权的实行，所以质权并不消灭。

4. 须无害于其他质权人利益。

因此种实行方法以取得质物所有权为目的，所以当质物上仍存有其他质权时，就会使这些质权人受清偿的机会大为减少或完全丧失，从而使这些质权人利益受到严重损害，所以当质物上存有多数质权时，不得以协议取得质物的所有权作为质权的实行方法（若与其他质权人达成相关约定，同意以此方式实行质权的，自无不许之理）。

（三）以其他方法实行质权

除以上两种方法外，各国（地区）立法还允许质权人以其他方法处分质物。《德国民法典》第1245关于偏离规定的约定：所有权人可与质权人约定不以第1234—1240条规定的方式（如公开拍卖或以市场、交易所价格任意出卖的方式对质物加以出卖）。当有利害关系的第三人的权利会因此出让行为而消灭的，则须经其同意方可出卖，且须公开进行，对金银质物卖价不低于其金属价值，若未有满足之应买，则以其金属价值自由出卖。而该法第1246条又进一步规定，如果根据公平裁量，若自由约定的处分质物的方式符合几个关系人的利益时，则此方法也可作为处分质物的方法。《意大利民法典》第2797条规定，当质物有市场价格时，也可由被委托人按市价出售。我国台湾地区民法规定，质权人于清偿期届满后，为受清偿，在无害于其他质权人利益时，得订立契约，以拍卖以外之方法处分质物（台湾地区《民法典》第895、878条）。我国《担保法》第71条第2款也作了类似的规定。质权人以这些方法实行质权可能会更加高效、便捷。

## 第七节　物上担保人的求偿权与代位权

当债务人以自己的财产设质时，是以自己的特定财产供特定债权人的特定债权受偿，而并未以他人财产来增加自己责任财产的范围。故以此质物清偿债务后，质权绝对消灭。但若以第三人的财产充当质物时即由物上保证人充当出质人的，债务人届期不清偿债务的，则质权人即可以实行质权，对质物进行变价处分而代为偿债；或者出质人考虑到质物价值甚大不愿舍去，则作为与合同履行有利害关系的第三人，可代替债务人向债权人清偿债务以取回质物。在这种情况下，债务人由于他人替自己清偿了债务受有利益，而第三人为债务人的债务履行或失去其财产所有权，对第三人甚为不公，因此应由该债务人对第三人的损失作出补偿。此即物上保证人所享有的权利。对此，各国（地区）均有规定。《德国民法典》第1249、第268条第2、3款规定，因质物出让而有可能丧失质物权利的人在债务人有权给付时，可以直接向质权人给付且此时质权人的债权移转于该人；《日本民法典》第351条规定，物上担保人于清偿债务或因质权实行而失去质物所有权时，依有关保证债务的规定，对债务人有求偿权。我国《担保法》第72条也规定，为债务人质押担保的第三人，在质权人质权实现后，有权向债务人追偿。据以上各国（地区）立法，在第三人充当出质人的情形中，其可享有代位权（物上保证人可承受于其清偿限额内债权人对债务人的利益）与清偿权（物上保证人可向主债务人请求清偿）。

物上担保人的求偿权与代位权具体可分为如下几种情形：

第一，当出质人替主债务人清偿了债务的，自无不许之理，且作为被担保债权的利害关系人，当出质人认为需要取回质物而欲替债务人清偿债务时，质权人也不得禁止（《德国民法典》第1249条第1款及第268条第1款、我国台湾地区《民法典》第311条但书）。我国《担保法解释》第95条第2款规定亦允许出质人代替债务人清偿债务取回质物，在出质人主张替代履行时，质权人不得为拒绝。当出质人替代清偿而欲取得代位权及求偿权的，须满足如下条件：(1) 当出质人向质权人清偿时须以其自己的名义，且有代债务人清偿债务的意思。若以债务人名义清偿，则仅构成代理清偿，代理人利益的补偿依代理协议来定，且债权债务关系绝对消灭，不发生代理人求偿、代位关系。若出质人误将他人债务作为自己的债务进行清偿，可依不当得利请求得利之人返还。(2) 出质人替代清偿的范围应以债务人承担的债务数额为限。因替代清偿的目的即在于消灭债权债务关系，从而消灭质权，免除因实行质权而给出质人带来的诸多不利（如失去质物），而当其清偿额超出债务人的债务数额时，则构成对他人债务的无因管理。(3) 此代替清偿不得损害质权人（即债权人）的利益。即当债权人仍享有其他权利可资行使时，不因第三人的介入而受影响。①

基于法律的规定，使出质人在替债务人清偿债务后，从而在清偿额度内享有债权人的权利，可向债务人追偿（即代位权、求偿权）。因此，学界将替代履行产生债权移转之现象称为法定债权移转。② 由于此种债权的转让并非当事人约定，故无须通知债务人，且该代位人"只是因其为他人履行债务而产生了代位权，故其代位（债）权不是债权人转让的权利，所以债权人对该人之代位（债）权，不负瑕疵担保责任。"③

第二，因质权行使而致使质物所有权失去时，此时无非即以质物的价值清偿债务人的债务，实质与上述方法的效果并无不同。

第三，出质人虽将质物出质，丧失其占有权，但对于质物的处分权并未失去，其仍可依指示交付方式转让质物的所有权，则此时该取得人为免失去质物的所有权也可实施代位清偿，但已不属上文所论述情形，对此，《德国民法典》第1249条规定为"可能丧失质物权利的人"，因此其关于求偿与代位权的规定也当然适用于所有权第三取得人。

第四，当质权所担保的债权上还存有其他担保手段时，若出质

---

① 谢在全著：《民法物权论》下册，中国政法大学出版社1999年版，第679页。
② 谢在全著：《民法物权论》下册，中国政法大学出版社1999年版，第566页；王利明、崔建远著：《合同法新论》中国政法大学出版社1996年版，第423页。
③ 王利明、崔建远著：《合同法新论》，中国政法大学出版社1996年版，第424页。

人代位清偿或质权被实行而丧失质物所有权的，该出质人除了依照上文所述的可向债务人求偿外，基于其代位权，此出质人也可向债权人的其他担保人（如抵押人、保证人等）求偿。因此，人为的确定保证担保与物的担保的实行次序，是不合理的且也与当事人的意愿相违（我国《担保法》第 28 条），应赋予债权人以自由选择实行的权利（《日本民法典》第 351 条、我国《担保法解释》第 38 条、第 75 条第 3 款）。对于当事人各方在事前已约定好各自的债务承担比例或份额的，由债权人依此责任承担份额对每个担保人实行其担保权；若事先未约定的，则债权人可要求任一担保人清偿其全部的债权额（我国《担保法解释》第 75 条第 2 款）。对同一债权设立多种担保手段予以担保，是为避免因担保人独自承担担保责任使责任过于沉重而作的预先分散，因此就应对每个担保人的责任范围进行限定。在有约定时，各担保人以其事先确定的责任范围、数额承担担保责任，并以此再向债务人行使求偿权，其相互之间再不得进行求偿；而在连带担保责任中，每一个担保人都有义务对全部债权额进行清偿，承担完了之后，他又可对超出其应当分担的责任限度的债权数额对其他担保人进行求偿。

## 第八节 动产质权的消灭

质权作为一种物权，自然也与其他物权一样，因抛弃、混同等权利消灭方式而消灭，但同时又是担保物权，则基于其担保作用的特性，将因被担保债权的消灭、质权的实行、质物任意返还等原因而消灭。

### 一、因被担保的债权的消灭而消灭

基于质权的附属性，当被担保债权消灭后，质权也消灭，质权人应返还质物于出质人（《德国民法典》第 1223、1252 条、我国《担保法》第 74 条，我国台湾地区《民法典》第 896 条第 2 款、第 889 条）。但债权消灭的原因不相同，致使质权的消灭也存在一定的差异。

(一) 清偿

无论是债务人清偿或第三人代位清偿，都将使被担保债权予以实现，则质权的担保目的已达到，再无继续存在与实行的必要，故其应予以消灭。

(二) 混同

当债权人因继承、合并等原因与债务人合为一体时，致使债权消灭，质权也应当然消灭。当债权人成为质物的所有人或质物所有人取得质权时，此时构成物权的混同（《德国民法典》第1256条、《日本民法典》第179条、我国台湾地区《民法典》第762、763条），所有权将质权吸收，质权人并无在自己的物上实行质权的必要，质权消灭但其债权并不消灭；但当质物是由债务人提供时，则债权也应予以消灭。这仅是质物上仅设立有单一质权时的情形。若存有多数质权时，如前所述即有次序权的问题产生。当先次序质权人与出质人产生混同时，虽然是物权的混同，但由于采次序升进原则，会对此先次序质权人或质物所有人产生不利结果，就应当参照抵押权制度中采次序升进国家所采取的因混同而例外的设立所有人抵押权制度① 予以处理。如前文所述，虽然质权中无法设立所有人质权，但基于在发生物权混同时，阻止后次序质权升进，维持所有权人与其他质权人间的利益公平，因而有必要保留特殊的"所有人质权"，作为一种例外的利益平衡机制而存在。②

(三) 抵销

当债务人的债权与被担保债权符合抵销条件时，即给付种类相同，两债权均已届清偿期，且未有法律规定不得抵销的情形，债务人即可主张抵销，从而消灭质权。但出质人不得以存在该抵销事宜，对质权的实行进行抗辩。质权实行只要具备实行要件则质权人即可依其支配力处分质物，故此抗辩是无效的。此外，因出质人享有的代位权是基于债权的法定转移，故债权人所负的债务并未一同转移于出质人，因此，出质人在向债务人追偿时，债务人不得要求予以

---

① 谢在全著：《民法物权论》下册，中国政法大学出版社1999年版，第751页。
② 史尚宽著：《物权法论》，中国政法大学出版社2000年版，第384页。

抵销。

(四) 经过消灭时效

被担保债权因消灭时效（诉讼时效）的而丧失请求权，但其债权并不消灭。故依质权的附属性，该质权也不消灭，即质权并不罹于消灭时效而消灭（《德国民法典》第223条、《瑞士债务法》第140条、我国台湾地区《民法典》第145条）。我国《担保法》对此未作明确规定，但《担保法解释》第12条作了与上述各国和地区立法相同的解释。但这是否意味着质权可以无限期地存续下去呢？对于抵押权，我国台湾地区《民法典》第880条规定，若抵押权人于消灭时效完成后，5年间不实行其抵押权，其抵押权消灭。德国、瑞士法律也规定抵押权经一定时间可依公示催告程序而宣告抵押权无效（《德国民法典》第1170、1171条，《瑞士民法典》第871条）。对于质权而言，质权人占有质物，在出质人财产上设定财产负担，若长期不予实行，则出质人无法用益该财产，故此时出质人所受不利影响也是严重的，因此，也应对质权的行使期限进行限制。我国《担保法解释》第12条第2款，虽未如前述各国对抵押权那样规定有实行的除斥期间，而仅规定"担保物权所担保的债权的诉讼时效结束后，担保权人在诉讼时效结束后的两年内行使担保物权的，人民法院应当予以支持"。这被认为仅仅是立法技术上的处理，"对于有着立法性质的担保物权存续期间的解释，在表述上以人民法院在何种条件下保护担保物权为表述方式，从而避免了司法解释有立法性质"[①]。因此从效果上分析，这两年期间也应视为质权行使的除斥期间。

## 二、因质物的任意返还而消灭

质权以质权人对质物的占有为其生效及存续要件。因此，当质权人丧失占有时，则质权的存续要件已缺失，自应归于消灭。这里的"返还"，应界定为"质权人依自己的意思，将质物的占有移转于

---

[①] 李国光、奚晓明、金剑锋、曹士兵著：《〈最高人民法院关于适用〈中华人民共和国担保法〉若干问题的解释〉理解与适用》，吉林人民出版社2000年版，第89页。

出质人"，故若系出质人依窃取、强夺等行为而非因质权人的意思取得质物的，质权人则可依质权的留置效力，以占有保护制度请求返还质物。如果是质权人自愿的，并且"有移转占有于出质人的意思"时，不论其返还的目的为何，如为借贷、租赁而交付，或因出质人、债务人等的欺诈而"动机上有错误"的交付，都将构成这里的任意返还。

对于任意返还是否必然导致质权绝对消灭，各国（地区）立法并不一致。依《法国民法典》第2076条、《德国民法典》第1253条和我国台湾地区《民法典》第897条的规定，与上述推理一致，定为消灭。但在日本，有学者依《日本民法典》第352条认为，质权的留置作用只不过是促进优先偿还作用的补充策略，故质权人将质物返还出质人只不过丧失对抗力而已。① 但日本学界通说认为，质权设立中要求要物性，且占有改定被禁止，所以任意返还质物时质权应被消灭。并且依据占有改定与让与担保的平衡，也要求此时质权是消灭的。② 此外，《意大利民法典》第2787条明确主张，质权人丧失占有，质权并不消灭，只是不得对抗第三人（即若设定质权的财产未由债权人或双方指定的第三人占有，则不得主张优先权）。我国《担保法解释》第87条第1款规定："质权人将质物返还于出质人后，以其质权对抗第三人的，人民法院不予支持。"这一规定与《日本民法典》第352条的内容较为接近。但从该条规定的占有改定禁止，同条第2款规定的质权保护请求权以及《担保法》第64条中关于"转移占有为质押生效要件"的规定可看出，这里所谓的"人民法院之所以不予支持"，只不过是质权业已消灭的必然结果而已，并非是指质物占有具有对抗效力。在我国学者起草的"物权法草案"③中（第381条），也规定为质权消灭。

### 三、丧失质物占有

我国台湾地区《民法典》第898条规定："质权人丧失质物之占

---

① 〔日〕近江幸治著：《担保物权法》，法律出版社2000年版，第68页。
② 同上书，第680页。
③ 梁慧星等编：《中国物权法草案建议稿》，中国法制出版社2000年版，第731页。

有，不得请求返还者，其动产质权消灭。"因质权人享有占有权，而当质物被他人不当占有时，则可依占有保护之规定请求返还，质权并不消灭。所以，此处作为质权消灭情形所指的丧失占有应包含如下要件：第一，须质权人非依自己的意思而丧失对质物的占有，如丢失、被窃等。若因质权人自己的意思而丧失占有的，可存在如下情况：一是任意返还于出质人，则质权当然消灭；二是将质物转质，则据转质效力处理；三是将质物转交他人用益，如借贷、租赁，则因违反其保管义务，出质人可要求赔偿，或要求提前清偿，或可请求消灭质权（《日本民法典》第298条第3款）；四是将质物转卖，若构成善意取得则质权消灭，质权人应负赔偿责任，相反，则出质人可向购得人请求返还。第二，须不得请求返还。若质权人丧失占有，但却可依法保护之规定重新取得质物占有，则质权并不消灭；还有，若丧失质物占有而获得赔偿或以它物替换原有质物的，则依据质权的物上代位性及其价值权的特点，质权并不消灭。当丧失质物占有符合上述两个条件时，则质权绝对地在法律上消灭。依据我国《担保法》第73条的规定，丧失质物占有的，则质权当然消灭。

## 四、质物灭失的

因标的物灭失而致使物权灭失是物权消灭的共同原因。但由于质权属于价值权，目的在支配质物的交换价值，所以当质物灭失而有赔偿金（包括赔偿金请求权）时，则依物上代位原则质权转移于该赔偿金上继续存在，若无赔偿金，则其绝对消灭。

## 五、质权的抛弃

质权为财产权，当然应允许其权利人抛弃。抛弃质权，也是处分质权的一种方式，其结果将导致质权的消灭。此抛弃行为可以采取明示方式，即向出质人或债务人明确表示其放弃质权的意思即可（《德国民法典》第1215条第1款）；也可以采取默示方式，如将质物返还到出质人处。因权利的抛弃属单方意思表示，所以无须征得相对人的同意。但基于诚实信用原则的约束，在质权抛弃时，不得有损于其他利害关系人的利益，如当质权人实施了责任转移的则负有不得消灭其质权的义务。

如果质权所担保的债权还有其他担保时,基于前文所述,此时各担保人的责任承担范围都有一定的限制,且正是因为多个担保权的存在,才使得担保责任的风险得以分散,所以每个担保人都在他人承担责任的范围内享有利益。因此,除特殊情况外(如保证人死亡,质物绝对灭失的),质权人任意抛弃其质权的,因质权消灭而导致保证人或其他担保人无法再向此质权人追偿,并且因减少了一个担保人而会使其他担保人的责任范围增大,损害了他们的预期利益,故应对这种抛弃行为作一定的限制。《德国民法典》第1255、776条、《意大利民法典》第1955条和我国《担保法》第28条、《担保法解释》第38条第3款都规定,保证人的保证责任在此免除额内消灭。同理,债权人的这一处分质权的行为也使其他物的担保人的利益受到损害,既然保证人可予以免责,其他担保人不应存在差异,因此物的担保人也应在免除的范围内免除其担保责任。但我国《担保法解释》第75条第1款仅规定,在抵押权人免除债务人提供的抵押担保时,其他抵押人方可请求减轻其担保责任。① 这一规定似显得过于狭窄,应予以修订。

---

① 李国光、奚晓明、金剑锋、曹士兵著:《"最高人民法院关于适用〈中华人民共和国担保法〉若干问题的解释"理解与适用》,吉林人民出版社2000年版,第163页。

# 第十一章 权利质权

## 第一节 权利质权概述[①]

### 一、权利质权的历史发展及实质

权利质权,是指以出质人提供除所有权以外的、可供担保的财产权为标的而设立的质权。自罗马帝政以来,就存在以用益权、地上权等各种财产权为标的设立质权的做法。随着这些财产权交换价值被普遍承认及其证券化趋势的出现和发达,权利质权制度日益兴盛起来。但传统的担保物权及整个物权体系,都是以有体物作为客体,而将除所有权以外的权利,按照对待有体物的那种"实体化"思维,视其为"无形"物,被纳入物和客体的范畴。在早期社会,无形财产及权利体系并不发达,有体物成为衡量人们财富多寡的惟一标准。对财产的拥有只有全部转化为对物的拥有时,才是真切的。因此,为便于理解,将权利通过法律拟化,使其取得了(无形)物的地位。所以,任何私法上的财产利益均体现为一种对物的拥有,自然无形物也成了所有权的客体,只要主体享有某种利益,便被当然地认为是对该利益的所有。

当商品经济日益发达,无形财产逐渐丰富之后,人们对于权利体系的认识逐渐深刻,使上述的这种实体化的思维及做法受到了巨大的挑战,因为它混淆了权利和权利客体的界线,且导致所有权与其他民事权利混乱不堪。即使在不承认无形物的立法中,如德国,其《民法典》第90条规定法律意义上的物仅为有体物,在一些制度(如权利利用、权利担保)中也不得不把权利作为物权的客体,这种

---

[①] 马俊驹、梅夏英:《无形财产的理论及立法问题》,载《中国法学》2000年第2期。

现象被德国学者称为物权概念的有限性。① 这就需要对财产、物、权利这些范畴重新予以审视。从逻辑上分析，不应将物视为财产，因为具有经济价值的仅是物所包含的"财富"——权利利益而非物本身。物仅为权利的标的，无论何人享有权利的标的，根本就不是财产。② 从这一层面上讲，一切财产都是无形的——都是权利。在表达某物是财产时，实际是在表述"物的所有权"是一种财产。因此所有人拥有的也完全是权利，而所有权自身也是一种无形的财产权。因此，享有物的所有权，同享有某种权利属于同一层次的表述。这样，"所有权以外的权利不再是所有权的客体，而是与之并列的无形财产的一种。物仅仅是权利的一种客观表现形式。权利并不仅仅依赖有形物而产生，而是一种法定利益。"③

就质权制度而言，动产质权的标的实际上不是该动产本身而应为该动产的所有权。从表面上看，由于对质物的留置及最终处分，都体现为对物的支配。但从其法律关系的本质而言，质权人所支配的应是质物的所有权，并最终以此出让、变价。即"物权确立了人与物的支配关系，其实仅是一种事实，而法律关系也不可能存在于人与物之间，因它毫无意义。"④ 在以所有权以外的权利出质时，正如以物为权利的客体时，对该物的处分与对权利的处分实属同一，因而其与动产质并无不同。而且，二者最终都以标的的交换价值受偿，故均为价值权，具有同一性，在适用上具有互补性。权利质权的设立无须转移实物占有，变价迅速，保管容易，加之财产权利证券化的助推，大有超越动产质权的趋势，其在信贷、融资方面可与抵押权一争高下。所以有学者认为，以财产权（抽象得到象征性财产）作为担保物的主要形式，并不是传统动产担保形式衰落的标志，而是其在现代社会重构和繁荣的象征。

---

① 孙宪忠著：《德国当代物权法》，法律出版社1997年版，第20页。
② 尹田著：《法国物权法》，法律出版社1998年版，第55页。
③ 马俊驹、梅夏英：《无形财产的理论及立法问题》，载《中国法学》2000年第2期。
④ 尹田著：《法国物权法》，法律出版社1997年版，第30页。

## 二、权利质权标的的范围

基于上述，动产质权实际上是以动产所有权出质，那么是不是除所有权以外的其他权利都可以作为质权的标的呢？对权利质权的标的，各国（地区）规定大同小异。《德国民法典》第 1273 条第 1 款、第 1274 条第 2 款规定，权利（除不可让与的外）得设质；《瑞士民法典》第 899 条规定为可让与的债权及其他权利；《意大利民法典》第 2784 条规定，以动产为标的债权和其他权利可设立质权。我国台湾地区《民法典》第 900 条规定为可让与的债权或其他权利。我国《担保法》第 75 条规定，汇票、本票、支票、债券、存款单、仓单、股份、股票、商标专用权、著作财产权、专利权等依法可转让的财产权，可以设立质权；《担保法解释》第 97 条规定，公路桥梁、公路隧道或公路渡口等不动产收益权可以出质。

综合上述立法，可以设定质权的权利应符合如下条件：

第一，须为财产权。因权利质权亦为价值权，其实行时必须能够予以变价受偿，故生命权、名誉权等人身权不得设质。

第二，须为可让与的财产权。设定质权的目的在于确保被担保债权届期未受清债时，对质权标的变价处分予以优先受偿。在作为质权标的的权利变价处分时，须对该权利进行转让。因此，对于法律禁止让与、扣押或担保的，或本身不具让与性的财产权，如抚恤金受领权、抚养金请求权、公司设立登记前的股份等，不得为权利质权的标的。

第三，须与质权的性质相符。具有附属性的财产权，由于不可独立进行处分，故在其上不得设质。对于不动产物权（如地上权、永佃权，及准不动产物权，如渔业权、矿业权等），由于各国多规定权利质权也适用动产质权的规定，因此以此类权利设质则明显不符合动产质权的规定（在上述财产权上可成立抵押权）。

## 第二节　普通债权质权

**一、普通债权质权的设定**

普通债权指民法上的债权，它相对于以特别法设定，如以有价证券为表彰的债权。普通债权可因契约、无因管理、不当得利、侵权行为等产生。[①] 由于人身侵权损害赔偿不符合前文所述的设质条件，故一般予以排除。对于附条件、附期限的债权，尤其是附条件债权，有可能其所附条件自始至终不能成就，但就其本质而言，债权人可享有对此债权的期待权，法律保障它的正常实现，所以对于它的让与性、财产性并无异议，因而本质上并不与设质债权的要求相冲突，至于其可能会给质权人带来的不安全因素，应由当事人自己予以衡量或选择其他方法加以保障（如要求债务人提供其他辅助担保措施），因此这类债权也可入质。对于无法律基础的将来事实，如将来可能发生的租赁请求权，将来的卖价请求权等，它们仅是一种可能性，并不构成法律上所认可、保护的权利，因而其让与性及经济价值无法律保障，与担保债权实现的目标相左，不应作为质权的标的。

对于权利质权的设定，各国（地区）规定存在差异。《日本民法典》第363条规定，以债权为质权标的的，如有债权证书，则交付证书方可发生质权设立效力；《瑞士民法典》第900条也作了类似的规定。我国台湾地区对权利质权的设定有设定通则（台湾地区《民法典》第902条）与特则（台湾地区《民法典》第904、908条）之分。前者规定，权利质权之设定，除本节有规定外，应依权利让与的规定；而对后者则因设质标的性质的不同而各有其异，就债权质权设立而言，规定：以债权为标的物的质权，其设立应以书面为之，如有债权证书者并应交付其证书于债权人。

综合上述立法，以普通债权设定质权，须满足以下条件：

---

[①] 王成：《论债权质权的设立与效力》，载《中外法学》1999年第4期。

1. 须签订书面合同。普通债权仅为相对权，且又无法以具有流通性、公示性的证券予以表彰，故使得其质权人无法像动产质权及证券债权质权人那样可通过占有标的物或其权利凭证来现实地把握标的的交换价值。如德国规定权利质权的设定，按权利转让的方式进行，而其权利转让也须由债权人与第三人签订书面合同。我国台湾地区《民法典》第 904 条也规定，债权质权设定须签订书面合同。我国《担保法》虽未明确普通债权的设质条件，但根据《担保法》第 64 条关于"出质人和质权人应当以书面质押形式订立质押合同"的规定，以及该法第 78、79 条关于股票及知识产权等质权的设定须签订书面合同的规定，可推出普通债权设质应以书面合同为成立要件。上述立法的目的在于弥补债权设质时公示性的缺陷。

2. 须通知设质债权的债务人。由于在质权实行时须对质物予以变价受偿，在动产质权中，即是处分、转让质物的所有权，而对于权利质权则是通过转让设质的财产权来得以受偿。所以对财产权设定质权最终会达到与权利转让同样的效果，所以对于权利质权设质除参照动产质权的规定外，权利转让的相关规定也应予以适用（《德国民法典》第 1274 条、我国台湾地区《民法典》第 902 条）。在债权转移的规定中，为保护债务人的利益，各国（地区）立法大多规定须对债务人通知债权已发生移转的事宜（《法国民法典》第 1690 条、《日本民法典》第 467 条、我国台湾地区《民法典》第 297 条、我国《合同法》第 80 条）。同理，在对债权设定质权时，也应向债务人通知债权设质的事宜。但对于该通知要件属于债权质的成立要件还是对抗要件，各国（地区）立法存在分歧。法国、德国以通知债务人为质权的成立要件（《法国民法典》第 2015 条、《德国民法典》第 2090 条）；瑞士和我国台湾地区则以通知作为对抗第三债务人的要件，如果不通知，则第三债务人得因向债务人清偿而予以免责（《瑞士民法典》第 900、906 条、我国台湾地区《民法典》第 907 条）；日本则把该通知作为对抗第三债务人及其他第三人的要件（《日本民法典》第 364 条）。我国《担保法》对此未作明文规定，但依据《合同法》第 80 条关于债权转让的规定："未经通知，该转让对债务人不发生效力"，可知我国系采通知对抗要件。

3. 如有债权证书，应将其交付于质权人。在普通债权质权中，若出质人隐匿证书不予交付会对债权质权的设立产生什么影响呢？我国台湾地区一些学者认为，"不生质权设立之效力"①。对此也有持不同意见的。普通债权与证券债权不同，质权人对设质债权有无证书难以知晓，且对于普通债权，其证书仅为证据证书，转移占有该证书，并无法产生留置效力。所以，对于以普通债权设质，在无债权证书时，以设立质权的书面合同为成立要件。当存在证书而出质人隐匿该证书不予交付时，除依据一般情形可确定有证书（如存折、保险单等）存在时须交付后方可成立外，对在其他情形下，仅以书面合同即可成立质权。此外，普通债权证书，不是权利证券，无流通性，故质权人占有该证券，并不足以产生留置效力从而剥夺出质人的处分权；并且债权质权的公示方法为前述的通知第三债务人为已足。所以对于该证书的交付方式，"现实交付及观念交付均得为之。易言之，占有改定的也不应为禁止之列"②。而且，日后该证书的返还并不能消灭质权。

**二、普通债权质权的效力**

（一）被担保债权的范围

债权质权与动产质权仅是标的不同，其与动产质权并无本质区别，故对其所担保的债权的范围，各国法均有参照动产质权规则适用的规定。所以除当事人另有约定外，债权质权担保的债权范围与动产质权的债权范围一致。

（二）标的物范围

根据质权的不可分性，债权质权的效力及于标的债权原本及其利息，还包括其附随的各种担保权。

（三）质权人的权利

1. 证书留置权。普通债权的证书仅为证据证书，对它的留置与动产质权中质权人对质物留置的效力不同，"已不生迫使债务人从速

---

① 谢在全著：《民法物权论》下册，中国政法大学出版社1999年版，第810页。
② 同上书，第810页。

履行之效果"①，但作为证明债权质权成立的依据，在被担保债权未受完全清偿前，质权人有权予以占有，拒绝返还。

2. 孳息收取权。除当事人另有约定外，设质债权的利息也一并作为担保标的物，出质人已失去了对债权的处分权，无权接受履行，也无权收取孳息，而由质权人收取，即质权人享有孳息收取权。

3. 变价权。当设质债权的价值足以害及质权人权利时（如以铺面出租权设质，但该铺面所处街面即将拆迁会害及日后质权的实现以及债务人陷于破产等情形），质权人可先于被担保债权清偿期到来时（在其质权尚未具备实行条件时）对该债权处分，将质权标的转移到变价所取得物之上。但同时，由于债权为相对权，其债务人在债务未届履行期时，享有期限利益，对于质权人提前履行债务的要求，其也有权予以抗辩，则此时，质权人也可要求出质人另行提供担保，以确保质权日后实现。

4. 优先受偿权。由于债权质权的标的是债权请求权，故有可能产生被担保债权履行期与设质债权履行期不一致的问题。现分别予以分析：(1) 设质债权清偿期先于被担保债权届至时，大多数国家（地区）规定，此时质权人得请求债务人，提存其为清偿的给付物（《德国民法典》第1281条、《日本民法典》第367条3项、我国台湾地区《民法典》第905条）。我国《担保法》第77条规定，可由双方约定提前清偿被担保债权或予以提存。但日本民法对设质债权的清偿标的物是否为金钱分别予以规定，当债权标的物是金钱时，质权人仅得请求第三债务人提存其偿还金额，质权存在于其提存金请求权中②；若不是金钱时，则原有的债权质成为物上质。(2) 若设质债权的履行期同时于或后于被担保债权的，大多数国家规定，质权人在该入质债权届清偿期时，即享有收取权（《日本民法典》第367条、我国台湾地区《民法典》第906条以及我国《担保法解释》第102条）。即当被担保债权届期未受清偿时，质权人有权实行其质权，但由于设质债权并未届期（如二者同时届止，则质权人自可直

---

① 谢在全著：《民法物权论》下册，中国政法大学出版社1999年版，第828页。
② 〔日〕近江幸治著：《担保物权法》，法律出版社2000年版，第280页。

接向第三债务人请求给付),则"不能因质权之设定而剥夺第三债务人之期限利益,或质权人享有优于出质人之权利"①,因此,对质权人而言,他仅是替代出质人充当第三债务人的债权人而已。第三债务人对于原债权人的抗辩权,对于质权人也依然享有。故第三债务人并不负有提前清偿债务的义务。而只有当该债权也届履行期时,质权人方得以自己的名义向第三债务人请求给付。当给付物为金钱时,以其债权额受偿;若为动产或不动产时,则质权人仅有权请求交付,进行占有,而不得请求对给付物的所有权进行移转。但因此时质权已完全具备实行的条件,则他有权对此给付请求权予以转让或直接以自己的名义对给付物予以变价,而就所得款额在其债权额内予以收取,剩余款额返还于出质人。

(四) 质权人的义务

设立质权时,出质人有交付债权证书的义务,虽然该证书并非质物,但它有证明债权存在的作用,故参照动产质权的规定,债权质权人也有妥善保管该证书的义务,在质权消灭后,有返还该证书于出质人的义务。

(五) 出质人的权利和义务

债权质权中,出质人的权利义务应准用动产质的规定,但对出质人的处分权作了很大限制。大多数国家和地区的法律规定,非经质权人同意,出质人不得以法律行为使设质债权消灭或变更(《德国民法典》第1276条、我国台湾地区《民法典》第903条)。虽然出质人已将其债权设质,但其债权人地位并未改变,且以债权设定质权的,无法像动产质那样切实占有质物并对外进行公示,质权人对设质债权交换价值的支配力也无法与动产质权人的支配力相比。因此,出质人很容易对质权人的利益造成侵害,所以应对出质人处分设质债权的行为加以限制。因债权一般很难通过事实行为加以消灭、变更,因而对其的侵害多以法律行为予以实施,如为抛弃、免除、抵销以及减少债权数额、延长债权履行期等即是。这些行为的实施都会使得设质债权消灭或对其交换价值造成减损,难以担保债权足

---

① 谢在全著:《民法物权论》下册,中国政法大学出版社1999年版,第825页。

额受偿,因此若未经质权人同意,出质人实施此行为的,应对其加以一定的限制。基于前述,在普通债权质权中,多对通知第三债务人的效力采对抗说,因此若该处分行为是在设质通知到达后才实施的,则质权的设定可以对抗第三人,则该处分行为对质权人不生效力;若是在处分行为实施后才发出通知的,因质权设定对该处分的相对人不具有对抗力,所以该处分行为对质权人产生效力,应由出质人对质权人承担赔偿责任。

**三、普通债权质权的消灭**

普通债权质权的消灭原因与动产质权的大致相同,但有下列特例,应予说明:

1. 当债权人、债务人发生混同时,则债权消灭,因附随性所致,质权也予以消灭。但当权利质权存续于权利人或第三人有法律上的利益时,权利质权仍不消灭(我国台湾地区《民法典》第763条第2款)。所以,当出质人与第三债务人发生混同时,及质权人与第三债务人发生混同时,并不发生质权消灭。

2. 如前所述,债权证书仅具证据效力,因此,在被担保债权尚未清偿期间,债权证书返还,不生消灭质权的效力。

3. 在债权质权中,以通知第三债务人作为质权设立的公示要件,同理,当质权人通知第三债务人撤销债权质权时,也即以公示方式解除了质权对于第三债务人的支配效力,质权应当予以消灭。

## 第三节 有价证券质权

**一、有价证券质权概述**

有价证券质权,指以有价证券作为标的的质权(简称为证券质权)。有价证券有广义、狭义之分,前者系指表彰财产权的证券,该财产权的发生、移转或行使须全部或一部依证券进行,广义的有价证券包括债券、股票、各类票据、仓单、提单等;后者仅指公司发行的股票。这部分讲述除股票以外的有价证券质权。广义的有价证券可有多种分类方法。首先，依据所表彰权利的性质，有价证券可分为物权证券、债权证券和股权证券，如仓单、提单即为物权证券，支票、汇票、本票、债券等属于债权证券，股票属股权证券。其次，以是否记载权利人姓名及其记载方式为标准，有价证券又可分为无记名证券和指示证券。由于有价证券本质上属权利证券，是财产权利的载体，同时具有较强的流通性，因而以其作为质权的标的，一方面克服了动产质押须转移物的占有，使标的物使用价值难以发挥及增加质权人负担的弊端，另一方面也克服了以普通债权设质时，由于标的债权难于确定、稳定性差、其实行及消灭情形复杂等对质权人保护不周的弊端。所以，证券质权既减少了当事人的交易成本，又增强了质权担保的安全性与变现性，正日益得到广泛的运用，成为权利质权体系的重要支柱，而且有代替动产质权的趋势。各国（地区）立法对有价证券质权都有规定（《德国民法典》第1292条、《瑞士民法典》第901条、我国台湾地区《民法典》第908、909、910条，我国《担保法》第75、76条）。

在对有价证券中的物权证券（提单、仓单等）设定质权时，是按动产质权还是权利质权设定，各国（地区）立法和学说多有分歧。有的认为，这类证券系表彰其所代表物品物权的证券，占有物品与占有证券有同一效力，故以物权证券设立质权的应系动产质权[①]，如《日本商法典》第575、604条规定有交付提单于有受领运送物权利之人时，其交付就运送物所得行使之权利，与运送物之交付有同一之效力；《瑞士民法典》第902条第1款也规定，出质代表货物的有价证券即是对货物设质。但与前述不同的是，我国《担保法》第75、76条参照台湾地区《民法典》第908—910条的规定，将上述物权证券质权列为权利质权。并且认为，虽然这类证券上表彰的是物权（相当多的即代表标的物的所有权），但此时对标的物的处分仅得依证券进行，而并不针对物品自身，对物品也不发生占有转移。所以，以这类证券出质设立的是权利质权。

---

① 谢在全著：《民法物权论》下册，中国政法大学出版社1999年版，第818页。

## 二、有价证券质权的设定

### (一) 无记名证券设质

无记名证券,指"不记载特定之权利人,而以持有人为执行其权利之人,惟依交付而移转之证券"①。以这类证券出质,除有当事人合意外,须转移占有该证券于质权人处,方可成立(《瑞士民法典》第901条、我国台湾地区《民法典》第908条)。根据我国《票据法》的规定,并不承认无记名票据,所以不得以无记名票据作为质押标的。

### (二) 记名及指示证券设质

由于这类证券上明确载明权利人姓名或名称,或记载为依某人的指示享有权利者,如仓单、提单、记名汇票、本票、指示票据等,其对证券的权利人予以特定化,因此,若要转让该证券所表彰的权利,须通过背书行为进行。以这类证券设定质权时,须按权利转移规定进行,即也须背书。所以,对于这类证券设定质权时,除有当事人合意及交付证券外,还须在证券上背书。但此时,对于因设立质权而对证券予以背书时,对背书方法的规定,各国(地区)立法例及学说多有不同规定和见解。

《德国民法典》第1292条规定,对票据或其他可以背书转让的证券设立质权的,只需有债权人(票据权利人)和质权人之间的协议并移交有背书的证券即可。因此,背书上是否附有设质文义在所不问。在我国台湾地区,立法并未限定设质背书的方式,有学者认为,应采用德国法一样的解释②,但也有学者认为,设质背书与让与背书并不相同,故应载明设质意图③。我国《票据法》第35条规定,汇票设质须背书记载"质押"字样。所以,在我国对票据予以设质背书时,如载有设质文句的,应具有票据法上的效力;若设质在票据上未载有设质文句的,其效力如何,《票据法》并未规定,《担保

---

① 史尚宽著:《物权法论》,中国政法大学出版社2000年版,第398页。
② 史尚宽著:《物权法论》,中国政法大学出版社2000年版,第401页;谢在全著:《民法物权论》下册,中国政法大学出版社1999年版,第815页。
③ 谢在全著:《民法物权论》下册,中国政法大学出版社1999年版,第815页。

法解释》第 98 条规定，于此种情形，以票据出质对抗善意第三人的，法院不予支持。即质权仍然成立，但仅具有民法上的效力，不具备对抗善意第三人的效力，实际上记载设质背书文句为票据出质的对抗要件。此外，对于质权人任意处分该设质证券的，如转让背书或出质背书，我国《担保法解释》第 101 条规定为无效。

当以票据为标的设立质权时，若票据上记载有"不可转让"字样的，对于其质押效力有何影响？我国《票据法》第 27、34 条分别规定，出票人在汇票上记载不得转让字样的，汇票不得转让；背书人在汇票上记载不得转让字样的，其后手再背书转让的，原背书人对后手的被背书人不承担保证责任（上述规定的效力也同样及于本票、支票）。一般将前者称为出票人的禁转记载，将后者称为背书人的禁转记载。在出质人以载有出票人禁转记载内容的票据出质时，因出票人的禁转记载已明确表明了票据权利不得转让，否定了该票据的流通性。因此，以这种票据出质的，一方面违反了出质人在创设票据权利时的本意，当实行质权后，质权人持票向票据债务人要求付款时，前者可依据票据上的记载进行绝对的抗辩，故其无法产生票据法上的效力；而另一方面此票据不具备流通性与可转让性，不得作为质权之标的，所设立的质权也应为无效。在以有背书人禁转记载票据出质的情况下，由于背书人并不是票据权利的创设人，他的禁转记载效力远弱于出票人的，他仅是对票据的流通性做了一定的限制，而并非绝对否定，即仅发生对除他的直接被背书人之外的其他后手不承担票据担保付款责任的效力。所以这种票据仍可进行转让，也可以进行质押。只是在质权人行使质权时要受到一定程度的限制，即不得将已作了禁转记载的背书人再列为票据追索的对象。

### 三、有价证券质权的效力

兹就有价证券质权中质权人权利的特别之处予以论述，其他问题可参照前述章节所述内容。

（一）优先受偿权

1. 当有价证券的清偿期或提货日期先于被担保债权履行期届止

的,由于各国(地区)立法对于流通性的有价证券规定了时效性,以加快其流通,最大限度地实现其交换价值,所以若不及时行使该权利,则有使权利灭失的危险,对于出质人和质权人都是巨大的损失。而且对于无记名和可背书转让的证券,其权利的实现只须提示证券或由出质人进行转让背书即可,无须采普通债权质中先替出质人予以提存,大多国家和地区的法律规定在此情况下,质权人可提前收取证券上所应为的给付(《德国民法典》第1294条、我国台湾地区《民法典》第909条、我国《担保法》第77条)。兑现或提货后,对于给付物,因被担保债权尚未届履行期,质权尚不具备实行的条件,所以不得直接收取给付物作清偿,而仅得暂为保管。在债权清偿期届止后,方可优先受偿。当然当事人各方可自愿协商提前清偿债权(我国《担保法》第77条)。

2. 当有价证券的清偿期或提货日期先于被担保债权履行期届止的,因质权的实行条件已具备,故质权人可依质权的实行直接优先受偿。

3. 若设质证券的清偿期或提货期后于被担保债权的清偿期时,因此时被担保债权履行期已届止而未获清偿,质权已具备了实行的条件,但由于担保标的有价证券的清偿期或提货日期尚未届止,则第三债务人无义务提前履行其债务。故质权人此时仍无法收取证券权利,质权人只得在证券的清偿期或提货期届止时方可优先受偿[①](我国《担保法解释》第102条)。但有价证券以流通性为其最大特点,在证券的清偿期或提货日期仍未届止时,若质权人认为有必要提前终止此证券法律关系时(如避免利率下降,减少洪灾对仓储物的减损),可提前处分此证券,如贴现提取现款[②],若为恶意损害出质人利益时,则应负担赔偿之责。

(二) 证书留置权

有价证券与普通债权的证书差别甚大,因其所表彰的权利须提示证券方可了以实施,所以其不仅为证据证书,而且交付该证券是

---

① 谢在全著:《民法物权论》下册,中国政法大学出版社1999年版,第839页。
② 同上书,第838页。

有价证券质权成立的条件之一。这与动产质权须移转标的物占有的效力相同。所以,质权人任意返还该证券则意味着质权的消灭。在被担保债权未受清偿时,质权人无义务返还该证券。

**四、有价证券质权的消灭**

有价证券质权的消灭与普通债权质权类似,须指明的是,有价证券质权人基于自己的意思将有价证券返还于出质人或非基于质权人的意思而丧失有价证券的占有且不能依法请求返还时(如依公示催告程序),质权归于消灭。

## 第四节 股权质押

**一、股权质押概述**

股东因对公司出资从而在公司资本中占有一定比例的股份,并据此享有"依法定或公司章程规定的规则和程序参与公司事务并在公司中享受财产利益的具有转让性的权利"[①],这就是股权。股权虽然并不完全属于财产权范畴,但其中含有财产性的内容,如股东享有分红权、新股优先认购权、剩余财产分配权、股份转让权等。因此,财产性和让与性使得股权也具备质押标的的特性,于其上也可以成立质权。许多国家和地区的立法对在股权上设立质权作了规定(法国《商事公司法》第46条、德国《有限责任公司法》第33条、《日本商法典》第205、207、209条、《日本有限公司法》第23、24条)。

我国《公司法》中缺乏股权质押的规定,但在公司法颁布前施行的《股份有限公司规范意见》中允许设立股份质押;《担保法》第75、78条对股权质押作了规定,《担保法解释》第103、104条又进一步加以完善。但《担保法》在术语使用上似存在不当之处。首先,

---

① 孔祥俊著:《民商法新问题与判解研究》,人民法院出版社1996年版,第280~281页。

关于"股份"和"股东出资额"。《担保法》第 75 条第规定,"依法可以转让的股份、股票"可以质押;该法第 78 条第 3 款规定:"以有限责任公司的股份出质的,适用公司法股份转让的有关规定。"但在《公司法》第 2 章"有限责任公司的设立和组织机构"中使用的是"股东出资额"这一用语,如该法第 22、31、36 条等,并未出现"股份"一词的使用。一般来说,"股份"是股份有限公司中使用的术语,如《公司法》第 129 条规定,股份有限公司的资本划分为股份,每一股的金额相等。因此,"股份"是股份公司的特有概念,而在有限责任公司中则应使用"股东出资额"即"股单"。我国《担保法》对二者予以混用实属不当。其次,关于"股权"、"股份"和"股票"。股份是公司资本的成份和最小的计算单位,并且是股权存在的基础和计算股权比例的最小单位;股票则是股份的表现形式,"是公司签发的证明股东所持股份的凭证"(《公司法》第 129 条第 2 款)。所以股份与股票是两个不同的概念,不应并列使用。并且,股份也不过是股权的存在基础与计算单位,所以无论股票还是股份又都是股权的外在表现,而且无论是有限公司还是股份公司,股权从本质上讲都是股东以其向公司出资,作为对价支付而取得的权利。因此,不论从权利质押的角度,还是从公司的相关理论出发,用"股权质押"最为恰当。

**二、股权质押的设定**

(一)股权质押的标的物

传统公司法理论一般将股权区分为自益权和共益权,前者以财产性内容为主,后者以人身非财产权性内容为主。据此,有学者认为既然权利质权的标的须为财产性权利,故股权质押也仅以股权中的财产性权利为质权的标的[①]。这实际上是一种误解。因为股权中的自益权和共益权并不是相互独立的两种权利,而是基于相同的目的——经济利益最大化,而紧密结合在一起的一种新的权利。所以股权应是单一的而非集合性的权利,这里所说的自益权与共益权也如同

---

① 毛亚敏著:《担保法论》,中国法制出版社 1997 年版,第 217 页。

所有权的占有、使用、收益和处分诸权能的表述一样，是股权的具体权能的表现而已。以权利质押在实施效力上类似于权利转让，以股权这种单一性权利质押的，也如同股权的转让一样，应是对其全部权能的处分，只有这样才能使质权人的权利真正得到有效的保障。

（二）股权质押的设立条件

1. 有限责任公司股权质权的设立条件

在有限责任公司中，股东的股权以其对公司的出资额为表现形式，以出资证明书作为出资的凭证。但这种证书并非是有价证券，除有证明力外，并无流通、转让性质。而这并不妨碍有限责任公司股东股权的转让性（《德国有限公司法》第15—17条、《日本有限公司法》第19条、我国《公司法》第35、36条、我国台湾地区《公司法》第111条）。所以该股权当然可为质权的标的。根据《德国民法典》第1274条规定，股权作为可以转让的权利，以其出质的也按照其转让的规定加以设立；《日本有限公司法》第23、20条规定，股份可作为质权的标的，且依据股份转移的规定，非将质权人姓名、住所及移转的股数记载于股东名册，不得以之对抗公司及第三人；我国台湾地区《民法典》及《公司法》虽未明确对有限责任公司股权出质进行规定，但依据股权的性质，台湾地区学者认为依其《民法典》第903条、《公司法》第111、104条的规定，可按股权转让方式设立股权质押①。我国《担保法》第78条第3款规定，以有限责任公司股份出质的，适用公司法股份转让的有关规定。质押合同自股份出质记载于股东名册之日起生效。

综合以上立法，对有限责任公司股权质权的设立条件可概括如下：

（1）须满足股权转让的条件

第一，若出质人对同一公司其他股东以股权质押的，《日本有限公司法》第19条第2款规定应经股东会同意；我国《公司法》规定，股东之间可以相互转让其全部出资或部分出资；股东之间转让出资的，由公司将受让人的姓名或名称、住所及受让出资额记载于

---

① 谢在全著：《民法物权论》下册，中国政法大学出版社1999年版，第820页。

股东名册(《公司法》第35、36条)。股权质押当与此同。

第二,若出质人对股东以外的人以其股权进行质押的,各国规定了不同的条件。《德国有限公司法》第16规定,须以公证方式订立合同,且须向公司申报以该出资额出质并对质权人予以证明时方可。根据我国《公司法》第35条第2款,股东向股东以外的人转让出资的,必须经全体股东过半数同意;不同意转让的股东应当购买该转让的出资,如果不购买该转让的出资,视为同意转让。股权质押也可类推适用上述规定。

第三,当质权人是公司时,由于质权的实行将实际上导致股东出资额的收回,这对公司资本的维持、稳定会产生消极影响;但并不意味着这种行为是被完全禁止的,基于特定的情势或满足一定的条件,该行为也应当予以允许,因此股东以本公司为质权人的股权质押在一定条件下是被允许的。例如,《日本有限公司法》第24条准用其《商法典》第210、211、212条等关于公司取得自己股份的规定,在公司如因合并或受让其他公司的全部营业时,或为达到实行公司权利的目的所必要时等场合,以股东的出资额向本公司质押的,则是允许的,但须满足公司所接受的出资额不得超过总资本的1/20,以及年末资产负债表中净资产额不得少于各项应扣金额之和等条件。我国《公司法》第34条规定,股东在公司登记后,不得抽回出资。因此在我国股东(出质人)以其公司为质权人的股权质押是被禁止的。

此外,对有限责任公司的股权质押,各国(地区)还要求必须对其进行登记,但对登记的效力各国规定不同。《日本有限公司法》第20条规定,对股权质押不登记于股东名册,不得以之对抗公司及第三人;根据我国《担保法》第78条第3款规定,以有限责任公司的股份出质的,质押合同自股份出质记载于股东名册之日起生效。日本之所以采对抗条件,是与其登记不具备公信力而仅具对抗效力的立法传统有关;同样,我国在有关登记的立法中,大多采取的是登记生效要件,股权质押也不例外。

(2)须满足质押成立的条件

即有当事人设立质权的合意,签订股权质押合同即可。

2. 股份有限公司股权质权的设立条件

在股份有限公司中，股东股权的大小体现在其股票的持有量上。股票与有限责任公司的出资证明书和股单有着本质的区别，它本身就是一种典型的有价证券，各国（地区）立法都承认其在符合一定条件时的可转让性和可质押性。《德国股份公司法》认定股票为法定指示证券[①]，该法第68条规定，记名股票依背书交付并应在股东名册上予以过户；《日本商法典》第207、208、209条专门规定了股份公司股份设质的条件；我国台湾地区《公司法》第63条规定，除法律规定禁止转让外，公司章程不得随意禁止股份自由转让。我国《公司法》第143—150条对股份有限公司的股份转让、《担保法》第75、78条和《担保法解释》第103条对股票出质也作了规定。

根据上述相关立法，对股份有限公司的股票设质的条件可概括如下：

(1) 须满足股票转让的条件

第一，积极条件。以我国为例，依《公司法》第133条的规定，公司股票可分为记名和无记名两种（公司向发起人、国家授权投资的机构及法人发行的股票应当为记名股票，对社会公众发行的股票可以为记名股票，也可以为不记名股票）。对股票转让，依《公司法》第145条规定，记名股票，由股东以背书方式或者法律、行政法规规定的其他方式转让；依《公司法》第146条规定，无记名股票的转让，由股东在依法设立的证券交易场所将该股票交付给受让人即发生转让的效力。

第二，消极条件。以我国为例，依《公司法》有关规定，对股票转让存在下列限制：①记名股票于股东大会召开前30日内或公司决定分配股利的基准日前5日内不得进行股东名册的变更登记；②发起人持有的本公司股份，自公司成立之日起3年内不得转让；③公司董事、监事、经理所据有的本公司股份，在其任职期间内不得转让；④股东的股份自公司开始清算之日起不得转让；⑤公司员工持有的公司配售的股份，自持有该股份之日起1年内不得转让；⑥

---

① 史尚宽著：《物权法论》，中国政法大学出版社2000年版，第412页注释1。

其他法律法规规定不得转让的。

(2) 须满足股权设质的条件

在德国，记名股票为指示证券①，依《德国民法典》第1292规定，在指示证券上设定质权，只需出质人与质权人间协调一致并移交有背书的证券即可。《日本商法典》第207条规定，以记名股票作为质权标的，应交付股票，质权人非继续占有股票，不得以其质权对抗第三人。但股票无纸化带来的交易随意化、无形化，极大地冲击了传统的以交付占有为公示手段的股票交易方法，而且现行的股票交易均须通过证券登记机关登记过户方可进行。在证券登记机构对股票出质情形进行登记公示，一方面可限制出质人对股票的随意处分；另一方面也可克服无纸化交易给质权人造成的无法占有股票即无法公示所带来的种种弊端。我国《担保法》为适应股票交易出现的这种网络化的新特点，故在第78条规定，以依法可以转让的股票出质的，出质人与质权人应当订立书面合同，并向证券登记机构办理出质登记，质押合同自登记之日起生效。

最后，与有限责任公司一样，在股份有限公司运营过程中为了保证公司资本充足、确定，以保护债权人和社会公众的利益，各国（地区）立法均对股份有限公司回购资本持否定态度（《德国股份公司法》第71条、《日本商法典》第210条、我国《公司法》第149条第1款），但同时也规定了一些例外情形。因此，股东不得以本公司股份作为质押标的对本公司出质，除非符合例外情形。

### 三、股权质权的效力

(一) 股权出质人的特有权利

1. 出质股权的表决权。对出质股权的表决权由谁行使，立法存在分歧，但大多数国家规定由出质人或其代表行使。如《法国商事公司法》第68条第3款规定，表决权由作抵押的证券所有人行使；《瑞士民法典》第905条规定，公司股票的出质，在公司全体大会上仍由股东代表行使，而不是由质权人代表行使；德国认为抵押权人

---

① 史尚宽著：《物权法论》，中国政法大学出版社2000年版，第401页。

不得妨害股东表决权之行使，但应将作为抵押权标的的股份交付于有信用的第三人，如银行或股东的代理人，经该股东的同意代为行使，违者负赔偿责任。① 这是因为，表决权，包括其他的公司事务参与权，都以具备股东身份为基础而发生，除非有股东的委托，否则他人不得代为行使这些权利。在质权未实施之前，质权人仅为设质股权的占有者，而非真正股权人即股东，因此在未取得股权前，质权人不得行使包括表决权在内的公司事务参与权。但对于以股票交付成立的无记名股权质权，其与动产质权几乎一样。在第三人看来，该质权人与真正股东无多大区别，除非有相反约定，则该质权人应有权享有包括表决权在内的所有公司事务参与权。

2. 新股优先认购权。该权利虽具财产性，但其并非为设质股权的孳息或从物，而仅是基于股东地位而派生的财产权，非股东不得行使，所以在质押期间，该权利仍由出质人享有。

（二）股权质权人的变价权

1. 有限责任公司。对于有限责任公司股权质权，因不涉及股权与被担保债权履行期不一致的问题，所以当质权实行条件具备时，可按照公司法的规定，对设质的股权予以转让，以所得的价金清偿债权。

2. 股份有限公司。对于股份有限公司的股权质权，对于以非上市公司的股票出质的，可参照上述关于有限责任公司予以实施。对于以上市公司股票出质的，其股票价值比有限责任公司股权及未上市公司股票的价值更易受市场波动的影响，可能出现股票价格急剧下跌导致无法清偿被担保债权，也可能是股价不断上涨。由于质权人和出质人对市场前景态度不同而对股票计价产生争执，因此需明确界限，对双方权益进行均衡保护。对此问题的解决，可参照中国人民银行和中国证监会在2002年2月发布的《证券公司质押贷款办法》。该办法为控制因股票价格波动而带来的风险，设立了警戒线与平仓线，警戒线的公式为：（质押股票市值/贷款本金）×100% = 130%；平仓线的公式为：（质押股票市值/贷款本金）×100% =

---

① 刘俊海著：《股份有限公司股东权的保护》，法律出版社1997年版，第143页。

120%。当质押股票市场价值与贷款本金之比降至警戒线时,债权人可要求借款人即时补足因证券价格下跌而造成的质押价值缺口,当此比值降至平仓线时,贷款人可及时出售质押股票,所得款项用于还本付息。该办法虽然为质权人行使变价权提供了较为客观的标志,但仍存在一定的局限性。首先,股市价格朝夕剧变、难以准确把握,股票价格在熊市中低迷丝毫不影响其在牛市的猛涨,因此即使达到平仓线,而强迫贷款人在股价最低点出售股票的,对双方利益都有损害。其次,该办法的适用范围仅限于证券公司以自营的股票和证券投资基金券向商业银行质押贷款的情形,且仅属于行政规章,故难于适用一般的股票质押情形,也不得直接作为审判依据。

**四、股权质权的消灭**

对于以有限责任公司的股权和以未上市的股份有限公司的股票出质的,股权质权的消灭须在股东名册上注销设质登记的内容;以上市公司的股票出质的其消灭则须由股票登记机关进行注消登记。对于无记名股票,与动产质权类似,在任意返还或非因质权人意思失去占有而无法重新占有的,则股权质权消灭;记名股票因设质时办理登记且背书转让,因此单纯返还股票的不足以消灭质权,还须进行注销登记。股权质权的其他消灭原因参照动产质权及有价证券质权所述。

## 第五节 知识产权质权

**一、知识产权质权的设立**

知识产权是基于人类的智力创造而由立法赋予创造者支配其智力成果并享受其利益的权利。它一般包括著作权、专利权、商标权等。它们虽然有人身权的内容,但主要是其财产权内容,而且其财产权利可以独立地自由转让,因而这部分也可以设质。

(一)著作财产权质权的设立

我国《担保法》第79条规定,以依法可以转让的商标专用权、专利权、著作权中的财产权出质的,出质人与质权人应当订立书面合同,并向其管理部门办理出质登记。质押合同自登记之日起生效。《著作权质押合同管理办法》规定,管理部门为国家版权局,质押合同自颁发《著作权质押合同登记证》之日起生效。即著作财产权质权以登记为生效要件。

(二) 专利权质权的设立

依我国《担保法》第79条规定,专利权设质的,也须签订书面合同,且以登记为生效条件。并且依《专利法》第14条,当出质人为国有企业事业单位的,经上级批准方可予以出质。此外,依《专利权质押合同管理办法》,其登记机关为中国专利局,从颁发《专利权质押合同登记证》之日为生效日期。依我国台湾地区《专利法》第64条、105条、119条规定,以专利权(包括发明专利、新型专利及新式样专利)设立质权的,应由各当事人署名,附具证明文件,向专利机关申请登记,未经登记者不得对抗第三人。而依据《德国专利法》第6条的规定,专利权出质为不要式行为。而以在专利权登记簿登记为其对抗第三人的条件。由于我国对于专利权采登记生效原则,且基于前述著作财产权的关系条件效力所述,以采登记为其质押生效条件也是适宜的。

(三) 商标权质权的设立

我国现在实行商标注册使用与不注册使用并行的制度,但只有在注册后,才可对商标享有专用权。所以,以商标权设立质权多以注册商标的专用权为标的。而未注册商标,因不享有专用权,所以其经济价值较弱,担保效力不强,一般较少用其设质(《担保法》第79条),以商标专用权设质基本与前述二者相同,仅其登记机关为国家工商行政管理总局,以颁发商标专用权质押登记证为生效条件。我国台湾地区《商标法》第30条规定,商标专用权人设立质权的,须向商标主管机构登记,未经登记者不得对抗第三人。日本商标法也有相同规定。我国之所以采取注册登记为其质押生效条件,这是基于商标财产关系的效力所致。

## 二、知识产权质权的效力

（一）标的物

著作权、专利权中的人身权内容如作品的发表权、专利的署名权因不具备质权标的的特性，故不得作为质权的标的，而除此之外的著作财产权、专利权及商标专用权均得入质。但有几类商标比较特殊，如联合商标、防御商标，前者指"同一人在同类商品上使用的一组近似的商标；后者指同一人在不同类别的商品上使用的同一个商标"①。因他们的用途较为特殊，即注册这种商标是为了防止他人以近似的商标或近似的商品影射、冒充、淡化知名品牌而采取的一种事先自我救济方法，②如果允许其分别转让或许可不同的人使用则会在公众中产生混淆，违背注册该商标的初衷。所以，立法一般规定这类商标权须同属一人，不得分别移转，以免影响他人商标专用权的行使。因而这类商标专用权只得与其正商标一起全部予以转让，方为有效（我国台湾地区《商标法》第29条③）。同理，以这些商标专用权设立质权，也须与正商标一起共同设质。

（二）质权人、出质人的权利义务

由于著作权多以自动保护为原则，所以并无权利证书可用于留置。而专利权证书及商标专用权证书也仅为证明权利人身份所用，其权利转让仍须以登记为准。所以，以专利权及商标专用权设立质权的，也无须对此证书转移占有。

依据质权的性质，质权人仅得限制出质人权利的行使，而不得擅自利用其质权标的。因此，除出质人同意外，质权人不得转让入质的知识产权，也不得再行设定质权（我国也不承认责任转质）。

由于知识产权是立法赋予权利人的一种垄断性权利，为消除其对社会发展带来的负面影响，即以法定许可、合理使用制度以及在

---

① 张俊浩主编：《民法学原理》，中国政法大学出版社1997年修订版，第525页。
② 同上书，第525页。
③ 史尚宽著：《物权法论》，中国政法大学出版社2000年版，第417页。

使用时间、地域等方面加以限制。加之人类知识体系的自我更新与发展，也在不断地影响着这些权利的交换价值；而且在质权实施前，出质人的权利人地位并未发生更改。因此，出质人仍应享有对入质知识产权的用益权。① 其用益所得应归于质权的标的物，所以有学者认为此时的质权更加类似于抵押权。② 而我国立法则规定出质人的用益行为一概为无效（我国《担保法》第 80 条、《担保法解释》第 105 条），似显武断。但对于出质人损害质权的行为（如放弃稿费请求权、低价转让专利权、拒缴专利年费等），则也应依质权的保护制度予以规制。

### 三、知识产权质权的消灭

由于著作财产权，商标专用权及专利权均有各自的消灭原因（如期限超过、专利被撤销、专利年费未予交纳等）。因此，除有与前述各节类似的消灭原因外，还应注意到这些财产权特有的消灭原因而造成的质权消灭的情形（若有赔偿金存在，则即为代位权问题，见前述），兹不赘述。

## 第六节 其他财产权利质权

### 一、商号权设质

商号是商品生产经营者用以同他人相区别而在营业中使用的专有名称。《日本商法典》第 1 编第 4 章，《德国商法典》第 3 章，都对商号进行了专门规定；而瑞典、荷兰则制定了商号特别法；我国台湾地区商业登记法也对此作了规定。在我国，称为企业名称，由《民法通则》、《公司法》、《反不正当竞争法》和《企业名称登记管理条例》等加以规范。商事主体对其商号享有专用权，具有强烈的排它性，商号权主体在商号注册地范围内可以禁止同行业企业使用相

---

① 谢在全著：《民法物权论》下册，中国政法大学出版社 1999 年版，第 827 页。
② 同上书，第 827 页。

同或相近的商号；除特定权利主体外，任何人都不得非法干预和妨碍权利人对其商号权的行使。因而商号已成为商事主体的重要无形资产之一。各国对商号权的转让性均采肯定态度（《德国商法典》第23条、《日本商法典》第24条、我国《民法通则》第99条第2款）。但是商号权有较强的依附性，它的财产价值总是与特定的商事主体相联系，虽然二者在一定程度上可以相互分离，但后者总是要以某个商事主体的存在为其存在和延续的基础。因而日本、德国商法都规定，商号只能和营业一起转让或在废止时转让（《德国商法典》第23条、《日本商法典》第24条），这限制了商号权的独立转让性。所以在德国、日本两国，商号权不得作为质权的标的。

虽然商号权具有依附性的特点，但由于商事主体的营利性目的以及现代社会中人格利益的普遍商化，使得商号权中的那些非财产性的专属性极强的人格利益被淡化，而那些非专属性的经济利益则逐渐占据主要地位。其次，通过对商号权实施转让、授权特许使用或出资等，不仅可为商事主体带来经济收益，也可使商号权得以增值，并且也从另一方面增强对商事主体的保护力度（如对商号仿冒行为从被动的单纯禁止转向允许商号权人主动授权他人进行商业性使用而获取使用费，这既增加了商事主体的收益也可减少侵权行为的发生）。所以，商号权可以而且应当具有单独转让性[1]，因此也可以设立质权。[2] 依我国台湾地区《商业登记法》第19条规定，商号权设质，除当事人设质合意外，非经登记，不得对抗善意第三人。[3] 我国企业登记采登记生效原则，故对商号权质押除当事人有书面质押合同外，须经登记，质权才能生效。

### 二、商业秘密权设质

商业秘密也属企业的无形财产，是指不为公众所知悉、能为权利人带来经济利益、具有实用性并经权利人采取保密措施的技术信

---

[1] 程合红：《商事人格权》，载《政法论坛》2000年第5期；任先行、周林彬著：《比较商法概论》，北京大学出版社2000年版，第247页。
[2] 史尚宽著：《物权法论》，中国政法大学出版社2000年版，第418页。
[3] 同上书，第418。

息和经营信息。商业秘密权具有单独转让性。我国目前仅在《不正当竞争法》第10条中对商业秘密作了概括性规定，对它的设质无明确规定。商业秘密以保管、使用的隐蔽性、非公开性为特征，缺乏如专利制度的许可使用制度，一旦公开、泄露则即丧失其权利属性。其次，商业秘密没有权利凭证，也无公示登记制度。所以，商业秘密权设定质权与普通债权质权一样，签订详细全面的书面合同即可。

### 三、不动产收益权设质

基于现代政府职能的转变，以往由政府承担的许多大型基础设施的维修、维护、管理职责，现在通过多种形式，如BOT方式、承包、代建等转移给特定的法人组织，而由该组织以国家授予的对该项目的收费、经营权利来补偿其投资成本和支出并以此来获取收益。这些权利的总和称为特许经营权，是一种不动产收益权，属于债权范畴。其次，由于大型基础工程的修建、运营担负巨大风险，需要多元化的担保手段来予以化解，而单纯以自有资本或第三人资本作为融资担保，不仅成本巨大同时也增加了其自身的资产风险。但若以该项目的特许经营权为担保手段，因其收益较为稳定，又可弥补其自身资金、信用的缺口，所以大型基础设施的建筑、运营商可以其特许经营权作为经营担保手段。现在，法律允许特许经营权独立转让及进行质押（《担保法解释》第97条）。由于特许经营权是由政府批准而获得的特许权利，因此以此权利设定质权的，除签订质押合同外，还须政府部门批准登记方可生效，如对于以道路、桥梁收费权设立的质权，根据国务院《关于收费公路项目贷款担保问题的批复》，须以省级政府批准收费附件作为权利证书，公路所在地交通主管部门为公路收费权质押的登记部门。因此在设立此种质权时，还须移转其权利证书，并由其主管部门予以登记。

# 第四编 留置权

## 第十二章 留置权制度概述

### 第一节 留置权制度的沿革及比较

#### 一、留置权制度的历史沿革及比较

（一）留置权制度概述

留置权是债权人占有他人动产而在有关该动产所生债权获得清偿前，得留置该动产作为担保债权受偿的法定担保物权。[①] 在有关担保形式的分类中，留置是特殊的一类，与保证、抵押、质押及定金等担保方式相比，"法定"是其特点，即其发生条件是由法律直接规定的（但当事人可以约定排除其适用），而不依当事人的约定产生，从这一点上，留置权被称为法定担保物权。

近代各国法中主要存在两种留置权：民事留置权和商事留置权。这二者在历史沿革上有所不同。民事留置权源于罗马法的恶意抗辩，指的是债权人对于相对人负有与其债权相关的债务时，在债务人未履行其债务期间，得拒绝自己所负担债务的履行。这种拒绝履行的抗辩权与抵销的抗辩权、同时履行抗辩权同属诈欺抗辩权。这种抗辩是一种仅能对于特定人行使的抗辩，是对人的抗辩，性质上属诉讼上的一种抗辩权，并不具有物权的效力。商事留置权源于中世纪意大利都市的习惯法，这种留置权是在特定商事关系中债权人得留

---

[①] 史尚宽著：《物权法论》，中国政法大学出版社2000年版，第483页。

置债务人的财产以对抗债务人不履行债务的权利。近代民法中的留置权大都受其影响，具有物权性质的留置权便是从这种商事留置权衍变而来。

(二) 大陆法系各国的留置权制度

1. 法国的留置权制度

《法国民法典》为继受罗马法的典范。留置的规定散见于各章中，未以专门条文来规定。法国民法不承认留置权为物权，认为留置权属双务契约上同时履行抗辩权的一种，它是债权人在未能受领其给付时，对特定的债务人的财产拒绝交付的一种权利。法国学者认为，留置权只是一种不完全的简单的纯粹自卫性的担保权。因为它既不包含追及权，也不包含优先权。由于缺乏追及权，如果债权人放弃了对物的持有，其担保权便归于消灭。当然，在某些情形下，留置权同时也是一种特权，也会产生质权的效果，但其优先权是因该特权产生的，而非因留置权产生的。总之，留置权是对债务人施加精神压力的方式，其表现为，为恢复对其财产的占有，债务人将不得不清偿债务。留置权也可引起留置权人与其他债权人之间的关系：如果留置物的价值超出留置权人的债权，其他债权人可以对之主张权利。①

根据留置权是产生于协议、法律关联或事实关联，法国民法将留置权分为三类：(1) 产生于协议的留置权。留置权可产生于抵押合同。根据抵押合同，当事人将其财产交给债权人以担保自己或他人债务的履行。动产抵押称为质权，不动产抵押称为不动产抵押权。但在债务人被实行司法裁判上的清算时，受质人（受质债权人）可被强制放弃其留置权，清算人可对出质的财产实行强行出卖，但受质人可根据留置权就该价款受偿。(2) 产生于法律关联的留置权。根据双务合同，一方当事人占有对方的财产并应将之交付对方，当另一方不履行交付义务时，就有权将它予以扣留。在物的留置与债权之间，存在法律上的关联。在此种情形，留置权类似于双务履行的抗辩权，法国法对此作了具体规定。如《法国民法典》第 1612 条规定："如买受人不支付标的物的价金，且出卖人并未同意延期支付

---

① 尹田著：《法国物权法》，法律出版社 1998 年版，第 451 页。

的，出卖人无交付标的物之义务"；第1673条规定："出卖人运用买回条款时，除应当偿还标的物的原价金外，还应偿还买卖契约的费用以及正当的手续费用，必要的修整费用与土地的增加价值，但仅以此增加部分为限。出卖人仅在完全履行上述义务之后，始得占有卖出物"；第1749条规定："出租人未向承租人支付以上规定的损害赔偿时，不得辞退承租人；如出租人不支付此项赔偿金，应由取得租赁物的人支付之。"司法实践认定这些条文并非限定于法律明确规定的这几种情形，因此，有关判例也赋予承揽人在向其提供原材料进行加工的定做方未就其工作支付报酬时，享有留置权。(3) 产生于事实关联的留置权。在合同之外，留置权还可基于下述事实而产生：当事人就其持有的第三人的财产而支付了费用，当其费用未获补偿时，有权留置该物。在债权和标的物自身之间，存在一种事实上的（或客观的）关联，在这个意义上，债权与包括在标的物内部的某一价值是相吻合的。法国民法典对几种有可能产生留置权的情形作了规定（《法国民法典》第570、862、2280条等），而判例则将留置权扩大至适用于一切情形，如在他人土地上建筑或种植的占有人也可行使留置权。不过，也存在几种适用留置的例外：第一，不动产抵押权人不得享有留置权。第二，恶意债权人不得享有留置权。第三，根据判例，事实关联不适用于相同当事人"连续性"实施的行为。例如，一汽车被交给修理者修理，工作完成后，修理者虽未获报酬，但仍将汽车交给原所有人。后来，该汽车又被交给同一修理人作新的修理。这种情形，修理人行使留置权可为其最后一次修理（对之是无争议的，因为其同时存在法律上的关系和事实上的关系），能否可为第一次修理而留置？如果确认其事实上的关系，则回答是肯定的。有关判例认定，只有在现时的扣留与第一项债权均产生于一项合同的情况下（如定期修理合同），才可适用于两项关系来源于一项合同而产生留置权，否则即为否定之回答，亦即在此种情形，事实上的关联是不够的，只有法律上的关联才是关键（法国最高法院商事法庭1964年6月23日判决）。

2. 德国的留置权制度

德国实行民商分立，有民法留置权与商法留置权之分。德国民法上的留置权（民事留置权）仅属抗辩权的一种，是一种拒绝给付权，是债的特别效力，不具有物权的效力，且成立要件是两个债权间存在关联关系而非留置物与债权间存在关联关系。《德国民法典》第 273 条规定："债务人依与债务发生之同一法律关系，对债权人有已届满清偿期之请求权时，以债之关系无其他约定者为限，得在履行其应得给付之前，拒绝清偿其债务。"商事留置权与此不同。《德国商法典》第 369 条规定，基于双方共同达成的商事行为，一方商人对于另一方商人拥有到期债权，对以债务人的意思依商事行为已由一方商人占有另一方商人的动产和有价证券时，只有该商人仍然占有着这些动产和有价证券特别是海运提单或仓单，他就有权处置该物，对这些动产和有价证券拥有留置权。所以德国商法上的留置权（商事留置权）的债权人有权通过留置标的物而对债权予以清偿，这种留置权类似质权的权利，但一般认为这也是一种对人的权利，并不具有物权的效力。此外，德国民法中规定的留置权不包含优先受偿权的内容，但商法中规定的商事留置权却有优先受偿权的内容。

3. 瑞士的留置权制度

瑞士民法为继法国、德国之后对罗马法的集大成者，但其关于留置权性质的认识明显异于法国、德国民法。瑞士民法采民商合一制度，无民事留置权与商事留置权之分，民事留置权与商事留置权统一规定于民法典之中。《瑞士民法典》第 895 条规定："（1）债权已到期，按其性质该债权与留置的标的物有关联时，债权人在受清偿前，可留置因债务人的行为由债权人占有的财产或有价证券。（2）前款关联发生在商人之间的，只要占有及请求权系由商业交易产生的。（3）债权人对其善意取得的不属于债务人所有的物有留置权。但第三人因更早的占有而享有权利时，不在此限。"在瑞士民法上，认为留置权是一种独立的担保物权，系法定质权，具有质权的基本性格与特征，以留置物与债权有关联为成立要件。其所谓物与债权有关联，虽有不同的解释，但发生在商人之间的留置，仅以留置物的占有是基于商事交易产生的为限。留置权的标的物以动产及有价证券为限，在一定条件下，留置权人享有变价权及优先受偿权。

4. 日本的留置权制度

日本民法同瑞士民法一样把留置权作为一种独立的担保物权。与瑞士法不同的是日本系采民商分立的国家，在民事留置权之外还规定有商事留置权。依《日本民法典》第295条规定，留置权是他人的物的占有者在持有其物而产生债权的情况下，在其债权得到偿还前，可以留置其物的权利。日本民法虽认为留置权是一种独立的担保物权，但认为它是一种特殊的担保物权。留置权的标的物不限于动产，不动产也包括在内，在这一点上也与瑞士法有所不同。在日本法上，留置权是否享有拍卖权，争论较大，即使承认留置权人有变价权的，也不承认留置权具有优先受偿的权利。由于日本采用的是民商分立的立法模式，所以对民事留置权与商事留置权有不同规定。民法上留置权对于破产财团失却效力，不具备破产法中别除权权能，商法上的留置权，被视为特别之先取特权（优先权），具有法定质权的性质。[①]

(三) 英美法系的留置权[②]

1. 普通法上的留置权

在英美法上有相当于大陆法上的留置权（Lien），它包括普通法上的留置权、衡平法上的留置权以及海上留置权。普通法上的留置权，也称占有的留置权，它以对物的占有为必要。占有的留置是留置权人对他占有的财产自声明扣押时起，至债权人得到满足时止的一系列权利。在占有留置中，对某项财产的占有是留置权产生的实质性条件，并且该占有行为必须符合三项条件：（1）该占有是基于正当权利而行使的；（2）该占有不是为某项特殊目的而进行的；（3）该占有是持续不断的。占有留置权又可分为一般留置权与特定留置权两种。一般留置权可基于三种方式确定和产生。第一，基于特定交易惯例和习惯而确定和产生。第二，基于双方认可的持续性先例和习惯而确定和产生。这一规则一般仅适用于顾客与律师业者、代理商、证券经纪人和银行之间的交易。第三，基于合同明示而确

---

[①] 孙鹏、肖厚国著：《担保法律制度研究》，法律出版社1998年版，第260页。
[②] 陈本寒主编：《担保法通论》，武汉大学出版社1998年版，第288~290页。

定和产生。特定留置权是指留置权人扣押占有某项财产直到该特定财产所生费用全部清偿为止的权利。也就是说，在特定留置权，留置权人仅能就留置财产的费用留置该特定物。

2. 衡平法上的留置权

衡平法上的留置权是指权利人在其某项请求得到偿付前根据法律授权而对某项财产享有的权利，系为衡平的利益，赋予物权的效力，它与占有留置权不同，不须经对留置财产的实际占有就可产生，其标的物通常为不动产。例如在土地买卖情况下，除非合同中有排除留置权的规定，否则出卖人在土地买卖合同交换后到买受人全部偿付价款前对出卖的土地享有衡平法上的留置权。

3. 海事留置权

海事留置权是指留置权人为担保海商法上的请求权得到偿付而仅对船舶、船上装备、船上用具和船上货物享有的扣押请求权。它系海事法院所确认的留置权，与衡平法上的留置权十分相似，而在以下两方面不同于占有留置权：第一，它不须经实际占有而产生；第二，它是对船舶财产的某种扣押请求权，只能通过对此类财产提出诉讼请求来实现。

（四）我国立法上的留置权

我国于清朝末年制定的民律中没有规定留置权，北洋政府制定的第二次民法草案中虽规定了留置权，但效仿德国法，不承认留置权的物权效力，仅承认其有债权的效力，为"给付的拒绝"。直到南京国民政府才在其制定的民法典中正式规定了留置权。旧中国民法关于留置权的立法基本采瑞士及日本等国的立法体例，承认留置权为一种担保物权，并于物权编中设有专章，此留置权不仅包含变价权，而且包含优先受偿权。

中华人民共和国成立后，在1986年通过的《民法通则》中，明确规定了留置权，确认其为债权的一种物权担保方式。《民法通则》第89条规定："按照合同约定一方占有对方的财产，对方不按照合同给付应付款项超过约定期限的，占有人有权留置该财产，依照法律的规定以留置财产折价或者以变卖该财产的价款优先得到偿还。"1995年通过的《担保法》中又设有专章，进一步详细地规定了留置权,并明确规定留置权为一种物的担保。我国法律规定的留置权同瑞士、日本民法相同,认为留置权是一种独立的担保物权,具有留置、变价、优先受偿等权能。

我国民法的留置权具有以下特征:第一,留置权是一种法定权利,是债权人依照法律的规定而直接产生的权利。第二,留置权是债权人对留置标的物享有的权利,其效力直接及于留置标的物。第三,留置权是不可分的权利。债权只要未受全部清偿,债权人就可以对留置权标的物的全部行使权利。第四,留置权是排他性的权利。债务人不履行给付义务时,债权人可以"留置"并依法变价留置标的物,以对抗债务人物的返还请求权及其他第三人对留置标的物的权利主张。总之,我国民法上的留置权,是一种直接管领物并享受其利益的排他性的物权——法定担保物权。[①]

**二、关于留置权性质的不同认识**

近代各国对于留置权存在不同认识,这也反映在有关留置权的立法当中。纵观各国(地区)民法中有关留置权的规定,大体上有两种认识,即物权留置权和债权留置权。

(一)认为留置权属于物权

瑞士、日本等国的立法例采用物权留置权制度。留置权是债权人为担保债权受偿而对占有之债务人的财产享有的一种独立的法定担保物权。

《瑞士民法典》第895条第1款规定:"债权已到期,按其性质该债权与留置的标的物有关联时,债权人在受清偿前,可留置因债务人的意思由债权人占有的财产或有价证券";第898条第1款规定:"债务人不履行义务时,债权人经事先通知债务人,可变卖留置物。"可见,瑞士民法将留置权和质权并列,在性质上将留置权视同动产质权,并赋予其优先受偿的权能。法律规定,当物与债权有牵连关系时,债权人在其债权受清偿前,得留置标的物,留置权的标的物,以动产和有价证券为限,不包括不动产。在一定条件下,有

---

[①] 邹海林:《留置权基本问题研究》,载《法学研究》1992年第2期。

变价权及优先受偿的权利。《日本民法典》第 295 条第 1 款规定:"他人物的占有人,就该物产生债权时,于其债权受清偿前,可以留置该物。但债权不在清偿期时,不在此限。"日本民法视留置权为一种独立的担保物权,但留置权的效力并不包括优先受偿权能。日本除在民法上规定了民事留置权之外,在商法上还规定有商事留置权(《日本商法典》第 521 条)。商法上留置权的成立,没有像民事留置权一样存在"就该物产生的债权"的限制,只要有类似商业行为上的债权即可。所以,物和债权的牵连关系是极为软弱的。像这样的商事留置权构成要件是着眼于商人间的继续交易,与民事留置权沿革相异,其原来是来自于中世纪意大利的商人团体的习惯法。在效力上,商事留置权也与民事留置权不同,破产时被看做"特别的先取特权",公司重整法上也作为"重整担保权"使用。[①] 我国台湾地区民法仿效瑞士和日本立法例,在民法典物权编中规定有留置权,将留置权定为担保物权的一种,与日本法不同的是,台湾赋予留置权优先受偿的效力。

综上所述,物权留置权为直接支配物的独立物权。大陆法系国家一般将之规定于民法典的物权法部分,英美法系则将之归入物权担保制度。物权留置权具有直接支配物的效力,可以有效地对抗物的所有人和第三人对留置物的追索,且留置权人可以依法处分或者变价留置物。[②] 物权留置权的特点在于:第一,留置权是一种独立的物权。第二,留置权以债权和留置标的物之间有牵连关系为必要。第三,留置权有直接支配物的效力,可以对抗物之所有人和其他第三人。[③]

(二) 认为留置权属于债权

法国、德国等国的民商立法采用债权留置权制度。留置权只是债权效力的延伸,债权人在相对人履行债务前,对其已经占有的相对人的财产有拒绝给付的权利,但没有直接支配的权利。

---

① 〔日〕近江幸治著:《担保物权法》,法律出版社 2000 年版,第 19 页。
② 梁慧星主编:《中国物权法研究》下,法律出版社 1998 年版,第 1006 页。
③ 邹海林:《留置权基本问题研究》,载《法学研究》1992 年第 2 期。

法国民法直接继受古罗马法的传统，民法典不仅缺乏留置权制度的统一规定，而且否认留置权为物权，将留置权视为双务合同同时履行抗辩权的特例，其规定散见于民法典各处（《法国民法典》第862、1612、1613、1673、1749、1948、2280条等）。法国学者将用于处理债务关系的抗辩权总结为若干原理，统称为留置权。《德国民法典》将留置权直接规定于债编总则，以基于同一债权关系所发生的两个对立债权的拒绝给付权为核心内容，留置权在性质上属于同时履行抗辩权等债权性权利。《德国民法典》第273条规定，债权人同债务人相互间所负之债务因同一法律关系而发生，在债务人没有履行债务前，债权人有权拒绝对债务应为之给付；有物的交付义务之人，在为物支付费用或因该物所发生损害而有已届清偿期的请求权时，有相同的权利。《德国商法典》第369条规定有商事留置权制度，但是学理和司法解释均认为，商事留置权仍然为对人的权利。[①]

综前所述，债权留置权的特点是：第一，留置权在立法上被视为债的履行抗辩权，构成债权法的内容。第二，留置权以债权同相对人物的返还（给付）请求权之间有牵连关系为必要。第三，留置权只是债权人对抗债务人物的返还（给付）请求权之权利，不产生直接支配物的效力。[②]

## 第二节　留置权的性质及其与相关权利的区别[③]

### 一、留置权的性质

（一）物权性

留置权并非仅为标的物的拒绝交付权，而是以占有标的物为内容并支配其交换价值的独立的物权。留置权的物权性体现在：留置权是直接以物为标的的权利，其效力直接及于留置物；留置权人得

---

[①] 史尚宽著：《物权法论》，中国政法大学出版社2000年版，第484页。
[②] 邹海林：《留置权基本问题研究》，载《法学研究》1992年第2期。
[③] 本节如无特别说明则专指物权留置权，下文同。

排他地占有留置物，不仅得对抗债务人的返还请求而且得对抗一般第三人；留置权人在一定条件下得直接支配留置物的价值并从中优先受偿其债权，而无须债务人为一定行为。因此，留置权是一种支配权而非请求权。留置权是物权，而且是他物权，因为留置权是债权人对于其占有的债务人财产的权利，亦即对他人之物的权利，而不是对自己财产的支配权，在自己的财物上不能存在自己的留置权。

（二）担保物权性

留置权作为法定担保物权的一种，当然具有担保物权的共性，即附随性、不可分性与物上代位性。

1. 附随性

留置权的附随性，又称为留置权的从属性。是指留置作为担保债权受偿而依法发生的物权，具有从属于被担保债权的属性，即留置权的发生、移转或者消灭，从属于被担保债权的存在、移转或者消灭。留置权的成立，以债权之存在为前提，债权不存在或者不能确定或者无效的，不可能发生留置权。留置权不可与被担保的债权分离，若债权的受让人取得对留置物的占有，已经发生的留置权因为债权的移转而发生移转。受留置权担保的债权因清偿、提存、抵销、免除、混同等原因消灭的，留置权随之消灭。

2. 不可分性

留置权的不可分性，是指留置权人不论其被担保的债权数额多少，可对担保标的物的全部行使权利。具体来说，权利人的债权因清偿、让与、免除等原因而部分消灭的，权利人仍得以其未受偿的债权部分对担保标的物全部行使权利；担保标的物所有权的转让，不影响留置权人的权利，权利人仍得对担保标的物的全部行使权利；担保标的物部分灭失，权利人仍得以其留置权对标的物的残留部分行使权利。但是，担保物为可分物时，为公平起见，留置权人仅得留置价值与债务金额相当的留置物，如我国《担保法》第85条规定，留置的财产为可分物的，留置物的价值应当相当于债务的金额。

3. 物上代位性

留置权的权利内容在于留置标的物和支配标的物的交换价值。留置权作为担保物权，具有支配标的物交换价值的效力，故不论标的物是否变化其原有形态或者性质，只要还能维持其交换价值，留置权基于其直接支配标的物的交换价值的效力，可以追及于变形物或者代替物。留置权具有物上代位性，权利人对担保标的物的损害或者灭失而取得赔偿、其他对待给付或者保险给付有优先受偿的权利。

**二、留置权与相关权利的区别**

（一）留置权与质权的区别

留置权和动产质权均为担保物权，存在许多类似点。如两者都是基于对标的物的占有而发生的；两者均为成立于动产之上的担保物权，是通过限制动产的使用价值而借助其交换价值以担保债权的受偿。但是，留置权和动产质权作为各自独立的担保物权，也有其相异点，很有对之加以区别的必要。留置权与动产质权的区别表现在以下几个方面：

1. 目的效果不同。留置权的目的仅在于担保债权的清偿，不具有融通资金的媒介作用。动产质权的目的，不仅在于担保债权的受偿，而且要发挥融通资金的媒介作用。

2. 发生的原因不同。留置权为法定担保物权，基于法律的直接规定而发生，无须当事人之间有特别约定；而质权在大陆法系国家，其产生根据可以基于法律的直接规定，也可由当事人以契约方式约定，其中意定质权较为普遍。①

3. 标的范围不同。留置权的标的物须与主债权具有关联关系，通常以债务人所有的财产为限，而不涉及第三人所有的财产（债权人对非债务人所有的财产而善意取得留置权的，仅为例外）。动产质权的标的则不受此限，既可以在债务人的财产上设定动产质权，也可以在第三人（物上保证人）为担保主债权的清偿而交付的财产上设定动产质权。

4. 发生要件不同。留置权的发生必须具备法律规定的各项条件，包括债权已届清偿期、债权人占有债务人的财产、债权与债权人占

---

① 陈本寒主编：《担保法通论》，武汉大学出版社1998年版，第297页。

有债务人的财产之间有牵连关系等。动产质权的发生要件,则以出质人和质权人之间的订立质押合同、移转质物的占有为限。

5. 取得占有的时间不同。留置权的发生和存在以债权人占有留置物为必要,但债权人应当在债权发生前或者同时已经占有留置物,债权发生后取得对债务人财产的占有,不发生留置权。动产质权的标的物,应当在债权发生时或者发生后移转占有,移转质物占有的目的在于设定质权,以担保已经发生的债权的受偿。

6. 实行条件不同。留置权的实行包括留置标的物和变价标的物两个阶段,债权已届清偿期而债务人不履行债务时,债权人仅得留置标的物而通知债务人履行债务;惟有经过法定期限,而债务人仍不履行债务的,债权人才可以变价留置物优先受偿。动产质权的实行,仅以债权已届清偿期而债务人不履行债务为必要。

7. 消灭原因不同。丧失占有和另行提供担保,为留置权消灭的法定原因。债权人丧失对留置物的占有,或者债务人提供了相当的担保,留置权归于消灭。质权人丧失对质物的占有,仅在不能请求返还时,质权消灭;出质人或者债务人提供担保,亦非动产质权消灭的原因。

8. 占有标的物的原因不同。质权人占有质物的原因就是为了担保主债权的实现。而在留置权关系中,债权人最初占有债务人的动产是为履行主债的需要,只是在约定期限届满债务人未作给付的情况下,债权人才变为留置权人,主债的标的物变为留置物,债权人以此方式来督促债务人履行债务,以担保债权的实现。

(二)留置权与同时履行抗辩权的区别

同时履行抗辩权,是指在双务合同中如无另外的约定,双方的义务应当同时履行,一方在另一方未履行时,得拒绝另一方的履行请求。双务合同当事人的这一同时履行抗辩权与留置权人于债务人未履行义务时得拒绝返还标物的请求极为相似,并且在有的立法上,留置权就被规定为一种拒绝给付权。但在承认留置权为物权的国家,留置权与同时履行抗辩权是不同的制度,二者有以下主要区别:

1. 理论基础不同。法律赋予双务合同当事人同时履行抗辩权,是基于双方义务的相互对待关系。因为双务合同当事人双方基于交换关系相互负担给付义务，双方的义务不仅是基于同一法律关系发生的，而且互为对价，因而一方不履行自己的义务当然也就无要求他方履行义务的道理，同时履行抗辩权是双务合同效力的当然结果。法律赋予债权人留置权，并非基于债权人的债权与留置物的返还义务有对价关系，而是基于返还标的物后债权人的债权会得不到清偿而有失公平的观念。

2. 性质不同。同时履行抗辩权为双务合同的一种效力，属于债权性权利，不具有不可分性和物上代位性；留置权为担保物权，属于物权性权利，具有不可分性和物上代位性。

3. 适用范围不同。同时履行抗辩权，仅适用于因双务合同而产生的债权，不适用于其他债权；留置权则不仅仅适用于双务合同产生的债权，也适用于其他合同关系，并且在许多国家的立法上，留置权还适用于因不当得利、无因管理及侵权行为所生的债权。

4. 标的不同。同时履行抗辩权，当事人拒绝给付的标的，并不以物为限，也可以是行为；而在留置权，债权人留置的只能是与债权有关联的物，而排除其他标的。

5. 目的不同。同时履行抗辩权以确保两个债权的履行为目的，在于促使双方履行，同时履行抗辩权的行使只能阻止对方的请求，而不能确保其债权实现，因此同时履行抗辩权不因对方当事人提供相当担保而消灭。而留置权以确保债权的履行为目的，即以担保债权受偿为目的，因而在债务人另行提供相当担保时，留置权消灭。

6. 效力不同。同时履行抗辩权因仅有债权效力，不得对抗合同外的第三人；而留置权因是物权，不仅得对抗债务人，而且得对抗一切第三人。同时履行抗辩权只能对于相对人的债权请求权而行使，原则上不能对于物权的请求权行使，一般说来，标的物的物权属于主张同时履行抗辩权的一方；而留置权，不论是基于以给付留置物为内容的债权请求留置物的返还，还是基于物权请求留置物的返还，留置权人均得对抗之，且留置物的所有权也不属于行使留置权的一方。在相对方破产时，同时履行抗辩权的效力不因相对方的破产而发生变化；在债务人破产时，留置权人仍有优先受偿权。

### (三) 留置权与抵销权的区别

抵销权，是指在双方相互负有同类债务，且均已届清偿期时，一方得以自己债权与对方所负债务相互抵偿的权利。抵销权与留置权，均源于罗马法上的恶意抗辩权，是法律基于公平观念所确认的制度。二者都是为了避免在当事人之间存有相互对立的债务时不顾他方是否履行而仅要求一方履行的不公正现象。但留置权与抵销权是完全不同的制度，二者主要有以下主要区别：

1. 性质不同。留置权是担保物权，对标的物有支配的权能，性质上属于支配权；而抵销权在性质上属于形成权，因抵销权的行使，当事人之间相对立的债务在等额上消灭，因而抵销权不具有对物的支配权能。

2. 目的不同。留置权的目的在于确保债权的实现；而抵销权的目的在于避免交换给付的劳务费用的浪费。

3. 发生的债权基础不同。留置权是当事人之间因关于物的交付债务与基于该物所生的债务的对立而发生的，两个对立债务的性质不同；而抵销权是依双方当事人之间互有同种给付的债务而发生的，对立的两个债务的性质是相同的。

4. 效力不同。留置权在相对人履行债务前，仅有一时的留置其自己应交付的标的物的效力，并不能直接使相互间的债权债务终局消灭；而抵销权为一种特殊的债务清偿方式，有使相对人相互间债权债务终局消灭的效力。

5. 消灭原因不同。留置权可因债务人另行提供相当担保而消灭，抵销权不会因债务人提供担保而消灭。

6. 实行方式不同。留置权人可在法律规定的条件具备的情况下通过变价优先受偿实现其担保债权实现的目的；而抵销权的实行仅需要向对方为意思表示即可。

# 第十三章 留置权的成立、效力、实现和消灭

## 第一节 留置权的成立

### 一、留置权的原始取得

（一）留置权的成立概述

留置权的原始取得，即留置权的成立或留置权的发生，是指债权人对其占有的债务人的财产，因为具备法定事由而发生留置该财产并对抗债务人的给付请求的效力。例如，债权人因为保管合同占有债务人的财产，在保管事务结束时债务人不支付有关保管费用或为保管所支出的必要费用的，债权人可以留置该保管物，要求债务人限期履行债务。

（二）留置权的成立要件

留置权的成立要求债权人因为法定或者约定事由占有债务人的财产，但留置权的成立不能仅以占有为必要，还应当满足法律规定的其他要件。关于留置权的成立要件，各国法律规定存在差异。依《瑞士民法典》第895条规定，留置权的成立要件有：（1）须债权已届清偿期；（2）债权人依债务人的意思占有一定的物；（3）该债权与物之间有关联关系；（4）该物须为动产或有价证券。但在商人之间，则不以债权与物存在关联关系为要件，仅须占有及请求权系由商业交易所产生即可。依《日本民法典》第295条规定，留置权的成立要件有：（1）债权的发生与该物有牵连关系；（2）债权人占有他人的物；（3）债权已届偿还期；（4）非因侵权行为而占有。① 我国台湾地区现行民法则明确规定留置权的成立要件为：（1）债权人占

---

① 〔日〕近江幸治著：《担保物权法》，法律出版社2000年版，第19～24页。

有属于债务人的动产；(2) 债权已届清偿期；(3) 债权的发生与该动产有牵连之关系；(4) 其动产非因侵权行为而占有。依我国《民法通则》和《担保法》的规定，留置权的成立须具备以下条件：(1) 债权人按照合同约定占有债务人的财产；(2) 债权人的债权与债务人的债务是因债权人取得占有的同一合同发生的；(3) 债务人的债务已届清偿期而未清偿。对此比较可知，各国对于留置权的成立要件在债权已届清偿期、债权人占有一定的物、债权与物之间存在牵连关系等方面大体相似；所不同的是有关物的范围及债权与物的牵连关系的理解等。留置权的发生必须具备这三个要件：债权已届清偿期、债权人占有债务人的财产，债权和占有的财产之间存在牵连关系。①

1. 债权已届清偿期

留置权制度系为维护当事人之间的交易公平、担保债权受偿而设。债权人占有债务人的财产，若其债权未届清偿期而允许发生留置权，相当于强制债务人提前清偿债务。这不仅不能实现留置权担保债权受偿的目的，而且易于诱发债权人滥用权利。"占有标的物者之债权尚未届清偿期，其物应返还之义务先届履行期时，如就占有标的物认有留置权，则结果债务人之债务虽未届清偿期，而于期前将依留置权间接地被强制执行，甚为不公。"② 因此，各国（地区）立法例均以债权已届清偿期为留置权发生的要件。在我国，依照《民法通则》第89条规定："按照合同约定一方占有对方的财产，对方不按照合同给付应付款项超过约定期限的，占有人有权留置该财产，依照法律的规定以留置财产折价或者以变卖该财产的价款优先得到偿还。"《担保法》第82条规定："债权人按照合同约定占有债务人的动产，债务人不按照合同约定的期限履行债务的，债权人有权依照本法规定留置该财产，以该财产折价或者以拍卖、变卖该财产的价款优先受偿。"债权人依照约定占有债务人的财产，惟有在债务人不依约给付应付款项或者不能按照约定的期限履行债务时，才

---

① 梁慧星主编：《中国物权法研究》下，法律出版社1998年版，第1011页。
② 史尚宽著：《物权法论》，1979年台湾自版，第453页。

有权留置该财产。债务人不依约给付应付款项或者不能按照约定的期限履行债务,解释上应为债务人拒绝或者迟延履行债务,债务人拒绝履行债务或者迟延履行债务,以已届清偿期的债务为限。债务未届清偿期,无从判断债务人是否应为给付义务,也无从支持债权人行使权利。[1] 若债务人没有即时履行债务的义务,当然不会发生拒绝履行债务或者迟延履行债务的问题。因此,债权已届清偿期构成留置权发生的要件乃各国(地区)立法例所共同持有的观点。

留置权以债权已届清偿期为其发生要件,有别于抵押权、质权等担保物权的发生。抵押权和质权的发生,并不以被担保的债权已届清偿期为必要,仅以被担保的债权存在为必要,至于被担保的债权是否已届清偿期,则为抵押权和质权实行时所要考虑的问题。被担保的债权已届清偿期且未受清偿,为抵押权和质权的实行要件。

债权是否已届清偿期,依当事人的约定,即债务约定有履行期限的,以该期限届至时为债权已届清偿期;当事人对债务的履行期限没有约定的,则依当事人的催告或者法定方式确定。我国《民法通则》第88条规定,债务的履行期限不明确的,债务人可以随时向债权人履行义务,债权人也可以随时要求债务人履行债务,但应当给对方必要的准备时间。债务人因失去清偿能力而被宣告破产的,未届期的债权视为已届清偿期的债权,可以发生留置权。但是,债权已届清偿期,若债务人主张同时履行抗辩权的,占有标的物的债权人不得主张留置权;对于债务人的履行,若债权人受领给付迟延或者拒绝受领给付,亦不得主张留置权。[2]

留置权并不以债权已届清偿期为其发生的绝对要件。留置权的目的,在于担保债权人的债权受偿。在债务人没有清偿能力而有不能履行债务的事实存在时,即使债权未届清偿期,为保护债权人利益,可以发生留置权。对于债务人受破产宣告时没有到期的债权,可视为履行期限届至的债权,可以发生留置权似无疑问。但是,在

---

[1] 邹海林:《留置权基本问题研究》,载《法学研究》1991年第2期。
[2] 谢在全著:《民法物权论》下册,中国政法大学出版社1999年版,第403页。

破产程序之外，债务人已经没有清偿能力，若仅仅因为债权没有届期而否认债权人可以对其占有的债务人的财产发生留置权，不仅有悖于留置权担保债权受偿的立法宗旨，而且使债权人承担债权已经不能受完全清偿的确定风险，显失公平。为平衡这一利益，使债权人的利益得以救济，立法例特别规定，债务人无清偿能力时，债权纵使未届清偿期，仍然可以发生留置权。有的学者称为紧急留置权。例如，《英国货物买卖法》第41条规定，买方失去偿付能力时，未收货款的卖方对仍处于自己占有的货物，有权予以扣押直至其货款被支付或者偿还。《瑞士民法典》第897条规定："1.债务人无支付能力时，债权人，即使其债权未到期，亦享有留置权。2.前款的无支付能力，发生在物已经交付之后，或发生在债权人知悉之时，即使与债权人已承揽的义务或债务人的特别意思相抵触，亦可行使留置权。"《德国商法典》第370条第1款中规定："基于下列情形，即使债权未到期，留置权也可以被行使：1.当涉及到债务人财产的破产诉讼已被提出，或者债务人停止其付款；2.当对债务人财产的强制执行未能生效。"我国台湾地区《民法典》第931条规定，"债务人无支付能力时，债权人纵于其债权未届清偿期限前，亦有留置权。"我国民法上的留置权，有学者主张可以而且应当作与上述立法例相同的解释和适用①，我国《担保法解释》第112条规定："债权人的债权未届清偿期，其交付占有标的物的义务已届履行期的，不能行使留置权。但是，债权人能够证明债务人无支付能力的除外。"可以看出，我国立法也已认同了债权人紧急留置权的行使。

2. 债权人占有一定的财产

留置权是担保债权的从权利，留置权的主体当然须为债权人，但并非任何债权人都可成为留置权主体。债权人只有占有一定的财产，才可能在该财产上成立留置权。

（1）占有

所谓占有，是指依其自己的意思控制某物，因而占有不同于持有。仅持有某物的，不为占有，不能成立留置权。例如，受雇的农

---

① 杨玉龄著：《民法物权》，台湾五南图书出版公司1981年版，第282页。

夫对雇用人的农具并不为占有,而为持有,他不能于该农具上成立留置权。但占有不以自己直接占有为限。例如,债权人将其占有的债务人财产交给第三人保管的,债权人虽不直接占有该财产但以第三人为占有媒介,是间接占有,债权人就该财产仍可成立留置权,但在第三人为债权人及债务人对物为占有时,因第三人对债务人负有返还义务,债权人不能就此物成立留置权。

(2) 债权范围的限制

对于留置权以债权已届清偿期为其成立要件这一点,各国民法规定与理论上基本一致,存在分歧的是留置权所担保的债权是否应当有范围与种类的限制。一般说来,除非立法例对已届清偿期的债权范围或者种类有所限定,留置权的成立仅以债权已届清偿期为要件,至于债权的范围或者种类,则无须限制。德国、瑞士、日本等国法以及我国台湾民法均在立法上做出与此相似的规定。依照《德国民法典》第273条规定,凡与物的返还请求权有牵连关系之一切债权,均可以成立留置权。我国台湾地区《民法典》第928条规定,债权人占有属于债务人的动产,只有在债权已届清偿期、债权的发生与该动产之间有牵连关系,以及"非因侵权行为而占有"动产时,得发生留置权。上述规定,对得以发生留置权的"已届清偿期的债权"没有明文限定其范围,故史尚宽教授认为:"留置权的发生,以占有人有债权为前提。债权发生的原因如何,则非所问。其依契约、无因管理、不当得利或侵权行为而发生,并无差异。"① 既然债权的范围不受限定,那么同样,债权的种类也不应当受到限定。只要符合留置权成立的法定要件,即债权已届清偿期、债权的发生与占有的动产间存在牵连关系,金钱债权或者非金钱债权均可以成立留置权。所以,已届清偿期的债权,不应有范围与种类的限制。

但是,我国现行法对已届清偿期的债权范围和种类作了限定。依照我国《民法通则》的规定,可以发生留置权的已届清偿期的债权,仅以因"合同关系"而发生的金钱债权为限。首先,已届清偿期的债权只能是因合同而取得的债权,非因合同关系所发生的债权,如无因管理

---

① 史尚宽:《物权法论》,1979年台湾自版,第448页。

费用返还请求权、不当得利返还请求权,不得成立留置权。其次,债权因为合同关系而发生,但债务人的给付不在"给付应付款项"范围内,即非金钱的合同债权,不得发生留置权。① 同样,依照我国《担保法》第83条规定,"留置担保的范围包括主债权及利息、违约金、损害赔偿金、留置物保管费用和实现留置权的费用",其中所称"主债权"仅以因保管合同、运输合同、加工承揽合同发生的债权为限(《担保法》第84条)。上列债权在性质上应当属于对"按照合同给付款项"而享有的金钱债权(《民法通则》第89条第4项)。因为合同关系而发生的金钱债权,可以成立留置权,但是引起债权发生的"合同关系"不应当只限于有效合同关系,应包括因为无效合同而发生的金钱债权在内。另外,在《海商法》第25条中,也规定对船舶的留置权仅限于造船人和修船人。由于我国立法对发生留置权的债权范围作了限定,而这种限定可以防止留置权的滥用,因此,维持我国立法关于留置权制度适用的现状,仍不失为一种选择。我国的物权立法"可规定仅对于加工承揽契约、保管契约、运送契约发生留置权。"②

必须说明的是,留置权是为实现公平原则而设立的担保物权,首要功能在于以留置债务人财产的方式迫使债务人履行债务。若以债权发生的原因限制留置权的适用,难以彻底实现设立留置权制度的目的。因为无因管理而占有的债务人的财产,在债务人不履行其无因管理费用偿还义务时,没有充分的理由和依据限制债权人"留置"其无因管理的财产。否则,债权人的无因管理费用偿还请求权何以能够得以有效保障?显然不公平。再者,债权因为合同、无因管理、不当得利、侵权行为而发生,其性质并无差异,作为法定担保物权的留置权担保不同类型的债权受偿的担保功能不应当存在差异。留置权作为担保物权的功能因为现行法律的限制而受到极大的限制,留置权在现实生活中应当发挥更为积极的作用,扩充留置权制度适用的范围并非没有意义。既然留置权的功能在于担保债的履

---

① 邹海林:《留置权基本问题研究》,载《法学研究》1991年第2期。
② 中国社科院法学所物权法研究课题组:《制定中国物权法的基本思路》,载《法学研究》1995年第3期。

行，为适应市场经济的需要，不应将留置权的主体局限为合同债权人，其他债的债权人占有对方财产的，也可为留置权的主体。所以，我们认为，能够发生留置权的债权不应当仅限于合同债权，因为无因管理、不当得利、侵权行为而发生的债权，也可以成立留置权。

（3）债权人占有财产须为合法占有

依瑞士《民法典》第895条第1款规定："……可留置因债务人的意思由债权人占有的财产或有价证券。"从此规定可以看出，瑞士法中债权人占有的财产须经债务人同意由债权人占有，才能成立留置权，因此不仅侵权行为取得占有的财产不能成立留置权，而且因误入债权人之手而取得占有的财产，也不能成立留置权。台湾有的学者主张，占有虽非基于正当权利，但只要其占有不是出于恶意或重大过失，就其物不妨认可留置权的成立。我国法律明确规定债权人须依合同占有对方的财产，基于其他原因取得占有的，当然不成立留置权。《担保法解释》第109条规定："债权人的债权已届清偿期，债权人对动产的占有与其债权的发生有牵连关系，债权人可以留置其所占有的动产。"此规定似对这一点作了改变。我们认为，法律规定留置权不应当局限于"按照合同约定占有对方的财产"，立法上应将"按照合同的约定"几字删去，这里应仅以债权人合法地占有为限。债权人非法占有财产的，不能成立留置权。①

留置权的发生以财产的占有为必要。留置权发生的占有要件，以债权人非因侵权行为而占有债务人的财产为限。债务人的财产只有债权人非因侵权行为而产生事实上的管领、控制或者支配时，才可以发生留置权。经债务人同意占有其财产，为非因侵权行为占有债务人的财产之一般类型。《瑞士民法典》第895条第1款规定，"经债务人同意由债权人占有的财产或者有价证券"，可以成立留置权。债权人取得对债务人财产的占有，应当以事实占有为限。例如《德国民法典》第854条规定："取得物之占有，是由于取得对于物的事实上的支配力。"债权人直接占有、辅助占有、间接占有以及共

---

① 郭明瑞著：《担保法原理与实务》，中国方正出版社1995年版，第323页。

同占有债务人的财产，效力相同。① 由于一般对发生留置权的债权范围不加限定，对于债权占有与债权有关联的债务人的财产持较为宽容的态度，除非有相反的事实，均推定债权人的占有为"善意、和平及公然"的占有并维持占有的效力。② 但是，我国民法对于留置权成立的占有要件的规定，与瑞士、德国民法的规定显然不同。债权人非以债权成立之合同为基础占有债务人的财产，不得成立留置权；债权人只有"按照合同约定"占有债务人的财产，才可以成立留置权（《民法通则》第89条第4项）。因此，民法理论认为，债权人取得对债务人财产的占有，只能是债权成立之合同的必然结果。③ 除此以外，并非按照任何合同占有的财产，均可以成立留置权；可以成立留置权的占有仍以因为保管合同、运输合同、加工承揽合同和法律规定的其他合同而产生的占有为限（《担保法》第84条）。可见，我国民法对于作为留置权发生的占有要件，严格限定其适用条件。这就是说，依照我国现行法的规定，债权人对其非因法定的合同关系占有的债务人的财产，不得成立留置权。

（4）财产种类的限制

对于留置权的标的物是否应具有让与性，观点不一。留置权的意义在于，债权人留置债务人的财产后迫使债务人履行债务，若债务人仍不履行债务，债权人可以变价留置物以取偿；可见，留置权是以最终得以取得留置物的交换价值来实现留置权的担保作用的。在这个意义上，留置物应具有可让与性。瑞士《民法典》第896条明确规定："对性质上不能变卖的物，不得行使留置权。"但是，留置权在性质上终究不同于抵押权、质权，留置权的首要功能不在于债权人对留置物变价取偿，而在于"留置"债务人的财产以迫使其履行债务，债权人就留置物取偿仅为留置权的次要作用。若在这个层次上来看待留置权，留置权标的物不应当限于可让与物，可让与物与非可让与物均可以成立留置权。④ 我国台湾地区学者对此有两种

---

① 杨玉龄著：《民法物权》，台湾五南图书出版公司1981年版，第282页。
② 史尚宽著：《物权法论》，1979年台湾自版，第446页。
③ 梁慧星著：《民法》，四川人民出版社1988年版，第291页。
④ 郑玉波著：《民法物权》，台湾三民书局1980年版，第347页。

观点。倪江表先生认为，对此法律虽无明文规定，要以采积极见解为当。史尚宽先生认为，留置权以标的的留置为内容，故其标的物无须得为让与，故在无让与性之物上，亦不妨成立。因留置权人同时有优先受清偿的权能及留置的权能，其不适于变卖之物，不妨仅发挥留置的权能。我国法对此无明文规定。笔者认为，既然法无明文规定，且留置权发挥作用的途径是通过留置债务人的财产给其心理上造成负担，以迫使其履行债务，那么对可留置的财产不问其是否有让与性，债权人对于债务人的无让与性的财产，不妨成立留置权，只是在此情形下，留置权仅能发挥留置的功能而无变价的权能。

至于留置权标的物是否仅以动产为限，立法例规定有不同的制度。日本、英国、美国等国的立法例，不限制留置权标的物的范围，债权人占有的动产、不动产及有价证券，均可以成立留置权，而瑞士民法及我国台湾地区民法在此问题上则持相反立场。在日本民法中，民事留置权，其标的只须为物，不问其是动产或不动产；商事留置权，其标的也可以是有价证券。

依照美国法律，留置是存在于财产（property）上的取偿权（charge）或者担保权益（security）或者负担（encumbrance），留置权并不仅以动产为标的，不动产上仍然可以发生建筑师（architect's lien）留置权等基于不动产（real estate）的留置权。[①] 绘制建筑施工图并监督施工的建筑师有取得报酬的权利，法律为保障建筑师的报酬请求权，特别规定有成立于不动产之上的建筑师留置权。但是，另有一类立法例，严格限定留置权标的物的范围，惟有在动产或者视为动产的有价证券上，可以成立留置权，否认不动产留置权的存在。依照瑞士立法例，留置权应当被视为动产质权，并以担保债权人变价取偿为主要目的，因此，债权人仅对其占有的债务人的动产和有价证券，并以融通物为限，可以成立留置权。我国台湾民法规定，债权人占有的属于债务人的"动产"，可以成立留置权；在解释上，能够成立留置权的动产包括有价证券在内。我国《民法通则》第89条关于留置权的规定，没有限定可以留置的"财产"范围或者

---

① Black's Law Dictionary, 5thed, 1979, P.832.

种类，仅规定为"对方的财产"。有的学者提出，解释上应包括动产、不动产和有价证券，这与传统民法中留置权仅限于动产是不同的。也有的学者认为，"这里规定的留置权的标的不应当包括不动产，对于不动产上所生债务的担保可用法定质权或者优先权方式解决，不宜成立留置权。我国担保法上明确规定债权人占有的财产须为债务人的动产，将留置权的标的权限于动产，这一规定是合适的。"① 理论上，在法律对留置物的范围没有明文限定的情形下，动产和不动产均应当可以作为留置权的标的物，债权人对其占有之债务人的动产、不动产以及有价证券，可以成立留置权。② 但是在实务上，因为不动产而发生的债权请求权，其价值一般远低于不动产的价值，若允许债权人对其占有的不动产发生留置权，与不动产所有人使用、收益不动产的利益发生直接冲突，就会妨碍不动产经济价值的充分利用以促进社会经济的发展。正是这个原因，有学者认为，"从留置权所担保的债权看，大都是承揽费等债权，这种债权是因对不动产的修缮等原因产生的，其债权额一般是远远小于不动产的价值的，如果允许债权人为清偿数额较小的债权额而留置价值较大的不动产，不仅对不动产所有人欠公允，而且从社会经济发展的角度讲也非善策。"③ 我国《担保法》第 82 条明文限定留置权标的物仅以"债务人的动产"为限，债权人对其占有的债务人的不动产，不得成立留置权。我国《担保法解释》也坚持了上述立场。

留置权能否成立于不动产之上，学界对这一问题有持肯定态度者。其理由主要有以下几点：（1）留置权可以成立于不动产之上，立法例已有先例，且在英美法系国家本非争议事项；（2）虽然瑞士和我国台湾地区民法只承认动产留置权，而否认不动产之上可以成立留置权，但我国借鉴外国法，未尝不可将不动产纳入留置标的物的范畴；（3）不能因为债权的价值通常远远小于不动产的价值，而否认其不动产留置权发生的绝对意义。若因为债权价值小，就可以

---

① 郭明瑞著：《担保法原理与实务》，北京大学出版社 1994 年版，第 325 页。
② 邹海林：《留置权基本问题研究》，载《法学研究》1991 年第 2 期。
③ 钱明星著：《物权法原理》，北京大学出版社 1994 年版，第 372 页。

否认债权人对不动产发生留置权,那么,承运人的运费债权往往远远低于其承运的货物的价值,似乎应当否认承运人对货物的留置权,事实并非如此。对留置权能否成立于不动产之上这一问题持反对态度者,其主要理由如下:承认债权人于不动产之上成立留置权,其后果可能会妨碍不动产价值的有效利用(使用收益)。不动产价值巨大,且多为居住设施、商用设施或公共工程设施,具有稳定社会经济生活的巨大作用,不动产的有效利用构成推动社会经济发展的重要因素。留置权具有留置标的物的固有效力,因为若债权人以其与该不动产有关联的债权,而留置该不动产,使得该不动产的所有人或使用人不能以该不动产使用收益,将妨碍该不动产的经济效用和社会效用,造成巨大浪费。因此,在兼顾债权保障和不动产的有效利用方面,应当采行一种兼顾二者平衡的法定担保制度,确保因该不动产而发生的债权的受偿,同时又不妨碍该不动产价值的有效利用。正是基于这种考虑,有学者建议立法规定不动产的法定抵押制度,以担保因为不动产的建设或修缮而发生的债权。

3. 债权人占有的应为债务人的财产

债权人留置的财产,是否只需为他人之物,或者需为债务人之物,学界一直存有争议。依日本民法规定,可以成为留置权标的物的财产只需为他人之物,但日本商法规定,商事留置权的标的,须为债务人的财产。瑞士民法对此有不同规定。依瑞士《民法典》第895条第(3)款规定:"债权人对其善意取得的不属于债务人所有的物,有留置权。但第三人因更早的占有而享有权利时,不在此限。"留置权的成立并不以占有的财产为债务人所有的财产为必要,对于债权人善意取得的不属于债务人所有的物也可取得留置权,但以第三人未有基于前占有之权利为限。在解释上认为,留置权标的物符合下列条件之一的债权人即可取得对该物的留置权:(1)属于债务人之物或债权人信其属于债务人之物;(2)债务人经所有人的同意或基于其处分所有人之物的权利,而交付债权人的标的物,例如夫对于妻的原有财产有处分权者,夫的债权人得留置之;(3)占有人对于交付标的物于自己的人,信其有处分债务人之物的权利,例如信其为债务人的代理人或经纪人。

我国台湾学者对于债权人占有的财产是否须属于债务人所有，有不同的观点。一种观点认为，债权人占有的财产仅以属于债务人所有为限，其理由是：留置权制度的创设，原是基于公平的观念，如果允许债权人对于非所有人所有的物行使其留置权，则有违创设的初衷；而且与"无合理根据不得限制所有权行使的原则"亦不相符。另一种观点认为，债权人占有第三人之物也得成立留置权。其理由主要来自维护交易安全的考虑。史尚宽先生认为，二者相比较，以后者的观点较为可取。因为根据公平观念的要求，并非留置权所特有，他种物权，同样存在出于公平观念考虑的情况。况且从维护交易安全的角度考虑，使所有权因此受到限制，也不能说没有其合理根据，再者占有的公信力，也不可不予以维持。① 郑玉波先生指出，在债权人自己所有的动产上不得成立留置权，必须在他人的动产上始得成立留置，而所谓他人，应当包括债务人及第三人。我国《担保法解释》第108条对此持相同态度，该条规定："债权人合法占有债务人交付的动产时，不知债务人无处分该动产的权利，债权人可以按照担保法第82条的规定行使留置权。"

4.债权人的债权与债权人占有的财产间有关联关系

留置权的目的在于通过债权人对债务人的财产的留置，迫使债务人履行债务，以实现债权的受偿。若允许债权人任意"留置"债务人所有的、与债权的发生没有关系的财产，则在债权人与债务人利益的平衡上偏重于对债权人利益的保护，对债务人有失公平，与留置权制度设立的宗旨相悖。若允许债权人任意"留置"与债权无关的债务人的财产，也会损害交易安全，也与保护安全的私法原则相冲突。所以，债权人"留置"已占有的同债权无牵连关系的债务人的财产，在观念上有失公平，在法律上为权利滥用。②

债权人"留置"债务人的财产，应当以该财产同债权人的债权有牵连关系为必要条件。留置权发生的牵连关系要件，是指债权同债权人占有的财产之间存在某种程度的关联，即能够引起某种法律

---

① 史尚宽著：《物权法论》，1979年台湾自版，第376页。
② 邹海林著：《留置权基本问题研究》，载《法学研究》1991年第2期。

后果的联系。① 近代立法例关于牵连关系的规定，源于德国民法。②债权和债权人占有的财产之间的关联，各国（地区）立法例均有不同的规定，大体可分为以下两种：

（1）债权与债权须有关联。该说主张，留置权人对于相对人的债权（请求权），与相对人对于留置权人以物的交付为标的的债权（请求权），发生于同一的法律关系的，为有关联关系。例如买卖合同，双方当事人的债权，均产生于同一的买卖关系，卖方有对于买方支付价金的请求权，而买方享有对于卖方的买卖合同标的物的交付请求权，双方的请求权（债权）产生于同一的买卖关系，即为有关联关系。这种学说是罗马法诈欺抗辩的原则所采用的，现德国民法上采用。因为在德国民法上以留置权为一种拒绝给付权，两个对立的债权，须由同一的法律关系而发生的，才能成立留置权。

（2）债权与物之间须有关联。该说主张，债权人的债权与其占有的物之间有关联时，才可成立留置权。此说为多数国家的立法采用。但在何为债权与物有关联上又有二元说与一元说两种观点。③

二元说认为，债权与物关联包含直接关联和间接关联。所谓直接关联，指债权为该物本身所生的。例如，由物的瑕疵所生的损害赔偿请求权，为物所支出费用的偿还请求权，与物之间都存在直接关联关系。而在何为间接关联上，众说不一。有的主张债权因基于占有人支配的同一关系而发生；有的主张债权与物的交付请求权须为关联；有的主张债权与物的返还请求权须由于同一法律关系或同一生活关系而发生；也有的主张，债权与以物为标的的债权之间须有关联。

一元说认为，在债权与物有关联上并无区分直接关联与间接关联的必要，占有物为债权发生原因的，即承认物与债权间有关联关系，但在何为发生原因上又有直接原因说、间接原因说及社会标准说三种学说。直接原因说主张，标的物须是构成债权发生的惟一原因，或至

---

① 梁慧星著：《中国物权法研究》下，法律出版社1998年版，第1022页。
② 谢在全著：《民法物权论》下册，中国政法大学出版社1999年版，第396页。
③ 郭明瑞著：《担保法》，中国政法大学出版社1998年版，第250页。

少为其发生的直接原因之一，亦即物与债权之间须有因果关系，才可认为有关联；也有的认为，标的物为构成债权关系发生的法律关系要件之一的法律事实时，物与债权间为有关联。可见该说所指的关联也就是二元说中的直接关联。间接原因说认为，只要物为债权的发生原因，不论其为直接原因还是间接原因，都认为物与债权有关联。该说承认即使物为债权发生的间接原因，也可承认二者之间有关联，与二元说无实质区别。社会标准说认为，只要债权与物基于某种经济关系发生，债权人自己不履行其债务，其仅请求物的返还行为，在社会观念上认为不当的，即属于物与债权间有关联。

德国民法认为，债权人占有债务人的财产能否成立留置权，取决于债权人的债权与债务人物的返还（给付）请求权之间是否存在关联。《德国民法典》第273条第1款概括为债权人之债权和其标的物的返还义务即债务人之债权产生于同一法律关系；第2款概括为债权人的债权因对标的物的支出费用而产生或因标的物造成的损害而产生。可见，在德国民法理论上，留置权发生的牵连关系要件，实际为债权人和债务人之间的请求权牵连。债权人和债务人之间的请求权牵连，并不只限于"同一法律关系"，两个相对应的请求权产生于"同一生活关系"，也存在牵连。德国的判例认为，两个请求权或者请求权基础，只要相互间有自然的经济关联，许可一方的请求权而否认他方的请求权违背诚实信用原则时，即存在牵连关系。[①] 有学者认为，二人以偶然的机会误取对方之物，相互间发生所有物返还请求权，并没有债权请求权的发生，严格地说，不存在债权与该动产的返还义务因为同一生活关系而发生，仅是因为情理上应当认为二人相互间对占有之物，应有留置权较为公平而已。德国民法的请求权牵连，不以因为债的关系而发生的请求权为限，因为生活关系或者事实关系而发生的物的返还请求权，亦可以发生关联而成立留置权。所以，德国民法上的请求权牵连，已经远远超出了古罗马法关于留置权为债务履行之抗辩范畴。

法国民法所规定的留置权发生的牵连关系，与德国民法有近似

---

① 史尚宽著：《物权法论》，中国政法大学出版社2000年版，第496页。

之处，但其牵连关系的范围要比德国民法规定的牵连关系狭窄得多。债权人的请求权和债务人的请求权之间的牵连，仅限于两个相对应的请求权产生于同一合同关系，否则，不能成立留置权。

瑞士、日本等国民法将牵连关系归结为债权和标的物的关联，即债权的发生和标的物之间存在联系。瑞士民法将牵连关系定义为"债权的性质与留置物有关联"，日本民法则定义为"债权因物而发生"（《瑞士民法典》第895条第1款、《日本民法典》第95条第1款）。

我国台湾地区民法系仿瑞士立法例，但在用语上与日本民法相同，留置权的牵连关系为"债权之发生与该动产有牵连之关系"（我国台湾地区《民法典》第928条）。谢在全先生解释为：（1）债权是由该动产本身而发生。此类债权大都因契约以外的原因而产生，包括不当得利、无因管理及侵权行为等。而这一类牵连关系又可分为两类：一是对于标的物所支出的必要费用的偿还请求权，二是对于由该标的物所致损害赔偿请求权。（2）债权与该动产的返还义务基于同一法律关系而产生。（3）债权与该动产的返还义务基于同一事实关系而产生。如甲乙二人相互错拿对方之雨伞而产生的甲对于自己雨伞的返还请求权与对于乙之雨伞的返还义务之间就是基于同一事实关系而产生。①

按照我国现行相关法的规定，在物与债权的关联上是采直接原因说的。依我国现行法的规定，只有债权、债务及债权人对于标的物的占有取得，均基于同一原因事实即同一个合同发生的，才可以成立留置权。许多学者指出，我国法上规定的留置权的适用范围太窄，在物与债权的关联上应以物为债权发生的原因为基础，而不问是直接原因还是间接原因。

商事留置权与民事留置权有所不同。商事留置权的范围一般较民事留置权广。一般说来，商人间因营业而发生的债权，与其因营业关系所占有的债务人的财产，其债权与该财产虽不是基于同一法律或事实关系而发生的，相互间无任何的因果关系，也视为有关联，得成立留置权。如瑞士民法上就规定，所指的关联"发生在商人之

---

① 谢在全著：《民法物权论》下册，台湾三民书局1995年修订版，第398页。

间的，只要占有及请求权系由商业交易关系产生的"（《瑞士民法典》第895条第2款）。依此，商事留置权的成立，以债权与占有产生于商业业务往来当中为条件。若债权人的债权是第三人为了债务人转让给债权人的，则债权人不能对债务人的财产行使留置权；债权人不是通过债务人的意愿，不是基于一定商业行为而取得对标的物占有的，当然也不能成立留置权。

留置权的成立必须具备以上要件，可称之为积极条件，但是，虽具备以上积极条件，但却有如下情形即违反有关消极条件，留置权也不能成立。

（一）当事人有不得留置的事先约定

留置权为法定担保物权，是出于公平的意旨专为债权人利益而设的制度，并不单纯从社会利益出发，"法定"是指其成立条件为法律所明确规定，但法律却允许当事人通过约定排除对于留置权的适用（我国《担保法》第84条第3款、《担保法解释》第111条）。因此，在当事人有不得留置的约定时，当事人应遵守双方的约定，债权人不得留置所约定的不得留置的物。否则，债权人的行为则构成债的不履行。当然，若债权人占有的物为数物，当事人仅明确约定不得留置其中某物的，则仅就该物不能成立留置权，对他物仍得成立留置权。我国《担保法解释》第107条规定："当事人在合同中约定排除留置权，债务履行期届满，债权人行使留置权的，人民法院不予支持。"这一规定明确支持了留置权的排除条件。

（二）留置债务人的财产违反公共秩序或善良风俗

许多国家的法律明确规定，留置不得与公共秩序有抵触。也就是说，若留置债务人的财产违反公共秩序，则不能成立留置权。如《瑞士民法典》第896条（2）款规定："……与公共秩序有抵触的，亦不得行使留置权。"我国《担保法》对此未作明文规定，但也应作同样的解释。因为依我国《民法通则》第7条规定，在民事活动中，当事人须"尊重社会公德，不得损害社会公共利益"。不违反社会公共秩序和善良风俗即为民事活动的一般原则，当然在担保活动中也不能违反。所以，如债权人留置债务人的财产与公共秩序和善良风俗相悖，则不能成立留置权。例如，对于债务人生活上的必需品，对于债务人的身份证、毕业证等，债权人如留置，可会使债务人的生活难以维持，或会使债务人无法工作，就违反了社会公共秩序和善良风俗。因此，在这种情形下，不能成立留置权。

（三）留置财产与债权人所承担的义务相抵触

关于留置财产与债权人所承担的义务相抵触，学者中有不同的解释。有解释为债权人违背应承担的各种义务的，即为相抵触；有解释为债权人违背本来交付的义务，始为相抵触。梁慧星教授等认为，"所谓与留置权人承担的义务相抵触，指债权人如留置所占有的动产，即与他所负担的义务本旨相违反"。我们认为，这里的所谓债权人的义务是指债权人依合同约定或法律的规定应承担的他种义务，而不包括其给付标的物的义务，即不包括应返还标的物给债务人，或依债务人的指示而交给第三人的义务。债权人留置财产若与其承担的义务相抵触，而仍允许债权人留置财产，则无异于许可债权人不履行其承担的义务，这就违反了诚实信用原则，同时也是对留置权制度设立初衷的违背。因此，在留置财产与债权人承担的义务相抵触时，不能成立留置权。如承运人负有将承运的物品运送到约定地点的义务，其不得以债务人未支付运费，而留置货物不予运送，因为这与其承担的运送义务相抵触，但承运人将货物运送到目的地后，尽管其负有应给付货物的义务，却得为运费等债权的受偿而留置货物。各国法中也多有相应规定，如瑞士民法规定，财产的留置与债权人所承担的义务相抵触的，不得行使（《瑞士民法典》第896条第2款）。我国《担保法解释》对此也作了规定，该《解释》第111条规定："债权人行使留置权与其承担的义务或者合同的特殊约定相抵触的，人民法院不予支持。"

（四）留置财产与债务人交付财产前或交付财产时的指示相抵触

虽然当事人未在合同中明确约定不得留置标的物，但在债务人交付财产前或交付财产时，明确指示债权人于履行义务后应将标的物返还而不得留置的，则债权人不得留置该物。如债务人在交付前或交付时，指示债权人应即将物交付于自己或第三人或置于听其处分之下，则债权人不得留置之。因为债务人有明确指示，则其期待债权人不留置其交付的财物或为其取偿而利用，而债权人受此指示且又未表示反对的，也为一种默示的承诺。在这种情况下，相当于双方有不得留置的约定，因此债权人不能行使留置权。如运送合同中虽未规定承运人不得留置的货物，但在托运人交付货物时明确指示在货物运达后必须交付给收货人而不得留置时，则承运人不得以未支付运费等而留置运送到目的地的货物。① 我国台湾地区民法、瑞士民法都对此作了明确规定（《瑞士民法典》第 896 条第 2 款、我国台湾地区《民法典》第 930 条）。我国法无明文规定，但应作相同解释。

此外，债务人在动产交付后成为无支付能力或其无支付能力于交付后才为债权人所知悉的，动产的留置即便有前面所述的抵触情形，债权人仍得行使留置权（《瑞士民法典》第 897 条第 2 项、我国台湾地区《民法典》第 931 条第 2 项）。但若债权人对于债务人无支付能力这一情况在交付时或交付前已知晓的，则可认为债权人不管债务人之无支付能力，而有依从其指示的意思。学者有将此留置权的行使，与上述债权尚未届清偿期时成立的留置权，并称为紧急留置权。

### 二、留置权的继受取得

留置权的继受取得，是指于留置权具备一定条件而成立后为他人依权利让与而取得留置权。②

留置权能否继受取得，取决于留置权有无让与性。对留置权能否让与，学者中有两种不同的看法。肯定说认为，留置权是一种财产权，其归属、行使均无专属性，所以具有让与性。否定说认为，留置权不能让与。其理由主要是：第一，留置权虽与其他担保物权一样属于财产权，但留置权不同于抵押权与质权，是以占有留置物促使债务人清偿，以返还留置物为着眼点，可知留置权人本有返还留置物的义务，在更改时，纵依当事人的合意，也不许留置权移转于新债务。第二，若承认留置权人可让与留置权，则应有如同质权转质的情形，设有加重留置权人责任的规定，但在留置权中并无此种规定，可见法律并不承认留置权的转移。第三，他种担保物权，

---

① 梁慧星、陈华彬著：《物权法》，法律出版社 1997 年版，第 383 页。
② 郭明瑞著：《担保法》，中国政法大学出版社 1998 年修订版，第 252 页。

常系基于当事人的意思设定，此时担保的债权额与担保物的价值额间，自然有相当的考虑，而留置权为基于法定条件发生的，不论其债权额大小，债权人均可留置全部标的物，所以不应否认留置人有让与留置物的权利。第四，留置权是以留置权人占有留置物为基本条件的，若仅依意思表示而让与债权时，自不能因此而将以占有事实为基础的留置权也能完成其移转，所以留置权让与时，非先将占有移转不可，而法律并未赋予留置权人转移留置物的权利。而取得留置物占有的债权受让人，其自己就具备直接地原始取得留置权的条件，并无须让与取得。

从理论上说，留置权为无专属性的财产权，依照财产权的一般属性当然可以让与。但留置权也并非可以自由让与。因留置权是担保债权的从权利，是法定担保物权，因此，留置权可以与主债权一并让与，而不能单独让与。在主债权依合意而让与时，作为附属性从权利的留置权也随主债权的移转而移转，这与留置权制度设立的本旨即担保债权受偿并无冲突，故应当允许留置权在此情况下的移转。但此种移转应有限制。如存在不能移转于他人占有的法律上的障碍或当事人之间有不得移转于他人占有的事先约定等。在留置权人发生合并或分立时，则留置权随同债权一并为合并或分立后的权利享有者承受。在留置权人死亡或消灭时，其享有的债权由其继承人继承或者承受其权利的权利享有者承受时，留置权也一并随之移转。在法律没有规定留置权得让与的情形下，对于留置权人与他人约定单独让与留置权的，在解释上当以不承认其效力为宜。

## 第二节　留置权的效力

### 一、留置权效力的范围

（一）留置权所担保的债权的范围

关于留置权所担保的债权范围，在各国的法律上由于其规定的留置权的成立条件不同也有所不同。如瑞士民法中将质权担保的效力范围规定为主债权、利息、执行费用及延期利息等，由于留置权在瑞士法上被看做为法定质权,所以其留置权担保的效力范围也应当是主债权、利息、执行费用及延期利息等。我国台湾学者史尚宽认为台湾地区民法也应作同样的解释,准用其民法第936条第1项的规定,将留置权的效力范围定为原债权、利息、迟延利息、实行留置权之费用及因留置权物隐有瑕疵而生之损害赔偿。[①] 一般说来,留置权所担保的债权范围为与留置物有关联的债权,包括原债权及其利息、迟延利息、实现留置权的费用以及因留置物隐有瑕疵而产生的损害赔偿等。我国《担保法》第83条明确规定:"留置权担保的范围包括主债权及利息、违约金、损害赔偿金、留置权物保管费用和实现留置权的费用。"依此规定,我国法上留置权所担保的债权范围包括主债权及利息、违约金、损害赔偿金、留置权物保管费用和实现留置权的费用。由于留置权为法定担保物权,因此对于留置权所担保的债权范围,不得由当事人约定。也有学者认为,留置权所担保的债权范围,当事人虽不得进行扩张的约定,但却可进行缩小的约定。

1. 主债权

这是指留置权人基于合同(契约)、不当得利、无因管理及侵权行为等而发生的要求债务人履行主要义务的权利,又称为原债权或本债权。主债权的全部受留置权担保,但债权人基于合同享有的附属于主债权的权利不在担保范围之内。例如,在运送合同中,承运人享有的请求支付运费等费用的债权为主债权,受留置权的担保,但承运人享有的其他从权利,如要求清扫车厢等权利则不在担保范围内,债权人不得因此类债权而留置运送物。

2. 利息

主债权的法定孳息,包括在合同履行期内的利息以及迟延利息,也是留置权担保的范围。如当事人未约定利息,则债务人迟延履行时应给付迟延利息,迟延利息仅在担保范围内。

3. 违约金

违约金,是合同当事人违反合同时依法律规定产生的法定违约

---

[①] 史尚宽著:《物权法论》,中国政法大学出版社2000年版,第515页。

金或合同约定违约方应向对方支付的款项，即约定违约金，也是违约方应承担的民事责任。如果法律明确规定了违约金的计算标准，当事人违约时应依法律规定的标准确定违约金的数额；如法律未有明确规定而合同中约定违约金计算标准的，则应依合同约定的标准确定违约金的数额。法定违约金与约定违约金，均为留置权所担保。

4. 损害赔偿金

损害赔偿金应当包括债务人违反合同所致损害的赔偿金和因留置物隐有瑕疵所致损害的赔偿金。债务人不履行债务时，当事人在合同中约定有损害赔偿计算方法的，损害赔偿的数额得依当事人约定的方法计算。但这里的损害赔偿金仅是对债权人财产损失的赔偿，而不应包括对非财产损害的赔偿。

5. 留置物的保管费用

这是指留置权人留置标的物期间因保管留置物所支出的必要费用。如不属于留置期间的保管费用，则不在留置权担保范围内。

6. 实现留置权的费用

这是指留置权人因行使优先受偿权所发生的费用，如拍卖留置物时的申请费、拍卖费等，留置物折价时的评估费等。

（二）留置权效力所及的标的物的范围①

留置权效力所及的标的物，通说认为，应包括主物、从物、孳息以及代位物。

1. 主物

主物是留置权得以成立时债权人占有的动产。权利行使的不可分性，是物权留置权的固有特征。理论上，留置权行使的不可分性，同留置物是否可分以及债权的价值高低无关，不论留置物是否可分，债权人均可以对全部留置物行使权利，只要债权没有获得全部清偿，债权人就可以对留置物的全部行使权利，这样才符合担保物权所具有的不可分性品质。《日本民法典》第296条规定："留置权人于受债权全部清偿前，可以就留置物的全部行使其权利。"但是，留置权是基于债权人和债务人之间的利益均衡，并依照公平原则而创设的

---

① 郭明瑞著：《担保法》，中国政法大学出版社1998年修订版，第257页。

法定担保物权,留置权的行使在相当程度上应当符合公平原则。因此,当留置物为可分物时,为公平起见,债权人留置其占有的财产应与其债权价值相当。依我国《担保法》第85条规定,债权人留置的留置物的价值应相当于债务的金额。总之,留置权人行使留置权,其效力及于留置物的全部;但是,当留置物为可分物时,出于公平的考虑,留置权人只能对价值相当于债务金额的留置物行使权利。

2. 从物

留置物若为主物,在当事人没有特别约定,法律也无特别规定时,依照主物与从物关系的原理,从物应为留置权效力所及,但因留置权以占有标的物为成立要件,因而只有在从物也为债权人占有时,留置权的效力才能及于从物,否则,不得纳入留置物范围。若债权人只占有主物而未占有从物时,从物不在留置权效力所及范围内。留置权人虽占有主物也占有从物,但就留置物(主物)的价值已足以担保全部债权的,留置权的效力也不应及于从物。

3. 留置物的孳息

债权人在留置期间,得收取留置物的孳息,因此留置物的孳息也为留置权的效力所及。

4. 留置物的代位物

在各国法上对留置权的效力能否及于代位物有不同规定,这决定于留置权是否包含优先受偿权。在不承认留置权有优先受偿性的立法上,不承认留置权的物上代位性,留置权的效力也就不能及于代位物。依我国现行法的规定,留置权有优先受偿的效力,且优先受偿权为留置权的基本权能,因此留置权具有物上代位性,留置权的效力当然也就及于留置物的代位物。如因留置物灭失所得的赔偿金,即为留置权效力所及。

## 二、留置权对留置物所有人的效力[①]

这里的留置物所有人是指对留置物享有处分权的人,既包括物的所有人,也包括对留置物享有处分权的人。留置物所有人与债务

---

① 郭明瑞著:《担保法》(修订本),中国政法大学出版社1998年版,第257页。

人并非一致。债务人是留置权人的相对人,为交付留置物给债权人的人,又称为被留置人。在一般情况下,被留置人也就是留置物所有人。但在债务人交付的物为第三人的动产,而留置权人依善意取得原则取得留置权时,被留置人与留置物的所有人就不一致。留置权对留置物所有人的效力,主要表现在以下两方面。

(一) 留置物所有人的权利

1. 对留置物为法律上处分的权利。

留置物被债权人留置后,留置权的成立并未使留置权人取得对留置物的所有权,留置物所有人并不因此而丧失留置物的所有权,因此,留置物所有人在法律上仍得处分留置物,或出卖,或赠与,均无不可。但是由于留置物为动产,在该动产依留置权被债权人占有的情况下,留置物所有人无法将留置物现实交付给受让人。在大陆法国家,"交付"包括现实交付、指示交付和占有改定三种形式,留置物所有人可以在不现实转移占有的情况下将留置物的所有权转让于第三人,在所有人将留置物转让给第三人后,留置权仍继续存在于被转让的留置物之上,留置权人与留置物新的所有人之间将继续存在留置权关系,直至主债权得到清偿为止,因此新的所有人的所有权仍受到限制。由于我国立法没有关于上述三种所有权转移方式的详细规定,仅明确规定了交付转移,所以,依照我国《民法通则》第72条的规定:"按照合同或者其他合法方式取得财产的,财产所有权从财产交付时起转移,法律另有规定或者当事人另有约定的除外。"在留置期间,留置物所有人处分留置物的,除非法律另有规定或当事人之间事先存在约定,否则,这种处分行为并不导致留置物的所有权发生转移。当然,如果我国有关的司法解释将上述三种形式均包括在"交付"的含义中,则留置物所有人的处分行为将导致留置物所有权的转移。无论如何,如前所述,此时新的所有人的所有权乃是一种有限制的所有权。留置物所有人转移所有权的权利受有限制,同时,该所有人在物上设立其他物权的权利也受有限制。从理论上说,留置物所有人有权将留置物用于设定质权或出租。但是,因质权以质物的占有为要件,留置物的所有人得将其对留置权人的返还请求权让与质权人,使其取得间接占有,而使质权成立。

但由于该项返还请求权已因有留置权的存在而不完整，自不会有人接受之而成立质权。① 可见，因留置权的存在，留置物所有人设质的权利实际上受到限制。留置物所有人本来也可以将留置物出租，但此时，因留置权人占有留置物，虽然租赁合同可以有效，但出租人也不能将标的物移转承租人占有使用，租赁合同也不能履行；留置权实现时，租赁合同自应解除，对因留置权实现而取得留置物所有权的新所有人并不生效力，承租人因此而受到损失的，应由出租人即留置物的原所有人赔偿。可见，留置物的所有人将留置物出租的权利也受到了留置权的限制。

2. 留置物的损害赔偿请求权与返还请求权。

在留置期间，留置权人负有保管留置物的义务。若留置权人未对留置物尽到善良管理的义务，或者第三人对留置物的侵害，致使留置物受到损害的，留置物所有人有权要求留置权人或造成损害的第三人赔偿。在主债权得到清偿或债务人提供其他相应担保的情况下，留置权归于消灭。留置物所有人有权要求返还留置物。

3. 有提供担保而使留置权归于消灭的权利。

关于提供相应担保的有关问题，我们将在下文详述之。

(二) 留置物所有人的义务

留置物所有人在享有上述权利的同时，也需承担以下两项义务：

1. 向留置权人支付因保管留置物所支付的必要费用。留置权人负有对留置物妥善保管的义务，依通说此义务为善良管理人之义务，而留置物所有人应当对留置权人因维护、维持留置物的品质而支出的必要费用予以偿还，否则留置权人得以该费用请求权对抗留置物所有人的返还请求权。此观点为各国法所采。

2. 因留置物的隐蔽瑕疵致留置权人以人身或财产损害时，留置物所有人应承担赔偿责任。留置权人在保管留置物期间，因留置物隐有瑕疵（如有质量瑕疵、易腐、有毒等）给留置权人的财产或人身造成损害，留置物所有人负有赔偿损害的义务。留置权人得以该

---

① 郑玉波主编：《民法物权论文选辑》下，台湾五南图书出版公司 1985 年版，第 352 页。

损害赔偿请求权来对抗留置物所有人的返还请求权。

### 三、留置权对留置权人的效力

留置权对留置权人的效力，表现为留置权人的权利与义务，是留置权的主要效力。

(一) 留置权人的权利

留置权人的权利主要有以下几项：

1. 留置和占有权

留置权人对留置的财产享有占有的权利，在其债权未受清偿前可以留置标的物，拒绝一切基于物权（占有权除外）和债权的返还请求权，这一对抗辩来自物权的属性。对留置财产的占有，是留置权人的基本权利，也是留置权的基本效力。留置权人留置标的物，这是留置权效力的第一次发挥。留置权人对抗一切返还留置物的请求，是其权利的行使，并不构成返还义务的迟延。如在留置物被第三人申请扣押时，留置权人得对执行人员拒绝交付留置物；留置物被第三人申请执行时，留置权人得对起执行异议。在因留置权人任意将留置权物交付执行人员被执行时，留置权人仍得优先受偿。

因为留置权是以占有为成立条件的，因此，在留置权成立前，留置权人就已占有留置物。但留置权人对留置物的占有不同于债权人的占有，依我国《担保法》规定，在债权人占有的财产为可分物时，留置权人留置的财物的价值应与债务额相当，对超过债务金额部分的物应当返还给债务人，而不享有占有权。若拒不返还其价值超过债务额的财产部分的，则构成对返还义务的履行迟延，而不为留置权的正当行使。

留置权人对留置物的占有受法律保护。任何人不得侵害留置权人的占有权。在留置物受到不法侵害时，不论侵害人为何人，留置权人享有物上请求权，得寻求诉讼的救济。在留置物被非法侵夺时，留置权人得依占有的物权效力请求占有的回复，请求返还被非法侵占的留置物。之所以不以留置权的效力名义请求回复，是因为留置权以占有为成立要件，当留置权人失去其占有时，自不能依留置权的效力寻求救济，这一点不同于质权。当质权人丧失其对质物的占有时，可依据质权的效力请求占有的回复以得到救济。

2. 留置权物孳息的收取权

留置权人在占有留置物期间，享有收取留置物孳息的权利。通说认为，留置权人收取留置物孳息的权利是基于留置权的效力而不是基于占有的效力。因此，留置权人收取留置物的孳息并不能如同其他孳息收取权人一样直接取得孳息的所有权，而只能以收取的孳息优先受清偿，即取得了对孳息的留置权与优先受偿权（由于是权利而非义务，所以留置权人也可以抛弃这一权利）。如《日本民法典》第297条第1项规定："留置权人可以收取留置物产生的孳息，先于其他债权人，以孳息抵充其债权的清偿。"孳息留置权，也为留置权范畴，应适用关于留置权的规定。所以当留置权人丧失其占有时，该留置权即为消灭。留置权人应以善良管理人的注意保管孳息，留置物的孳息又有孳息的，留置权人对这一孳息，也取得孳息留置权。留置权人未尽到善良管理人之注意，怠于收取孳息时，对于留置物所有人应负损害赔偿责任。

孳息不仅包括天然孳息，法定孳息也包含在内。就留置物，所有人有法定孳息收取权时（如对留置物的使用而收取的租金），留置权人行使属于其所有人的权利，收取法定孳息，取得对该孳息的留置权。如承租人自己就租赁物有留置权时，承租人得收取所有人对于自己的租金的债权，以之抵偿自己的债权，即以本应交付于租赁物所有人的租金由自己占有留置，用以担保自己对留置物所有人的债权的受偿。

留置物的孳息不论天然孳息还是法定孳息，如果是金钱孳息，则可直接用于抵偿债权；如果为其他非金钱孳息，则应依留置权的实现方式（如折价、拍卖、变卖等）以其价金优先受偿。用孳息抵偿债权的次序，《日本民法典》第297条第2项规定："孳息应先抵充债权利息，尚有剩余的，再抵充原本。"一般说来，留置权人收取的孳息用作清偿债权的顺序为：收取孳息的费用，利息，原债权。若有剩余时，应与原物一同返还于留置物所有人。

3. 留置物必要的使用权

留置权人因对留置物享有占有权而负有以善良管理人的注意、

妥善保管留置物的义务。原则上，留置权人对留置物可以占有、扣留，而不能使用。但在下列两种情况下，留置权人可以使用留置物：第一种情形为保管上的必要。于保管留置物所必要的范围内，留置权人有权使用留置物。此为保管上的必要使用。至于何为必要使用，则为事实判断问题，须依具体情形而定。如适当地运转机器、开动车辆、使用工具，以防止生锈等，即为必要的使用。留置物的必要使用权主要是指此而言的。因为留置权人于此范围内对留置物的使用不必经留置物所有人同意，同时既不构成对债务人义务（善良管理人的义务）的违反，也不构成侵权行为。但是，留置权人的此种必要使用的目的，仅以保存留置物为限，而不得以积极地取得收益为目的。当然，若因留置权人必要使用而产生收益时，留置权人也得收取收益，并以之充偿债权。第二种情形为经留置物所有人同意。留置权人经债务人同意，有权使用留置物。于同意的范围内留置权人的使用权受法律保护。如《日本民法典》第298条第2项规定，留置权人未经债务人同意，不得使用留置物。此时，留置权人既可为自己直接使用留置物，也可以以留置物为自己设定担保，还可以将留置物出租。但留置权的使用仅以所有人同意的范围为限。未经所有人同意而使用的，则构成侵权。

　　留置权人在这两种情况下使用留置物，有时可能获得利益。该利益应如何处理，有不同观点。有人认为，应按不当得利处理，留置权人应将该利益返还给债务人；有人认为，应按留置物所生孳息处理，留置权人得以该利益优先受偿。① 我们认为，第二种观点较为可取。理由之一，既然留置权人的使用为合法使用，则使用留置物所获得的利益自有法律上的根据，也就不构成不当得利。理由之二，在此情况下，留置权人又不能依法取得该利益的所有权，所以惟有将使用留置物所获得的利益视为留置物所生的孳息这一条可行之路。采此种观点，将合法使用留置物所获利益视为留置物的孳息用以担保债权人的债权受偿，既有利于保障债权人的债权得以实现，也有利于保护债务人的合法利益。

---

① 史尚宽：《物权法论》，1979年台湾自版，第460页。

4. 必要费用的返还请求权

由于留置权人对留置物并无用益权,却有妥善保管的义务,因此留置权人为保管留置物所支出的必要费用,是为物的所有人的利益而支出的,可以向物的所有人请求返还,此种债权(费用偿还请求权)也在留置权所担保的债权的范围内。所谓保管的必要费用,是指为留置物的保存及管理上所不可或缺的费用,如养护费、维修费等。所支出的费用是否为必要,应依支出当事人的客观标准而定,而不能以留置权人的主观认识为标准。

对留置物所支出的有益费用,留置权人是否有偿还请求权的问题,依《日本民法典》第299条第2款规定,"留置权人就留置物支出了有益费用时,以其价格增加现存者为限,可以依所有人的选择,使其偿还消费的金额或增加的价额"。日本民法上的留置权无优先受偿性,我们不能做出与其相同的解释。有学者认为,留置权人支出有益费用的,以其使留置物价值增加的现存范围内,应有返还请求权,而且此费用也应在留置权所担保的债权的范围内。①

对于留置权人就留置物所支出的有益费用,我们认为,留置权人支出有益费用的,在使留置物价值增加的现存范围内,应有返还请求权,因此,此项费用也应在留置权担保的范围内。

5. 就留置物变价优先受偿的权利

在债务人不能履行债务时,留置权担保债权的优先受偿。除日本民法规定以留置物的孳息担保债权优先受偿以外,物权留置权的立法例均认为,留置权具有以其标的物和孳息担保债权优先受偿的效力。依照《瑞士民法典》第891条规定,留置权人在债务人没有履行债务前,享有从留置物的变价金中受清偿的权利。而依日本民法规定,留置权人只能就留置物的孳息优先于其他债权人而受清偿;只有属于破产财团的商事留置权,才视为有优先权,其优先顺序后于其他特别的先取特权;但先于抵押权。留置权人虽得依拍卖法享有拍卖权,但不得就卖得的价金优先于其他债权人受偿。我国现行法规定,留置权人在一定条件下,得就留置物的变价优先受清偿

---

① 陈本寒主编:《担保法通论》,武汉大学出版社1998年版,第314页。

(《民法通则》第89条、《担保法》第82条)。优先受偿权是留置权人的一项基本权利,也是保障其债权的根本手段。因为留置权人留置标的物,虽可造成债务人心理上的压力,促使其履行债务,但如果债务人始终不清偿,则留置权人也无法受偿。此时,留置权人行使其优先受偿权,即可满足其担保债权的需要。

优先受偿权作为留置权人的一项最主要的权利,与前几项权利不同。前几项权利自留置权行使时即可行使,其行使属于留置权的第一次效力。而优先受偿权须于留置权成立后经一定期间在一定条件下才能行使,其行使为留置权的第二次效力。优先受偿权的行使通常被称为留置权的实现。

(二)留置权人的义务

1. 留置物的保管义务

留置权人对留置物的保管应负何种注意义务,各国(地区)立法例及学者有不同的观点。日本、我国台湾地区民法均规定,债权人应以善良管理人的注意,保管留置物(《日本民法典》第298条第1项、我国台湾地区《民法典》第933条)。我国《担保法》第86条规定:"留置权人应对留置物尽妥善保管的义务。"留置权人应当妥善保管留置物,但在何为妥善保管上,由于对留置权人应负的注意义务认识不同而有不同的观点。一种观点认为,留置权人应以善良管理人之注意,保管留置物。留置权人对保管未予以善良管理人之注意的,即为保管不善,因此而致留置物毁损、灭失的,应承担民事责任。另一种观点认为,除因不可抗力造成留置物毁损、灭失外,留置权人对留置物的毁损灭失均应负保管不善的赔偿责任[①]。这种观点实际上让留置权人承担无过错责任。我们同意前一种观点。留置权人的保管义务源于债权人占有标的物期间的保管义务,但二者的性质不同。债权人的保管义务是其附随义务,是基于契约等发生的,而留置权人的保管义务是留置权的主要义务,是基于留置权产生的。由于保管义务是基于留置权产生的,因此一旦留置权消灭,留置权人的保管义务也随之消失。但是由于这一义务又是以占有为根据的,

---

① 王美娟、杨幼敏:《留置权初探》,载《中国法学》1992年第1期。

所以虽留置权消灭，在标的物交还之前，留置权人仍有保管标的物的义务。这可说是留置权人的保管义务的延伸和诚信原则的体现。留置权人在保管留置物期间，如果因为怠于尽必要的注意而造成留置物的损害时，如留置物有天然孳息时，其孳息作为留置物的一部分，为防止其损毁消灭，留置权人应当在适当时期收取而未为收取，给债务人造成损失时，应负损害赔偿的责任。留置权人为保管的必要，可以使用留置物，已如前述。其保管需要债务人协助的，留置权人可以请求债务人协助，如果债务人不予协助，因而导致留置物毁损灭失时，债务人不得向留置权人请求损害赔偿。留置权人在占有标的物期间是否已为必要的注意，其采取的保管措施是否妥善，对留置物的损害是否有过错，应由留置权人负举证责任。也就是说，在债务人提起留置物损害赔偿之诉时，应实行过错推定，举证责任倒置。

2. 不得擅自使用、出租留置物和提供担保

留置权人原则上并无使用留置物的权利，相反，留置权人负有不得擅自使用、利用留置物的义务。除为保管上的必要而使用外，留置权人未经债务人同意的，不仅不得自己使用留置物，也不得将留置物出租或提供担保。各国（地区）立法例都有相类似的规定。《日本民法典》第289第第2款中明文规定："留置权人未经债务人承诺的，不得使用、租赁留置物，并不得以之提供担保。"这里规定了留置权人基于留置关系对留置物的所有人所负担的义务。我国《担保法》虽无明文规定，但新近出台的《担保法解释》第93、114条对此作了明文规定。我国台湾学者认为台湾地区民法对此虽无明文规定，但通说认为应作同样的解释。留置权人违反此义务时，其效力如何，应视情况不同而定：（1）未经所有人同意而出租时，因为标的物不必是出租人的所有物，所以该租赁契约有效。但是，留置权人即便为租赁契约的履行，而将留置物交付承租人并允许其对留置物为使用收益的，承租人也不能取得使用收益权（留置权人将留置物作为租赁物交付于承租人，这一点也会遇到留置权人无权处分留置物这一法律上的障碍）。但是，如果承租人为善意占有人，则可以取得留置物所生孳息。（2）未经所有人同意而设定担保，例如

设定质权,其设定不发生法律效力。因为留置权人对留置物没有处分权。但是接受动产质权设定的人,若为善意,则可依有关法律规定,善意取得质权。对由此给留置物所有人造成的损失,应由留置权人负责赔偿。

留置权人可以在取得留置物所有人同意的情况下对留置物进行出租或设定担保的,此时是留置物所有人赋予留置权人处分留置物的权利。留置权人因此取得了对留置物的处分权,而此处分权与留置权人的资格,是可以分离的。日后,当留置权消灭时,留置权人基于所有人同意而为的出租或设定担保,并不因此而受到影响。留置物的原所有人允许留置权人在一定期间内对留置物进行使用、出租或提供担保的,留置权人在期间经过后,不得再就留置物继续使用、出租或提供担保,若仍继续为使用出租等行为,则成为未经所有人同意的行为,构成对所有人权利的侵害。

留置权人未经留置物所有人同意而为留置物的使用、出租或者提供担保的,构成违反保管义务,留置权人应对由此造成的损害负赔偿责任。此种责任为过错责任。如留置权人能够证明自己的使用、利用是没有过错的,则不负赔偿责任。留置权人违反此项义务未致损害的,依《日本民法典》第298条的规定,债务人也有请求留置权消灭的权利。

3. 留置物的返还义务

在留置权所担保的债权消灭,或债权虽未消灭,但因债务人另行提供担保而使留置权消灭时,留置权人负有将留置物返还于债务人的义务。留置权存在的根据——主债权的消灭以及留置权本身的消灭这两种情况使得留置权人不再存在占有留置物的根据,因此理应将留置物返还于债务人(留置物所有人)。留置权人返还留置物的义务与质权人返还质物的义务不同,因为留置权人的返还义务不是因留置权而发生的义务,而是原有的给付义务的一种继续或再现。留置权人违反返还留置物的义务的,构成非法占有,应向债务人或所有人负民事责任。

## 第三节　留置权的实现

### 一、留置权实现的含义

留置权的实现，又称留置权的实行，一般是指留置权的第二次效力的实现。留置权是具有二次效力的担保物权。留置权的第一次效力发生于履行期限届满而未履行义务之时。此时也即为留置权的成立，留置权人得留置其占有的债务人的动产。留置权的这一效力是因其成立而当然发生的，不为留置权的实现。留置权的第一次效力在于以对标的物的扣留造成债务人心理上的负担，以促使其履行义务，此时，留置权人并不能即以留置物受偿其债权。留置权的第二次效力，是在留置权人留置留置物后一定期限（宽限期）内债务人仍不履行债务时才发生的。此时留置权人得以留置物的变价所得优先受偿其债权。可见，留置权的第二次效力为留置权的根本效力，最终效力，其作用在于确保债权人的债权受偿。留置权的第二次效力一经实现，留置权因其最终目的达到而消灭。[1]

### 二、留置权实现的条件

它必须经一定程序和具备一定的条件，此为各国（地区）立法的通例，但各国（地区）法对留置权实现的具体条件和程序的规定并不一致。依《瑞士民法典》第 898 条规定，债务人不履行义务时，债权人经事先通知债务人，得变卖留置物。但此规定权限于债权人未得到充分担保的情形。我国台湾地区《民法典》第 936 条第 1 项规定，债权人于其债权已届清偿期而未受清偿者，得定 6 个月以上之相当期间，通知债务人，声明如不在其期限内为清偿时，即就留置物取偿。我国《民法通则》未明确规定留置实现的条件，仅以"依照法律的规定"概括规定。我国《担保法》第 87 条第 1、2 款规定："债权人与债务人应当在合同中约定，债权人留置财产后，债务

---

[1] 郭明瑞著：《担保法》，中国政法大学出版社 1998 年修订版，第 264 页。

人应当在不少于两个月的期限内履行债务。债权人与债务人在合同中未约定的，债权人留置债务人财产后，应当确定两个月以上的期限，通知债务人在该期限内履行债务。""债务人逾期仍不履行的，债权人可以与债务人协议以留置物折价，也可以依法拍卖、变卖留置物。"

从各国法律规定中，可归纳出留置权的实现须具备以下要件：

1. 通知债务人在确定的期限内履行其义务

债权人在变价标的物以清偿其债权之前，应当通知债务人履行债务，这是一项法定原则。这是立法例对债权人实行留置权的"变价取偿"方法的基本要求。① 《瑞士民法典》第898条第1款规定：债务人不履行义务时，债权人经事先通知债务人，得变卖留置物。其通知用意在于与债务人以提出担保之机会。瑞士民法理论认为，债权人未通知债务人变价留置物，应当负损害赔偿的责任。我国台湾地区民法亦有此规定（台湾地区《民法典》第936条）。我国《担保法解释》第113条对此规定为："债权人未按担保法第87条规定的期限通知债务人履行义务，直接变价处分留置物的，应当对此造成的损失承担赔偿责任。债权人与债务人按照《担保法》第87条的规定在合同中约定宽限期的，债权人可以不经通知，直接行使留置权。"在通知这一程序上，我国立法的规定是除"合同中约定宽限期的"以外，留置权人都应履行其通知义务，否则要负损害赔偿之责。一般说来，债权人对债务人的通知具有催告的性质，其内容有二：一为告知债务人其所给予的宽限期，二为催告债务人应于宽限期内履行义务。但如果债权人与债务人事先已于合同中明确约定了债务宽限期，则债权人可不予以通知，或者是债权人对债务人无法通知时，债权人也可不予通知，但须于债务人在一定期限内仍不履行义务时，才可实现留置权。在债权人能够通知而又有必要通知债务人时，债权人若未经事先的通知债务人于确定的宽限期内履行债务，则不得实现留置权。我们认为，债权人已经留置债务的，在权利的行使方面显然处于较为主动的地位，债权受偿已经具有相当保障，

---

① 梁慧星主编：《中国物权法研究》下册，法律出版社1998年版，第1049页。

这时有必要兼顾债务人的利益，防止债权人依赖留置物担保而加剧债务人的被动地位，应当要求债权人在变价留置物前通知债务人履行义务，非经通知，债权人不得变价留置物，债权人未通知债务人履行债务而径行变价留置物的，应当承担侵权责任。但是，债权人无法通知或者不能通知债务人履行债务，或者法律另有规定或当事人另有约定的，不在此限。

2．确定留置财产后债务人履行债务的宽限期

除通知外，留置权人还应留有一定期限以供债务人履行债务。与抵押权、质权不同，留置权人并不能在债务人于履行期限届满未履行债务时即实现留置权。留置权人在留置财产后须再经过一定期间后，才可实现留置权。这里的一定期间，也就是给予债务人的履行债务的宽限期。在瑞士民法，债权人只须通知债务人，并未有期间上的限制。而我国台湾地区民法规定，债权人变价前，应当通知债务人履行义务，并受不低于6个月保留期限的限制，该期间从债权人通知债务人后起算。我国法对此亦有明文规定。《担保法》第87条规定："债权人与债务人应当在合同中约定，债权人留置财产后，债务人应当在不少于两个月的期限内履行债务。债权人与债务人在合同中未约定的，债权人留置债务人财产后，应当确定两个月以上的期限，通知债务人在该期限内履行债务。"许多学者对"两个月的催告期间"能否有效地救济与平衡债权人与债务人二者的利益产生质疑。留置权为基于公平原则而创设的法定担保物权，在留置债务人的财产后，债务人仍不履行债务，究竟应当经过多长时间，留置权人变价留置物才算符合公平原则，法定之"两个月的催告期间"并不能解决这个问题。有学者认为这一期间较国际上通行的6个月宽限期（无法通知时的宽限期较6个月更长，如两年）太短，对债务人的利益保护十分薄弱，认为应当"非经催告，债权人不得变价留置物。无法通知时，则应由法律规定一个较长宽限期（如两年），期满后方可变价留置物。①留置权人是否可以变价留置物，应当以能够容忍债务人迟延履行债务的"合理期间"为标准。债权人在"留

---

① 陈本寒主编：《担保法通论》，武汉大学出版社1998年版，第321页。

置"标的物后,经过"合理期间",债务人仍不履行债务的,可以变价留置物。"合理期间"标准不仅为债权人变价留置物提供了客观依据,而且具有适应各种不同的交易关系的灵活性。"合理期间"为事实判断问题,可根据留置物的性质予以确定,也可以根据债权人占有的财产的各种事实或者债务人履行债务的能力或意愿进行判断。合理期间,自债权人催告债务人履行债务时起算,无法或者不能催告的,则从债权届清偿期时起算。

3.债务人在宽限期限内仍不履行义务,且不能另行提供担保

若债务人在宽限期限内履行了义务或者另行提供了担保,留置权即消灭,债权人当然不能实现留置权。只有在债务人于宽限期限届满仍不履行义务又不提供另外的担保的情形下,留置权人才得实现留置权。债务人履行债务应当是无条件的和全面的,债务的部分履行不妨碍债权人变价标的物。债务人提供的担保应是相当的,留置标的物的价值超出债权额的,应当提供相当于债权额的担保;留置标的物的价值低于债权额的,应当提供相当于留置物标的物价值的担保;留置标的物无客观价值的,应当提供相当于债权额的担保。债务人提供的担保,不以物权担保为限,第三人的保证也包括在内。即使债务人在宽限期内只履行了部分债务,但是对未清偿的债权部分提供了相当担保,也发生消灭留置权的效力。因此,债权人变价标的物,只限于债务人在宽限期内未履行债务又未提供相当担保的情形。

### 三、留置权实现的方式

留置权的实现方式实际上是指处分留置物,实行其变价的方法。我国台湾地区民法规定,债务人在宽限期内未为清偿者,债权人得依关于留置权之规定,拍卖质物或取得其所有权,即拍卖质物就其卖得价金而受清偿(台湾地区《民法典》第893条),或为受清偿,订立契约取得留置物的所有权(台湾地区《民法典》第895、878条)。依我国《民法通则》和《担保法》的规定,留置权的实现方式有折价与出卖两种。

折价,是由留置权人支付商定的价格以抵销留置权所担保的债

权而取得留置物的所有权。这种方法虽较为简便，但只有在双方协商一致同意时，才可为之。如果双方未就留置物的折价达成协议，则不能采用折价的方法处分留置物。出卖，是指将留置物的所有权有偿出让给第三人，包括拍卖和以一般买卖方式变卖。如果当事人双方就出卖方法达成协议，则应依商定的方法出卖；如果当事人协商不成，留置权人得依法自行出卖留置物，一般应以拍卖的方式进行。我国《担保法》第87条第3款规定："留置物折价或者拍卖、变卖后，其价款超过债权数额的部分归债务人所有，不足部分由债务人清偿。"由于留置权人实现留置权是以留置物的变价优先受偿其债权，因此，在留置物折价或者出卖，债权人以其所得价款受偿留置权所担保的债权后，应当将余额返还给债务人，如无法返还则应当予以提存，提存费用由债务人负担。债权人实现留置权的所得不足以使受担保的债权完全受清偿的，得就未能受偿的债权部分向债务人要求清偿。但这部分债权已为普通债权，并不能优先受偿。

## 第四节　留置权的消灭

### 一、留置权消灭概述

留置权的消灭，是指在留置权成立后因一定的法律事实而使其不再存在。引起留置权消灭的法律事实，就是留置权的消灭原因。由于留置权是一种法定担保物权，因此留置权可因三类原因而消灭。

第一类是物权消灭的共同原因，即可因标的物的灭失、公用征收、混同、抛弃等而消灭。留置权的抛弃是单方法律行为，以对物的所有人作出意思表示而生效，不一定要抛弃对留置物的占有。留置权的抛弃，产生与物有牵连关系的债权就其留置物不再发生留置权的效力。即使债权人日后再次占有留置物，也不得就该物行使留置权。物权消灭的共同原因，主要有三：其一为标的物的灭失或被征用征收。在标的物灭失或被征用征收时，留置权因标的物消灭而消灭，但在标的物灭失或被征收享有赔偿金、补偿金时，留置权存在于代位物上。其二为混同。在留置权与所有权混同，留置权与留置物所有权归于一人时，因不能在自己财产上存在留置权，留置权消灭。其三为抛弃。留置权人得抛弃留置权。抛弃留置权为单方法律行为，只要有留置权人一方的意思表示即可成立。因此，只要留置权人向留置物所有人作出放弃留置权的意思表示，即可发生抛弃留置权的效力，留置权即因抛弃而消灭，且不得回复。

第二类是担保物权消灭的共同原因，即留置权因被担保债权的消灭而消灭。其债权的消灭是因为债权的让与或债权本身的消灭而消灭，在所不问。债权因受领清偿、提存、抵销、免除、赠予而消灭时，留置权也消灭。担保物权可因以下两种原因消灭：其一被担保债权的消灭。因留置权作为担保物权是为担保债权存在的，被担保的债权消灭，不论其消灭的原因是什么，留置权也就消灭。其二为担保物权实现。留置权实现的，留置权当然也消灭。

第三类是留置权消灭的特别原因。主要有三种，即提供担保、丧失占有和债权清偿期的延缓。而我国《担保法》第88条规定："留置权因下列原因消灭：（1）债权消灭的；（2）债务人另行提供担保并被债权人接受的。"很显然，我国担保法规定是不全面的，其消灭原因并不限于这两项。下面仅就留置权的特殊消灭原因作一阐述。这类原因是留置权特有的消灭原因，在其他担保物权不存在。这主要有担保的另行提出、留置物占有的丧失及债权清偿期延缓。以下重点说明留置权消灭的特别原因。

## 二、留置权消灭的特别原因

### （一）担保的另行提出

德国、日本、瑞士和我国民法均规定，债务人为清偿债务，已提出相当的担保的，债权人的留置权消灭。一方面，因为留置权人未经所有人同意不得对留置物进行使用收益，而留置物所有人因留置物处于留置权人占有之下，也不能进行使用收益，况且还可能出现因较少的债权而留置价值较大的物的现象，这对留置物所有人十分不利，也不利于充分发挥物的使用价值。另一方面，因留置权人留置的目的是为了给债务人以心理压力，促使其履行债务，只要能够确保债权的实现，债权人则无留置的必要。因此，大多数国家的立法例都规定，留置物所有人可以提出相当担保而使留置权归于消灭（《德国民法典》第273条第3款、《日本民法典》第301条、《瑞士民法典》第898条第1款、我国台湾地区《民法典》第937条）。留置物的所有人，为了使留置权消灭，有向留置权人提出相当担保的权利，留置权人对留置物的所有人有受领其担保的义务。因为如果不这样，那么留置权人可以以任意地拒绝而阻止留置权的消灭，对留置物所有人甚为不利。担保包括物保与人保。那么债务人提出的担保是否须为物的担保，还是包括人的担保在内，对此各国法规定不一。德国民法和商法明确规定以物的担保为限，排除了人的担保。瑞士、日本、我国台湾及我国法均未作明确规定。但依瑞士民法的解释，人的保证也包括在内。日本有学者认为应以物的担保为限，但通说认为应包括人的担保。我国台湾地区民法学者解释为人的担保也包括在内。我国也应作相同解释。所以，留置物所有人提出有相当资力的保证人的，留置权人也有承诺的义务。担保必须相当。当留置物的份额高于被担保的债权额时，以提出相当于债权额的担保为相当。因为留置权的目的不仅仅在于促使债务人履行义务，还在于确保债权得到满足；留置物的份额低于被担保的债权额时，以提出相当于留置物份额的担保为相当；当留置物无客观价值时则应以债权额为准。在我国，债务人提供的担保还应当被债权人接受，否则不能产生消灭留置权的法律效果（《担保法》第88条第2项）。

　　提供担保是否必须是为了使留置权消灭的目的而为之。也就是说，是否具有提出担保者有使留置权消灭的意思时，才发生留置权消灭的效力。对此，各国（地区）法规定不一。依日本民法规定，债务人可以提供相当担保，请求消灭留置权。按此规定，只能以债务人消灭留置权的意思表示而消灭留置权；如当事人没有使留置权消灭的意思表示，则不应发生留置权的消灭。依瑞士法规定，只要债权人得到充分担保，留置权就消灭，不以债务人有提出担保以使留置权消灭的意思为必要。我国台湾民法未有明确规定，但通说认为应与瑞士法作相同解释。我国台湾学者史尚宽先生认为，法律上不应以债务人消灭留置权的意思表示为留置权消灭的条件之一，因为另行提供担保之所以应使留置权消灭，并不在于所有人有免受留置权拘束的目的，而在于债权人已无留置的必要。从而，（1）债务人在留置权要件发生前，既已提供充分的担保时，无须再相当之担保，而留置权即被阻隔。（2）第三人为债务人的债务，既已提供充分担保时，亦同。因此，债务人另行提出的担保是否有使留置权消灭的目的并不重要，只要所提出的担保足以充分保障债权人的债权，就应当然发生留置权消灭的效果。

因担保的提出而使留置权消灭的效力是否是终局的消灭，对此有不同看法。史尚宽先生认为，此时以留置权人已取得其他适当的担保而使留置权消灭，如日后失去其代替留置物的担保，而具备留置成立要件时，再取得留置权。① 在德国民法，有学者解释受担保供与的留置权人，因过失致其担保物灭失时，对于留置权人来说，其担保物视为仍然存在。我们认为，因提出担保而使留置权消灭的效力当然为终局的，至于以后再成立留置权，则属于另外的问题，与前一留置权的消灭无关。另行提供的担保若为担保物权，担保物权的标的物灭失的，也应依所提出的担保物权关系处理，而不因此改变前一留置权灭失的效力。

（二）留置物占有的丧失

《日本民法典》第302条规定，留置权因占有的丧失而消灭。我国台湾地区《民法典》第938条亦有此规定，占有不仅是留置权的成立要件，也是留置权的存续要件。留置权人的留置物被他人侵夺时，只能依有关保护占有的规定请求回复，而不能基于留置权请求回复占有。占有回复时，其占有视为未消灭。对于留置期间由留置物所生孳息，留置权人可以取得孳息留置权。留置权人改变自己对留置物的直接占有，而通过占有媒介人为间接占有时，占有不为丧失，不会使留置权消灭。《日本民法典》第302条但书部分规定留置权"依第298条第（2）款规定进行租赁或设质情形，不在此限"。依此规定，留置权人经债务人承诺而将留置物出租或出质的，其留置权不消灭。留置权人依其他原因而变为间接占有人时，其效果一样。例如留置权人将留置物交他人保管。留置权人即使未经债务人

---

① 史尚宽著：《物权法论》，中国政法大学出版社2000年版，第519页。

承诺,而将留置物出租或出质的,留置权人仍保有间接占有,也不丧失留置权。只是因违反有关保管义务,应对所有人负损害赔偿的责任。

留置权人对标的物占有的丧失,既包括其占有被他人侵夺,也包括留置权人自己将留置物返还给所有人。留置权人以抛弃留置权的目的返还留置物的,则留置权因抛弃而消灭。留置权人并非以抛弃留置权的目的返还标的物的,因其占有的丧失,留置权也消灭,此当无疑问。问题是留置权人返还留置物后再取得其占有时,是否重新取得留置权?对此有积极说和消极说两种观点。史尚宽先生认为应分别考察,即(1)留置权人知有留置权的存在而返还其物时,此可解释为留置权的抛弃,从而留置权消灭,然留置权人在返还之际,留有未为留置权抛弃的异议时,就其物不妨再生留置权;(2)留置权人不知有留置权的存在,例如不知占有物与债权有关联关系或虽知之而不知法律上可成立留置权而返还其物时,则因明显无抛弃留置权的意思,就其物有留置权再生的可能。他同时指出,留置权的重新发生,须具备留置权成立的其他条件,从而,(1)留置物所有人,受其物的返还前非为债务人(例如依善意取得的留置权),或债务人受留置物的返还后以之让与第三人时,则其后债权人虽再取得其物的占有,不得就其物再生留置权;(2)商人间因营业关系而设有关联关系时所成立的留置权,债权人再取得所返还物的占有之际,需仍有商人的资格,而且其占有须因营业关系而取得。[①]我国《担保法》未将留置物占有的丧失作为留置权消灭的原因,但由于留置权是以留置物的占有为成立条件和存续条件的,因此,留置物占有的丧失,当然也为留置权消灭的原因。

(三) 债权清偿期的延缓

留置权在其成立要件具备时成立,以促使债务人履行其义务。法律明确规定,债务人超过约定期限不履行义务时,债权人可以行使留置权。如果留置权人同意延缓其债权的清偿期,则不能请求债务人即时履行债务。留置权人既然已同意债务人延期履行,就不能

---

① 史尚宽著:《物权法论》,中国政法大学出版社 2000 年版,第 520 页。

认为债务人超过约定期限不履行义务，留置权人就不得行使留置权，留置权自应当消灭。至于其后债务人在留置权人同意的延缓期限届至时仍不履行其义务时，若具备留置权的成立要件，债权人可再成立留置权，但新成立的留置权与与前一留置权的消灭无关，并非前已消灭的留置权的再生或回复，而是属于另一留置权的成立问题。因此，我国法虽未明确规定债权人同意延缓债权清偿期时留置权消灭，但依法理应作此解释，即债权清偿期延缓的，留置权也消灭。

# 第五编 定 金

# 第十四章 定金制度概述

## 第一节 定金的历史及各国(地区)立法比较

### 一、概述

定金,是指在债务以外当事人之间又约定交付一定数额的金钱,该金钱的得失同债务履行与否联系在一起,并通过定金罚则对双方当事人产生双向压力,如因可归责于定金交付方的原因致合同不能履行,则定金应予没收;如定金收受方不能履行则应双倍返还定金交付人,以此促使双方当事人积极履行债务,保障债权实现。定金是一种古老的担保制度,依通说起源于罗马法,在其产生之初仅具有证约定金及解约定金的作用,后世得到发展,具有立约定金、证约定金、违约定金、解约定金、成约定金等多种形态,从大陆法系的定金立法来看,都是将定金作为债的担保方式规定于债法中,以区别于物权担保与保证,但同时由于其标的物仅限于金钱,故称为"金钱保"。

### 二、定金制度的历史

(一) 国外古代定金制度

定金制度最早可以追溯至远古,公元前6世纪,雅典梭伦改革时期,有关定金等担保债务形式已在社会经济生活中渐趋流行,并受到广泛的重视。① 古代罗马就有当事人在订立契约时，同时交付戒指、物品或者一定数量的金钱的习惯，这通常视为价金的一部分交付。这时的定金仅有证明契约成立的效力。至罗马法，定金制度已经发展为一系列比较完善的制度。罗马法中的定金制度，有学者认为受到希腊法制的影响。"然在希腊地方，诸成契约不发达，买卖须以文书为之，或由当事人之一方之给付始能成立；定金之收授，亦有使买卖成立之意义。此项定金之收授，与其为使买卖成，毋宁谓收授后，买主得抛弃其交付之定金，卖主得将其所收领之定金，或其二倍或三倍，返还与买主，而使发生解除买卖之效力。《赫梯法典》曾受此影响。"② 在罗马法中，定金是要物契约，其成立以交付金钱或者物为生效要件，并常被适用于订婚、买卖、租赁等诸成契约，发挥证明契约成立并确保契约履行的作用。设立定金的契约可以分为两类：不完全定金附约和完全定金附约。前者指给付定金的一方当事人可以牺牲定金而摆脱主债务关系的约束。后者指定金的授受是契约成立的证据。由此在罗马法中的定金实际上具有两种效力：订约前交付的，定金的交付在于保证契约的成立；订约后交付的，定金不仅证明契约的成立，而且有强制履行的作用。债权人可以没收定金视为契约已经解除，但也有权牺牲没收定金的权利而选择请求契约的履行。③

后世，德国、法国等国家在制定民法典时，对于罗马法的定金制度予以沿袭，并结合习惯给以创新。1804年法国民法典承袭罗马法中的不完全定金附约，在1590条中明确规定定金为解约性质。在德意志古法，以定金的交付作为主合同成立的要件，应给付定金方若不按照约定交付定金，主合同就不成立，这种制度被称为"手金"。后来德国普通法承袭罗马法的完全定金附约，以定金的交付作为主合同成立的证据④。1900年《德国民法典》第336条规定定金为证约定金。

---

① 孙鹏、肖厚国著．《担保法律制度研究》，法律出版社1998年版，第304页。
② 张龙文：《民法债权实务研究》，第56页。
③ 周枏著：《罗马法原论》，商务印书馆1994年版，第811页。
④ 史尚宽著：《民法总论》，中国政法大学出版社2000年版，第511页。

在日本，古代即已存在在缔约之际交付定金的习惯。日本定金制度最早的历史记载可见于景泰年间的《新撰字境》一书中，把中国具有定金意思的"贉"读为"阿歧佐须"。此时的定金是作为代价的一部分给付，亦即内部定金，而非违约定金①。至江户时代，出现了名为"手附"的定金制度，它通常具有提前给付的性质，在契约履行的场合可以作为一部分价款的预付，其数额通常为约定额的一成或三成，最多可以达到五成。其效力：(1) 其通常效力是用来证明契约的成立；(2) 对于契约，有附于拘束力之效力，即有手附之交付时，契约当事人非损失该手附金，不得一方地解除契约；(3) 又具有使契约解除之效力。详言之，契约当事人得依手附（损失手附金）、手附倍戾（双倍返还手附金），任何时均得自由解除契约。此时亦仅损失手附金，而免除其他法律上的一切责任，对方当事人亦无方法对抗。由此，古代日本法制史上的定金制度是以证约定金及解约定金为通常形态的。至近代，日本制定民法典时，将此习惯沿用，其《民法典》第 557 条规定："买受人向出卖人交付定金时，与当事人一方着手履行契约前，买受人可以抛弃其定金，出卖人可以加倍返还定金，而解除契约。"

(二) 我国古代定金制度

我国古代民法虽不发达，但是定金买卖制度古已有之。公元 6、7 世纪的唐朝，即有定金制度，当时被称为"贉"。宋元以后，定金被称为定钱、定银、定洋等。在社会生活中适用非常广泛，不仅适用于买卖，而且适用于画像、定做衣帽等承揽契约。我国古代的定金作用主要有三个：一可谓契约成立的手段，即成约定金；二为契约成立之证明，即证约定金；三又可以作为契约履行的担保。近代的定金，大抵为成约定金，但亦有证约定金、违约定金等。在后代也有解约定金，即买方毁约时，不得取回定金，而卖方毁约时，则应双倍返还。定金通常为代金之一成上下，且凑入代金之数。

(三) 小结

考察古代定金制度可以得出下列结论：(1) 定金作为一项古老

---

① 张龙文：《民法债权实务研究》，第 56 页。

的担保债权实现的制度,历来受到东西方各国重视,无论是民法已十分发达的古代罗马,还是由于受到重农抑商思想影响而导致民法不发达的我国。(2)定金的适用非常广泛。在我国,定金适用于买卖及加工承揽等合同,而在古代罗马除买卖、租赁等合同外,定金亦可适用于订婚等身份性契约中。(3)定金在产生之初,就已作为一种独立的担保制度而存在,被视为用于担保合同履行的重要方式。故从定金产生之初,由于其特殊的担保功能,已经受到各国(地区)立法的重视,并予以沿用,对现代立法产生影响。

### 三、现代各国(地区)定金制度及比较

现代各国(地区)在发展经济的过程中尤为重视担保制度的运用,定金作为一种特殊的担保方式被各国广泛采用。但是,由于受到各国民法文化及民法理论的影响,定金的立法体例和作用有所不同,大致有以下几种:

(一)大陆法系国家定金制度

1. 法国

法国把定金制度作为担保买卖合同的履行手段,规定于买卖之中,但是适用范围不限于此,其他有偿契约亦可以准用。这一体例几乎是对罗马法的直接沿袭,将各种担保方式统一规定在"取得财产的各种方法"一编当中,这与当时的立法技术和法律理论还不成熟有关。同时它承袭了罗马法的不完全定金附约,规定定金为解约定金。其《民法典》第1590条明确规定:"买受人如以定金预约买卖时,缔约当事人各方得以下列方式解除约定:交付定金者,失去其定金;接受定金者,加倍返还其所受的定金。"

2. 日本

日本对于定金制度的立法体例从法国,规定于买卖契约当中,且其定金亦为解约定金。《日本民法典》第557条规定:"买受人向出卖人交付了定金时,于当事人一方着手履行契约前,买受人可以抛弃其定金,出卖人可以加倍返还定金,而解除契约。"

日本与法国在定金的立法体例及性质规定上是一致的,但是存在两项差别:一是关于解除权行使的期限。法国没有明确规定,而

日本民法则明文限制须于"当事人着手履行契约之前";二是关于定金与损害赔偿的关系。法国民法典对此亦无明文规定。日本民法则对此作了明确规定,即由于定金解约的,不发生损害赔偿请求权(《日本民法典》第557条第2款、545条第3款)。

### 3. 德国

德国民法将定金规定于债的通则中,这种立法体例主要是由于德国民法是按照担保的不同权利属性将担保方式分类的,将保证、定金规定在债编通则当中,将抵押、质权规定在物权编中。同时采用证约定金及违约定金主义,德国民法对于定金制度规定的极为详细,据德国《民法典》第336条至338条规定:"定金视为合同成立的标志。契约履行时,定金应返还或作为给付的一部分。契约应可归责于给付定金当事人的理由不能履行时,定金不得请求返还。但是对于收受方不履行时,只可以请求损害赔偿,而不发生双倍返还。除非当事人有特别约定,否则定金不当然具有解除权保留的效力。"由此从德国民法中可看出,德国定金一般具有证约定金及违约定金双重作用,但是允许当事人对于定金做特别约定,如果约定为解约定金,法律也承认其效力。

### (二)我国的定金制度

及至当代,我国在1949年以后也非常重视定金的作用。我国1981年12月颁布的《经济合同法》首次规定了定金制度,确定定金为担保经济合同履行的方式。《经济合同法》第14条规定,当事人一方可以向对方给付定金。经济合同履行后,定金应当收回或者抵作价款。给付定金的一方不履行合同的,无权请求返还定金。接受定金的一方不履行合同的,应当双倍返还定金。1986年颁布的《民法通则》第89条在有关债权的部分又再次对定金担保做了相关规定。当事人一方在法律规定的范围内可以向对方给付定金。债务人履行债务后,定金应当抵作价款或者收回。给付定金的一方不履行债务的,无权要求返还定金;接受定金的一方不履行债务的,应当双倍返还定金。其后,在总结立法经验及实践经验的基础上,《担保法》第六章中又对定金制度作了进一步的完善。《担保法》较为全面地规定了包括定金的成立要件及效力、定金的数额限制等相关内容。

我国台湾地区对于定金的规定主要集中于契约之通则，作为确保契约履行的手段，据台湾《民法典》第248条至249条的规定，定金一般被认为兼具证约定金与违约定金作用。同时，根据该《民法典》第249条"契约因可归责于给付定金当事人致不能履行，定金不得请求返还；契约因可归责于收受定金当事人之事由致不能履行时，该当事人应加倍返还其所受定金；契约因不可归责于双方当事人之事由致不能履行时，定金应返还之"。故我国台湾地区的定金为证约定金及违约定金，且明确规定定金罚则的适用采用过错责任原则。

### 四、小结

考察定金制度的立法体例，可以得出下列结论：

1. 定金被沿用至今，并结合各国实际得到创新，体现了极强的生命力，同时由于其简单易行、适用程序简便等优点，体现了与现代经济需要的相容性。

2. 定金的立法体例大致分为以下两种：一是以德国和日本等为代表，将定金置于买卖合同中，并可以准用于其他有偿契约，且以解约定金为常态；一种是以德国等为代表，将定金规定于债法通则中，定金通常具有违约定金性质，但允许当事人特别约定定金性质。

3. 我国对于定金的规定具有自身特点：第一，从立法体例上来看，对于各类担保方式试图做统一规定，加之没有统一的民法典，故不能依照担保的性质归入物权及债权的相应内容中。依《担保法》第2条规定："在借贷、买卖、货物运输、加工承揽等经济活动中，债权人需要以担保方式保障其债权实现的，可以依照本法设定担保。本法规定的担保方式为保证、抵押、质押、留置和定金。"这显然受前苏联《民法典》把担保作为一项统一的制度而加以集中规定的影响。[①] 第二，与其他国家对于定金性质有明确规定相比，我国法律并没有明确定金性质的规定。第三，受到立法技术的影响，并没有具体的定金适用规则等内容的规定。所以，基于以上分析，我们认为：

---

① 周林彬主编：《比较合同法》，兰州大学出版社1989年版，第237页。

首先，应明确定金是产生债权的担保形式，应与担保物权做明确区分；其次，基于现有的立法例，我国一直将定金作为与物权担保和保证担保相区别的独立的担保方式，同时适用于一切有偿合同，故在将来制定民法典时，应仿效德国等将定金置于债的通则中；最后，在法律中应明确规定定金的性质，并对其适用规则与相关制度的关系作明确规定。

## 第二节　定金的特征和功能

### 一、定金的特征

定金作为债的担保方式为各国所广泛采用，由于各国法律规定的不同，其效力及作用亦不相同，但是与其他担保方式相比，定金又具有以下几方面的共同特点：

1. 定金仅产生债权而不产生物权。定金的实践性要求当事人以交付一定金钱为必要，但是这种交付在当事人双方之间仅产生定金合同关系，即债权关系；而不发生物权效力。所以，有学者认为定金的这一特点决定了其担保效力不及担保物权。尤其是对于定金交付方来说，尽管对于定金接受人的不履行债务的行为受到双倍返还的保证，但是这种惩罚的实现借助于定金接受人的实际偿付能力的限制。因此，定金对于债权人的保证能力是有限的。但是，在实践中由于其设定程序简便，无需公示，故受到广泛的采用。

2. 定金担保为金钱担保。定金担保标的应以金钱为限，而不包括可替代物或不可替代物。关于定金的标的，学界存在不同观点。多数学者认为定金合同的标的通常应为金钱，但是也可以以其他替代物为之。① 还有的学者认为除金钱及可替代物外，不可替代物亦可以为之，"当事人如约定以不可代替物……，例如随身所带钻戒作为定金或移转土地、房屋等不动产作为定金，约定对方违约应加倍返

---

① 曾隆兴著：《民法债编总论》，台湾1992年版，第450页。

还相当钻戒、土地或房屋价金之现金者，似无不许之理。"[①] 我们认为，首先，定金的设立目的主要是一方当事人向另一方交付一定的金钱，在发生不能履行时，收受定金的一方当事人有过错的应双倍返还定金，如果是可归因于交付定金一方当事人的原因，则要丧失定金；如果正常履行的，定金则予以返还或者抵作价款的一部分。所以，在合同的当事人发生不履行的情况时，会发生定金的没收或双倍返还问题，如果定金的标的物为可替代物或不可替代物，在适用定金罚则时对于物的价值难以确定，不利于争议的解决。其次，由于我国民事立法没有明确界定定金的标的，故对于其标的可以做扩大解释，但是《担保法》已经明确定金是一种独立的担保形式，如果将其标的扩大到有价证券或可替代物，则易混淆定金与质权二者关系，定金的独立性将受到影响；同时为了发挥定金在交易过程中的直接融资功能，也应将定金的标的局限于金钱为宜。

3. 定金担保是双向担保方式。在其他担保方式中，如以保证、抵押等形式作为担保债务履行的方式时，保证人、抵押人可以是债务人，也可以是债务人以外的第三人。但是定金的特殊性在于其仅仅拘束合同的双方当事人，是双方当事人之间的互为担保。首先，定金的设立仅来自于当事人双方的合意；其次，定金的交付人为主合同当事人的一方，不涉及合同以外的第三人；最后，定金制度通过定金罚则对于当事人双方产生拘束力，一方面它通过定金的双倍返还规制定金收受人，促使其积极履行义务，又通过定金的丧失，使负有对待义务的一方履行义务。这样，定金从两方面促使主合同的履行。

4. 定金具有惩罚性。定金担保的实现借助于定金罚则的适用，定金通过惩罚性的措施起到督促当事人履约的作用。与其他担保方式不同，保证、留置等担保方式在于通过事后补偿来实现债权人利益，即具有补偿性，而定金强调只要一方当事人不履行合同，就可以适用定金法则，至于是否存在实际损失在所不问。

---

[①] 曾隆兴著：《民法债编总论》，台湾1992年版，第450页。

## 二、定金的功能

在现代经济社会,维护交易安全、降低交易风险和交易成本、融通资金、激励当事人履行义务是现代民商法的一项重要任务,因此,债权担保制度自古罗马法以来,由于在经济发展中的重要作用而受到各国(地区)立法的重视。随着社会经济的发展,债的担保制度得到不断的完善和发展,例如,1900年的《德国民法典》即规定了定金这种担保形式,表明实物形态货币化过程不断加深,货币作为交换媒介充分发挥各种作用。金钱担保往往更具有灵活性和机动性。随着定金制度的不断发展,各国(地区)立法均赋予定金不同的功能。

### (一)融资功能

我国《担保法》明确规定:"为了促进资金融通和商品流通,保障债权的实现,发展社会主义市场经济而制定本法。"资金融通是现代市场经济发展的前提条件。[①] 现代社会由于资金及资源的相对匮乏,人们对担保功能提出了更高的要求,即融通资金的功能。由于定金的标的是货币,所以作为独立于人的担保与物的担保而存在的金钱担保,定金具有更显著的融资功能。例如,保证合同的设立并不要求保证人预先支付一定的金钱,只有在债务人不履行债务的情况下才能由保证人代为履行或承担责任。而定金是预先支付的,这就为债权人提供了货币融资,使其作为定金收受人可以使用资金,既解决了其资金的困难,促使其更好地履行债务,又可以使定金交付方的一部分资金在所有权移转前即进入商品流通领域,提高了资金的利用率。再如,在物的担保中,由于担保物在合同履行过程中仅具有交换价值,而不是直接的流通媒介物,受物上代位性的限制不能够直接变现,因此其融资功能要弱于定金。

### 1. 低交易成本功能

债的担保包括物的担保、人的担保及金钱担保。人的担保将可供清偿债务的财产扩大了范围,从一定程度上来说明显优于债的保

---

① 陈本寒主编:《担保法通论》,武汉大学出版社1998年版,第110页。

全,但是由于保证人的财产并不确定,责任财产始终处于不确定的状态,因而债仍有不能履行的危险。物的担保比人的担保更为安全,被认为是债权的最佳担保方式,债权人由于对债务人的特定财产享有担保物权,所以它既是债权人,同时又是债务人特定财产的物权人,可以独占地享有担保物的支配价值。同时由于物权的优先性,债权人又对特定物的价金享有优先于后物权人及普通债权人受偿的权利。但是,物的担保又具有自身的缺陷,既需要有特殊的程序给予确认,同时作为需要移转才能生效的担保来说,当事人又要对于物的保管付出一定费用,在债不能履行时又需要对物进行变价,这既加大了当事人的交易成本,同时又降低了交易的效率。与人的担保相比,定金作为金钱担保降低了风险,通过一定金钱的特定化明显优于人的信用;与物的担保相比,以货币作为担保既降低当事人保管的风险,又节省了费用,同时在债务不能履行时,不需要对物进行变价,即可获得补偿。

2. 激励功能

定金之所以能担保当事人履行债务,是因为定金是通过定金罚则实现的。定金罚则的作用在于激励、督促当事人按合同约定履行,只要一方当事人不履行合同,无论是否给对方造成损失,对方都有权要求违约方承担定金责任。已如前文所述,定金与其他担保方式不同的是,它对债务人和债权人产生双向拘束力,此处不再赘述。需要强调的是,有学者认为定金的交付人在先行给付后,有可能也得不到双倍返还,所以定金担保并不安全,无异于"赔了夫人又折兵"[1]。但是正如后文所强调的,定金的移转并不发生所有权移转,所以可以起到双向担保的积极作用。其不同于物的担保和人的担保,只约束一方当事人,而是通过定金的丧失和双倍返还激励双方当事人积极履行义务。

(二) 维护交易安全的功能

众所周知,当代社会物质资源匮乏,社会需要对于物资进行有效支配并加强流通。而调整财产流通关系需要界定物的所有关系及

---

[1] 孙鹏、肖厚国著:《担保法律制度研究》,法律出版社1998年版,第319页。

流转关系,而债法即为确保物的流转关系的制度。定金作为债的担保的重要制度,从确保物的流转关系来看,与物的担保与保证相比具有更大优势。从物的流转来看,大体包括交易关系的确定、交易的实现两个环节。而定金具有不同种类亦可对于交易的不同环节发挥不同作用。首先,可以通过立约定金的设立,督促当事人尽早订立主合同,以消除交易的不稳定状态;其次,通过证约定金的交付,可以解决现代社会由于当事人之间缺乏书面合同而带来的合同纠纷问题,证明交易的存在;再次,通过违约定金的惩罚,确保交易双方履行合同义务,确定物的流转,实现交易。最后,通过解约定金,又赋予当事人解除权的保留,使其在交易中保留与最佳交易对象交易的自由。

## 第三节 定金的性质和种类

### 一、定金的性质

定金的性质一直是法学界探讨的重要问题,究竟是一种独立的担保方式、还是金钱质、抑或债的不履行的责任形式,下面对于各种观点做简要分析。

对于定金的性质一般存在以下三种观点:第一种观点认为定金是金钱质。即"当事人在合同中约定一方向另一方交付一定数额的金钱,作为担保形式的,该交付的金钱具有金钱质的共同本质。所谓金钱质即将金钱作为质物并向他人转移金钱的占有,以此作为担保的方式……定金作为金钱质因法律的规定而有自己的特殊效力……定金的性质属于金钱质,当事人约定交付一定数额的金钱作为质物,以做担保之用。"[①] 第二种观点认为定金应作为一般民事责任为宜。持此观点的学者认为定金由于适用定金罚则,故应被视为一种违约罚,而不具有担保的替代给付之补偿功能,所以"定金更

---

① 曹士兵著:《中国担保诸问题的解决与展望》,中国法制出版社2001年版,第345、346页。

倾向于违约金等一般民事责任，……故应将定金归于一般民事责任中，而不能将其与保证、留置、抵押等列为担保。"[1] 第三种观点为多数学者所持的见解，即"定金在性质上既可以作为债的担保方式，也可以作为债的不履行的责任形式。"[2] 持此种观点者认为定金作为一种从合同，其设立目的就是在于担保主合同的履行。同时在当事人设定了定金的情况下，任何一方只要不履行合同都要承担相应责任。

我们更倾向于第三种观点，即定金既是一种担保方式，又是一种民事责任形式。主要理由是：

第一，定金是一种独立的担保方式，而不是金钱质。首先，从定金立法例考察，无论中外都规定定金是一种与物权担保和保证担保相区别的独立的金钱担保方式；其次，定金与质权的适用规则也不相同。设立定金要预先交付一定金钱，如果出现不履约的情况则要适用定金罚则，在定金交付方不履约时要承担没收定金的后果，而收受定金方不履约的则要受到双倍返还的惩罚。而设质的目的在于弥补当事人的实际损失，通过质物达到间接实现债权的目的，仅具有补偿性，而不具有惩罚性。再次，二者标的也不相同。定金的标的是金钱，质权的标的是动产及有价证券等。这是二者的重要区别。

第二，定金既是一种担保方式，同时又是一种民事责任形式。首先，从定金制度的发展来看，它始终是作为担保债的履行的重要担保方式而存在。其次，定金的预先支付性及惩罚性使其具有较强的担保作用。定金是预先支付的，这在一定程度上解决了定金收受方的资金困难，为其正常履约创造了条件，从而起到对合同履行的积极担保作用。最后，定金具有惩罚性。这既促使当事人双方积极履行约定，同时又体现了定金是一种民事责任形式。定金作为一种违约罚金，是对不履行合同的违约行为的惩罚和制裁。尤其是合同法明确将定金置于第七章违约责任中，表明立法中已经确认定金的

---

[1] 孙鹏、肖厚国著：《担保法律制度研究》，法律出版社1998年版，第320页。
[2] 王利明著：《违约责任论》，中国政法大学出版社2000年修订版，第607页。

民事责任性质。

第三,定金的担保性质与民事责任性质并不矛盾。定金的设立目的在于确保合同的履行,但是在当事人之间存在违约定金的情况下,一旦发生一方违约的情况,就可以依照定金罚则追究当事人的违约责任,这样就从另一方面起到定金对合同实现的担保作用。

**二、定金的种类**

定金从罗马法以来,由于其特殊的担保功能而受到各国的重视。后世各国在制定民法典时都继受了这一制度,并结合本国习惯予以创新。一般来说,以定金的成立及效力的不同,可以分为下列几类。

(一) 立约定金

立约定金是指当事人为保证以后正式订立合同而专门支付的定金。立约定金在订立合同前交付,如果交付定金的一方当事人拒绝订立合同,则要丧失定金;如果收受定金一方当事人拒绝订立合同,则要受到双倍返还定金的惩罚。这一类定金既不作为合同成立的要件,也不能证明合同的存在,只是为了保证当事人在今后能正式订立合同。大陆法系民法典对此并无明确的规定。但是在德国及我国台湾地区的司法实践中是予以确认的。以我国台湾为例,即存在"出卖土地尚未订立正式契约,往往先成立押议的习惯。"[1]

立约定金实际起到了两重作用:一是督促当事人订立合同,通过定金罚则迫使当事人履行正式定约的义务;二是通过定金的没收或者返还,赋予当事人自由订立合同的权利。我们认为,立约定金在现代仍具有实践意义,实践中当事人往往通过口头表达想订立合同的愿望,但是却可能由于某种原因不能订立合同,这使得对方当事人也许会丧失与他人订立合同的时机。通过立约定金的授受及可以促成当事人之间尽快订立合同,使不确定的交易状态得到确定;同时由于市场价格、供需情况的变化,当事人在遇到更为适宜的交易对象时,又可以借助于立约定金的丧失,保留自己与他人的交易自由。

---

[1] 史尚宽著:《债法总论》,中国政法大学出版社2000年版,第512页。

## (二)成约定金

成约定金是指专门作为合同成立要件的定金,定金的交付决定了主合同是否成立。有学者认为成约定金与货物契约之物之交付有同一之作用。定金的交付并不意味着主合同义务的履行,此时它只是作为实践合同的生效要件。同时,合同的成立应以当事人达成合意为要件,即就合同的所有条款达成协议。定金作为主合同的从合同或者一个条款所规定的条件,其交付只是一个条件的满足,并不意味着整个主合同的成立。一般来说,合同的成立是基于当事人的意思表示一致,但是法律允许合同成立除当事人意思表示一致外,还可以附加其他条件,当事人可以采用成约定金。大多数国家(地区)的民法典均未规定成约定金。但在各国的司法判例中,均承认成约定金的效力。①

## (三)证约定金

证约定金是指作为订立合同的证据,即因定金的交付以证明合同的成立。证约定金只是为了证明合同的成立,既不是合同成立的要件,也不能使当事人享有解约的效力。而且,它的功能决定了其必须在主合同订立时交付,这与解约定金、违约定金必须在合同订立后履行前交付不同。证约定金在主合同履行后,应当返还,"该证约定金,不过为主契约之证据,并非债务人所应给付之一部,故于履行时在给附性质与定金相同者(例如收受人交付定金),应为给付之一部,有抵销之作用。性质相异者(例如出卖人交付定金)应返还之。"②

在德国民法、瑞士债法中均承认定金的证约效力。我们认为在实践中确定证约定金的效力是非常必要的,在实际生活当中,由于法律观念的匮乏、当事人为节省时间或者不具备当时订立正式合同的条件,往往只是订立口头协议,而在发生纠纷时,难以界定当事人之间的权利义务关系是否存在。而通过证约定金的交付和接受的过程,则足以证明主合同的成立,对于确定当事人之间的权利义务

---

① 史尚宽著:《债法总论》,中国政法大学出版社2000年版,第511页。
② 同上书,第515页。

具有重要作用。值得注意的是，在发生此类争议时，应以当事人持有有关授受的书面凭证为限，不可以任意扩大其范围。因为定金合同为实践性合同，其生效要求有一定金钱的交付；同时当事人应持有一定的书面凭证，否则难以确定本来就存在争议的诺成性合同的存在。

（四）解约定金

即是以定金作为保留解除权的代价，详言之，即给付定金的一方当事人可以抛弃定金以解除合同，而定金收受人则需要加倍返还以解除合同。因为这是解除权的赋予而非对于违约的惩罚，所以基于对当事人的保护，在奥地利、德国及瑞士的民法中规定，必须基于当事人的特别约定，定金才具有解除权保留的效力。而在法国民法典及日本民法典中则规定解约定金是定金通常所具有的性质。

（五）违约定金

指给付定金者如不履行其债务时，收受人得没收其定金。罗马法上的证约定金多数具有违约定金的性质。德国民法及我国民法中所规定的即为违约定金。

对于以上定金的种类比较，可以得出下列结论：

1. 定金的功能各不相同。立约定金在于确保当事人订立合同，证约定金在于证明主合同的存在，成约定金在于帮助主合同的生效，解约定金赋予当事人具有合同的解除权，违约定金在于惩罚当事人的违约行为。由于其功能不同，应此可以交叉适用于不同情况。

2. 定金的生效及交付时间要求不同。立约定金要求必须在主合同订立前交付，而成约定金，证约定金要求在合同订立时交付，解约定金、违约定金则在主合同订立后、合同履行前交付。

3. 与违约金的适用关系不同。由于证约定金、成约定金等与违约金的性质与功能并不冲突，因此原则上可以并用。而违约定金与违约金的适用、功能基本相同，故不应并用。

### 三、我国的定金种类

（一）我国的定金是违约定金

我国对定金的规定主要集中于《民法通则》第89条、《担保法》

第六章及《合同法》的"违约责任"一章中，但是对于定金的种类并没有明确规定，学界对此也有不同的观点。总的说来有下列三种观点：一为借鉴日本民法，把定金视为解约定金。认为适用定金罚则的结果将导致定金的解除，当事人在接受定金罚则制裁后就不必再承担继续履行合同的义务，即"当事人双方得以丧失和双倍返还定金为代价而解除合同。"① 二为违约定金说。即认为我国立法上的定金为违约定金，定金罚则的适用是对当事人违约的制裁，并不当然导致合同的解除，当事人仍有权要求合同继续履行的义务。② 三为双重属性说。即认为我国的立法规定基本上属于违约定金，同时兼具证约定金的功能。③ 我们认为：首先，我国法律规定的是违约定金。我国《担保法》第89条规定"当事人可以约定一方向对方给付定金作为债权的担保。债务人履行债务后，定金应抵作价款或者收回。给付定金的一方不履行约定的债务的，无权要求返还定金；收受定金的一方不履行约定的债务的，应当双倍返还定金。"《合同法》第七章"违约责任"中关于定金的规定，我国的定金制度主要是作为一种担保方式保证债的履行的，通过特定的定金罚则制裁违约行为，并对双方当事人以压力，促使其履行约定。而解约定金具有使主债消灭的作用，丧失定金的一方或者双倍返还的一方在支付解约定金后，将不再承担赔偿损失、支付违约金和继续履行的责任。《合同法》第116条规定："当事人既约定违约金，又约定定金的，一方违约时，对方可以选择适用违约金或者定金条款。"显然定金的支付在我国并不发生使合同解除的效力，故我国法律规定的定金应为违约定金为宜。同时，作为定金的交付应具有证明主债成立的效力，我国定金兼具证约定金的作用。

（二）我国存在的其他定金

如前文所述，当事人之间如果没有特别约定的，依照我国法律规定，定金应为证约定金及违约定金性质。但是从各国法律实践看，

---

① 钟立志著：《谈谈我国定金的性质及法律效力》，载《中外法学》1992年第3期。
② 史文清著：《有关定金的几个问题》，载《政治与法律》1986年第2期。
③ 王利明著：《违约责任论》，中国政法大学出版社2000年修订版，第605页。

在法律规定的定金种类之外，依照契约自由原则，亦准许当事人对定金种类另有约定。我国在担保法司法解释中对于其他定金种类作了规定。

1. 立约定金

根据我国《担保法解释》第115条规定："当事人约定以定金的交付作为订立主合同担保的，给付定金的一方拒绝订立主合同的，无权要求返还定金；收受定金的一方拒绝订立合同的，应当双倍返还定金。"我国司法解释承认立约定金的效力，并确认了如果当事人不依照立约定金履行缔约义务，即按照《担保法》第89条的规定适用定金罚则：即给付定金的一方拒绝订立主合同的，无权要求返还定金；收受定金一方拒绝订立主合同的，应当双倍返还定金。在实践中应该把握下列问题：第一，立约定金的效力是独立的，它不以主合同的生效为要件。据此，有学者认为："凡在意向书一类的协议中设立了立约定金，其法律效力自当事人实际交付定金时就存在，就其所担保的缔约行为没有发生时，违反承诺的当事人就要受到定金处罚，立约定金就由此发挥作用。"① 第二，立约定金其作用在于担保当事人的缔约行为，只要当事人一方不履行缔约义务，即可适用定金罚则。第三，司法解释对于立约定金做出明确规定，其作用即为解决当事人对于立约定金发生的争议，在当事人有特别约定的情况下遵从约定并结合其特点确定当事人的权利义务关系，而不能认为《担保法》中只对违约定金规定，而否认立约定金的效力。

2. 成约定金

根据《担保法解释》第116条规定："当事人约定以交付定金作为主合同成立或者生效要件的，给付定金的一方未支付定金，但主合同已经履行或者已经履行主要部分的，不影响主合同的成立或者生效。"本条即是对于成约定金的确认，并规定了成约定金与合同履行之间的关系。这里需要明确两个问题，首先依前文所述，合同的成立或生效是一个复杂的问题，不能简单地认为合同的生效只需满

---

① 曹士兵著：《中国担保诸问题的解决与展望》，中国法制出版社2001年版，第340页。

足成约定金的交付即可。但是,在合同的主要条款已经确定的情况下,依照《民法通则》及《合同法》的有关规定,成约定金可以作为合同生效的特殊要件存在,即在合同满足一般生效要件的条件下,通过定金交付使合同发生效力。第二,一般来说,在当事人约定有成约定金时,定金的交付是合同生效与否的关键,依照司法解释,未交付定金的,如果主合同已经履行或已履行主要部分的,不影响主合同的成立或者生效。这一条主要是基于《合同法》第36、37条的规定并作了重要发展,通过实际履行合同行为,在合同生效上的意义确认在定金不交付情况下一方当事人履行合同行为的法律意义,而不能僵化地认为只要当事人约定的定金不交付,合同就不发生效力。

3. 解约定金

根据我国《担保法解释》第117条规定:"定金交付后,交付定金的一方可以按照合同的约定以丧失定金为代价而解除主合同,收受定金的一方可以双倍返还定金为代价而解除主合同。对解除主合同后责任的处理,适用《中华人民共和国合同法》的规定。"这里即是对于解约定金的规定,承认解约定金可以适用《担保法》第89条的规定,当事人可以根据约定适用定金罚则解除合同。当事人在定金合同中约定解约定金后,可以保留主合同的解除权:交付定金一方当事人解除合同的,无权要求返还定金;收受定金一方当事人解除合同的,应当双倍返还定金。

同时,在实践中要注意如果适用定金法则,当事人还可不可以主张损害赔偿的问题。我们认为定金罚则的适用并不当然免除违约方对损害赔偿的义务,如果守约方的损失大于因定金而取得的收益,则违约方仍应承担损害赔偿的责任。但是受损方应当承担相应的举证责任。

## 第四节 定金与相关制度的比较

### 一、定金与预付款

所谓预付款,是指双方当事人商定的在合同履行前所给付的一部分价款。在实际生活中经常发生由于当事人将定金写为"预付定金"或"预付金"的形式，在发生纠纷时对此究竟为定金亦或预付款理解不一。多数学者认为定金具有预付款的作用。① 定金与预付款都是合同一方当事人的预先给付，都不得超过合同标的数额，但是有必要强调它们的区别：

1. 作用不同

定金作为一种特殊的担保方式，其主要功能在于预先设定当事人的责任以担保合同的履行，同时起到证明合同成立的作用；而预付款的作用主要在于帮助接受预付款方解决资金上的困难，以达到积极帮助其履行合同的目的。

2. 与主合同的关系不同

定金是由于主合同而发生的从法律关系。当事人之间关于定金设立的合同是从合同，这种约定可以是独立的合同，也可以作为合同的担保条款形式出现，但是它都是相对独立的；而当事人关于预付款的约定则是主合同内容的一部分，是双方当事人所确立的合同法律关系的一部分。

3. 法律后果不同

定金产生的法律后果在于，交付定金方不履行债务时，无权要求返还定金；收受定金方不履行债务时，应该双倍返还定金。定金通过定金罚则起到了制裁违约方并补偿非违约方损失的作用。而预付款在合同不能履行时，无论哪一方不履行债务，预付款都应当返还，并追究违约责任，预付款本身不具有制裁性或赔偿损失的作用。

4. 支付方式及引起后果不同

定金交付一般是一次性给付，交付定金后，定金合同始成立，定金作为定金合同成立要件并不涉及主合同的履行；而预付款则可以分期交付或者一次性交付，交付行为表明一方当事人已经在履行主合同。

5. 适用范围不同

定金作为一种约定的担保方式，不仅适用于以金钱为标的的合

---

① 王利明著：《违约责任论》，中国政法大学 2000 年修订版，第 557 页。

同，也可以适用于其他有偿合同，只要合同性质可以用定金担保，均可使用定金，法律不作禁止性规定。而预付款一般只能适用于以金钱为给付合同，且只适用于以发展生产力为目的、支援生产的一些合同，对于流通领域内为单纯追逐利润而预付货款则是禁止的。

### 二、定金与违约金

定金中的违约定金与违约金最为相似。违约金是指依照当事人的约定或者法律的规定，在一方当事人不履行或者不适当履行债务时，向对方当事人支付一定数额的金钱。大陆法系国家大都认为违约金是契约的条款或"从契约"，并认为违约金是担保主债务履行的一种由当事人选择的担保方式。英美法系国家则依据契约自由原则，准许当事人在合同中实现约定，在债务人不履行契约时，应向债权人支付一定数额的款项作为赔偿。与大陆法系不同，惩罚性的违约金条款在法律上是无效的。所以在英美法系中，违约金主要是作为预定的赔偿金，其目的主要是为担保合同债务的履行和减少违约以后计算损失的麻烦。[①] 我国对于违约金的规定具有自身特点，与大陆法系国家相比，把违约金作为民事责任方式而非担保方式。可以说违约金与定金在督促债务人履行等方面是相似的，一方面通过定金罚则或者违约责任，促使债务人积极履行债务以实现债权；另一方面又通过定金的丧失和双倍返还或违约金赔偿，达到对于债权的部分补偿。但是它们的区别也是非常明显的，有如下几点：

1. 功能不同

虽然定金与违约金都具有担保主债权实现的功能，但是违约金只是作为一种民事责任而非担保形式存在。同时，定金通过定金罚则体现了一种惩罚性，我国法律规定的违约金在实质精神上是以赔偿性违约金为原则的。即它主要体现了一种补偿性而非惩罚性功能，其担保债务履行的效力要弱于定金担保。

2. 产生方式不同

定金只能通过当事人的约定而产生；而违约金既可以基于当事

---

① 王利明著：《违约责任论》，中国政法大学出版社2000年修订版，第558～559页。

人的约定而产生,又可以基于法律的直接规定而发生。

3. 交付时间不同

定金具有先行给付性,应于合同成立时或者合同履行前交付;而对于违约金,法律规定当事人不能先行给付,只有在发生违约行为后交付。

4. 数额不同

定金的数额是在定金交付时就已确定的,在我国,定金数额不能超过标的额的20%;而违约金数额是由违约的性质、情节等确定的,它事先具有不确定性。

**三、定金与损害赔偿**

对于定金与损害赔偿可否同时适用,在法学界通常有四种观点:一为肯定说,认为定金具有补偿性,定金罚则的适用不以违约者的行为给对方造成损失为前提,只要不履行的事实发生即可。若一方不履行的行为给对方造成了损害,除适用定金罚则以外,受损害方还可以请求赔偿损害。二为否定说,定金视为法定赔偿的总数,在发生不履行的情况时,只能适用定金罚则。我国台湾学者孙森炎指出:"以定金为契约不履行之损害赔偿担保;如因付定金当事人不履行契约,受定金当事人得没收定金。受定金当事人如不履行契约,即应加倍返还定金。"有的学者将我国定金定性为解约定金,定金是预先设立的解约赔偿金。三为选择适用说。台湾学者郑健才认为"没收定金原则上为损害赔偿预定性质,故不得于没收定金之外,另行请求其他损害赔偿。但不能履行由于故意或重大过失所至,而损害大于定金者,应得于请求赔偿及没收定金二者,择一行之。"① 第四种观点认为定金责任是一种独立的责任形式。定金责任的承担不能代替损害赔偿责任,不能将定金责任作为损害赔偿的最高限额,也不能在计算损害赔偿数额时将定金列入其中,但如果同时适用定金和损害赔偿金以后,其总额超过标的物价金总和的,法院应酌情减少定金的数额。

---

① 郑健才著:《债法总则》,中国政法大学出版社2000年修订版,第204页。

分析此问题可以分为两种情形：（1）如果当事人之间约定的定金为解约定金，则定金已作为合同解除的代价，实际上有没收定金或双倍返还定金以弥补当事人损失的作用，所以除适用定金罚则外，不能再请求其他赔偿。（2）如果为违约定金，则我们同意第三种观点。定金是预先交付的通过定金罚则督促当事人履行合同的担保方式，既不可能等于实际损失，也不能作为法定损害赔偿总数。在适用时，当事人之间可以选择适用定金或者损害赔偿，如果仅用一种方法不足以弥补当事人实际损失的，则可以同时适用，但是其总额应以实际损害数额为限。

### 四、定金与押金

押金是债务人或者第三人将一定数额的金钱或者等价物移交债权人占有，以担保债权的受偿，属于物的担保，其本质属于质押担保范围，只是其标的物一般仅限于金钱。对于押金，有些学者认为"交付押金的人，除非对交付的押金有特别的意思表示，在交付押金时，即丧失对押金的所有权，接受押金的人在取得押金的占有时，取得对押金的所有权；在这个层次上，押金与质押不同，反而与定金有相同的效果。在这个意义上，押金与定金相同，均为金钱担保方式。"[①] 这一观点值得商榷，定金的交付移转的并非所有权，况且对于押金的权能移转，学界亦有不同观点。[②] 依大多数学者意见，定金与押金的主要区别如下：

1. 性质不同

定金担保产生的是债权而非物权，大陆法系国家均将其规定于与债有关的内容中，确定其为担保债的履行的形式。押金属于物的担保，是质押的特殊形式，属于担保物权。

2. 数额要求不同

定金的数额法律上并没有明确规定，在我国不应超过主合同标

---

① 邹海林、常敏著：《债权担保的方式和应用》，法律出版社1998年版，第378页。
② 陈本寒主编：《担保法通论》，武汉大学出版社1998年版，该书认为"押金担保属于移转占有型担保，押金交付后，债权人负有妥善保管的义务，在主债未履行前，不得将押金据为己有或加以处理"。

的额的20%，对押金则无明确要求，可以等于或超过主合同的标的额。

3. 交付时间要求不同

定金的交付由于其种类的不同而有不同，立约定金应于主合同订立前交付；证约定金、成约定金在主合同订立时交付；违约定金及解约定金应于主合同成立时至合同履行前交付。而定金的交付一般是在履行前，也可以与履行同时，不具有预先给付性质。

4. 定金是双向担保

定金通过定金罚则对于定金授受的双方当事人起作用，而押金只是为主债权人一方的债权提供担保，押金的拘束力只拘束交付押金的当事人一方。若接受押金的主债权人不履行合同，不发生双倍返还的法律效果。

5. 涉及主体不同

授受定金的当事人为主合同的双方当事人，而押金既可以是主债的双方当事人，也可以是主债当事人以外的第三人。

# 第十五章 定金的设立和定金罚则

## 第一节 定金的设立

定金担保在各国都体现为一种约定担保，其数额、性质等都须借助于当事人的合意。一般来说，对于定金的设立应满足下列条件。

### 一、当事人之间对于定金担保意思表示一致

合同成立的首要要件就是当事人之间达成合意，定金合同亦应遵循此项原则。在以定金担保作为主合同的担保方式时，作为主合同与定金合同的当事人是一样的，所以区分当事人的合意是订立主合同的合意还是成立定金担保的合意尤为重要。同时，各国一般都认可当事人在法定定金之外约定定金种类，这对于合同不能履行时确定当事人应负何种责任具有重要意义，如德国规定除非当事人另有约定，否则应为违约定金，则此时当事人对于定金的约定就具有决定当事人责任的意义，如果约定的定金为解约定金，则当事人可由于定金的丧失或双倍返还而获得解除合同的权利，而不再承担违约的后果。

### 二、定金合同属于实践合同

定金合同是实践合同，而非诺成合同，在书面定金合同订立后，还须交付定金，定金合同才能成立生效。但是要注意的是，交付定金的行为是定金合同的生效要件，而非履行定金合同的行为。定金的交付时间由于定金种类的不同，其履行也有不同的要求。成约定金应在合同订立时交付；证约定金在合同成立同时交付；违约定金、解约定金应在合同订立后、履行前交付。定金交付人在交付定金后是否属于所有权的移转，学术界存在不同的意见：第一种观点认为定金的所有权随交付而移转。其理由有二：（1）货币为流通手段，

属于消费物。而作为消费物有一经使用即消灭自身的特性，决定了对于消费物享有使用权必须同时享有所有权为前提。即消费物不发生所有权与使用权相分离的问题。(2) 根据《民法通则》第72条第三款规定："按照合同或者其他合法方式取得财产的，财产所有权从财产交付时起转移，法律另有规定或者当事人另有规定的除外。"而定金、违约金和损害赔偿金的交付，均应属《民法通则》第72条规定的"财产所有权从财产交付时起转移"的范围。① 第二种观点认为定金作为一种担保，其转移的只是一种占有权，在合同履行期间合同双方均无处分权，定金处于一种"禁治"状态，只有当事人履行完毕，定金才依所有者的意志转移或收回。② 对于上述两种观点，我们持有不同的观点。首先，定金的设立在于督促当事人订立合同或者履行合同，其交付只是作为担保的手段。其权属的变更应发生在合同履行后作为价款的一部分给付，或者由于支付方不履行合同义务，定金则归于收受方。其次，作为一种民事法律行为应依当事人的意思发生效果。作为授受定金的双方的当事人尤其是交付人，其意思只是把定金的交付作为担保手段，并无转移定金所有权的意思。再次，从定金的功能分析，有作为促进融资、缓解收受定金一方当事人资金困难的作用，如果依第二种观点把定金作为"禁治"之物不能进入流通，则定金的功能亦不能得到发挥。最后，定金作为一种特殊的担保方式，其通过定金罚则起到了双向担保的作用。如果依第一种观点发生所有权的转移，在甲乙之间设立一总额为150万元的货物买卖合同，甲交付定金20万元。乙于定金收受后即告破产，根据所有权转移理论，定金作为乙的所有财产进行破产清偿。这时甲变为一般债权人，此时它不仅不能接受乙的履约，甚至其所交付的定金亦有可能不能全额收回。此时定金失去双向担保作用，使定金交付人面临更大风险，故从担保的作用来看此说亦不足取。我们认为应对定金的权能做出划分，定金在交付时转移的是占有、使用和收益权能，收受定金一方可依上述权能对定金做合理支配，

---

① 参见敬言：《定金所有权移转的根据》，载《法学研究》1987年第4期。
② 肖龙、赵彬：《试论定金与预付款》，载《法学研究》1987年第4期。

使其进入流通,帮助收受方更好地履行合同。但是必须强调的是,要严格界定其所有权归属,否则,不仅与担保制度立法目的相悖、而且损害当事人的利益。

在实践中,当事人在定金合同订立后少交或多交定金的情况应如何处理?依照《担保法解释》第119条规定:"实际交付的定金数额多于或少于约定数额,视为变更定金合同;收受定金一方提出异议并拒绝接受定金的,定金合同不生效。"对于定金的实际交付多于约定的,我们认为如果是在法定限额以内,则予以承认生效;多于法定限额的,扣除高于限额数,将剩余部分作为实际定金数适用定金罚则。少交定金的情况,如果当事人没有提出异议并予以接受的,实际接受的定金额即为定金范围。如果发生交付定金方不履行的情况,则定金收受方只能对于实际交付定金数享有权利,而不能要求定金交付方补交。

### 三、主合同必须有效成立

定金是债的担保方式之一,定金合同是为担保主合同履行而订立的从合同,从合同应以主合同的有效为前提。但是定金合同对于主合同又具有相对独立性,其目的、内容与主合同相异,在实践中既可以作为相对独立的定金合同,又可以作为主合同中的一个条款存在。对于定金合同的从属性,学界存在两种观点:一为多数学者所肯定,即主合同无效,定金合同作为从合同当然无效。"定金合同为从合同。定金合同的成立,以主合同的成立为前提。在主合同被确认无效或被撤销时,定金合同也不成立。此时定金可以作为不当得利给予返还。"[1] 二是一些学者认为:"因定金合同具有相对独立性,因此定金合同另有约定的,定金合同的效力依其约定可以独立于主合同而存在。"[2] 前一种观点偏重强调定金合同的从属性,不无合理之处。首先,主合同无效,定金合同是从合同当然无效,定金应予返还。其次,按照缔约过失责任原理,合同无效的责任是返还

---

[1] 陈本寒主编:《担保法通论》,武汉大学出版社1998年版,第123页。
[2] 邹海、林常敏著:《债权担保的方式和应用》,法律出版社1998年版,第380页。

财产和损害赔偿，不适用定金罚则，前者已经救济了合同无效的损失，勿需也不可能以定金罚则处理。但是，我们更偏重于后者的观点，依我国《担保法》第5条规定："担保合同是主合同的从合同，主合同无效，担保合同无效。担保合同另有规定的，按照约定。"由此，按照合同自由原则，若当事人另有约定的，应当从其约定。首先，要区分不同种类的定金。依前文所述，虽然我国的定金在法律上一般为违约定金，但当事人可以自由约定定金种类。若约定为成约定金，其作为合同成立要件可以与主合同分离而存在。主合同无效被撤销的，成约定金的效力不受影响。其次，如果是由于交付定金一方当事人的过失而致主合同无效而被撤销的，因此给收受定金一方造成的损失应可以从定金中扣除，不足部分由过错方补足，超出部分返还交付定金一方。《德国民法典》第338条规定因可归责于交付定金人的事由对合同的过错负有责任时，受定金人有权保留定金。

**四、定金合同的标的物应为金钱**

如前文所述，定金的标的应仅限于金钱，而不应包括可替代物或不可替代物，此处不再赘述。

依照我国《担保法》第91条的规定："定金的数额由当事人约定，但不得超过主合同标的额的20％。"我们认为对定金规定法定比例是必要的。首先，对于定金交付人来说如果定金数额过大，会加重其负担，并加大风险；对于收受方，定金适用定金罚则，如果定金约定数额超过标的额的50％，就会使其赔偿额超过合同的标的额。尤其我国在实践中往往适用定金罚则与违约金并用的情况，这常常会使收受定金一方负担过重。基于此考虑，许多国家的法律允许当事人酌情减少定金数额，如果定金数额过大，德国等国家的法院往往将其视为预付款而不是定金。依我国《担保法解释》第121条规定，当事人约定的定金数额超过主合同标的额20％的，超过的部分，人民法院不予支持。

## 第二节 定金罚则

### 一、过错责任原则

关于定金罚则的适用条件,学界存在不同的看法。第一种观点认为,鉴于定金在发生合同违约时实际上起着违约金的作用,因此,执行定金担保应当符合违约金的条件,即须有违约行为,并且违约人具有过错。① 第二种观点认为,只要存在不履行债务的情况下,即可适用定金罚则,而不论导致不履行债务的原因是主观原因,还是客观原因。② 第三种观点认为,定金在设立以后,不是针对一种违约形态,即不履行形态而发生担保作用的,不能认为不适当履行和迟延履行在任何情况下都不适用定金罚则。但是也不能认为任何违约都可以适用定金罚则,只有在不完全履行或部分履行、迟延履行已构成根本违约的情况下才能适用定金罚则。而且由于定金责任具有很强的惩罚性,其适用的目的旨在对违约行为予以制裁,从而担保合同债务的履行,所以一方具有过错是适用定金责任的条件。③ 我们认为第三种观点更为合理。过错责任原则在立法中为各国所普遍接受。《德国民法典》第 338 条第 1 款明确规定,根据授受定金当事人一方的责任而适用定金罚则。以我国台湾地区立法例分析,台湾《民法典》第 249 条第 1 款、第 2 款分别规定了授受定金当事人依过错责任原则适用定金罚则,而由于不可归因于双方当事人的原因致不能履行时,定金应予返还。

### 二、定金罚则的具体适用规则

1. 立约定金、成约定金、解约定金的适用条件

立约定金,依照当事人之间的约定及其性质,其作用在于督促

---

① 王家福主编:《中国民法学·民法债权》,法律出版社 1991 年版,第 127 页。
② 郭明瑞著:《担保法新论》,吉林人民出版社 1996 年版,第 333 页。
③ 王利明著:《违约责任论》,中国政法大学出版社 2000 年修订版,第 614 页。

当事人履行缔约义务，所以对于立约定金的定金罚则的使用条件即为当事人违背承诺义务拒绝订立主合同的，如果因可归责于定金交付方的原因致使主合同不能订立的，则定金收受方有权没收定金，定金不予归还；如果由于定金收受方的原因致使主合同不能订立的，则应当双倍返还定金作为惩罚。

成约定金，是指作为主合同成立或生效要件的定金，负有交付定金义务的一方当事人拒绝交付定金的，主合同即不成立或不生效。

解约定金，是依照当事人约定保留合同解除权的代价，其适用定金罚则的条件比较单一，即只要当事人一方解除合同就要受到定金罚则的制裁。解约定金与违约定金需要区别的是解约定金在于保证当事人之间不随意解除合同，以维持合同的存在；而违约定金在于督促当事人履行主合同所确定的权利义务内容，通过定金罚则达到威慑当事人以积极履行合同的目的。

2. 违约定金的适用条件

对于违约定金的适用条件，《担保法解释》第120条也做了明确规定，即"因当事人一方迟延履行或者其他违约行为，致使合同目的不能实现，可以适用定金罚则。但法律另有规定或当事人另有约定的除外。当事人一方不完全履行合同的，应当按照未履行的部分所占合同约定内容的比例，适用定金罚则"。第一，应当明确在发生违约与合同目的落空的两个条件下，适用违约定金处罚。如果仅有违约行为则不能完全适用定金罚则。这一立法思路与其他国家相似，如英国就是把合同目的是否落空作为衡量是否根本违约的标准。第二，主合同部分履行时的定金罚则的适用问题。如果部分履行导致合同目的的根本落空，则适用定金罚则并无疑义。但是，如果当事人已经适当履行一部分合同义务，且并没有导致合同目的落空，则对全部定金适用定金罚则似乎有失公平。我们认为，如果当事人的部分履行可以得到补正，且在没有造成实际损失的情况下，不处罚定金。如果定金的部分履行导致当事人实际损失且无补救的情况下，部分处罚定金，即按照比例处罚定金。

实践中还有双方当事人都违约的情况，应当如何适用定金罚则。指在一个合同关系中，互付对待给付义务的双方当事人都违反了合同的约定如何承担责任的问题。我国的立法中并没有明确规定这一问题，理论界存在不同意见。第一种观点认为，由于定金罚则是以过错责任来确定当事人的责任，所以发生双方违约的情况时，定金罚则的适用可以按照定金罚则确定的原则，由双方分别承担各自相应的定金责任。[①] 第二种观点认为，"由于双方的过错导致合同的不履行或不完全履行，如果仍适用定金罚则，那就等于在自己不履行或不完全履行合同的情况下，也能取得他人的定金。这势必会造成，一方在丧失定金于对方的同时，可主张对方双倍返还；另一方在取得对方定金的同时，又要双倍返还于对方。这显然会使定金制度庸俗化，无疑是对法律基本精神的违背，是不符合立法本意的。"[②] 我们认为，第二种观点是有一定道理的。在发生双方违约的情况下，双方当事人都丧失了请求对方承担定金责任的权利，定金应予返还。

### 三、不适用定金处罚的情形

在合同的履行中，常会产生由于合同当事人以外的原因导致合同不能履行的情形，如不可抗力、意外事件及第三人原因等，在诸如此类情况发生时，定金罚则如何适用？对此问题，大陆法系国家的民法典并没有明确规定，只有我国台湾地区《民法典》第249条第3款中有如下规定："契约因不可归责于双方当事人之事由，致不能履行时，定金应返还之。"但是并没有做出进一步的明确规定。我国《担保法解释》第122条明确规定："因不可抗力、意外事件致使主合同不能履行的，不适用定金罚则。因合同关系以外第三人的过错，致使主合同不能履行的，适用定金罚则。受定金处罚的一方当事人，可以依法向第三人追偿。"

因不可抗力及意外事件导致合同不能履行的，不适用定金罚则。如果合同不能履行是基于不可抗力或意外事件，则即不存在违约行为与过错，当然不能适用定金罚则。

第三人责任致合同不能履行的，适用定金罚则，受定金处罚的

---

[①] 王文彩主编：《担保与银行实务》，警官教育出版社1992年版，第294页。
[②] 钟立志：《谈谈我国定金的性质及其法律效力》，载《中外法学》1992年第3期。

一方当事人，可以依法向第三人追偿。依照该条司法解释，第三人原因或因第三人过错导致合同不能履行的或出现其他违约的，依照法律不能免除当事人的责任。同时，司法解释进一步规定当事人可以依法向第三人提出追偿，明确规定当事人与第三人之间纠纷的解决途径。

# 主要参考文献

## 一、中文著作

1. 周枏著：《罗马法原论》（上、下册），商务印书馆1994年版。
2. 王家福主编：《民法债权》，法律出版社1991年版。
3. 钱明星著：《物权法原理》，北京大学出版社1994年版。
4. 梁慧星主编：《中国物权法研究》（上、下），法律出版社1998年版。
5. 王利明著：《物权法论》，中国政法大学出版社1998年版。
6. 王利明著：《民商法研究》（1—5辑），法律出版社2001年版。
7. 许明月著：《抵押权制度研究》，法律出版社1998年版。
8. 陈华彬著：《物权法原理》，国家行政出版社1998年版。
9. 陈华彬著：《物权法研究》，金桥文化出版（香港）有限公司2001年版。
10. 沈达明编著：《法国/德国担保法》，中国法制出版社2000年版。
11. 孙宪忠著：《德国当代物权法》，法律出版社1997年版。
12. 尹田著：《法国物权法》，法律出版社1998年版。
13. 邓曾甲著：《日本民法概论》，法律出版社1995年版。
14. 邓曾甲著：《中日担保法律制度比较》，法律出版社1999年版。
15. 胡宝海著：《现代金融担保法研究——不动产担保及其证券化理论》，中国社会科学出版社1999年版。
16. 王闯著：《让与担保法律制度研究》，法律出版社2000年版。
17. 董开军著：《债权担保》，黑龙江人民出版社1995年版。
18. 郭明瑞著：《担保法原理于实务》，中国方正出版社1995年版。

19. 孙鹏，肖厚国著：《担保法律制度研究》，法律出版社1998年版。

20. 陈本寒主编：《担保法通论》，武汉大学出版社1998年版。

21. 邹海林、常敏著：《债权担保的方式和应用》，法律出版社1998年版。

22. 徐武生著：《担保法理论与实践》，工商出版社1999年版。

23. 佘国华著：《抵押法专论》，经济科学出版社2000年版。

24. 毛亚敏著：《担保法论》，中国法制出版社1997年版。

25. 梁慧星等：《中国物权法草案建议稿——条文、说明、理由与参考立法例》，中国科学文献出版社2000年版。

26. 李国光、奚晓明、金剑锋、曹士兵著：《"最高人民法院关于适用〈中华人民共和国担保法〉若干问题的解释"理解与适用》，吉林人民出版社2000年版。

27. 曹士兵著：《中国担保诸问题的解决与展望》，中国法制出版社2001年版。

28. 王利明著：《违约责任论》，中国政法大学出版社2000年修订版。

29. 史尚宽著：《物权法论》，台湾1979年版，中国政法大学出版社2000年版。

30. 谢在全著：《民法物权论》（上、下册），台湾三民书局1995年修订版，中国政法大学出版社1999年版。

31. 郑玉波主编：《民法物权论文辑》（上、下册），台湾五南图书出版公司1985年版。

32. 王泽鉴著：《民法学说与判例研究》（第1—8册），中国政法大学出版社1997年版。

33. 刘得宽著：《民法诸问题与新展望》，台湾1979年自版。

34. 杨玉龄著：《民法物权》，台湾五南图书出版公司1981年版。

35. 郑玉波著：《民法物权》，台湾三民书局1980年版。

36. 曾隆兴著：《民法债编总论》，台湾1992年版。

## 二、翻译著作

1. 〔意〕彼德罗·彭梵得著，黄风译：《罗马法教科书》，中国政法大学出版社1992年版。

2. 〔德〕K.茨威格特、H.克茨著，潘汉典、米健、高鸿钧、贺卫芳译，潘汉典校订：《比较法总论》，贵州人民出版社1992年版。

3. 〔德〕罗伯特·霍恩、海因·克茨、汉斯·G.莱塞著，楚建译，谢怀栻校：《德国民商法导论》，中国大百科全书出版社1996年版。

4. 〔德〕迪特尔·梅迪库斯著，邵建东译：《德国民法总论》，法律出版社2000年版。

5. 〔德〕曼弗雷德·沃尔夫著，吴越、李大雪译：《物权法》，法律出版社2002年版。

6. 〔日〕我妻荣著，王书江、张雷译，谢怀栻校：《债权在近代法中的优越地位》，中国大百科全书出版社1999年版。

7. 〔日〕近江幸治著，祝娅、王卫军、房兆融译，沈国明、李康民审校：《担保物权法》，法律出版社2000年版。

8. 〔英〕F.H.劳森、B.拉登著，施天涛、梅慎实、孔祥俊译：《财产法》，中国大百科全书出版社1998年版。

## 三、外文著作

1. Philip R Wood, Comparative Law of Security and Guarantees, Sweet and Maxwell, 1995.

2. Olin Browder, Basic Property Law, West Publishing Company, 1989.

## 四、外国法典

1. 罗结珍译：《法国民法典》，中国法制出版社1999年版。

2. 杜景林、卢谌译：《德国民法典》，中国政法大学出版社1999年版。

3. 殷生根、王燕译：《瑞士民法典》，中国政法大学出版社1999

版。

4. 王书江译:《日本民法典》,中国人民公安大学出版社1999年版。

5. 潘琪译:《美国统一商法典》,中国对外经济贸易出版社1990年版。

# 后 记

改革开放以来,中国逐步实行市场经济,激活了经济的发展,但随之而来的信用危机却引起人们深深的忧虑。借鉴各发达国家发展市场经济的经验,对解决我国的信用危机,加强担保立法,发挥担保作用,不失为行之有效的方法,这便是本课题研究的初衷,也是本课题研究的归宿。这个想法在1995年得到了日本世川良一基金会的支持,虽然支持的力度有限,但在当时却是雪中送炭,使得本课题研究得以顺利进行,在此表示衷心的感谢!

在本课题的研究过程中,我的硕士研究生脱剑锋、吕志祥、王辉、张敬荣、刘琨等同学在资料的搜集、整理,乃至初稿的撰写、打印方面,都付出了诸多劳动;兰州商学院的任先行教授审阅了全部书稿,提出了不少学术方面的见解。对帮助过我的上述诸位,在此一并表示诚挚的谢意!

八年过去,本书终于就要正式出版了,怀着兴奋而忐忑不安的心情,等待着学界同仁的批评,以便再版时修正。

蔡永民

2004 年 8 月 4 日